王俊钟 / 著

漫漫隐官道

东汉二百年政争与兵事 贰

华夏出版社

HUAXIA PUBLISHING HOUSE

图书在版编目（CIP）数据

汉阙漫漫隐官道：东汉二百年政争与兵事.二 / 王俊钟著. —— 北京：华夏出版社有限公司，2024.6
　ISBN 978-7-5222-0605-9

　Ⅰ.①汉… Ⅱ.①王… Ⅲ.①中国历史—东汉时代—通俗读物 Ⅳ.①K234.209

中国国家版本馆CIP数据核字（2023）第252378号

目　录

从中兴走向衰微

1 光武中兴的主要政治举措及其成效 ················· **4**

一、选好配强朝廷重臣和郡守 ······················5

（一）重用"老干部"卓茂 ···················· 5

卓茂 /5

（二）越级提拔第五伦 ···················· 8

第五伦 /9

（三）用好用对治乱高手郭伋 ···············11

郭伋 /12　卢芳 /14

（四）安排任延镇守边远郡···············18

任延 /18

（五）建立和谐融洽的君臣关系 ···············22

二、树立祭遵为百官楷模 ··············· 24

祭遵 /25

（一）先后剿灭张满、邓奉、张丰、彭宠武装叛乱···············26

朱浮 /30

（二）在讨伐公孙述、隗嚣等军阀残余势力中再立新功···············35

（三）大力弘扬祭遵精神···············52

冯异 /52　寇恂 /55　来歙 /56　岑彭 /59

臧宫 /63　吴汉 /65　张堪 /69

三、加强吏治建设，保持郡县主官和基层官吏相对稳定 ······ 71

（一）并县减官，减轻国民养官负担 ·························· 71

（二）保持州牧郡太守相对稳定，增加各级官吏的俸禄 ·········· 73

四、削弱三公实权，重建监察机构 ··············· **74**

五、提振百姓信心，抓好稳定和民生 ··············· **77**

（一）兴建太学、复兴儒学 ···························· 77

　　　桓荣 /79

（二）实行"柔政"，平反冤狱，解放奴婢 ············· 80

（三）减税降赋，降低农民生产成本 ················· 82

（四）核清耕地亩数和户口底数，严惩营私舞弊官吏 ····· 83

（五）对自然灾害中的死难者和社会弱势群体实行救助 ····· 84

（六）大力倡导和推行薄葬 ···························· 85

2 **明章之治：汉明帝、汉章帝的政治作为** ················· **87**

一、"顾重天下，以元元为首" ················· 88

（一）对社会弱势群体进行救助，改善他们的生活状况 ······· 89

（二）为督促官吏抓好农业，章帝创建了巡视调研制度 ······ 92

（三）注重发挥三老在基层治理中的作用 ················· 96

　　　李躬 /97

（四）对老根据地元氏实施政策倾斜，免除灾区赋税 ··········· 99

二、大力倡导和推行儒学，重视文武百官思想建设 ·········· 100

（一）组织文武百官开展理论学习，以提高其思想政治素质 ····· 101

（二）明帝专门开办贵族学校，用儒家思想改造外戚子弟 ······ 104

（三）瞻仰孔子故居 ·································· 104

三、所立皇后薰莸有别 ··············· 106

（一）明帝选立品行高尚的马彤为皇后，减少了很多麻烦 ····· 106

（二）章帝将心胸狭窄的窦贵人立为皇后，平添了许多烦恼 ····· 108

四、明帝和章帝在朝政建设和吏治建设上的异同 ·········· 112

（一）明帝建立定期汇报制度，章帝完善选官考官办法········· 112

郭贺 /113

（二）明帝坚持先帝定下的规矩，并对皇子分封进行限制······· 115

（三）章帝对外戚封官赐爵，破坏了先帝的初心和规矩·········· 116

窦宪 /127　郑弘 /128

五、重视发展民生事业 ···132

（一）明帝兴建大型水利工程，一百五十个县受益········· 132

王景 /132

（二）章帝制定优惠政策，鼓励百姓生育················ 134

六、重视加强边疆建设，打击镇服北匈奴 ·············135

（一）汉明帝派遣军队讨伐北匈奴，在伊吾卢设宜禾都尉··· 136

（二）章帝妥善处理南、北匈奴之间的麻烦事············ 143

七、发挥使者班超的重要作用，恢复与西域诸国的关系 ····· 144

（一）明帝派遣班超出使鄯善国，使其臣属汉朝··········· 146

班超 /147

（二）明帝派班超出使于阗国，拔掉西域南道上的钉子········ 150

（三）明帝派班超出使疏勒国，拔掉西域北道上的钉子········ 151

（四）明帝派遣军队平定车师，重新设置西域都护········ 153

（五）章帝继承明帝的西域政策，继续发挥班超的重要作用····· 156

八、章帝对明帝时期的"楚王刘英之狱"一案进行纠正 ······ 161

3 **外戚政治的失败与和帝亲政后的主要政务工作**·············· **168**

一、外戚大臣窦宪把持朝政大权，以权谋私胡作非为 ······169

（一）建立起窦太后摄政、外戚大臣窦宪掌权的政治体制······· 169

邓彪 /169

（二）窦宪杀人后被派去讨伐北匈奴，获胜后升任大将军⋯⋯⋯ 171

　　韩棱 /172　　何敞 /172

（三）坚守正道的大臣同专权跋扈的窦宪进行斗争⋯⋯⋯ 175

　　任隗 /176　　乐恢 /178

二、和帝与宦官郑众等除掉窦氏集团 ⋯⋯⋯⋯⋯⋯⋯⋯⋯⋯ 181

三、和帝亲政后的政治作为 ⋯⋯⋯⋯⋯⋯⋯⋯⋯⋯⋯⋯⋯⋯ 184

（一）处理好窦氏问题、自己身世问题和母族冤案问题⋯⋯⋯ 185

（二）重视赈灾，关注民生，要求各级官吏勤政为民⋯⋯⋯⋯ 187

（三）组织开展儒学理论研讨，改进对博士的考察方式⋯⋯⋯ 191

（四）减轻岭南地区进贡负担，关怀边郡官吏升迁⋯⋯⋯⋯⋯ 193

（五）废黜善妒的阴皇后，立知书达礼的邓贵人为皇后⋯⋯⋯ 194

4 **"太后政治""奶妈政治"和"宦官政治"** ⋯⋯⋯⋯⋯⋯⋯ **198**

一、在多灾多难时期，邓太后扛起治理大国的重担 ⋯⋯⋯⋯ 199

（一）在用人上，提拔和依靠娘家四兄弟⋯⋯⋯⋯⋯⋯⋯⋯⋯ 200

（二）频繁调整三公，三公混天度日⋯⋯⋯⋯⋯⋯⋯⋯⋯⋯⋯ 202

　　张禹 /203　　徐防 /204

（三）周章密谋政变，因消息泄露而自杀⋯⋯⋯⋯⋯⋯⋯⋯⋯ 207

　　周章 /207

（四）邓太后亲自审理有关案件，产生了良好的政治影响⋯⋯⋯ 209

（五）采取积极措施，着手解决崇儒之风日趋淡化问题⋯⋯⋯ 211

　　樊准 /212

（六）大力裁减皇宫消费支出，督促地方官员抓好赈灾工作⋯⋯ 214

（七）为平息"四夷外侵，盗贼内起"，付出高昂代价⋯⋯⋯⋯ 222

（八）邓太后攥着皇权不肯移交，安帝和一些大臣心怀不满⋯⋯ 229

二、安帝对邓氏家族进行政治追杀，"外戚政治"瓦解 ········· 231

三、安帝亲政后的"奶妈政治"和"宦官政治" ·············· 233

（一）安帝启用"直道"和"隐逸"之士效果不佳·········· 233

施延 /237　薛包 /237　樊英 /238

（二）安帝的"奶妈政治""宦官政治"和新的"外戚政治"······ 240

蔡伦 /241　刘恺 /248

（三）安帝被内宠蒙骗·· 256

来历 /257

（四）安帝亲政后一直没有进入角色 ·················· 259

冯石 /259

5 从少帝到质帝时期的政治斗争················· 261

一、安帝死后帝位继承的政治风波 ···················· 262

（一）阎太后立幼儿刘懿为帝，诛灭安帝的内宠和外戚········· 262

（二）在拥立新帝问题上，外戚与宦官相斗··············· 263

（三）顺帝赐封"十九侯"，提拔厚赏以前的支持者 ·········· 268

二、顺帝即位初期的政治斗争 ···················· 271

（一）罢免依附于"阎家店"的老臣，提拔了一批反阎新贵··· 271

虞诩 /272　李郃 /273　桓焉 /275　朱宠 /275

朱伥 /275　郭镇 /275

（二）司隶校尉虞诩打倒了顺帝身边卖弄权势的宦官张防········ 276

左雄 /282

（三）顺帝徙封十九侯··· 283

三、顺帝的政务工作一善而足，大多在误区里运行 ········284

（一）重修太学校舍，注重提拔任用精通儒家经典的人才 ··· 284

马融 /286

（二）欲按左雄提出的思路改革吏治，却被宦官挡住⋯⋯⋯⋯ 287

张纲 /290

（三）重走先帝宠信、依靠和厚待外戚的老路⋯⋯⋯⋯⋯⋯ 291

梁妠 /292　梁冀 /294

（四）郎顗以解说灾异为名，对顺帝进行劝谏⋯⋯⋯⋯⋯⋯ 296

郎顗 /296

（五）为奶妈、宦官封爵，频繁提拔外戚⋯⋯⋯⋯⋯⋯⋯⋯ 301

李固 /303

（六）忠臣义士披露外戚、宦官及其党羽的罪行⋯⋯⋯⋯⋯ 308

周举 /308　种暠 /315

四、外戚大将军梁冀的"跋扈政治"⋯⋯⋯⋯⋯⋯⋯⋯⋯⋯ 321

（一）皇甫规因揭露和批评朝廷政治腐败而被陷害⋯⋯⋯⋯⋯ 323

皇甫规 /323

（二）李固、种暠、杜乔等不迎合梁冀遭忌恨⋯⋯⋯⋯⋯⋯ 326

（三）梁冀毒杀质帝，与宦官联手同忠臣搏斗⋯⋯⋯⋯⋯⋯ 330

6 桓帝的拙政⋯⋯⋯⋯⋯⋯⋯⋯⋯⋯⋯⋯⋯⋯⋯⋯⋯⋯ 332

一、外戚大将军梁冀整死爱国忠臣李固和杜乔 ⋯⋯⋯⋯⋯ 333

吴祐 /336

二、梁太后结束摄政生涯 ⋯⋯⋯⋯⋯⋯⋯⋯⋯⋯⋯⋯⋯⋯ 339

三、梁冀把"跋扈政治"与"腐败政治"玩在一起 ⋯⋯⋯⋯ 340

（一）专权擅势把持朝政⋯⋯⋯⋯⋯⋯⋯⋯⋯⋯⋯⋯⋯⋯ 341

（二）凶暴放肆惨无人道⋯⋯⋯⋯⋯⋯⋯⋯⋯⋯⋯⋯⋯⋯ 341

（三）贪赃枉法肆无忌惮⋯⋯⋯⋯⋯⋯⋯⋯⋯⋯⋯⋯⋯⋯ 343

（四）针对梁冀的罪恶行径，一些官吏进行抵制和斗争⋯⋯ 345

朱穆 /346

四、桓帝依靠宦官力量铲除外戚梁氏集团 ·············· 349

五、对宦官和新外戚等封官赐爵，打击迫害劝谏大臣 ········ 353

　　黄琼 /355

六、征聘隐士工作不成功，整顿吏治小有成效 ·········· 359

　　陈蕃 /359　胡广 /360　徐稚 /361　姜肱 /362

　　袁闳 /362　韦著 /364　李昙 /364　范滂 /365

　　杨秉 /368　周景 /369

七、大批忠臣向宦官势力发起猛攻 ················· 371

　　（一）兖州刺史第五种与五侯之首单超及其侄单匡进行斗争····· 372

　　　　第五种 /372　单超 /373

　　（二）朱穆两次劝谏失败，滕延依法办案却被免官 ······· 375

　　（三）杨秉、韩缜运用弹劾武器重创宦官势力 ········· 378

　　　　韩缜 /380

　　（四）李膺处斩张让的弟弟，宦官势力开始"反坐" ······ 382

　　　　李膺 /382　冯绲 /384　刘祐 /385　应奉 /386

　　（五）地方官员同宦官做斗争，桓帝充当宦官的保护伞········ 389

八、太学生"清议"和首次"党锢之祸" ·············· 395

　　崔寔 /398

　　（一）桓帝时期的两次太学生请愿活动都取得了胜利··········· 400

　　（二）首次党锢之祸，大批忧国忧民的仁人志士被禁锢·········· 403

　　　　窦武 /405

九、桓帝沉湎于酒色，荡然肆志 ················· 408

7 灵帝时期的宦官政治和没落政治·············· **411**

一、辅佐大臣窦武、陈蕃被宦官诛杀 ············· 412

二、党锢之祸又起，大量士人被杀害 ··············418

张俭 /418　曹节 /420

三、宦官当权滥捕滥杀，灵帝亲政滥擢滥罚 ·············423

（一）为搜捕政治犯，逮捕关押众多吏民·············· 424

（二）宦官王甫将渤海王刘悝满门抄斩·············· 425

史弼 /426

（三）灵帝提拔了一批"文学之士"和"宣陵孝子" ········ 429

蔡邕 /431　阳球 /433　陈球 /437　刘郃 /438

四、大臣与宦官尖锐复杂的政治斗争 ·············440

五、灵帝公开卖官，"聚钱以为私藏" ·············447

六、张角发动黄巾起义，被朝廷军队镇压下去 ·········449

张角 /449

（一）张角发动黄巾起义，灵帝丧失遏制良机············ 450

杨赐 /451　刘陶 /452

（二）军队将领在前方作战，宦官在后方陷害忠臣良将········· 457

何进 /457　皇甫嵩 /458　吕强 /459　朱儁 /460

向栩 /461　曹操 /463　卢植 /465　王允 /468

从中兴走向衰微

皇帝年表

光武帝 刘秀（前6年—57年在世），25年—57年在位，共有2个年号
建武（32年），25年—56年
建武、中元（2年），56年—57年。中元二年二月，光武帝死，太子即位，是为明帝

汉明帝 刘庄（28年—75年在世），57年—75在位，共有1个年号
永平（18年），58年—75年。永平十八年八月，明帝死，太子炟即位，是为章帝

汉章帝 刘炟（58年—88年在世），75年—88年在位，共有3个年号
建初（9年），76年—84年
元和（3年），84年—87年
章和（2年），87年—88年。章和二年二月，章帝死，十岁的太子肇即位，是为和帝

汉和帝 刘肇（79年—106年在世），88年—106年在位，共有2个年号
永元（17年），89年—104年
元兴（1年），105—106年。元兴六年十二月（106年2月），和帝死，三个月大的太子隆即位，是为殇帝

汉殇帝 刘隆（105年—106年在世），106年在位，共1个年号
延平（1年），106年。延平元年八月，殇帝死，立清河王庆之子祜为帝，是为安帝

汉安帝 刘祜（94年—125年在世），106年—125年在位，共5个年号
永初（7年），107年—113年
元初（7年），114年—120年
永宁（2年），120年—121年
建光（2年），121年—122年
延光（4年），122年—125年。延光四年三月，安帝病死。十一月，立济阴王保为帝，是为顺帝

汉顺帝 刘保（115年—144年在世），125年—144年在位，共5个年号
永建（7年），126年—132年
阳嘉（4年），132年—135年
永和（6年），136年—141年
汉安（3年），142年—144年
建康（1年），144年。建康元年八月，顺帝死，两岁的太子炳即位，是为冲帝

汉冲帝 刘炳（143年—145年在世），144年—145年在位，共1个年号
永憙（1年），145年。永憙元年正月，冲帝死，立八岁的缵为帝，是为质帝

汉质帝 刘缵（138年—146年在世），145年—146年在位，共1个年号
本初（1年），146年。本初元年闰六月，质帝中毒死亡，立十五岁的蠡吾侯志为帝，是为桓帝

汉桓帝 刘志（132年—167年在世），146年—167年在位，共7个年号
建和（3年），147年—149年
和平（1年），150年
元嘉（3年），151年—153年
永兴（2年），153年—154年
永寿（4年），155年—158年
延熹（10年），158年—167年
永康（1年），167年。永康元年十二月，桓帝死，十二岁的宏为帝，是为灵帝

汉灵帝 刘宏（156年—189年在世），168年—189年在位，共4个年号
建宁（5年），168年—172年
熹平（7年），172年—178年
光和（7年），178年—184年
中平（6年），184年—189年。中平六年四月，灵帝死，十四岁的皇子辩即位，是为少帝。九月，董卓废少帝，立九岁的陈留王协为帝，是为献帝，改元永汉

汉献帝 刘协（181年—234年在世），189年—220年在位，共4个年号
初平（4年），190年—193年
兴平（2年），194年—195年
建安（25年），196年—219年
延康（1年），220年

在东汉近两百年的历史中，前期大约三分之一的时间，是以相对清明的政治为主基调的。这一时期包括光武帝刘秀统治的三十二年、汉明帝刘庄统治的十八年和汉章帝刘炟统治的十三年。从第三任皇帝汉章帝开始，政治腐败开始冒头，以后的皇帝都忘记甚至践踏了开国皇帝刘秀"骑着一头耕牛闹革命"的初心，政治上一任接一任腐败，经济上一任接一任下滑，社会矛盾一任接一任加剧，最后爆发了农民起义和农民战争，东汉封建王朝的黑暗统治终被推翻。

1

光武中兴的主要政治举措及其成效

建武元年（公元 25 年）夏，刘秀在鄗南千秋亭称帝，之后他并没有安安稳稳、舒舒服服地当皇帝，而是继续领导他的军队开展统一全国的战争，消灭和降伏那些不肯归附的割据势力，在称帝后的第二个月，刘秀便攻下了洛阳，并将这里定为国都，史称"东汉"。

刘秀九岁时就失去了父母，喜欢种地，上过太学，在集市上卖过粮食，二十八岁时与胞兄刘縯一起在春陵起兵，由于底子薄，买不起马，他骑着一头耕牛走上了"革命"道路。刘秀靠着一股顽强的"革命"意志和勤思善悟的大脑，全面分析敌我双方的优势和劣势，以己之长攻敌之短，精于用将，善于用兵，擅长用人，妥善处理内外关系，很快就成为起义军的主心骨，并逐步成长为具有卓越指挥才能的军事家。他以少胜多，打赢了著名的昆阳保卫战，从此，他声名鹊起，威震远方。刘秀不但擅长领兵打仗，而且还具有很强的政治意识和处理政务工作的能力，工作中，他注重倾听和采纳下属的正确意见和计谋，东汉的大臣们对刘秀的评价很高，认为他"经学博览，政事文辨，前世无比"；"才能勇略，非人敌也"；他对下属"开心见诚，无所隐伏，阔达多大节，略与高帝同"。刘秀当上皇帝之后，一方面继续"打天下"，平定边远和局部地区不肯投降的武装势力，另一方面着手"安天下"，认真做好恢复社会稳定和发展国民经济的工作。（《资治通鉴》第四一卷）

一、选好配强朝廷重臣和郡守

刘秀之所以能够夺取政权并巩固政权，最重要的是他用将和用官有道。可以说，在西、东两汉二十九位皇帝中，最会用人的就是光武帝刘秀。无论是战争年代，还是建设时期，刘秀都高度重视优秀武官队伍建设和高素质文官队伍建设。他手下的武官能打仗、会打仗、常打胜仗，他下面的文臣特别是三公、九卿和地方各级主官都非常优秀，治理能力特别突出。熟读中国历史的毛泽东同志曾经称赞光武帝刘秀"最会用人"。"最"字作为一个副词，它表示在程度上已经达到极点，超过一切同类的人，可见对他的评价之高。

（一）重用"老干部"卓茂

卓茂，字子康，南阳郡宛城人，即今河南南阳市宛城区人。卓茂出身于官宦之家，祖父和父亲都曾做过郡太守。少年时期的卓茂没有那种官二代的优越感，做人非常低调，谦虚谨慎，"宽仁恭爱，恬荡乐道，雅实不为华貌"。他性情宽仁恭爱，为人处世坚持中庸之道，从不偏激。家乡的亲朋好友虽然品行和才干不如卓茂，但"皆爱慕欣欣焉"。汉元帝时期，卓茂前往京城长安学习《诗经》《礼记》和历法算术，深得老师博士江生的喜爱，究极师法，号称"通儒"。青年时期，他担任丞相府史，在丞相孔光手下做事。卓茂出出进进丞相府，对下从不口大气粗、盛气凌人。一次，卓茂赶着马车外出，忽然被人拦住，拦车人说，卓茂那匹拉车的马是他家的。卓茂问他：您家的马丢失多长时间了？那人回答说：丢失一个多月了。卓茂心想，自己这匹马已经买了好几年了，那人肯定是认错马了。卓茂没有与他争执，二话没说，就把自己的马从车辕里解出来，交给拦车人，而他拉起沉重的木轮马车就走，走了几步回过头来对拦车人说：先生，如果不是您家的马，劳驾您把马送到丞相府还我。后来，拦车人从别处找回了自己丢失的马，就去丞相府还马。他见到卓茂后长跪不起，赔礼道歉，卓茂扶起那个人，并没有斥责他。后来，丞相孔光听说了此事，夸卓茂是有德之人，具有长者风范。不久，卓茂以儒术被推荐为尚书的属官——侍郎，供职于黄门，后又被提拔为治所在今河南郑州新密市东南十五公里的河南郡密县的县令。卓茂到任后兢兢业业地工作，将沿袭下来的一些苛刻的旧制度予以废除，同时又根据本县实际制定了一些新的制度措施。他以善行代替粗暴，以教化代替酷刑，不仅从不欺负和逼迫百姓，而且还组织百姓拓荒种田和大力灭蝗，指导和帮助农民发展农业生产。汉平帝时期，河南郡发生了蝗灾，全郡二十多个县唯独密县没有灾情，好像蝗虫从来不敢进入密县境内似的。相当于现在巡察组长的督邮向郡太守报告了密县没有蝗灾的情况，太守不信，于是，督邮将他拉到密县进行考察，太守发现卓茂组织百姓治蝗的实情之后，由衷佩服他的治理能力。几年下来，卓茂所推行的教化在密县形成了良好的风气，曾经出现了"教化大行，道不拾遗"的现象。卓茂因治绩突出被提拔为京部丞。此官是王莽辅政时期所置的大司农十三部丞之一，每一个州都下派一名部丞，主要掌管劝课农桑之事。在卓茂离任赴京的那一天，"密人老少皆涕泣随送"。王莽篡汉称帝时，卓茂因不满朝廷政治黑暗和倒行逆施，便以病为由辞去官职，回归故乡。更始帝刘玄统治时期，卓茂被重新起用，被任命为侍中祭酒，成为管理侍中的长官。更始政权迁都长安之后，卓茂也随同来到都城。当卓茂看到刘玄腐败无能、当时政局混乱、官吏和军队大肆抢掠百姓的局面时，便以年老为借口，再次告老回乡。

刘秀称帝后，便派遣使者寻访卓茂的下落。使者找到卓茂后，就把他拉到河内郡河阳县（治所在今河南焦作市孟州市境内）去拜见刘秀，刘秀非常高兴地接待了他。尽管当时卓茂已经七十多岁了，但光武帝仍任命他为太傅。太傅在西汉末年为位在三公之上的重臣，乃公卿之首。刘秀颁发诏书说：前密县令卓茂谨身修行，节操醇厚，为官期间爱民如子，为老百姓办了许多实事、好事，因此，他是天下最有名气的人，应当受到重用和赏赐。现任命卓茂为掌管礼法制定和颁行、辅佐朝政及承担皇帝老师工作的太傅，封爵褒德侯，食邑二千户；赐给他车子、马匹、衣服、坐几、手杖等各一套，丝绵五百斤。刘秀还提拔卓茂的长子卓戎为掌议论的太中大夫，次子卓崇为中郎，供职于黄门。

光武帝刘秀即位之初起用德才兼备、闻名四海的卓老先生，在全国产生了良好的政治影响，使广大吏民真切地感受到新建立的东汉王朝政治清明、官府清廉、官吏清正、社会清朗。对此，《资治通鉴》编撰者司马光在记述这一事件时给予高度评价，他说："孔子称'举善而教不能则劝。'是以舜举皋陶、汤举伊尹，而不仁者远，有德故也。"

建武元年（公元 25 年），刘秀起用已经七十多岁的卓茂，是政治需要、用人导向的需要、安抚民心的需要，所以，刘秀还是给了他"太傅"这个最高级别的荣誉职务。可是，仅仅三年，卓茂就病逝了。刘秀赐给他棺椁和坟地，并身穿孝服，亲自为他送丧。广大吏民从刘秀这一政治行为中也能深刻地感悟到官吏修德为民的结果是善有善报。（据《后汉书·卓鲁魏刘列传》，《资治通鉴》第四〇卷）

（二）越级提拔第五伦

会稽郡属扬州，在永建四年（公元 129 年）该郡分出吴郡之前，会稽郡面积较大，辖县较多。其辖境大致相当于今江苏南部、上海西部、浙江大部和福建中部沿海地带，其辖县二十六个，人口一百多万，治所在吴县，也就是今江苏苏州市城区。会稽郡是当时著名的大郡、富郡。该郡地处长江下游，雨量充沛、河渠众多、灌溉便利、日照充足、土壤肥沃，适宜于耕种。该郡的种植业、畜牧养殖业、林业、渔业以及手工业、商业等都有了一定的发展基础。东汉时，这里的豪族势力明显增多，经济、政治、文化、教育事业发展较快。因此，这一地区的广大吏民对地方官员的素质要求相对较高。建武二十九年（公元 53 年），刘秀亲自考察和选拔基层工作经验丰富、治理能力突出的第五伦担任会稽郡太守，充分体现了光武帝刘秀对郡一级，特别是对较发达地区地方主官的选拔配备高度重视。

第五伦，字伯鱼，京兆郡长陵县人，即今陕西咸阳市泾阳县人。他的祖先是齐国的田姓，因"诸田徙园陵者多，故以次第为氏"。

王莽末年，全国各地都爆发了农民起义，乡亲们因害怕乱兵袭扰，争相依附于"少介然有义行"的第五伦。第五伦没有辜负乡亲们的信任，他组织大家在险要之处修建堡垒，以抗击乱兵入村抢劫粮草。堡垒建成后，果然先后有赤眉军、铜马军等小股军队数十部来犯，试图入村抢劫。第五伦领导和指挥乡亲们用弓箭和长矛坚守自卫，敌人无法攻克，村民的生产生活始终没有受到影响。第五伦以营垒首领的身份去拜见郡太守鲜于褒，鲜于褒很欣赏第五伦的才干，安排他做了郡府的吏员。后来，鲜于褒因犯错误，被贬降为治所在今山东德州禹城市西南二十公里的平原郡高唐县的县令。从此，第五伦离开郡府，回到家乡担任基层乡官——啬夫。第五伦上任后均平徭役、调解纠纷，深受乡亲们的爱戴。由于他长期在基层岗位上得不到升迁，因此他把家属迁往河东，改名换姓，自称王伯齐，以贩运盐巴挣钱，经常来往于太原和上党两地。在运盐途中，他把牲口厩的粪便打扫得干干净净，路人都称他为"有道之士"。几年之后，鲜于褒把第五伦推荐给主管京师及其附近地区的京兆尹阎兴。阎兴征召第五伦担任了典领文书簿籍、经办具体事务的主簿。当时京兆地区私自铸钱的人很多，他们投机取巧，从中渔利，由此带来了长安贸易市场严重混乱。长期以来，阎兴对这一积弊非常头疼。于是，他安排第五伦担任督铸钱掾，主要负责管理长安农贸市场。第五伦上任后，统一衡器，校正斗斛和大小秤，打击坑蒙拐骗和欺行霸市的行为。由于他公平正直，管理能力突出，自从他管理市场之后，市场上坑蒙拐骗等奸诈之事绝迹，市场秩序大为好转。建武二十八年（公元52年），第五伦被推举为"孝廉"。

"孝廉"第五伦被补任为淮阳国负责医药事务的医工长，于是他跟随淮阳王到了治所在陈县，即今河南周口市区的封国。建武三十年（公元54年），淮阳王带着包括第五伦在内的淮阳国的官吏，再次入京觐见光武帝刘秀。刘秀垂问政事，淮阳王和其他官吏都回答不上来，而第五伦底数清楚，政务熟悉，对答如流，见解独到，刘秀非常赏识他。第二天，刘秀又特召第五伦入宫，两人一直交谈到晚上。通过两次长谈，光武帝对第五伦的德才情况和政治见解有了比较深刻的了解。谈话将要结束时，刘秀笑着问了第五伦两个问题："听说你当官之后，曾经拷打过你的岳父；又听说你拜访堂兄家却不肯留下吃饭。难道真有这样的事吗？"面对光武帝刘秀的询问，第五伦实事求是地做了回答，他说："我先后娶过三个老婆，但她们的父亲都早已去世……我小时候遭受过饥荒动乱，知道一顿饭来之不易，实在不敢在别人家吃饭。可能有人认为我愚笨、不开窍，所以就编造了这些谣言。"刘秀听后大笑。第五伦离京之后，光武帝下诏任命他为治所在今甘肃庆阳市镇原县之北的安定郡扶夷县的县长。第五伦还没有到任，又被任命为会稽郡太守。第五伦在会稽郡担任太守期间，"为政清廉而有惠，百姓爱之"。汉明帝统治期间，第五伦因工作中触犯有关法令被朝廷召回，到京后就被送入廷尉治罪。会稽郡官民到京城上访上疏者有千余人之多，都为第五伦鸣不平。在强大的舆论压力下，汉明帝巡查廷尉监狱，将第五伦免罪释放。数年后，第五伦又被任命为治所在巴郡宕渠县（今四川达州市渠县境内）的县令，任职四年后因政绩突出升任治所在今四川成都市的蜀郡太守。

刘秀作为一国之君，亲自与基层官吏谈心谈话，亲力亲为深入考察了解官吏的德才表现和治理能力，当面澄清对官吏的负面评价或杂音，他这种做法是难能可贵的。（据《资治通鉴》第四四卷，《后汉书·第五钟离宋寒列传》《后汉书·光武帝纪》）

（三）用好用对治乱高手郭伋

刘秀有一手非常厉害，他用好用对了治乱高手郭伋这个人，使得"一州两郡"由乱到治，具有不可估量的政治效益、经济效益和社会效益。同时，也使得刘秀高枕无忧，安心落意，不用再为那里的烦心事操心劳神。

渔阳郡属于幽州。王莽时期将渔阳郡更名为通路郡，刘秀建立东汉后复称渔阳郡。该郡的面积不大，但历代都有变化，一般包括今北京、天津、河北部分地区，辖县六个，那时的县域面积比我们今天的县域面积要大很多，但人口很少。郡治所在渔阳县，即今北京密云区西南。在更始帝刘玄统治时期，渔阳郡是代理太守主政，此人名字叫彭宠。彭宠经老乡韩鸿推荐，被刘玄任命为偏将军、渔阳代理太守。应该说，彭宠前期干得很不错，致使渔阳郡没有受到乱兵侵扰，社会治安相对稳定，老百姓生活比较殷实。后来，由于他与顶头上司幽州牧朱浮闹矛盾，朱浮在刘秀面前讲他的坏话，刘秀召彭宠入京，彭宠不敢去，便起兵反叛，并集中渔阳郡全部军事资源，较长时间围攻朱浮；同时，为争取外援，彭宠不惜一切代价向匈奴行贿，耗费了大量本地财富，因此该郡由治到乱，由富变穷，再加上外有匈奴侵扰，内有盗贼抢掠，老百姓过着颠沛流离、鸡犬不宁的生活，这里成为北方地区又乱又穷的郡。刘秀将彭宠叛乱镇压下去之后，为收拾这个烂摊子，便任命郭伋担任渔阳郡太守。

郭伋，字细侯，扶风茂陵人，即今陕西咸阳兴平市人。他的高祖父郭解在汉武帝时以任侠闻名，父亲郭梵官至蜀郡太守。郭伋少年时立有大志，且志美行厉，不同流俗。早在西汉哀帝、平帝时期，郭伋就被征召到大司空府为吏，经三次升迁担任了渔阳都尉。王莽时期，郭伋被提拔为上谷郡大尹，也即郡太守，后被提拔到治所在今太原市晋源区的并州担任州牧。刘玄称帝后，三辅地区连年遭受乱兵侵扰，百姓提心吊胆、惶恐不安，有经济实力的大户各自拥兵自保，但没有人敢于率先依附更始帝。更始帝平时就常听人说起郭伋，知道他很有本事，于是就征召他出任左冯翊。刘秀称帝后，任命郭伋为治所在姑臧，即今甘肃武威市凉州区的雍州牧，后又调他担任掌决策出令，总领朝政，无所不统的尚书令。郭伋多次向刘秀献计献策，深得赏识。建武四年（公元 28 年），刘秀下派郭伋到治所在卢奴县，即今河北定州市的中山郡担任太守。第二年，刘玄所任命的渔阳郡代理太守彭宠被杀，为整顿和恢复该郡因遭受王莽之乱和彭宠之败而破坏的社会秩序，刘秀将郭伋调往渔阳郡担任太守。

郭伋走马上任后立即投入拨乱反正工作，他一方面向百姓宣示有功必赏，鼓励他们合力捕杀盗贼首领，于是盗贼溃散逃离；另一方面，他整顿兵马，训练士兵，制定攻防战略，对经常犯边的匈奴形成强大震慑，匈奴再也不敢越界侵扰。时间不长，"盗贼消散，匈奴远迹"，稳定了社会秩序，建立起郡府的威信。一些逃往外地的农民纷纷返乡归田，农业生产得到了恢复和发展。郭伋担任渔阳太守五年，郡内户口增加了一倍。户口的增减是当时朝廷考核郡县主官治绩的重要指标。由于郭伋在渔阳任郡守期间治绩考核优等，刘秀又将这位治乱高手调往当时全国人口最多、社会秩序更加混乱的颍川郡担任太守。

颍川郡属于豫州。东汉时，该郡地域范围大致包括今河南许昌市全部、郑州市代管的登封市大部，漯河流域部分地域，漯河市代管的舞阳市和洛阳市东部，周口市的扶沟县，平顶山市的叶县等地域。该郡辖十七个县，治所在阳翟，即今河南许昌禹州市。东汉立国之初，颍川郡盗贼蜂起，城邑和农村经常遭受他们的袭扰和抢劫，老百姓无法从事正常的生产和生活。建武九年（公元33年），光武帝刘秀在与郭伋任前谈话时说："您是一位贤能的太守，去帝城不远的颍川郡担任太守，希望京师也能蒙受您的洪福。您虽然精于追捕，但颍川山道险阻，打起仗来自己也如同一个士兵啊，您要小心谨慎，注意自身安全。"郭伋到任后，采取宽大为怀的招降政策，促使阳夏（jiǎ）（今河南周口市太康县）人赵宏、襄城（今河南许昌市襄城县）人召吴这两个山贼头目率领部众数百人向郡府投降，郭伋没有治他们的罪，而是将他们全部遣返回乡务农，此举产生了良好的社会影响。赵宏、召吴的同党以及其他流窜作案的土匪头目听到郭伋的威望和信誉之后，也从遥远的江南以及幽州、冀州等地跑过来，"不期俱降，络绎不绝"。这样，颍川郡及其他相关地区的盗贼问题基本上都摆平了，颍川郡恢复了社会稳定。

建武十一年（公元35年），刘秀又提拔郭伋担任并州牧。东汉时，并州的地域范围相当于今山西全境和河北、内蒙古的部分地区。该州辖太原、上郡、云中、上党、西河、朔方、定襄、雁门、五原九个郡。一个时期以来，并州出现了严重的武装叛乱事件，反叛势力与匈奴、西羌和胡人联合起来，不断攻城略地，杀死朝廷命官，严重威胁着国家安全和社会稳定，给刘秀统一全国制造了大麻烦。所以，刘秀毅然决然地把治乱高手郭伋从颍川郡调出来，放到并州去"灭火"。

并州武装叛乱事件的发生，从根子上说，就是源自一个类似于"占卜先生"王郎那样的大骗子，这个大骗子的名字叫卢芳。

卢芳，字君期，安定郡三水人，即今宁夏吴忠市同心县人。王莽时期，由于法律严苛、赋税繁重，老百姓大都思念汉朝的恩惠，如同邯郸的"占卜先生"王郎说自己是汉成帝儿子刘子舆那样，卢芳也公开声称自己是汉武帝刘彻的曾孙刘文伯，并编造说他的曾祖母是匈奴浑邪王（浑邪是汉代匈奴的一支）的姐姐等一系列宫廷故事来佐证其真实性，借此来欺骗安定郡一带的老百姓，忽悠老百姓支持和拥护他。在当时全国各地农民起义风起云涌的形势下，卢芳便借机造势，打着讨伐王莽、复兴汉朝的旗号，与居住在三水属国的羌人、胡人等一同起兵，拉起了一支武装力量，并不断发展壮大。刘玄迁都长安后，为安抚卢芳，便任命他为隶属于光禄勋、官秩为比二千石、掌监羽林骑的骑都尉。刘玄败亡后，三水一带的地方豪杰共同拥立卢芳为"上将军""西平王"。卢芳又勾结匈奴、西羌，并派遣自己的哥哥卢禽、弟弟卢程前往匈奴去拉关系。匈奴单于立卢芳为"汉帝"，委任卢芳的弟弟卢程为"中郎将"，并让卢程率领胡人的一支骑兵部队回到安定郡，归卢芳使用。在匈奴的大力支持下，卢芳的军事实力得到了加强，同时他的政治野心也随之膨胀。当时，并州地盘上的代郡（西汉时，郡治所在今河北张家口市蔚县代王城；东汉时，治所迁至今山西大同市阳高县西北）、朔方郡（西汉时，郡治所在朔方县，即今内蒙古鄂尔多斯市杭锦旗北什拉召一带；东汉时，将治所移至临戎县，即今内蒙古巴彦淖尔市磴口县东北布隆淖乡古城）、五原郡（治所在九原县，即今内蒙古巴彦淖尔市乌拉特前旗黑柳子乡三顶帐房村古城）等地还活跃着其他一些小股军阀，卢芳采取"结亲通好"的方式与他们勾结在一起，先后攻占了东汉所控制的五原、朔方、云中（治所在云中县，即今内蒙古呼和浩特市托克托县东北古城）、定襄（西汉时，治所在成乐县，即今内蒙古呼和浩特市和林格尔县土城子乡古城；东汉时将治所移至善无县，即今山西朔州市右玉县之南）、雁门（西汉时，治所在善无县，即今山西朔州市右玉县之南；东汉时，移治所至阴馆县，即今山西朔州市朔城区滋润乡夏关城村）五个郡，杀死了朝廷命官，自己任命了部分郡守和县令。并州的九郡九十八县，被卢芳抢去了一半还多。"汉帝"卢芳还在治所位于今内蒙古巴彦淖尔市乌拉特前旗东南堡子湾古城（一说在今包头市西哈德门沟口古城堡）的五原县建都，并与匈奴内外呼应，不断侵扰和掠夺北方边境。

　　刘秀派遣郭伋到并州做州牧，就是要求他顶住卢芳等军阀势力对北方边境地区的蚕食，并趁机将他灭掉。

　　郭伋到并州上任之后，先到所辖地域进行走访慰问，了解百姓疾苦和当地风俗，掌握地方官员的工作情况。他曾到过阿尔泰与天山之间准噶尔盆地上的西河美稷，并在那里树立起州府官员讲诚信的良好形象。当时郭伋一行到达西河美稷城外时，发现有数百名儿童各自骑着竹马，在道路上列队迎拜。郭伋停下车马，问他们说：小朋友，你们在这里干什么呀？儿童们回答说：听说使君到了，大家非常高兴，在这里欢迎您哩。郭伋辞谢后入城，事办完后，那些儿童又将郭伋一行送到城外，儿童们问郭伋：使君哪天返回？郭伋问州刺史的佐官别驾从事，并计算日期后告诉了小朋友。后来，郭伋巡视回来的时间比告诉小朋友的返回的时间早了一天，郭伋怕失信于儿童，于是就在野外亭子里停车住了一夜，第二天按约定日期入城，郭伋这一举动使当地吏民深受感动。郭伋通过这次巡视调研，不仅掌握了大量的情况和信息，而且还与郡县官员建立了工作联系，也拉近了上下级之间的感情距离。

　　通过深入了解，郭伋得知卢芳非常狡猾，具有较强的军事和经济实力，短期内很难用武力制服。于是，他一方面加强烽火台报警体系建设，派兵严防死守，一旦发现敌军入侵，就白天施烟，夜间点火，台台相应，传递信息，及时组织军事力量御敌；另一方面公开悬赏捉拿卢芳等军阀。另外，他还暗中使钱引诱，在卢芳阵营中搞策反活动。这一连串的军事行动对卢芳等军阀势力产生了强大的震慑，他们的侵扰被遏制。郭伋先后治理混乱不堪的渔阳、颍川，取得了不俗的成绩，积累了丰富的治理经验，他到并州任职以来开拓进取，积极应对，并州治理也取得了阶段性成效。此时，朝中有不少大臣都举荐郭伋担任大司空。而刘秀则认为卢芳等军阀势力还没有灭掉，匈奴还没有平定，敌寇犯边的问题还没有从根本上得到解决，如果此时把郭伋调上来，那里的情况很可能会出现反复，造成新的麻烦。于是，刘秀想让郭伋在并州牧岗位上再干一年，对此，郭伋没有怨言，继续积极推进瓦解卢芳等军阀的有关工作。经过郭伋的不懈努力，对军阀势力的策反工作开始见效。卢芳手下掌握兵权的大将，绥远五原（在今内蒙古包头市西北）人隋昱，开始谋划胁迫卢芳投降郭伋的方案，但由于保密工作没做好，被卢芳意外获得了消息，卢芳担心自己被谋杀，于是仓皇逃往匈奴地区。郭伋及时上报朝廷，将隋昱任命为五原太守，封爵镌胡侯。由于卢芳出走，掌握兵权的大将隋昱归顺了刘秀，原来卢芳的势力都转化为朝廷的军队。郭伋利用这一有利时机，将卢芳抢占的并州境内所有郡县全部收复。

建武二十二年（公元 46 年），光武帝刘秀将郭伋调回朝廷，任命他为掌议论的太中大夫，并赏赐他宅邸一处，金钱、粮食若干以及大量的生活用品等，郭伋除了留下生活必需之外，将金钱、粮食等全都分给宗内九族。第二年，郭伋去世，享年八十六岁，光武帝刘秀亲自临吊，并赏赐他坟茔地。刘秀用好用活郭伋这位治乱高手，对于治乱维稳、安邦定国发挥了重要作用。（据《后汉书·郭杜孔张廉王苏羊贾陆列传》，《资治通鉴》第四二卷、四三卷，《后汉书·王刘张彭卢列传》）

（四）安排任延镇守边远郡

刘秀把最有政治头脑、最有工作思路和领导方法的优秀的治理人才放到最边远、最贫困、矛盾最多、困难最大、社会稳定问题最为突出的地方担任一把手，这个人就是任延。

任延，字长孙，南阳宛人，即今河南南阳人。任延十二岁时就在长安求学，成了一名令人羡慕的太学生，且在太学府里小有名气，师生们都管他叫"任圣童"。任延通晓《诗经》《易经》和《春秋》等。他太学毕业时正处于军阀混战时期，任延逃到陇西避难。当时，大军阀隗嚣已割据陇西四郡，隗嚣派人去召请任延到其阵营为官，任延置之不理。

更始帝刘玄上台后，任延被任命为大司马属掾，不久又被任命为会稽郡都尉。都尉专管本郡军事成防，在郡中与太守并重，有时也代行太守职能；郡都尉本为郡守副贰，侧重在军事方面协助太守。当时任延才十九岁，会稽郡来迎接他的官员见任延如此年少，非常吃惊。任延虽然年少，但做事老练稳重，使人感到后生可畏。任延到任后，所做的第一件事就是派人拿上祭祀用品，去祭祀延陵季札，表明他将以延陵季札为楷模，加强政德修养，格物致知，诚意正心，修身齐家，以德政推进地方治理，使广大吏民见贤思齐，努力成为仁德之人。当时，天下刚刚平定，道路不通，中原地区来江南避难的士人都还没有回去，加上自古会稽多才子，这里的文人贤士很多，但他们都隐不出仕。任延着手工作后，将原来在郡府为吏且品行高尚的贤者一律聘用，就像对待老师和朋友那样对待他们，其中家庭贫困的，任延还将自己的俸禄分出一部分来接济他们，使那些属吏们深受感动。他还大力推行精兵简政，减轻老百姓养官和养兵的负担，并将公家的田地分配给被裁减下来的士兵耕种，要求他们将收获的部分粮食周济给吃不上饭的穷人，被裁减的士兵和老百姓都很满意。每次视察属县，任延都派人慰问和勉励孝子，并请孝子们一起吃饭。时间不长，任延在会稽郡的威信就树立了起来。

吴地有一位名叫龙丘苌的名人，隐居在治所位于今浙江衢州市龙游县境内的会稽郡太末县，多年来，无论哪一级官府征召，他都不肯出仕，并发誓立志不变。会稽郡府的吏员们向任延推介龙丘苌，并建议他征召此人。任延笑着说："对于践行道德大义的龙先生，我们决不能采取一般的征召办法，应该以诚攻心使他感动，但这个办法一定要适当。假如我作为都尉去给他家洒水扫地，打扫庭院卫生，他很可能会认为我在羞辱他。"于是，任延派遣郡守的功曹佐带着自己的亲笔书信和名帖前去拜访他；后来又隔三岔五地派遣使者到他家里看望，龙丘苌有个头疼脑热，任延就派人给他送医送药。一年之后，龙丘苌便主动乘车去官府拜见任延，希望在有生之年被录用为官吏，把自己的知识和才能贡献出来，以报答郡府的关怀之恩。任延将龙丘苌暂时安排为议曹祭酒。此官为郡府属吏，没有具体工作，参与谋议，属散吏，地位较尊。不久，龙丘苌因病去世，任延身穿孝服，亲自到灵堂祭悼，并三日没有升堂办公。因此，会稽郡的贤能之士都积极入仕，较好地解决了该郡优秀人才锥处囊中、隐不出仕的问题。

东汉立朝的建武元年（公元 25 年），刘秀征召任延，并亲自接见他，赐给他马匹和各种丝织品，让他的妻子儿女留在洛阳，派遣他去九真做太守。九真是我国古代一个郡级行政单位。早在秦始皇三十三年（公元前 214 年），任嚣、赵佗率领秦朝军队击败百越，并设置了南海（古郡名，治所在番禺，即今广州市）、桂林（古郡名，治所在布山县，即今广西贵港桂平市西南）、象郡（古郡名，治所在临尘县，即今广西崇左市境内）三郡。后来任嚣病死，赵佗发兵占领了桂林郡和象郡，并成立了以番禺为都城的"南越国"，赵佗自称"南越武王"，并在南海设置了九真、交趾两郡。九真郡治所在胥浦县，即今越南清化省东山县杨舍村，辖境相当于今越南清化、河静两省及义安省东部地区；该郡西汉时人口总数是 16.6 万人，东汉时发展到 20.9 万人。任延到任九真后发现，当地的老百姓以打猎为生，不懂得使用耕牛，不会种植庄稼，他们常常去位于今越南北部红河流域的交趾购买粮食，日子过得非常艰苦。任延下令铸造农具，并教给当地居民开荒种地和农作物栽培技术，随着开垦土地的增多和耕种技术的熟练掌握，老百姓的生活质量逐步提高，过上了自给自足的生活。任延还发现当地百姓没有婚姻制度，各自凭着情欲喜好结合，没有固定的配偶，也不了解父子间的天性和夫妻间的爱情。于是，任延发文书给所属各县，要求男子年龄在二十到五十岁之间，女子年龄在十五到四十岁之间，都要按照同年龄段结合。因家里贫穷而出不起聘礼的，地方官员要各自从俸禄中拿出一部分来接济他们。结果文书下发后，同时结婚的就有二千多对。这些人生下孩子后，才知道父亲和宗族姓氏。他们都感激地说：使我有孩子的，是任君啊！因此许多人给孩子取名为"任"。任延在九真郡担任太守四年，为当地经济发展、民生改善和社会文明进步做出了重要贡献。九真的官员和百姓在任延健在时就为他建了祠堂，可见他们对任延的感激之情。

后来，光武帝刘秀召任延回都城洛阳，但他由于生病耽搁了行程，被降为睢阳县令。任延到京后说明了生病情况，于是朝廷将任延改任为武威郡太守。武威郡属于边远地区，辖境相当于今甘肃黄河以西、武威市以东及石羊河流域地区。

任太守到任后发现，该郡最严重的问题是社会秩序混乱，而造成混乱的根源就在郡府。郡府长史，辅佐太守掌兵马等事的田绀是当地的望族大户，他的儿子、侄子及其门客聚集了一帮小流氓，经常为非作歹，鱼肉百姓，寻衅滋事，抢劫杀人，严重扰乱了老百姓的生产生活。任太守看到这一现象非常气愤，决心打掉黑恶势力的保护伞。于是他将田绀等人抓捕审讯，并依照法律规定将田绀父子及其参与犯罪的门客六人予以处斩，此举产生了强大的震慑作用。田绀的小儿子田尚自称将军，聚集起地痞流氓几百人在夜里攻打郡城，任太守立即率领郡兵予以反击，将他们打败。从此，任延的名字威震武威全郡，广大吏民都非常敬畏他。此前武威郡北有匈奴、南有羌人，经常犯边侵扰，老百姓因害怕他们而无心耕种劳作，土地荒废了很多。任延挑选了一千名懂得用兵的武士，严明赏罚，要求他们率领休屠（即驻牧于河西走廊武威郡的匈奴族的通称）、黄石（古代一支少数民族）等少数民族骑兵占据要害之地，一旦发现匈奴和羌人犯边，就立即迎战和追击，每战打死打伤很多敌人。从此，他们再也不敢犯边侵扰。任延还针对武威郡干旱缺雨的实际，设立主管水利的官员，负责修挖河渠，引水灌溉，老百姓都得到好处。他又兴建学校，选派官员进行管理，自掾史以下官员的子孙都让他们到学校去接受教育，并免去他们的徭役。对于通晓经义的一概任用，使其显荣。从此开始，武威郡才有了本地儒生。

任延最初在经济文化较为发达的会稽郡做都尉，后来刘秀先后调他到边远和贫穷落后的九真郡、武威郡做太守，任延把会稽地区先进的牛耕技术、种植技术等带到九真，把开办学校、引水灌溉的做法带到武威，有力促进了边远落后地区的农耕经济、文化教育事业的发展。（据《史记·南越王列传》《汉书·西南夷两粤朝鲜传》《后汉书·循吏列传·任延传》，《资治通鉴》第四三卷）

（五）建立和谐融洽的君臣关系

刘秀出生和成长在民间，目睹了耕作的艰难和百姓的疾苦，对基层情况和老百姓生产生活状况非常了解。因此，天下基本平定之后，他高度重视老百姓的休养生息，不瞎折腾，务求安静。他废除了王莽统治时期的繁杂之法，重拾西汉前期"行仁义，法先圣"和"无为而治"的治理理念；同时他还认真汲取西汉后期几任皇帝裘马声色、荒淫无度，导致国家衰微灭亡的惨痛教训，从严要求自己，带头勤俭节约。他身穿粗陋的清一色的衣服，从来没有第二种颜色。他耳不听靡靡之音，手不拿珠玉之类的玩器，后宫里没有偏爱，近臣没有两样的待遇。建武十三年（公元37年），外国人送给他一匹好马，能日行千里，又进献宝剑，其价值可抵得上一百斤黄金。光武帝没有留作私用，而是把好马赠送给军队，将宝剑赏赐给骑士。他还下令裁减帝王园林中的官员，废除巡游打猎之事。他下达给地方和诸侯国的手书，全部一简十行，用小字。在光武帝的影响和带动下，朝廷上下勤俭节约之风盛行，朝廷内外谁也不敢挥霍浪费、怠政懒政，谁也不敢横征暴敛、敲诈勒索，地方长官竞相为老百姓办事，有力促进了农耕经济的发展，并涌现出一大批像第五伦那样一生勤劳节俭、不贪不腐、爱国爱民的清官；像任延那样不辞辛苦，下大力改变边郡落后的生产方式和陈规陋习的实干家；像郭伋那样善于解决复杂矛盾和问题，抓好社会治安、综合治理的治乱高手。

在战争年代，刘秀多次采纳将领们提出的好的策略和计谋，取得了一个又一个的胜利。他本人也养成了善于纳谏的好习惯、好传统。立朝之后，刘秀依然坚持和发扬这个好传统，虚心听取大臣们好的意见、建议。他多次邀请公卿大臣和左右郎、将，坐在御座上，广泛访求百姓疾苦，听取他们的反映和建议。建武七年（公元31年），他专门下发诏书，要求群臣各自提出关于国家治理方面的意见和建议，要求以密封奏章的形式，直接呈报给他本人，他还强调指出，群臣要解除思想顾虑，不要有所忌讳，尤其是要敢于和善于指出他的过失，"凡上疏之人，不得称朕圣明"。在这次书面征求群臣意见、建议的活动中，刘秀接受和采纳了掌管国家仓廪之官大司农江冯上奏的关于在君臣之间建立信任、彻底扭转王莽时期皇上与臣子之间相互猜忌、互不信任的流毒和影响之建议，收到了良好的政治效果。江冯在上疏中反映，王莽从摄政开始就把持着国家最高权力，他窃国篡位，以己度人，以为群臣都有政治野心，"不信群臣"，把他们当贼来防，煽风点火，挑拨离间，把揭发隐私作为高明的做法，把攻击过失作为正直的表现，以至于出现了奴仆告发主子、儿子告发父亲、弟弟告发哥哥的乱象。王莽时期刑法苛刻，"大臣无所措手足"。所以，他建议光武帝"宜修文、武之圣典，袭祖宗之遗德，劳心下士，屈节待贤"。刘秀认为江冯这个建议很好，并在日常工作中予以接受和采纳。刘秀对臣属们和蔼可亲，经常找他们谈心谈话，听取他们对政务得失的意见建议，拓宽了自己的工作思路，掌握了不少实际情况和各方面信息，同时也发现并起用了一批优秀人才。面对王莽留下的国家残破、经济凋敝、百废待兴、万事待理的烂摊子，作为东汉开国皇帝的刘秀觉得就像一团纵横交织、相互缠绕的乱麻。但他认为，无论是一千条，还是一万条，选准用好朝廷的重要官员和地方州、郡一把手是治理好国家的第一条。只要选准用好官吏，充分发挥他们在国家治理体系中的重要作用，就能抓纲带目、纲举目张。所以，刘秀紧紧抓住选准人、用好人这一手，很快稳定了人心，平定了天下，打开了局面。（据《后汉书·循吏列传》，《资治通鉴》第三一、四二卷）

二、树立祭遵为百官楷模

东汉立国以后，刘秀一手抓朝廷和地方重要官员的选拔配备，着力推动经济复苏和社会事业发展；一手抓镇压少数地方武装叛乱和剿灭军阀残余势力。在镇压武装叛乱和剿灭军阀残余过程中，刘秀注重用好军队将领，特别是把征虏将军祭遵树立为文武百官的楷模，使大家学有目标、干有榜样，有力促进了将领们思想政治素质和军事指挥才能的提升，成就了我国历史少见的名将辈出、将星灿烂、群贤毕至、少长咸集的时代，有力促进了国家统一、社会稳定和经济发展。

祭遵，字弟孙，颍川郡颍阳县人，即今河南许昌市襄城县人。祭遵少年时喜欢读书，为人谦恭低调，家庭生活条件虽然不错，但他非常注重节俭，不喜欢穿华丽的衣服。祭遵对父母非常孝顺，他是孟子"孝子之至，莫大乎尊亲"的模范践行者。母亲死后，他背土起坟，受到家乡父老的赞扬。祭遵年少时曾受到衙吏欺凌，于是他结交宾客将衙吏杀死。起初本县人以为他柔弱，自从他杀死衙吏之后，人们都害怕他了。昆阳之战，刘秀打败莽军之后，曾驻扎在治所位于今河南许昌市西南的颍川郡颍阳县。该县有一位帅小伙几次去汉军驻地观望，刘秀见到他并与之交谈，因"爱其容仪"，将其召入军中，他便是祭遵。起初，刘秀安排祭遵为相当于今部队首长勤务员的门下史，不久又将其任命为军市令，负责军纪监督工作。祭遵上任后，正遇上刘秀的家奴舍中儿违犯军纪，祭遵依照法律将其处斩。刘秀得知后大怒，下令将祭遵抓起来。此时，刘秀手下掌管文书工作、承办具体事务的主簿陈副劝谏说：明公常想要军容整齐、步调一致，现在祭遵执法不避权势，一视同仁，这正是加强军纪所需要的。刘秀想了想也是，这个年轻小伙子知道舍中儿是自己的家奴，但他不讲情面，坚持原则，公正执法，倒是应该肯定的。于是刘秀不仅下令赦免祭遵无罪，而且还下诏任命他为刺奸将军，掌军中法制，督奸猾。刘秀趁机对手下将领们说：你们一定要注意遵行法纪，我的家奴舍中儿犯法，祭遵照杀不误，如果你们违反法令，祭遵绝对不会徇私枉法！由是，祭遵执法如山、不畏权势、不徇私情的良好形象在军中树立了起来，汉军的军纪进一步加强。后来，刘秀任命祭遵为将军的辅佐偏将军，他跟随刘秀平定河北，又因立功而被封为列侯。东汉时的列侯，主要是县侯、亭侯、乡侯三个等级，其中县侯以县立国，乡侯、亭侯不立国，只设置家臣，列侯的食邑亦高低不等。祭遵为官清廉，克己奉公，他将得到的赏赐全分给手下的人，自己并无余财。因此，当时舆论评价祭遵"清名闻于海内，廉白著于当世"。（据《后汉书·铫期王霸祭遵列传》）

（一）先后剿灭张满、邓奉、张丰、彭宠武装叛乱

刘秀被拥立为帝并定都洛阳后，打算把洛阳西部和南部的流民武装清除掉，以确保都城安全。建武二年（公元 26 年）春，刘秀任命祭遵为杂号将军之一的征虏将军，赐封颍阳侯，与骠骑大将军景丹，杂号将军之一的建义大将军朱祐，杂号将军之一的汉忠将军王常，掌羽林骑的骑都尉王梁、臧宫等共同统领大军，出太行八陉之一的轵关陉箕关，去剿灭盘踞在弘农郡一带的厌新、柏华等流民武装。征虏将军祭遵领兵到达目的地后，就与敌寇展开交锋，在战斗中不幸中箭受伤，血流不止。士卒们看到他受伤之后，便开始后撤。祭遵忍着伤痛，大声呼喊，斥骂不止，命令士兵不准退却。于是，士卒们都冲上前去拼命苦战，终于大破敌军。当时新城蛮中（新城，古地名，在今河南洛阳市之南；蛮中，古代戎蛮居地，在

今河南洛阳市伊川县西南）山贼张满，屯结兵众于险要之处为害百姓。刘秀诏令祭遵攻击张满，为民除害。祭遵出兵切断了张满运送粮草的通道，而后迅速撤军回营。张满粮道被断，那就意味着其部众只能喝西北风了。于是，他气急败坏，几次率领主力部队向祭遵发起挑战，而祭遵却命令士兵坚守营垒不出。张满打不着祭遵，心急如火，于是与厌新、柏华的残余势力会合，向位于今河南平顶山汝州市西南、汝水南岸的霍阳聚发起攻击，并将该城占领。厌新、柏华助力张满拿下霍阳聚后，便撤军离开。祭遵趁着他们撤离之机率军追击，将他们击败，并俘获了部分残兵败将。占据霍阳聚的张满不敢出城抢掠，军队饥饿困倦，惶惶不可终日。次年春，祭遵率军攻打霍阳聚，将该城攻破，活捉了贼首张满。最初，张满聚众起兵主要是受谶文误导，他在祭祀天地时宣称自己当王。当祭遵攻破霍阳聚后，张满残忍地将自己的妻子儿女全部杀死。祭遵下令将张满处斩，此时张满自叹道：谶文误我！随后，祭遵乘势率军开赴治所在今河南南阳市卧龙区潦河镇的南阳郡杜衍县，去攻打邓奉的弟弟邓终。

邓奉是光武帝刘秀的二姐夫邓晨的侄子，曾官至破虏将军，但他背叛了刘秀而成为叛将。邓奉的弟弟邓终追随哥哥，也在杜衍起兵响应。所以，在祭遵灭掉张满之后，刘秀命令他迅速开赴杜衍县去平定邓终叛乱。

在刘秀的亲自指挥和率领下，包括祭遵在内的广大将士协同苦战，终将洛阳、南阳周边一带的流民武装和反叛势力全部剿灭，恢复了社会稳定，维护了都城及其周边一带的安全。

此时，又传来了涿郡太守张丰将朝廷使者捉住后起兵造反的消息。刘秀立即派遣祭遵等将领率军去讨伐张丰。

张丰系安肃人，即今河北保定市徐水区人。他性好"方术"（旧时指医、卜、星、相、炼丹等技术）。张丰起兵造反也与他"好方术"有直接关系。有个道士对张丰说，将来他一定会成为天子，并在他胳膊肘上挂了一块用五彩囊包裹的石头，说是石头里面有玉玺。张丰信了，于是举兵造反，自称"无上大将军"，并与渔阳代理太守彭宠联兵叛乱。

祭遵率军到达后，便展开对张丰的围攻。张丰手下的功曹孟厷不愿白白为张丰而死，于是他与自己的心腹一起把张丰捆绑起来，并押着他向祭遵投降。祭遵准备处斩张丰，张丰却说：且慢！我胳膊上有块玉玺。于是，祭遵将张丰身上那块五彩囊包裹的石头拿下来击碎，结果一看，什么玉玺，里里外外全都是石头。张丰这才知道自己被道士骗了。

除掉张丰之后，刘秀诏令祭遵及其军队留驻治所位于今北京市房山区窦店西土城的涿郡良乡县，以抵抗渔阳代理太守彭宠的叛军南侵。

自从王莽政权九卿下属大夫的属官大司空士彭宠被更始帝任命为偏将军、渔阳郡代理太守之后，彭宠为把日子过得安稳些，便主动与刘秀搞好关系。当年，刘秀镇慰河北到达蓟县时，他曾写信召见彭宠。彭宠备好牛和酒，准备去拜见刘秀。就在这个时候却发生了王郎诈立为帝事件，王郎派人在燕、赵各地传送檄书，派遣将领欲掠取渔阳、上谷等地，北方地区各郡县虽感疑惑，但大都打算归附。当时，马贩子吴汉已经担任了治所在今北京市顺义区境内的渔阳郡安乐县的县令，他劝说顶头上司渔阳太守彭宠归从刘秀。恰好上谷太守耿况也派遣功曹寇恂到彭宠那里，共同谋划归从刘秀的事儿。于是彭宠发步骑三千人，以吴汉行长史，与都尉严宣、护军盖延、狐奴县令王梁，和上谷郡的三千兵马合军向南，追击刘秀至广阿。刘秀以更始帝的名义赐封彭宠为建忠侯、大将军。后来，刘秀率军围攻邯郸，彭宠下令征集渔阳郡所属各县的粮草等物资，源源不断地运往邯郸前线，帮助刘秀解决了军需之困。刘秀灭掉王郎后，率军攻打占据元氏县的小杂牌军，追击敌寇至蓟县。上次彭宠欲拜谒刘秀，由于王郎檄书和使者搅弄未能成行，这次他带上牛、酒等礼物去谒见刘秀。彭宠自以为帮过刘秀的大忙，为他剿灭王郎做出了很大贡献，劳苦功高，刘秀应该对他高看一眼、厚爱一层，可是彭宠见到刘秀之后，刘秀不仅没有对他厚封重赏，反而连接待他也不够热情，因此彭宠心里很不是滋味。刘秀听说后，就此事询问彭宠的顶头上司幽州牧朱浮。朱浮回答说：以前彭宠派遣吴汉等率领三千兵马支援您时，您曾经赐给彭宠佩剑，又明确他为北道的主人。这次彭宠来见您，满以为您会在门前握手相迎，与他交欢并坐。可是他来后发现情况不是这样的，所以他失望了。此时，刘秀才感到自己确实对待彭宠有些冷淡。朱浮看了正陷入思考状的刘秀一眼，又接着说：以前王莽为宰衡时，甄丰不管早晚都可以进府谋议，当时人们都说：夜半客，甄长伯。王莽当了皇帝以后，甄丰受到冷落，于是他意不平，终于被杀。刘秀听后哈哈大笑，以为不至于到这种地步。刘秀当了皇帝之后，彭宠以前派去支援刘秀的吴汉、严宣、盖延、王梁不断被刘秀提拔重用、厚加封赏，甚至有的已位列三公，而彭宠最初被刘秀封为建忠侯，赐号大将军，给他去掉了"代理"二字，让其继续担任渔阳太守，之后再也没有提拔和封赏他，于是彭宠牢骚满腹，他叹息说：我的功劳应该封王，可是现在我还在原地踏步，是不是陛下把我忘了呢？当时北方地区各郡县大都破散，只有渔阳郡相对完好，尚有旧日的盐铁官。彭宠在政治上捞不到好处，就把主要精力用在发财上，于是他开始从事粮食贸易，时间不长就积聚了大量财富，其他任何郡都比不上彭宠的渔阳郡富裕。

建武二年（公元 26 年）春，刘秀下发诏书命令彭宠赶往京师。彭宠认为又是自己的顶头上司幽州牧朱浮告了自己的黑状，于是他一方面向光武帝上疏说：陛下要我去洛阳倒是可以，但必须答应我一个条件，那就是幽州牧朱浮不能再继续任职了，我要同他一起到朝廷中去对质！另一方面，他又给自己的老下属吴汉、盖延等写信，极言朱浮如何诬枉了他，请求老下属帮忙在刘秀面前为自己辩白洗冤。

朱浮，字叔元，沛国萧县（今安徽宿州市萧县）人。最初朱浮在时任大司马的刘秀手下担任主簿，后又被提拔为偏将军，跟从刘秀参加了攻打王郎的邯郸之战。后来刘秀派遣吴汉等去幽州征调兵马，由于更始帝任命的幽州牧苗曾不予配合，吴汉就将苗曾杀死。于是刘秀任命朱浮为幽州牧、大将军，要求朱浮将州府迁往蓟城，以讨伐平定北部边疆。建武二年（公元 26 年），光武帝封朱浮为舞阳侯，食邑三县。幽州牧朱浮上任后很想改善地方风化，干出一番名堂。为此，他广拢士子之心，一方面在本州招募了一批素有名望的人，把他们都任命为从事（从事为地方长官自己任用的僚属），另一方面引进了一批王莽时期的高级故吏，安置在幕府。朱浮一下子弄来这么多人，俸禄问题如何解决？于是他就给相对富裕的渔阳郡下令，要求彭宠多发"仓谷"。而彭宠认为，自己辛辛苦苦积攒点儿"仓谷"很不容易，不愿意让朱浮白白拿去，于是就以"天下未定，师旅方兴，不宜多置官属，以损兵甲粮储"为由，不听朱浮命令，拒发"仓谷"。而朱浮性情急躁，自视甚高，对彭宠挑战他的权威的行为大为不满，所以他以严厉文辞写信责备和诋毁彭宠。彭宠也是方头不律，不进油盐，于是两人之间的矛盾越积越深。朱浮密奏彭宠"遣吏迎妻而不迎其母，又受货赂，杀害友人，多积兵谷，意计难量"。

刘秀接到彭宠的奏疏很不高兴，认为彭宠也太不像话了，竟然干涉朝廷对官员的任免，还跟皇帝讨价还价。因此，刘秀严词驳回了彭宠的请求，命令他立即动身，不得延误时日！彭宠接到了刘秀的诏书，越发不安，究竟去还是不去，他一时拿不定主意。就在这个时候，他的老婆和下属也掺和进来，把事情搅和坏了。彭宠与平常所亲信的下属计议，他们也都怀怨朱浮，劝说彭宠不要奉诏进京。所以，彭宠折箭为誓，决不应召。光武帝刘秀听说彭宠不肯动身，便派遣在自己阵营里工作的彭宠堂弟"子后兰卿"，专程去渔阳郡做彭宠的工作，催促他赶快进京。可是，彭宠越发怀疑其中有诈，于是就把堂弟扣留起来。随后，彭宠集结军队，任命将帅，公开起兵反叛。彭宠亲自率领两万兵马去攻打朱浮，将位于今北京广安门外的蓟城团团包围，又另派属将率军攻击位于今河北张家口市怀来县大古城村沮阳古城的上谷郡。刘秀获悉后，派遣游击将军邓隆率军去救援朱浮，可是，由于邓隆战术失误，其率领的援军走到半路，就被彭宠的军队截住，痛打一顿，邓隆全军溃败。刘秀派遣邓隆救援朱浮的计划落空。当时，刘秀正在东、西、南三线苦战，再也抽调不出兵力去增援朱浮，而彭宠逮住机会，干成了四件事。一是继续围困蓟城，断绝朱浮的粮草供应；二是先后攻拔了右北平和上谷郡部分县城；三是派遣使者以"结亲友好"的名义，将渔阳郡一些美女和大量彩色丝织品送往匈奴，以换取对方对彭宠的支持，匈奴单于派遣七八千人的骑兵部队，以来往游兵的形式增援彭宠；四是联络和结交割据齐地十二个郡的军阀张步，以及治所在今山东滨州市惠民县东桑落墅（一说今德州市陵城区东北神头镇）的平原郡富平县，一支名为"获索"的杂牌起义军首领，与他们相交为质，互相联合。没干成的一件事是劝说上谷太守耿况一同起兵反叛，此举受到耿况的坚决抵制。彭宠认为，自己与上谷太守耿况都为刘秀做出了巨大贡献，而刘秀对自己和耿况的封赏都很微薄，所以彭宠几次派遣使者劝说耿况一同起兵反抗刘秀，耿况不仅没有答应，而且还斩杀了彭宠的使者。尽管彭宠没有把耿况拉过来，但有了匈奴的支持和与张步、"获索"的联合，彭宠的势力和底气大增，于是彭宠打算向蓟城发起总攻。此时，困守在蓟城的朱浮粮食已经吃尽，正在一筹莫展之时，上谷太守耿况派来了骑兵救援朱浮，在耿况的帮助下，朱浮得以逃走。彭宠率军攻城，三下五除二就将蓟城拿下。于是彭宠头脑膨胀，自立为"燕王"。

祭遵驻军良乡县后，不断寻找机会，多次伏击并挫败来往于渔阳与蓟城之间的彭宠军队。祭遵曾经派遣护军傅玄领兵在治所位于今河北廊坊三河市西南的渔阳郡潞县，截击彭宠的部将李豪，大破其军，斩首千余级，彭宠党徒多人投降。此后双方相持一年有余，祭遵数次击退彭宠，有效抵挡了彭宠，使其不得侵占涿郡，不得向南发展势力。由于祭遵兵力有限，能做到这一步已实属不易。

建武四年（公元 28 年），刘秀命令建威大将军耿弇进攻故城在今北京怀柔区北房镇梨园庄村的渔阳郡。耿弇因父亲、上谷太守耿况曾与渔阳太守彭宠有旧交情，又因没有家属留在洛阳，担心自己在同彭宠交战时刘秀生疑，于是上疏请求回洛阳。刘秀下诏回应说：将军举亲为国，所向克敌，功劳尤著，还避什么嫌疑。你暂且与王常共屯涿郡，再仔细考虑方略。上谷太守耿况是个明白人，他听说此事之后，知道儿子的难处，于是立即派耿弇的弟弟耿国从上谷出发，赶到洛阳去侍奉刘秀，实际上就是主动送人质上门。耿况这一举动，使刘秀和耿弇都放了心。刘秀非常高兴，封耿况为隃糜侯，命令耿弇与建义大将军朱祐、汉忠将军王常等进攻治所在今河北保定市唐县东北七公里高昌店的中山国望都县等十余座营垒，全部拿下。此时，征虏将军祭遵驻军良乡县，骁骑将军刘喜屯兵于治所在今河北涿州市东二十五公里的涿郡阳乡县，以拒彭宠侵犯涿郡。自立为"燕王"的彭宠一方面自己引兵数万，另一方面派遣胞弟彭纯率领二千多名匈奴骑兵，分头袭击祭遵、刘喜，当彭纯率领匈奴骑兵经过治所在今北京市区西南八公里土城村的军都县时，遭到了耿弇弟弟耿舒的伏击，耿舒大破其众，斩杀了匈奴两王。彭宠不敢再进攻汉军，于是率军退走。

面对耿氏父子、祭遵和刘喜军队的围击，盘踞在渔阳的彭宠及其家人压力很大，彭宠的老婆每天晚上噩梦缠绕，神经错乱。她用过的东西不翼而飞，家什用具自行损毁。于是，彭宠请来"卜筮"，在府中鼓捣一番后，占卜者对彭宠说，燕王府中隐有杀气，兵变当从内部发生，请大王小心戒备。于是彭宠更是疑心重重，他怀疑堂弟"子后兰卿"是刘秀派来的卧底，于是就让他住在外面，不让他与自己和家人接触。彭宠躲避在府内一个偏堂里以"斋戒"为名，闭门谢客。照顾彭宠生活起居的家奴子密等三人想趁机发财，于是等彭宠睡着了，三人一起把他绑在床上，然后通告外面的属吏说：燕王斋禁，所有官吏不得干扰。又诈称彭宠有令，把奴婢们统统捆绑起来，各置一处。又以彭宠之命唤来彭妻。彭妻见状，大惊失色。彭宠急忙对妻子说：赶快为这几位将军拿取宝物。于是两个家奴随彭妻到内室去取宝物，留下一家奴看守彭宠。彭宠对他说：我向来都喜欢你，你这个孩子心善，只是被子密胁迫而已。你帮我把绳索解开，我就把女儿彭珠嫁给你，彭家的财产全都归你。小奴正打算解救他，抬眼一看窗外，见子密听到了彭宠的话，于是他不敢为彭宠解开绳索。三个家奴收拾彭妻取来的金玉衣物，命令彭妻缝好两个包裹，以彭宠的名义备马六匹。入夜后，他们解开彭宠的手，命令他写字条告诉城门将军说：现派遣子密等到子后兰卿住所，快开门放他们出去，切莫稽留。条子写好后，子密等就把彭宠和彭妻都杀了，并割下他们的头，放置在囊中带上，持字条出城，去投奔光武帝刘秀。刘秀封他们为"不义侯"。随后，彭宠的"国师"韩利发动了政变，领兵杀死了彭宠之子、新立"燕王"彭午，并将彭氏家族满门抄斩。韩利提着彭午的首级到已由良乡移驻到涿郡的祭遵军队投降，将彭午的人头献给祭遵。

祭遵率领军队立即开赴渔阳，将该郡平定之后，又深入开展安抚工作，使动荡不安的局势稳定下来。（据《资治通鉴》第四〇、四一卷，《后汉书·吴盖陈臧列传》《后汉书·李王邓来列传》《后汉书·冯岑贾列传》《后汉书·伏侯宋蔡冯赵牟韦列传》《后汉书·朱景王杜马刘傅坚马列传》《后汉书·皇后纪》《后汉书·王刘张李彭卢列传》《后汉书·朱冯虞郑周列传》《后汉书·耿弇列传》）

（二）在讨伐公孙述、隗嚣等军阀残余势力中再立新功

西汉哀帝时期，公孙述靠其父亲——时任河南都尉公孙仁的关系被保任为郎官，不久就被补任到治所在今甘肃天水市清水县西北七公里的天水郡清水县担任县长。王莽执政期间，公孙述被提拔为导江卒正，即蜀郡太守，当时该郡治所在临邛，也就是今四川成都市代管的邛崃市。公孙述的治理能力受到蜀地吏民的广泛赞誉。由于王莽政权被摧毁，其所任命的公孙述的导江卒正职务自然就不算数了。可是，更始帝迷迷糊糊，既没有任命新的蜀郡太守，也没有对公孙述有个什么说法，公孙述心里不踏实，于是他就召集蜀地各县豪杰，就本郡自保问题进行商议。公孙述对他们说，天下同苦于王莽，怀念汉朝刘氏已经很久了，因此听说汉将军即将到来，人们纷纷在道路上迎接。可是，这支队伍不是义兵，而是贼寇冒充汉军，他们把妇女抢走做妻妾，把壮丁抓起来当兵，烧毁百姓房屋，

抢掠财物。在这种情况下，我想保护蜀郡老百姓的安全，以等待真正的天子到来。诸位愿意与我并肩战斗的就留下来，不愿意的可以离去。豪杰们都表示愿意效死。在此基础上，公孙述安排人诈称更始政权派来了使者，诏命公孙述为代理辅汉将军，兼领益州牧和蜀郡太守。这样，公孙述就有了号令益州及蜀郡的权力。公孙述的势力迅速壮大，并成了一定气候。这时，更始帝刘玄才想起西南蜀地还有王莽的命官问题没有解决。

更始二年（公元 24 年）秋，刘玄派遣柱功侯李宝和益州刺史张忠，率军万余人去攻打蜀地。公孙述依仗地势险要、吏民归附而信心满满，他派遣胞弟公孙恢率领军队，在治所位于今四川德阳绵竹市境内的广汉郡绵竹县，抗击李宝和张忠，结果李宝、张忠大败，率领残兵逃跑。由是公孙述威震西南。

公孙述手下的功曹李熊劝说公孙述建立自己的霸业，可改变名号，以镇服百姓。公孙述说：这件事我也考虑过，你的话让我更坚定了自己的想法。于是公孙述于当年自立为蜀王，定都成都。公孙述称王之后，远方士人和百姓多往归附，周边不少地方长官也来进贡。李熊又劝公孙述说：蜀地沃野千里，物产丰富，五谷丰登，六畜兴旺，丝织业发达，地域方圆数千里，战士不下百万人。见利则出兵而略地，无利则坚守而力农。而今君王之声，闻于天下，而名号未定，志士狐疑，应该即大位，使远人有所依归。公孙述说：帝王有命，我怎么能承当得起啊？李熊说：天命没有一成不变的，老百姓归附能者，能者当之，大王还怀疑什么呢？于是更始三年（公元 25 年）四月，也就是早于刘秀称帝两个月（刘秀称帝是更始三年六月），公孙述自立为帝，国号"成家"（一作"大成"或"成"），年号"龙兴"。公孙述任命李熊为大司徒，胞弟公孙光为大司马，另一胞弟公孙恢为大司空。改益州为司隶校尉，蜀郡为成都尹。

公孙述称帝后，越嶲郡（治所在今四川西昌市境内）人任贵杀死王莽时期所任命的大尹枚根，并占据了该郡，随后举郡向公孙述投降。公孙述大喜，在把越嶲收入囊中的同时，又派遣将军侯丹率军开赴位于今四川广元市青川县东北沙州镇的白水关，北守南郑（即今陕西汉中市）；将军任满从阆中下江州，即从今四川南充阆中市去往重庆市，东据今重庆市奉节县东赤甲山上的扞关。两路大军把守关口，保境息民，将益州之地牢牢控制在公孙述手中。

由于刘秀忙于东部战事，没有来得及收拾西部地区的割据军阀，公孙述趁机收拢、兼并小军阀，其军事实力不断发展壮大。

当时，长安周边地区活跃着十几股小军阀，各自都自封为将军，拥兵多者万余，少者数千。他们时而相互勾结，时而相互攻伐。在这些小军阀中，南阳郡筑阳县（今湖北襄阳市谷城县）人延岑两次打败赤眉军之后声名鹊起，其他小军阀纷纷投靠，延岑一度处于支配地位。

起初，延岑在全国各地反莽起义的大环境下，在其家乡一带拉起了一支队伍。他带领这支队伍攻占了治所在今河南南阳邓州市西北冠军寨的南阳郡冠军县，并盘踞在那里自守。后来，更始帝刘玄命令其大将军刘嘉去讨伐他，延岑被打败之后，率其残部投降了刘嘉，成为刘嘉的部将。刘玄赐封刘嘉为汉中王之后，延岑便跟随刘嘉去往汉中。更始三年（公元 25 年），赤眉大军逼近长安时，更始政权内部乱成了一锅粥。延岑趁乱发动兵变，向汉中王刘嘉发起攻击，刘嘉败走，延岑便控制了汉中，并自称"武安王"。贪得无厌的延岑为扩大地盘，便率军攻打位于今甘肃陇南市西和县南仇池山东麓的武都郡。此时，割据巴蜀的公孙述听说延岑率军出战、汉中空虚的消息后，立即派遣属将侯丹率军北伐，轻取南郑，并控制了汉中全境。而延岑在进军武都的途中却遭到了更始政权的大将李宝、张忠的伏击，延岑失败。在老窝被端、退无可据的情况下，延岑只好率领残部向北逃到治所在今甘肃定西市通渭县之西的天水郡。在这里，延岑又遭到了刘嘉、李宝联军的袭击，延岑抵抗不住，逃入关中，抵达位于今陕西宝鸡市境内的陈仓。但他前脚刚到，后脚刘嘉、李宝的联军追至。延岑急忙率军迎战，再次被打败。延岑无奈只好再次向刘嘉投降，刘嘉贪图延岑手下的那点儿兵马，竟然又收编了延岑的军队。不久，赤眉军首领樊崇派遣曾被刘玄封为穰王的绿林军将领平林人廖湛，率领十八万赤眉军进攻汉中王刘嘉，刘嘉和李宝、延岑率军拼命抵抗，经过交战，廖湛失败被杀。随后，樊崇又派遣左大司马逄安率领十多万人马来报复和攻击刘嘉、延岑等，延岑先败后胜，前期损失了数万兵马，后期便与已向赤眉军诈降的李宝里应外合，几乎把十多万赤眉军杀尽，逄安仅带领数千败兵逃回了长安。延岑先后两次打败赤眉军，其军威大震，一些小军阀纷纷投靠和依附于他。在这种情况下，延岑再次背叛刘嘉，率领其旧部占领了蓝田，并把这里作为根据地。延岑为控制三辅，欲称霸关中，就安排已经归附自己的小军阀，根据他们以前所割据的地方，控制了三辅各县。已割据陈仓的吕鲔（右扶风陈仓县人，即今陕西宝鸡市人）驻守关中与汉中交通要冲之地陈仓；曾乘乱占领和割据长安的张邯，驻守京兆尹长安县；已占据鄠县的任良，驻守治所位于今西安市鄠邑区的右扶风鄠县；王歆驻守治所位于今陕西渭南市东北故市镇故县村的京兆尹下邽县；公孙守驻守治所在今陕西咸阳市东北十五公里的左冯翊长陵县；骆延驻守治所在今西安市周至县终南镇的右扶风鳌屋（zhōu zhì）县；蒋震驻守治所在今西安市临潼区新市街道新市村的京兆尹霸陵县；角闳驻守治所在今宝鸡市陇县东南的右扶风汧县；汝章驻守治所在今陕西咸阳兴平市东南五公里南佐村附近的右扶风槐里县；杨周驻守治所在今咸阳市礼泉县东北九嵕（zōng）山东麓、泾河西岸的左冯翊谷口县；芳丹驻守治所在今西安市临潼区东北的京兆尹新丰县。这就形成了既能牵制敌人，又能互相支援的犄角之势。除了靠近函谷关的弘农郡大部被刘秀控制之外，几乎整个关中三辅地区都被延岑的势力所控制。在这些投靠延岑的小军阀中，既有原绿林军的头头脑脑，也有地方民团营堡势力，还有当年跟随更始政权邓王廖湛攻打陈仓口失败之后散落在三辅一带的武装分子。这些人虽然都归附了延岑，但内部关系错综复杂，依然互不服气，时常相互攻击，狗咬狗的现象不断发生。

刘秀的征西大将军冯异的军队大本营就设在上林苑，该苑占地面积和建筑规模非常宏大，地跨今西安市长安区、鄠邑区，咸阳市，周至县，蓝田县五地。延岑欲称霸关中，必须打通东进的道路，拔掉冯异这颗钉子。

建武三年（公元27年）春，延岑联合张邯、任良等小军阀共同发起了对冯异的攻击，双方大战一场，结果冯异把延岑打得稀里哗啦，杀死了一千多人。以前依附于延岑的地方势力，又纷纷转投冯异。延岑丧失了立锥之地，为确保退路，便出兵攻取治所在今河南南阳市西峡县境内的南阳郡析县。冯异立即派遣邓晔、于匡向延岑发起攻击，延岑大败，其部将苏臣等八千余人投降。延岑只好率领残部出武关（即经过今陕西商洛市丹凤县东武关河北岸），退入南阳郡内。

南阳郡不是延岑的安身之地。他刚刚踏入治所在今河南南阳市代管的邓州市境内的穰县，便遇到了耿弇的部队。两军大战一场，延岑又被耿弇斩杀三千多人，俘获五千多人。延岑的兵马越玩越少，于是他只带着数名亲信，窜入了荆州南郡，归附了割据黎丘（即今湖北襄阳市）的楚黎王秦丰。秦丰对延岑这个落魄之人不仅没有歧视，反而以礼相待，并把自己的女儿许配给他为妻。而后派遣他率军开赴邓县（今邓州市），协防抵御南下的汉军，并成功阻击了岑彭、傅俊、臧宫等汉军的攻击，但时间不长，形势发生了反转，刘秀派出大将朱祐、祭遵南下增援岑彭等，他们联合起来共同攻击延岑，终将延岑打败。延岑连滚带爬逃回黎丘。延岑南逃之后，秦丰所控制的阴县（治所在今湖北襄阳老河口市境内）等周边三县都被朱祐一举拿下。后来，延岑企图取道武关再次窜入关中。刘秀获得情报后，急令右将军邓禹等前去拦截，双方在南阳郡顺阳县（治所位于今南阳市淅川县之南）展开大战，延岑的部队被击败；再战于南阳郡武当县（治所在今湖北丹江口市关门岩之北），延岑再败，但最终延岑还是率领残部突破邓禹的封锁逃回了汉中老巢。

随后，延岑派人向公孙述投降，公孙述任命延岑为大司马，封汝宁王，并让他镇守汉中。

割据陈仓的吕鲔和三辅地区其他小军阀被刘秀的征西大将军冯异打败以后，除了少量投降者外，大都投奔了成家皇帝公孙述，都被公孙述任命为将军，并死心塌地地为他效力。建武三年（公元27年），公孙述派遣将军程焉、李育等率军数万人，与吕鲔一起，出陈仓，进犯三辅。面对程焉、李育和吕鲔的联合进攻，冯异率军迎头痛击，吕鲔兵败陈仓，程焉趁机逃跑。冯异一路追击程焉到了位于今陕西汉中市之北的箕谷，又将其打败，回过头来再次痛击并打败了吕鲔。吕鲔撤退到公孙述部将侯丹所驻守的汉中。建武四年（公元28年），吕鲔得到公孙述部将程焉的援军，再度出击陈仓，被冯异、赵匡击退，吕鲔逃入蜀地。公孙述收拢和兼并了三辅地区大部小军阀之后，其军事实力大增，于是大建营垒，摆列车骑，演习武射，会聚兵甲数十万人；在汉中郡积存大量粮食，并在汉中治所南郑修筑宫殿；还制造了十层赤楼帛兰船（意为用帛装饰栏杆的船）；刻了许多天下州牧、郡太守印章，备置公卿百官；屡次派人向中原地区发送文告，宣扬自己具有做皇帝的天赐符命，忽悠地方官吏归附和拥护他。

光武帝刘秀对公孙述如此折腾深感忧虑，于是他亲自写信给公孙述说：您已经上了年纪，可妻子儿女还小，帝王之位不是可以凭人力所争取的，您应当三思！对此，公孙述不仅不予理睬，而且还在手下骑都尉荆邯的忽悠下，企图再次发兵进攻三辅、天水和陇西等地，而他的弟弟公孙光和蜀地官员、将领都极力劝阻，公孙述只好放弃了出兵计划。

公孙述为显示他称帝后的威权，公然将他的两个儿子都封为王，把治所在今四川绵阳市梓潼县的广汉郡和治所在今四川宜宾市西南的犍为郡的部分县分别作为二子的食邑。他手下的臣属劝谏说：战士们还在疆场上征战，成败尚未可知，而您却先封自己的两个儿子为王，这是没有远大志向的表现。公孙述根本听不进这样的话，"述不从，由此大臣皆怨"。

建武六年（公元30年）夏，光武帝刘秀前往长安拜谒汉朝历代皇帝的陵墓，派遣征虏将军祭遵和建威大将军耿弇、虎牙大将军盖延、骁骑将军刘歆、捕虏将军马武、汉中将军王常、威武将军刘尚七位将军率军前往长安，打算取道陇西去讨伐公孙述。因大军要经过已经归附刘秀的大军阀隗嚣所控制的陇西，所以刘秀派遣中郎将来歙专程去隗嚣的驻地赐给他诏书，希望隗嚣与汉军一道讨伐公孙述。

建武二年（公元26年），"就粮养士"的邓禹军队内部发生了叛乱事件，冯愔引兵西逃天水，当他到达治所在今宁夏固原市的高平县（今高平市）时，却遭到了隗嚣军队的迎击，冯愔大败，其辎重全部被隗嚣截获。邓禹秉承光武帝指示，派遣专使持节正式任命隗嚣为"西州大将军"，明确其统领凉州和朔方政事。光武帝下发此诏书，等于从朝廷层面上承认了隗嚣对这块土地的统治地位。这是刘秀为隗嚣"量身定制"的统战政策，也是对他的安抚和拉拢，以促使隗嚣打消"归顺朝廷就会失去对凉州的统治"这一思想顾虑。尽管隗嚣在要否归附朝廷上犹豫不决，但他仍然在冯异回击军阀吕鲔的战役中派出部分兵力予以协助。为此，隗嚣遣使专门向光武帝刘秀做了汇报。刘秀非常客气地用手书回复说：爱慕你的德义，想与你结纳。你我被阻于盗贼，不能经常问候。将军操守忠厚有礼，关键时刻解救危困，南拒公孙述的兵马，北御羌胡的乱寇，是以冯异西征，得以数千百人徘徊于三辅，如果没有将军的帮助，恐怕咸阳早已落入贼兵之手了。将来如果公孙述侵犯汉中和三辅，我很想借用将军的兵马，与他一决胜负。如能合作，那就是承蒙老天赐福，而后就是智士计功割地、论功行赏的时候了。今后，你我之间可用手书互相沟通，不要轻信旁人的挑拨离间和谣言。从此，刘秀对隗嚣更加厚待。在光武帝极力拉拢隗嚣的同时，成家皇帝公孙述也以高官厚禄来招降隗嚣。公孙述几次增兵汉中，都派遣使者慰问安抚隗嚣，并授予隗嚣大司空、扶安王的印绶。隗嚣当时觉得自己曾与公孙述敌对，耻于在他手下为臣，于是斩杀了来使。光武帝的关中将帅曾几次上疏反映公孙述对外扩张的情况，刘秀每次都批转给隗嚣，并要求他出兵伐蜀，以考验他的政治立场。隗嚣接到刘秀的批示，立即遣长史上疏，极言三辅兵力单弱，又有卢芳在旁，不宜伐蜀。这样，刘秀就得知隗嚣欲脚踩两只船，根本就不愿看到自己统一天下。从此刘秀心里有了底，暗自降低了对隗嚣的礼遇和信任。起初，隗嚣与来歙、马援交好，据此刘秀几次派来歙、马援奉使往来，劝说隗嚣入朝为官，并以重爵相许。隗嚣不愿归附刘秀，连连遣使带着满是谦辞的奏章入见，说自己没有功德，等到四方平定之后，就告退回乡云云。

既然隗嚣不肯入朝为官，刘秀就改变了策略，让隗嚣的儿子以到朝廷为官为名，来做人质也可。于是，刘秀派来歙说服隗嚣将其儿子送往朝廷任职，以防范隗嚣两面三刀，藏奸卖俏。隗嚣对刘秀的意图也是非常明白的。但由于当时刘永、彭宠都已经被灭，隗嚣对自己最后能不能成功心里没底，所以他还不敢公开与刘秀闹掰，只好派遣长子隗恂随来歙到京晋谒。隗嚣的想法是急脉缓灸，权宜应付，根本不想死心塌地地依附刘秀。刘秀当然知道隗嚣的小心思，于是将计就计，把隗嚣的长子隗恂任命为胡骑校尉，封爵镌羌侯。在这种情况下，隗嚣的属将王元等也多次以天下成败还是个未知数，将来究竟谁能夺得天下现在还不好判断为由，劝说隗嚣不要一心一意归顺刘秀。在内因和外因的共同作用下，隗嚣虽然派遣儿子入朝做了人质，但他还是想凭借险要的地理条件自己独霸一方，并寻机坐大，以实现称霸天下的野心。

刘秀在来长安之前，曾专门给隗嚣下发诏书，告诉隗嚣打算从天水出兵去攻打公孙述。光武帝这样做的目的，就是想进一步观察和考验隗嚣的政治立场。而隗嚣果然态度消极，他上疏反馈意见说：白水关险恶，大军难以通过。再说公孙述严厉残暴，其内部上下互不信任，俟其罪恶显露出来而攻之，就会造成大呼响应之势。这样，隗嚣的政治态度暴露无遗，刘秀也就非常清楚地"知其终不为用，乃谋讨之"。这次刘秀又派遣中郎将来歙去向隗嚣送达诏书，就是想了解一下他的政治态度是否有新的变化，毕竟他的儿子隗恂的小命在自己手里攥着。可是，隗嚣拿到诏书之后，磨磨唧唧，反复考虑了很长时间，就是不给来歙回话。来歙非常生气，他责备隗嚣说：圣上认为您通晓胜败存亡之道，才给您写亲笔信，这是对您的充分信任。您推诚效忠，已经派遣长子隗恂到洛阳做人质，现在您老是听信小人的蛊惑之言，是不是想让朝廷灭您的族啊？来歙边说，边怒气冲冲地走向前去，准备向隗嚣动手。隗嚣迅速起身入内，并招呼将士要杀死来歙。隗嚣的属官王遵劝谏说：来歙胆敢独自充当远方的使者，就是因为他是刘秀的表亲。杀了他对汉朝没有什么伤害，而对您却会带来不可估量的损失，很不划算，况且您的长子隗恂还在人家手里攥着呢！于是，隗嚣听从了王遵的劝告，将来歙放走。

针对以上情况，刘秀召集祭遵、耿弇、盖延、王常、马武、刘歆、刘尚七位将领研究对策，多数将领主张将进攻公孙述的时间往后推一推，现在应该加封隗嚣手下的将领，以促使其内部分化。征虏将军祭遵献计说：隗嚣心怀奸谋已经很久了，如果我们按兵不动拖延时日，就会促使他奸谋得以深化和发展，从而使公孙述加强戒备。依我看，不如现在直接进攻。刘秀一琢磨，感觉祭遵说得有道理，于是就采纳了他的意见，决定向公孙述发起进攻，并安排祭遵作为进军的先锋，其他六位将领引军跟进。

刘秀在长安总共住了一个来月，就匆匆忙忙返回了洛阳。隗嚣获知刘秀已离开长安的消息后，便放开了胆子，公开为汉军攻打公孙述制造障碍，彻底背叛了朝廷。他派遣部将王元在陇坻（位于今陕西宝鸡市陇县一带，在甘肃天水市清水县、张家川回族自治县之间）大量砍伐树木，截下树枝，用以堵塞汉军进入蜀地的必经之路。祭遵见状非常气愤，他率领先锋部队向王元的军队发起冲击，将其打败，并一直追击到位于今陕西宝鸡市陇县之西二十公里的新关。随后，汉军几位将领各自率军开赴前线，与隗嚣主力部队交战，可惜未能取胜，只好率领败兵逃下陇山，只有捕虏将军马武领兵断后。隗嚣率其主力部队乘胜追击，马武截住敌军与其交战，斩杀隗嚣军数千人，汉军各路部队才得以退出。

刘秀获知诸将进攻失利的消息后，立即下发诏令，命令吴汉等几位将领率军返回长安，要求祭遵驻军在治所位于今陕西宝鸡市陇县城关镇境内的汧县，耿弇驻军治所在今陕西咸阳市彬县境内的漆县，冯异驻军治所在今陕西咸阳市旬邑县境内的枸邑县。隗嚣获胜后，又对追击汉军之事进行了部署。他命令属将王元、行巡率领两万余兵马急下陇山，而后行巡领兵去攻击枸邑，王元围攻汧县。隗嚣作上述部署时，冯异的军队尚未到达指定地点。冯异获得消息后立即加快行军速度，他们要抢在行巡前面占据枸邑，这样交战时就会处于有利地位。冯异领军率先赶到枸邑，秘密进城后关闭城门，守株待兔，以逸待劳。行巡对这种情况一无所知，当他率军匆匆忙忙赶到枸邑城下时，冯异的军队立即出击，将行巡的军队打得四处奔逃，冯异率军追击，大破敌军。祭遵在汧县也打败了王元的部队。在汉军节节胜利的震慑和影响下，北地郡、上郡、安定郡全部投降，归附东汉。

此前，马援听说隗嚣脚踩两只船，曾几次写信劝说和责备他。"嚣得书增怒"。当隗嚣发兵反叛、攻打汉军时，马援立即向光武帝上疏说：我和隗嚣原本是朋友，按照陛下的要求，我多次劝说他，确实想引导他从善。可是隗嚣这小子怀有奸恶之心，就像盗贼怨恨主人，他把愤怒都集中在我身上。如果我不立即作出说明，陛下是无法知道的。我请求前往陛下驻地，向您详细陈述消灭隗嚣的计策。于是，刘秀召见马援并采纳了他的计策。刘秀命令马援率领突骑五千人，游说隗嚣的将领高峻、任禹等人以及羌豪，分别向他们陈述祸福利害，分化瓦解隗嚣集团。马援还写信给隗嚣的部将杨广，希望他能归附汉朝并劝谏隗嚣悬崖勒马，杨广没有答复。

隗嚣在陇坻打败多路汉军之后，心里总是犯嘀咕，他最担心的是在洛阳做人质的长子隗恂的安全，他害怕光武帝刘秀一气之下把隗恂杀死。于是，他于建武六年（公元 30 年）年末向刘秀上疏"请罪"，并对自己的反叛行为进行辩解，他说：在我控制的地区，官吏和百姓听说汉军突然到来，大家都惊恐万状，动用刀枪的目的是自保，我难以禁止。我的军队虽然获得了胜利，但我不敢废臣子之节，亲自强迫那些乘胜追击汉军的兵马撤下来。如今我在朝廷的掌握之中，赐我死我就死，给我加刑我就受刑。但是，如果陛下再给我一次洗心革面的机会，我将不会忘记圣上的恩德。朝廷有关部门认为，隗嚣是在耍滑头，为自己狡辩，建议把隗嚣在朝廷做人质的儿子杀掉。刘秀于心不忍，还想最后争取一下，于是又派遣中郎将来歙前往祭遵驻军的汧县，将自己的亲笔信再次转送给隗嚣。刘秀在信中说：现在你如果能约束自己，就再把隗恂的弟弟送到朝廷来，给他哥哥做个伴儿，这样你的爵位和俸禄就可以保全，且全家平安，享荣华富贵。我年近四十，在军旅中度过了十年，反对花言巧语，虚情假意。如果你不愿意，就不必答复。隗嚣信中的甜言蜜语，不仅没有使刘秀受到蒙蔽，相反，刘秀又给隗嚣出了一个大难题，本来隗嚣已经后悔当初把长子隗恂送到朝廷做人质了，现在刘秀又提出再让他送去第二个儿子，如果隗嚣再送第二个儿子去做人质，那就等于隗嚣的风险系数和刘秀的保险系数都增加了；如果隗嚣不把第二个儿子送去做人质，那就彻底暴露了隗嚣所说的"不敢废臣子之节"完全是骗人的鬼话。隗嚣黔驴技穷，"知帝审其诈，遂遣使称臣于公孙述"。公孙述大喜，封隗嚣为朔宁王，并要求他派出军队来往于道路，为自己造势，以便使人们产生"投奔公孙述的军队源源不断"的假象。

建武七年（公元31年）秋，公开反叛朝廷、投靠公孙述的大军阀隗嚣进攻安定郡，即今宁夏固原市。刘秀打算亲自率军征讨隗嚣，并先同割据河西的军阀窦融约定出兵日期。

窦融原为王莽的强弩将军司马，曾参与镇压翟义、赵明起义。新莽末年，随王匡镇压绿林、赤眉军，被任命为波水将军。新莽灭亡后，窦融投降了更始政权，在更始帝的老丈人、大司马赵萌部下担任校尉，后来被推荐为巨鹿郡太守。窦融见更始政权不稳，不愿出关。于是请求赵萌为他说情，欲辞去巨鹿太守之职，谋求镇守河西。赵萌替窦融向刘玄进言，使其被任命为张掖属国都尉。窦融闻讯后非常高兴，携带家属就任。在河西，窦融抚结雄杰，招徕羌众，颇得民心。后来更始帝刘玄又让窦融监察五郡，进一步扩大了他的权力。刘秀称帝后，窦融想归附他，但因相距遥远无法沟通。当时隗嚣脚踩两只船，"外顺人望，内怀异心"，他派遣辩士张玄到河西游说窦融，希望各自割据一方，共同对抗朝廷。对此，窦融小心谨慎，不仅没有盲从，而是"遂决策东向"。建武五年（公元29年）夏，窦融派长史刘钧和武威太守梁统手下之人一起奉书献马于刘秀；此时刘秀也遣使出使河西争取窦融等，以共同对付隗嚣、公孙述。双方使者在途中相遇后，共还洛阳。刘秀见到刘钧等非常高兴，赐窦融书，称赞他安定河西有功，具有远见，并赐黄金两百斤，还任命窦融为凉州牧。窦融接刘秀书信等，复遣刘钧上疏，陈述投顺之意。同时遣弟窦友赴洛阳面陈心迹。窦友行至高平，适值隗嚣叛汉，道路隔绝，驰还河西。刘秀又赐给窦融兄弟书，加以抚慰。窦融既投顺于汉，乃致书隗嚣，批评他出尔反尔、不识时务、不顾民生，要他深思逆顺之道。隗嚣不予理睬。窦融乃与五郡太守共作战备，上书请战。刘秀对窦融的政治态度和行为表现颇为赞赏，并与他拉上老亲关系，说窦融是汉文帝窦后家的后裔，自己是窦后所生景帝之子定王之后；还说汉兵即将西进，希望窦融"以应期会"。

窦融得到诏令，随即与诸郡守兵入驻金城（即今甘肃兰州），进击归顺隗嚣的先零羌封何之众，将他们击败。

隗嚣率军进攻安定。刘秀率领将兵亲自西征，并命令窦融等定期相会。因遇大雨，道路阻绝，加之隗嚣已经退兵，刘秀止军未进。窦融已行至武威郡治所姑臧（今甘肃武威市），得光武帝诏令而罢归。窦融担心刘秀久不出兵，于是上疏建议抓紧时机，东西夹击隗嚣，若旷日持久，则易生变故。刘秀接受窦融的请求，于建武八年（公元32年）夏发兵征讨隗嚣。数路兵马同时向陇山进发。刘秀让不久前归降朝廷，被封为太中大夫、向义侯的王遵给隗嚣手下主将牛邯写信劝其归降。牛邯接到老同事王遵的劝降书后，义无反顾地向刘秀投降，刘秀任命他为太中大夫。王遵、牛邯两位大将先后向光武帝投降，这在隗嚣阵营产生了"多米诺骨牌效应"。隗嚣手下将领十三人、十六个属县、十多万卒众全部向光武帝投降。窦融率领五郡太守及羌、小月氏等步骑数万人，辎重车五千余辆，与刘秀会师于高平第一城，即今宁夏固原市。刘秀举行盛大宴会，款待窦融等。并任命窦融的弟弟窦友为掌御乘舆车的奉车都尉，从弟窦士为掌论议的太中大夫。双方遂一同进击隗嚣军，隗嚣军大溃，隗嚣带着老婆孩子逃往位于今甘肃天水市西南的西城。刘秀根据窦融的功绩，赐封他为安丰侯，食邑四县，又封窦友为显亲侯。其他诸将也都予以封赏。

刘秀再次下发诏书给隗嚣，争取让他放下武器投降。诏书说：你如果放弃武力，自己前来投降，你们父子尚能够相见，我保证你们的安全……隗嚣终究没有选择投降，并加强了对西城的防御。于是，刘秀下令将隗嚣的长子隗恂斩杀，又派遣大司马吴汉、征南大将军岑彭围攻西城；建威大将军耿弇、虎牙大将军盖延围攻上邽。随后，刘秀启程东归，并特意拐到治所在今陕西宝鸡市陇县县城东南的汧县，驾临祭遵的军营，看望和犒赏官兵。

当时祭遵已经患病，光武帝嘘寒问暖，百般关怀，将自己随身携带的毯子赏赐给祭遵，并亲自盖在他身上。光武帝礼贤下士、含蓼问疾，使病中的祭遵和广大官兵颇受感动。

光武帝刘秀依然牵挂着围攻隗嚣和南攻公孙述这两件大事，他在回归京师的途中，亲自给岑彭等将领写信说：如果攻陷西城、上邽两城，就率领军队向南攻打公孙述。人被不知足而苦，已经平定了陇，又想拿到蜀。每一次出兵，头发都会变白很多。刘秀写这封信的目的就是激励将士，趁着年轻为国家建功立业，不要知足而止，虽然辛苦一些，白头发增添一些，但只要能取得一个又一个的胜利，也是值得的。可是，岑彭等将领的表现却让光武帝大失所望。

岑彭等包围西城多日，但始终未能撕开口子，于是他们决定以水淹城，但实际效果并不理想。此时，隗嚣的属将王元等从成家皇帝公孙述那里搬来五千名救兵，并借机造势，他们登上高处大声呼喊：百万大军来了！汉军听到后大惊失色，惶恐不安，王元等抓住机会，率领公孙述的援兵突破汉军包围，冲入城中，硬生生把隗嚣接到天水冀县，其故城遗址位于今甘肃天水市甘谷县境内。已经成为瓮中之鳖的隗嚣，不仅没有被汉军吃掉，反而逃之夭夭，这对汉军来说，是一次重大的精神打击；而隗嚣的残余势力却为之一振，如同打了鸡血一样，立刻兴奋起来。

汉军将士犹如一个个漏了气的皮球，其精神状态一下子跌入谷底，再加上军粮吃尽，无米下锅，吴汉、岑彭等烧毁辎重撤军出陇，包围上邽的耿弇、盖延等也相继退兵。此时，隗嚣的残余势力犹如雨后的春笋一样，一下子又冒出来许多，他们集结在一起拼命追击汉军，岑彭率军负责断后，拼命拦截，汉军的几位将领率领的部队才得以全军而退。汉军撤出后，北地、安定、陇西、天水重新被隗嚣占领。只有祭遵屯驻在汧县没有撤退，而且自从西伐以来，祭遵是唯一一位始终没有吃过败仗的统兵将领。

建武九年（公元 33 年）春，祭遵在军中病逝。噩耗传来，军中将士们放声大哭，悲痛不已。祭遵爱兵如子，常常关心照顾官兵们的生活，并将自己所获得的所有赏赐尽数分给吏士，身上没穿过像样的衣服，家里没有私有财产。

祭遵作为东汉中兴名将，他为人厚道，为将廉洁，克己奉公，躬身节俭，在他临终之时，有人"问以家事，终无所言"。祭遵的灵柩运至河南，刘秀穿上白色丧服亲自吊丧，他望着棺木长时间哭泣。刘秀回宫时经过城门，又看到灵车经过，他还是泪流满面不能克制。到下葬时，刘秀亲自到场；下葬后，又到墓前致哀，并慰问祭遵夫人及全家；葬礼之后，刘秀又亲自用牛、羊、猪各一头进行祭奠。后来，刘秀几次在朝会上叹息说："我怎么能得到像祭遵那样爱国奉公的优秀人才啊！"（据《后汉书·隗嚣公孙述列传》《后汉书·冯异传》《后汉书·冯岑贾列传》，《资治通鉴》第四二卷，《后汉书·铫期王霸祭遵列传》《后汉书·马援列传》《后汉书·窦融列传》《后汉书·光武帝纪》）

（三）大力弘扬祭遵精神

光武帝痛悼爱国将领祭遵，既等于为军队将领和地方官吏树立了一个学有目标的好榜样，又等于给他们上了一次活生生的思想政治教育课，使他们受到了鞭策和教育。不少将领在此前后的表现判若两人，大相径庭。尤其是在平定军阀割据势力中，涌现出一大批爱国爱民、敢于担当的祭遵式优秀将领，有的甚至超过了祭遵。

冯异。祭遵去世后，光武帝任命冯异为代理征虏将军，让他接管了祭遵的军队，要求他继续平定西部军阀。自从建武二年（公元26年）刘秀因邓禹经营关中日久无功，派遣冯异率军入关替换邓禹主持关陇地区军事以来，冯异已在这里与赤眉军和其他军阀势力苦战了七年。他消灭和收降了大量赤眉军人马，为赤眉军东归"减肥瘦身"，打击和削弱了多股不肯归附朝廷的割据军阀，传播和树立了光武帝的恩威。作为在西部地区先后兼任过两个郡太守职务的冯异，他还审理冤案，安抚百姓，抓好社会稳定工作，为刘秀平定西部地区、统一全国帮了大忙。这七年，冯异披荆斩棘，艰苦奋战，很不容易。好在有光武帝的信任、支持和关怀，他带领部队克服了一个又一个的困难，取得了一个又一个的胜利。建武三年（公元 27 年），关中地区闹饥荒，一斤黄金只能换到五升豆子，百姓饥饿困苦，道路断绝隔离，军需运输受阻，"军士委以果实为粮"。光武帝获知此情况后，下诏任命南阳人赵匡为右扶风，由他率领军队援助冯异，并且送去了谷子和绢，军中将士都高呼万岁。军队有吃有穿之后，冯异对不肯归附的割据势力重拳出击，对那些投降之后立有功劳的人加以表彰赏赐，凡是抓获和收降的叛军首领，都遣往京师，一般部众遣散回乡务农，冯异这些做法深受关中百姓的拥戴。他通过打击和安抚两手抓，使关中地区基本平定。冯异为人谦让，从不自夸，路上与其他将领相遇时总是让自己的车躲到路边避让，每次军队停下来作短暂休息时，将领们都围坐在一起谈论战功，而他却经常独自避坐在大树底下，因此被人称为"大树将军"。没想到这样的冯异竟然也遇到了小人的陷害，好在光武帝刘秀是政治上的明白人，他对冯异的忠心和能力非常清楚，于是光武帝派人把小报告拿给冯异看。冯异惶恐，上疏谢罪说：臣本来是个儒生，在战乱中获得受命的机会，充备于军队之中，蒙受陛下的恩惠，被任命为大将，封爵为通侯，受任于西方军事，以期建立微功，一心为国家利益着想，不计一己之私。我俯伏自思：以诏命征讨，常获得如意结果；有时以私心来决断，未尝不有所悔。当兵革兴起、群雄逐鹿之时，我托身在您的麾下，在如此危险混乱的局势下，我尚且不敢有过失差错，何况现在正在平定天下呢！我是诚心希望自己谨慎勤勉，努力做到始终如一。看了圣上转示给我的奏章，我战战兢兢，惊恐害怕。我想明主知道我的愚性，所以才敢于自陈心迹。光武帝以诏书回复说：将军有志于国家，义为君臣，恩如父子。有什么嫌疑而感到害怕呢？刘秀这句话，使冯异放下了思想包袱。

建武二年（公元 26 年），邓禹平定关中日久无功，冯异奉命替换邓禹入关，主持西部军事，扭转了被动局面，为刘秀统一全国、赢得民心作出了重大贡献。后来，光武帝率领七将出兵讨伐陇右，祭遵、冯异表现突出，在枸邑之战中，冯异抢先入城，打败了公孙述的属将行巡，鼓舞了汉军士气，压制了敌人的嚣张气焰。不久，冯异攻取了义渠县，并兼任了北地太守。他还攻破了卢芳手下将领贾览和匈奴军队，上郡、安定投降之后，冯异又兼任了安定太守。建武十年（公元 34 年），冯异在率军攻打位于今甘肃天水市武山县境内的落门时，发病去世。他同祭遵一样，"壮志未酬身先死"，表现了一位爱国将领的担当精神和奋斗姿态。东汉创业，其功至巨。对此，光武帝深受感动、深感惋惜，为其追封谥号节侯。

冯异病逝后，来歙等将领承接冯异的未竟事业。当时，在朝廷大军围剿之下，军阀隗嚣日趋衰败。建武九年（公元 33 年），隗嚣又病又饿，出城煮豆为食，终于忧愤而死。隗嚣属将王元、周宗等扶立隗嚣的少子隗纯为王。建武十年（公元34年）来歙等将终于攻陷落门。隗纯的部将行巡、周宗、赵恢、苟宇等将隗纯献出投降，王元逃跑，投奔公孙述。此战历时四年，陇西才基本平定。光武帝把隗氏家族全部迁徙到洛阳以东监视居住。后来，隗纯及其宾客逃跑，企图投奔匈奴。当他们走到今河北邢台市威县时，被汉兵抓获并处死。

寇恂，出身于世家大族，曾为上谷郡功曹。更始二年（公元24年），寇恂投奔大司马刘秀，被授予偏将军，封承义侯。此后兼任河内郡太守，建设后勤保障基地，镇守颍川、汝南，刘秀称帝后，担任保卫京城的执金吾。建武十一年（公元35年），也即刘秀称帝后的第十一年，公孙述和隗纯的军阀势力还没有平定，为此，光武帝很着急。为靠前指挥，刘秀于当年秋天就到了长安。当时，隗纯的将领高峻率领军队据守在高平县"第一城"。该城所在地是今天的宁夏固原市，因地理位置险要坚固、易守难攻，才被人们称为"第一城"。此前，刘秀曾经安排建威大将军耿弇去拔这个钉子，而耿弇率军将该城包围一年也没有攻破。于是，刘秀打算亲自领兵攻城。执金吾寇恂当时跟随在刘秀身边，他劝谏说：长安处于洛阳和高平中间，陛下坐镇长安，就会对陇西和安定形成强大的威慑力。陛下从容地待在这里，就可以指挥和控制四方。现在陛下要亲自率军攻击处在险要之地的敌人，恐怕不是安全之计。刘秀没有听从寇恂劝谏，亲自领兵到达了原来祭遵驻军的地方——汧县。在这里，光武帝与将领们一起祭悼了祭遵。刘秀欲派遣使者去劝降高峻，他对寇恂说：你以前劝阻我不要采取这次行动，现在你要为我走一趟。如高峻不立即投降，我将率耿弇等五营兵力发起攻击。于是，寇恂带着刘秀的亲笔信前往"第一城"。高峻派遣军师皇甫文出城与寇恂会谈。在会谈中，皇甫文言辞礼节毫不屈卑，寇恂大怒，打算把皇甫文杀掉。寇恂的属将劝阻说：高峻有精兵一万多人，大都是强弩射手，他们在西面封堵陇道，汉军长期攻而不下。现在我们来招降高峻，反而把他的谈判代表杀死，这恐怕对我们不利。寇恂没有听从，拔出刀来就把皇甫文斩杀了。寇恂转过身来，对皇甫文的副手说，今天饶你不死，你回去要告诉高峻，军师无礼，已经被朝廷处斩了。高峻要投降就赶快投降，不想投降就继续坚守！副手叩头，连声称是。他回去后原汁原味地向高峻做了汇报。高峻惊慌恐惧，当天就打开城门投降了。

汉军将领们都纷纷向寇恂表示祝贺，并向他请教为什么斩杀了高峻的谈判代表，反而使高峻献城投降呢？寇恂说：皇甫文是高峻的心腹和智囊，在谈判中，他态度和言辞强硬，说明他们根本没有归降的意思。如果保全他，那就意味着皇甫文计策得逞，杀了他则使高峻丧胆，所以高峻就献城投降了。将领们全都叹服，他们说，您的智慧和谋略我们"非所及也"。

来歙，字君叔，南阳郡新野人，即今河南南阳新野县人。来歙的父亲来仲（一作来冲）是汉哀帝时期的谏大夫，娶光武帝姑母刘氏，生来歙。新莽时期，汉兵兴起，王莽因来歙与刘氏有姻亲关系，就将他拘禁起来，后来经门客们的武力营救，他才得以免祸。刘玄当政期间，来歙不受重用，几次建议不被采纳，所以他以病为由远离更始政权，去汉中妹妹家居住。来歙的妹夫是汉中王刘嘉，刘玄垮台后，来歙与妹夫刘嘉一起去洛阳见光武帝。光武帝非常高兴地接见了来歙，并脱下自己的衣服给他穿上，还任命来歙为太中大夫。当时，刘秀正为公孙述割据蜀地、隗嚣割据陇地，全国未能实现统一而忧虑。他单独对来歙说：西凉的隗嚣没有归附，蜀地公孙述称帝，道路遥远阻塞，现在诸将正忙于平定关东，想到对付西凉的方略，不知委派谁合适，你有什么意见？来歙说：从前我在长安时曾与隗嚣打过交道。他最初起兵是假托汉的名义。现在陛下圣德威武，我愿奉命，以圣上丹青之信去开导他，如果他归附于陛下，公孙述就会陷于孤立，这样就不足为虑了。光武帝同意。于是，来歙于建武三年（公元 27 年）作为使者去面见隗嚣。两年后，又送马援回陇右，顺便带诏书给隗嚣。返回时又去劝说隗嚣，于是隗嚣派长子隗恂跟随来歙入朝为人质，光武帝提拔来歙为中郎将。后来，来歙还两次冒着生命危险向隗嚣送达光武帝的诏书。建武八年（公元 32 年），来歙与祭遵一道率军攻击治所位于今陕西汉中市勉县黑河之侧的略阳县，可是，祭遵路上患病，无法行走，于是祭遵就分遣精兵跟随来歙，合计二千余人。来歙披荆斩棘，伐山开道，以最快的速度抵达略阳，而后冲进该城，将隗嚣的守将金梁斩杀，夺取了略阳城。隗嚣大为震惊，他感叹说："何其神也！"于是，隗嚣调集几万兵马围攻略阳，开山筑堤，拦水灌城，试图将该城夺回。来歙率领士兵誓死坚守，箭射完了，他们就拆掉民房把木头砍断破开，制作兵器。隗嚣将该城包围数月，并多次发起冲击，自春天到秋天，始终没有夺回略阳。刘秀亲率大军到陇，隗嚣部众溃败逃走，略阳解围。光武帝高兴地说：略阳是隗嚣所依据的屏障，心腹已坏，则击其肢体就很容易了。于是光武帝举行盛大庆功酒会，慰劳来歙，赐他独坐一席，在诸将之右，赏赐来歙妻子双丝细绢一千匹。

祭遵去世后，光武帝诏命来歙屯驻长安，让他督察所有将领。来歙以祭遵为榜样，竭尽全力，忠实履职。他向光武帝上疏建议说：公孙述之所以能够苟延残喘，就是因为他把陇西、天水作为屏障。如果我们把这两个地方平定了，他就无计可施了。因此，从现在开始我们就应该增派兵马，储备粮草。现在凉州已破败，军民疲劳饥饿，如果我们用金钱和粮食招引他们，他们就能为我所用。我知道，国家需要供养的不只是一支军队，粮食和经费有限，但这里是最急需的，应该予以优先考虑。光武帝采纳了来歙的建议，下令转运粮食，时间不长就在祭遵生前屯驻的汧县储粮六万斛。隗嚣灭亡后，来歙制造了大量攻战器具，并率领军队开赴金城攻打叛羌，将叛羌打败，斩首数千人，缴获牛羊万余头，粮食数十万斛。又击破治所在今甘肃定西市陇西县境内的陇西郡襄武县的流贼傅栗卿等。陇西虽然平定了，但由于饥荒，老百姓饥饿困苦，民不聊生，局势不稳。来歙把仓廪中的粮食全部转运到各县，以赈济供养饥民，于是陇西民心归附，社会安定，通往凉州等地的道路也被打通。后来，先零羌部落侵犯治所在今甘肃定西市岷县的陇西郡临洮县，来歙举荐马援镇服该地。据此，光武帝任命马援到治所在狄道县（今甘肃定西市临洮县之南）的陇西郡做太守，马援上任后率军大败先零羌。建武十一年（公元35年），中郎将来歙与虎牙大将军盖延率军进攻公孙述部将王元、环安所据守的治所在今甘肃陇南市徽县境内的武都郡河池县，及治所在今陇南市成县境内的下辨县，将王元、环安打败，攻拔了两城。稍后他们一鼓作气，乘胜进发。此时，公孙述阵营中的蜀人胆战心惊，非常恐惧，于是派遣刺客行刺来歙。来歙中刀后，并未死亡，他命人把盖延叫来。盖延见状伏地痛哭。来歙斥责他说：哭哭啼啼顶什么用！现在我被刺客刺中，不能为国尽忠了，我把军事托付于你，你反而像小孩子那样哭起来。于是，盖延停止哭泣，起身站立接受嘱托。接着，来歙忍着伤痛亲手书写奏疏说：臣在夜深人静时被人刺伤，刺中要害，不知何人所为。臣不敢顾惜己身，只恨没有完成朝廷的任务。治理国家以得贤人为根本，太中大夫段襄正直，可以任用，愿陛下裁定省察。又，臣的兄弟不贤明，恐怕最终会犯罪，请陛下哀怜，多加赐教督察。来歙写完，扔掉毛笔，拔出匕首，气绝身亡。刘秀派遣太中大夫追赠来歙中郎将、征羌侯印绶，谥号节侯，派谒者主持和护理丧事。灵柩运回洛阳，刘秀身着丧服临柩送葬。因为来歙有平羌、陇之功，所以光武帝下令改汝南郡当乡县为征羌国，让来歙的儿子来褒继承了其父职位。

岑彭，原为新莽的地方官棘阳县长，曾坚守宛城，抵抗绿林军。后来归降刘玄，封归德侯，隶属于刘縯。更始刘玄杀害刘縯后，岑彭归属于大司马朱鲔，迁淮阳都尉，转颍川太守。后归降刘秀，拜刺奸大将军，督察众营。刘秀称帝于河北，岑彭拜廷尉，行大将军事。建武元年（公元 25 年），岑彭与吴汉、王梁等十一位将领围攻洛阳朱鲔，数月不能破城，光武帝刘秀命岑彭劝降了朱鲔。第二年，岑彭进军荆州，先后攻克了治所在今河南平顶山市鲁山县东南的南阳郡犨（chōu）县、治所在今平顶山市叶县之南的叶县等十余座县城，并逼降许郏。岑彭因功被提拔为征南大将军，封舞阴侯。建武五年（公元 29 年），岑彭率军平定荆州。建武八年（公元 32 年），岑彭随光武帝攻破天水郡，与吴汉围隗嚣于西城。公孙述看到汉军围剿隗嚣，便采取以攻为守策略，把第一道防线推进到今湖北荆州与襄阳之间的荆门一带。建武九年（公元 33 年），公孙述派遣将领任满、田戎、程汎率军数万人，乘坐用竹木编成的桴筏开到位于今重庆市奉节县东赤甲山的江关，击败了刘秀的威虏将军冯骏等，攻拔了位于今湖北宜昌宜都市的南郡夷道县，及治所在今湖北宜昌市东南长江北岸的夷陵县，又占领了今湖北荆州市的江陵县，位于今湖北荆门市之南的虎牙山，并把营地建在山上，之后，他们还在江面上搭起浮桥和战楼，立下许多木柱以断绝水道，以此来阻挡汉兵西攻。粉碎隗氏集团后，光武帝加大了讨伐公孙述的力度。建武十一年（公元 35 年），光武帝派遣大司马吴汉率领征南大将军岑彭、诛虏将军刘隆、骁骑将军刘歆、辅威将军臧宫等，征调荆州各郡军队六万余人和骑兵五千余人（其中包括桂阳、零陵、长沙担任运输任务的水兵），讨伐公孙述。岑彭事先还在荆门准备了数千艘武装战船，以等待吴汉等汉军诸将来此地集结。汉军总指挥大司马吴汉出生在南阳，长大后在幽州贩马，从军后长期在北方打仗，对水军作战并不重视。他率军到达后发现，荆州三郡派来了不少水兵，吴汉认为这些水兵打仗时用不上，打算把他们遣散回去，以节省粮食。岑彭认为，公孙述经常通过水路投送兵力，还架设浮桥，跨水作战，汉军如果没有水兵，军事上就存在短板，遣散水兵不妥。因吴汉官大，岑彭说话不占分量，于是，他上疏光武帝，以寻求支持。光武帝回复岑彭说：大司马吴汉习惯于用步骑作战，不晓水战，荆门会战，一切都由征南公岑彭主持。岑彭得到了光武帝的支持，便放开了手脚，于是他在军中招募能够攻击浮桥的勇士，并公开宣布谁能率先拆毁敌军浮桥，就给予上等赏赐。善于中流击水的偏将军鲁奇等应召受任。一切布置妥当后，汉军便向公孙述的浮桥和战楼发起攻击，岑彭率军在岸上顺风挺进，鲁奇率领水兵在江面上逆流行驶，公孙述的战船阻止鲁奇的水军进攻，以保卫浮桥和战楼不被破坏。鲁奇和他的水兵非常顽强，拼命前冲，当他们靠近浮桥时，却被密植在浮桥木柱上的反拉铁钩钩住了战船，他们进退不能，于是，鲁奇和他的水兵乘势点燃火种，投掷在浮桥之上，风急火烈，浮桥和战楼很快就被烧毁。公孙述的军队大乱，数千人在混战中落水淹死。岑彭斩杀了公孙述部将任满，活捉了程汎，田戎逃到江州（即今重庆市）。从此开始，公孙述不得不实行战略萎缩，把防御的重点放在成都外围。

公孙述势力撤退之后，江陵一带被其夺占的城邑全部收复。于是岑彭上疏朝廷，推荐诛虏将军刘隆兼任了南郡太守。这样，刘隆被留下来操持南郡的政务工作，岑彭就带领骁骑将军刘歆、辅威将军臧宫一起引军西进，进入江关（即今重庆奉节区东）。

岑彭率军抵达江关后，学习祭遵从严治军的做法，并汲取吴汉在南阳平叛时不抓军纪、逼反邓奉的惨痛教训，在军中下达了"绝不允许掳掠百姓"这条铁的律令。由于岑彭治军从严，将士们秋毫无犯，受到当地人民的欢迎，"所过百姓皆奉牛、酒迎劳"。岑彭接见当地长者，对他们说：大汉怜惜和同情巴蜀，久见军阀势力奴役百姓，所以兴师远伐，以讨有罪，为民除害。并坚决推辞，不肯接受牛、酒等物。"百姓大喜，皆开门降"。光武帝对岑彭在战场上所取得的胜利、军队的内部管理和所处的军民关系等，都非常认可，他下发诏书任命岑彭为代理益州牧。光武帝还在诏令中明确提出，岑彭攻下一郡，就先兼任那个郡的太守；岑彭离开哪个郡，就把太守的职位交付给接防的将领。同时，诏书还赋予岑彭选拔州郡官吏的权力。

岑彭等由江关开赴公孙述败将田戎退守的江州。岑彭发现江州城池坚固，内储粮草充足，士卒防守严密，短期内很难攻陷，于是，岑彭留下副将冯骏和部分士兵守营，自己亲率军队攻打治所在今重庆合川区境内的巴郡垫江县，并一举攻破了平曲（位于今重庆合川区境内），缴获了大米数十万斛，有效解决了军需供应这个大问题，汉军将士们士气大振。

面对岑彭大军的步步紧逼，公孙述非常恐惧。他命令王元、延岑、吕鲔和弟弟公孙恢等，把几乎所有的兵马全都拉出去，死守距离成都不足一百公里的犍为郡资中县（今四川资阳市）和距离成都五十公里以内的广汉郡（今四川德阳广汉市）。同时，派遣属将侯丹率领二万人据守位于今重庆涪陵区东北的黄石。针对公孙述的兵力部署，岑彭绕开敌军主力，避强击弱，他率领军队从垫江乘船回返江州，又逆都江水而上袭击侯丹，一举将侯丹击破。

岑彭在率军出发之前，命令辅威将军臧宫率领敌军归降的士卒五万多人，从涪水抵平曲，多张旗帜，广设疑兵，重点牵制公孙述的部将延岑的蜀军主力。

臧宫，字君翁，颍川郏县人，即今河南平顶山市郏县人。臧宫年轻时先后担任本县掌治安和捕盗事务的亭长和掌巡察缉捕事务的游徼。后来，臧宫率领宾客参加了绿林军分支"下江兵"，并担任了校尉。刘縯、刘秀兄弟率领"舂陵兵"与绿林军合兵之后，刘秀认识了臧宫。他发现臧宫为人厚道，稳重老练，不善言谈，做事勤勉，且众将经常夸他勇敢，于是刘秀就把臧宫纳入自己的麾下。更始元年（公元 23 年），刘秀北渡黄河镇慰河北时，任命臧宫为偏将军，一起北上。臧宫跟随刘秀多次讨伐敌寇，冲锋陷阵，破坚摧锐，屡立战功。刘秀称帝后，任命臧宫为侍中、骑都尉，后来又封他为成安侯。建武二年（公元 26 年），臧宫与征虏将军祭遵等奉命率军去清剿盘踞在洛阳西南地区的弘农、厌新、柏华、蛮中等流民武装，经过一年的苦战，将其平定。随后，又同祭遵一起率军讨伐盘踞在郦县（今河南南阳市西北）和涅阳县（治所在今南阳邓州市境内）的更始政权将领韦颜、左防，臧宫率领精锐突骑发起猛攻，左防、韦颜抵挡不住，被迫投降。建武三年（公元 27 年），臧宫又随征南大将军岑彭继续南征，讨伐割据势力"楚黎王"秦丰，经过两年苦战，消灭了敌军主力。建武五年（公元 29 年），臧宫率兵攻打江夏，拿下了治所在今河南信阳市东南的江夏郡钟武县，及今江苏镇江市句容县之北三十公里的竹里等多个城邑。光武帝提拔他为辅威将军，不久又晋封他为期思侯。

建武十一年（公元 35 年），臧宫奉命与吴汉、岑彭等将领在荆门会师集结，共同讨伐公孙述。臧宫率兵抵达治所在今湖北襄阳市西南的南郡中卢县，屯兵于百越众支系下的其中之一骆越聚集区。当时，骆越人准备谋反归蜀。而臧宫兵少，力不能制。正在这时，属县送来了转运车辆数百乘，臧宫乘夜派人锯断城门门槛，推车出入，令车轮转动之声响彻四方至清晨。骆越侦察兵听到车声不断，而城门门槛也被锯断，互相通报说汉兵大部队已经到了。骆越首领奉献牛酒以慰劳军营。臧宫陈兵大会，畅怀痛饮，由此骆越人才安定下来，不再起事。

随后，臧宫与岑彭等攻破荆门，冲垮了公孙述的第一道防线，之后岑彭命令臧宫率领五万降卒，去牵制公孙述部将延岑的大军。延岑兵马众多，士气旺盛，而臧宫士卒虽多，但都是降兵，且粮食又少，辎重运输也跟不上，军需保障严重不足。不少士兵心存去意，总想寻机反叛或逃跑。周边郡县见此情形，重新聚兵自保，以坐观成败，最后再决定究竟投向谁。对此，臧宫很是挠头，他想率部撤回，但又担心部下反叛和敌军追杀，正在犹豫不决之时，光武帝派来了掌天子传达的谒者率兵来见岑彭，而此时岑彭早已率军出征，臧宫便接待了谒者。臧宫见谒者带来的部队中有战马七百多匹，于是假传圣旨，把这些兵马充实到了自己军中，以壮大声势，威慑敌人。臧宫人马增多之后，便命令部队乘夜进兵，多张旗帜，登山击鼓呼号，左是骑兵，右是步兵，中间挟着船只而进，呼号之声震动山谷。延岑料想不到朝廷大军遽然而至，于是登山观望，极为惊恐。臧宫以纵兵之阵发起攻击，大破蜀兵，蜀兵被斩首及溺死者万余人，弄得江水都浑浊了。延岑只身逃回成都，其部众全部投降，臧宫缴获了蜀军的兵马辎重，而后又乘胜追击，一路迫降了十几万人。臧宫进军到位于今四川绵阳市三台县西北的平阳乡，蜀军大将王元也率部众投降。紧接着，臧宫一鼓作气，攻拔了治所在今四川省德阳市旌阳区黄许镇的广汉郡绵竹县，击破治所在今四川绵阳市涪江东岸的广汉郡涪县，斩杀了公孙述的弟弟公孙恢，又马不停蹄地拿下了治所在今四川成都彭州市西北的蜀郡繁县、治所在今四川成都市郫都区的郫县，前后缴获符节五条、印绶一千八百个。后来，光武帝考虑到蜀地新定，臧宫威名震敌，立即任命他兼任了广汉太守。

再说岑彭那边。岑彭击破侯丹之后，又行军两千余里，攻陷了治所在今四川眉山市彭山区双河乡平获村与五一村交界之处的武阳县，这里距离成都不足八十公里。而后，他又派出精锐骑兵以迅雷不及掩耳之势飞袭广都县，该县治所位于今成都市双流区。这就等于汉军已挺进到成都大门。

在公孙述集团岌岌可危，眼看就要土崩瓦解之时，他使出了最后的阴招——派遣刺客谎称是逃亡的奴仆，前来归降岑彭。由于岑彭忽视了自身保护，刺客在夜间刺杀了岑彭。光武帝刘秀为再失一位祭遵式优秀将领深感痛惜，为岑彭谥号壮士。

吴汉。建武十一年（公元35年）春，吴汉率领岑彭、臧宫等将领讨伐公孙述。因光武帝有令："荆门会战，一切都由征南公岑彭主持。"吴汉不便再插手指挥，等到岑彭等攻破了荆门，长驱入江关，吴汉便留在夷陵。在这里，吴汉并没有闲着，他督促地方抓紧制造短楫船只，并运载南阳兵及新招募来的解除枷锁的刑徒共三万人，溯江西上支援前线。吴汉认真汲取了自己在南阳平叛时的惨痛教训（当时他放纵部下劫掠乡里，致使民怨沸腾，结果逼反了破虏将军邓奉，给国家、军队和人民造成了严重损失），学习和效仿模范将领祭遵的治军经验，加强了对军队的管理，军队在人民群众心目中的形象和自身的战斗力都有了明显提升。岑彭遇害后，吴汉兼领了他的军队。建武十二年（公元36年）春，吴汉率领大军与公孙述的将领魏党、公孙永在鱼涪津（今四川乐山市之北岷江津渡一带）交战，大破蜀军，之后又围攻位于今四川眉山市彭山区江口镇的武阳邑。此前，岑彭曾率军攻陷了武阳，由于他急于奔袭广都，来不及巩固胜利成果，岑彭离开后，公孙述又占领了该邑。这次吴汉将武阳邑包围之后，公孙述派遣女婿史兴等率军救援，吴汉迎面痛击，歼敌五千余人，史兴败逃。武阳邑系键为郡治所，吴汉占领武阳邑之后，打算将键为郡属县全部拿下，当他准备发起攻击时，各县都紧闭城门，加强防守，吴汉短期内很难拿下。恰在此时，光武帝刘秀诏令吴汉径直攻取广都，钻进敌人的腹腔，为下一步攻击成都创造条件。岑彭生前曾经占领了广都，只因他遭到公孙述的暗杀，汉军撤回。按照光武帝命令，吴汉率军进军广都，并顺利占领了该城。随后，吴汉安排轻骑兵把位于成都市南郊的市桥烧毁。公孙述手下的将士们非常恐惧，出现了"日夜离叛"的情形，公孙述"虽诛灭其家，犹不能禁"。在这样的形势下，光武帝再次给公孙述下诏说：你不要疑虑来歙、岑彭这两位将领被害的事，如果你立即归降，你的家族可以保全。顽固不化的公孙述"终无降意"，坚持死磕到底。

吴汉占领广都后，刘秀又给他发来诏书说：目前，公孙述驻守成都的军队还有十余万人，千万不要轻敌冒进。你要坚守广都，不要主动出击，与敌人争锋，但要做好他们来攻的准备。如果公孙述不敢来攻，你就转移军营引诱和逼迫他们，等敌人"力疲，乃可击也"。可是，吴汉没按光武帝"等待敌人来攻"的诏令而行，时间不长就失去了耐心。他求胜心切，总想速战速胜，于是，吴汉亲自率领两万名步兵、骑兵向成都挺进。在距离成都十里左右的地方，在江上架设浮桥，隔江在北岸扎营，还命令副将武威将军刘尚领兵一万余人驻守在江南。本来就三万多人，又一分为二，而且彼此军营相距二十来里，这样的布局乃兵家之大忌。

刘秀"闻之大怒"，他下发诏书说："既轻敌深入，又与（刘）尚别营"，一旦发生危机，就不能相互救援。此时，如果敌人出兵牵制你，以主力攻击刘尚，那么，"（刘）尚破，公（指吴汉）即败矣"。幸亏没有发生什么变故，你要"急引兵还广都"。因古代交通、通信不发达，刘秀的诏书尚未到达，就进入了九月。脑瓜并不简单的成家皇帝公孙述果然派遣其大司徒谢丰、执金吾袁吉率领十万人的军队攻击吴汉，另派其他属将率领一万多人的军队隔离刘尚，使刘尚不得救援吴汉。双方从凌晨到夜间大战一整天，吴汉兵败还营。公孙述的大司空谢丰趁机指挥军队将吴汉军营包围起来。大司马吴汉在营中召开紧急会议，他对将领们说，我们转战千里，历经艰难险阻，才进入敌人腹地，来到成都城下。眼下，我们与刘尚困在两地，互不得施救，处在两地的我军都面临败亡的危险。所以，我想悄悄率军到南岸与刘尚会师，合力抗敌。在生死存亡的关键时刻，如果大家齐心协力，人人拼搏奋战，完全可以扭转战局，取得胜利。否则的话，就会一败涂地，死无葬身之地。成败之机，在此一举！将领们都说，照您说的办，决不当孬包！

吴汉下令为将士们改善生活，让他们吃饱喝足，喂饱战马，关闭营垒，三天不出。还密竖旌旗，烟火不断，给外围的敌军以"过日子"的假象。入夜，吴汉派遣小分队斩杀敌军哨兵，而后率领军队悄无声息出营，一路狂奔，终于与刘尚会合。第二天，谢丰才发觉吴汉已经跑到南岸与刘尚合兵，他气急败坏，斩杀了值更将领。而后，留下部分兵力据守江北，自己亲率大军进攻江南。吴汉拉出所有的兵马与敌军交战，将士们奋不顾身，越战越勇，从早晨一直战到下午，终将敌军打败，斩杀了公孙述的大司空谢丰和执金吾袁吉。

吴汉率领大部分军队返回广都，留下刘尚和少部分兵力驻守在江南岸抗敌。在广都，吴汉上疏向光武帝写了详细汇报，作了深刻的自我批评。刘秀回信说：你回到广都这是上上之策，公孙述绝对不敢绕过刘尚而直接向你发起攻击。如果他先攻击刘尚，你从广都发兵救援，仅仅五十里的路程，你出动全部兵马很快就会赶到，这样布局有利于赢得战略主动。从形势发展的情况看，敌人必破无疑。自此以后，大司马吴汉的军队与成家皇帝公孙述的军队在"两都"（即广都与成都）之间先后交战八次，吴汉在取得八战八胜之后，终于将军队推进到成都外城。

面对汉军的强大攻势，"公孙述困急"，犹如热锅上的蚂蚁，惶惶不可终日，他问计于汝宁王延岑说："事当奈何？"延岑回答说：男子汉大丈夫应当死中求生，岂能坐着等死！钱财容易聚敛，失去还能挣回来；人命只有一次，死去就回不来了。在生死关头，不能再心疼钱财。公孙述深受启发，于是将仓库中所有的黄金、细帛等金银财宝拿出来散发，招募了一支五千余人的"敢死队"，由延岑指挥。延岑作为敢死队队长，在成都南郊市桥一带布下疑阵，广插旌旗，擂响战鼓，在向东面的汉军发起进攻的同时，派出奇兵悄悄绕到吴汉军队的屁股后面，前后夹击，猛冲猛打，终将吴汉的军队打败，吴汉连人带马跌落水中，他急中生智，紧紧抓住马尾，才被战马拖上岸来，而后逃离险境。

吴汉回到军中后才发现，所携带的粮草即使省吃俭用，最多也只能挺上七天。于是他让人秘密准备战船，打算撤走。就在此时，有一个人急急忙忙来见吴汉，此人就是光武帝最新任命的蜀郡太守张堪。

张堪，字君游，南阳宛县人，即今河南南阳宛城区人。他出身于豪门大族，可少年时就成了孤儿。张堪把老爸留下的数百万家产送给了侄子，十六岁那年就去往长安求学。张堪志向远大，品行高尚，行为严肃，儒生们都称赞他为"圣童"。刘秀尚未发迹时，看到张堪品行兼优就经常夸他。刘秀称帝后，经中郎将来歙举荐，光武帝任命张堪为皇上的侍从官——郎中，经过三次升迁，张堪担任了掌宾赞受事，即为天子跑腿的谒者。汉军攻进公孙述所控制的成都后，光武帝派张堪去成都，交给他三项重要任务：一是转运成都积存的缣帛（古代一种质地细薄的丝织品。古人在发明纸以前常在缣帛上书写文字）；二是为汉军送去七千匹战马，以补充军需；三是随从大司马吴汉参加讨伐公孙述的战斗。张堪走到半路，光武帝又追拜张堪为蜀郡太守，要求他下一步领导和组织好成都的战后重建。张堪抵达后，听说汉军粮食告急，吴汉正在暗中筹备船只，打算撤军逃走。对此，张堪认为这一计划不妥，于是他立即跑去见吴汉，向他陈述公孙述必败和不宜退师的理由。吴汉听从了张堪的建议，立即安排臧宫进驻成都咸阳门，而后采取故意向公孙述示弱的策略，以诱敌出战。果然，公孙述见吴汉进攻"疲软"，料定他粮草不足，于是亲率数万人马攻打他，另派延岑的敢死队去咸阳门抗击臧宫。

在咸阳门，吴汉率领的汉军与公孙述的蜀军展开大战，公孙述的金钱促使延岑手下的敢死队勇气倍增，双方从早晨一直打到中午，蜀军敢死队三战三胜。由于敌军将士没有吃饭，全都感到饥饿疲劳。在这时候，吴汉命令护军高午、唐邯率领精锐部队数万人去攻击蜀军，蜀军顿时大乱。高午趁乱催马直冲阵前，朝着成家皇帝公孙述一阵猛刺，将其胸部刺穿，公孙述跌落马下，随从人员将公孙述抬回府中。公孙述把军队交给延岑后，于当天夜里，即建武十二年（公元 36 年）十一月二十日死去。公孙述死了，延岑失去了靠山，于是，第二天延岑便献出其全部军队和成都城，乖乖投降。吴汉斩杀公孙述家族和延岑及其家族，无论男女老幼一律处死，鸡犬不留。

成都攻下之后，蜀郡太守张堪率先入据其城，检阅库藏，收其珍宝，全部开列清单上报，秋毫无私，同时还积极履行郡守职责，安慰抚定吏民，恢复发展生产，维护社会稳定，蜀人大悦。至此，刘秀称帝十一年后，统一全国的战争才告结束。（据《后汉书·郭杜孔张廉王苏羊贾陆列传》《后汉书·寇恂传》《后汉书·李王邓来列传》，《资治通鉴》第四二、四三卷，《后汉书·吴盖陈臧列传》《后汉书·冯岑贾列传》《后汉书·光武帝纪》《后汉书·隗嚣公孙述列传》)

三、加强吏治建设，保持郡县主官和基层官吏相对稳定

东汉立国后，光武帝刘秀非常重视吏治建设和管理，尤其是在整顿吏治、裁减冗员，"退功臣而进文吏"，保持州牧、郡守相对稳定和增加各级官吏特别是基层官吏俸禄上决策正确，成效明显。

（一）并县减官，减轻国民养官负担

针对王莽时期随意扩大县的数量以及官吏设置过多过滥问题，建武六年（公元30年），刘秀下发诏书说：设置官吏，是为了治理人民的。这些年来，百姓遭难，户口减少，而国家所置的官吏还很繁多。现令司隶（官名，为司隶校尉的省称。掌察举京师、三辅、三河、弘农非法者，捕巫蛊，督大奸猾)、州牧，各自在所辖范围内核实实际需要，省减官吏人员。无论是县，还是封国，不足以设置长史的，要予以合并。诏令下发后，全国合并减少了四百多个县，"吏职减损十置其一"。也就是说，官吏的职位大大减少，十个官员只留任一个。随后，刘秀又发布诏书说：今国有众军，并多精勇，宜且罢轻车、骑士、材官、楼船士及假吏，令还复民伍。即刘秀还下令辞退了各郡县、封国的轻车、骑士、材官等勤杂小吏和地方武装人员，令他们回乡为民。这样就大大减轻了老百姓养官的负担，同时也提高了工作效率和行政效能。建武十三年（公元37年)，

刘秀责成三公整顿官吏制度，明确要求一律不得任用功臣。刘秀认为，功臣都是戎马出身，不熟悉封建典章制度，不懂得治国理政的道理，他们往往自恃功高，不服从命令，不遵守纪律，工作方法简单粗暴，善于强迫命令，影响官府形象以及与老百姓的关系等。但刘秀对这些功臣并不是简单地一否了之，而是充分肯定他们的历史功绩，符合封侯条件的，还是要封侯的，给予他们崇高的政治荣誉和丰厚的经济待遇。统一全国的战争取得胜利以后，刘秀曾先后两次对有功之臣进行大规模、大范围的封赏。对已经去世的功臣，加封其子孙，使他们都能获得较高的荣誉和丰厚的待遇。封侯之后，刘秀就解除了他们的实权，使他们不再参与政事，安享丰衣足食、人寿年丰的生活。侯爵中，只有高密侯邓禹、固始侯李通、胶东侯贾复三位元老级的功臣可与三公、九卿一起参与国家大事。刘秀虽然在参政议政上控制功臣，但在日常也能够包容和原谅他们小的过失。远方进贡珍味美食，他一定要先赏赐给所有的诸侯。

在进文官上，刘秀亲自从地方郡县和社会底层选拔了一批像卓茂、杜诗、郭伋、任延、第五伦等那样的优秀人才，并把他们安排在朝廷有关部门和州郡一把手岗位，有力加强了朝廷有关工作，促进了地方治理。同时，他还采纳郭伋的意见建议，要求州牧、郡守及其以上的官吏都要向朝廷推举人才。对举荐上来的人才，刘秀都要亲自考察询问，一方面了解被举荐者是否真正优秀；另一方面也考察举荐者是不是公平公正，识人水平如何。建武七年（公元31年），刘秀下发诏书要求，公、卿、司隶、州牧举荐贤良、方正各一人，让被推举者都前往朝廷管理公车、接送贵宾的公车署报到。

光武帝亲自召见，并与他们谈话，进行了深入考察了解。另外，刘秀对下级官员提拔使用其管辖范围内的官吏，也都提出了用人标准和原则。他下发诏书强调：中都官（汉代京师各官署的统称）、三辅、各郡、封国"务必选用柔和贤良的人为官吏，斥退贪婪残暴的官吏，各自处理好政事"。（据《资治通鉴》第四〇、四二、四三卷，《后汉书·光武帝纪》）

（二）保持州牧郡太守相对稳定，增加各级官吏的俸禄

王莽摄政和建立新朝以来，州郡县主官"数见换易"。中国幅员广阔，迎新送旧，在路途上劳累奔波需要花费很长时间。由于他们任职时间过短，而赴任、离任时路上耗费的时间又长，所以，很难显示他们能干出什么政绩，而没有政绩又往往会受到朝廷的严厉责备，地方官吏们也因此不能自保。为检举、弹劾所迫，又害怕别人讽刺讥笑，所以，他们就竞相包装自己，用欺诈、伪装和弄虚作假的手段求得虚浮的美名。负责保卫京城的高官执金吾朱浮发现这一问题后，向刘秀上疏作了反映，并提出注重保持州、郡主官相对稳定的意见建议。"帝采其言，自是牧、守代易颇简"，使他们能够安下心来干一些有利于长远、有利于百姓的实事、好事。

东汉建国以来，经过二十多年的和平发展，国民经济有了明显好转，积累了一定的财富。建武二十六年（公元50年），刘秀下发诏书增加各级官吏的俸禄。刘秀提出增加俸禄的原则是：年俸为一千石以上粟谷的官吏，低于西汉旧制；六百石以下的官吏，高于西汉旧制。从光武帝刘秀给官吏增加俸禄的原则可以看出，民间出

身的皇帝制定的政策有鲜明的导向，很接地气。基层官吏肩负着引导和组织百姓发展生产的任务，他们工作很辛苦，适当给他们多增加一点俸禄，有利于激发和调动他们的积极性，有利于他们廉洁从政，能使其更好地发动和组织百姓发展生产，为社会创造更多的财富。（据《资治通鉴》第四二卷，《后汉书·光武帝纪》）

四、削弱三公实权，重建监察机构

刘秀总结西汉中后期，包括王莽摄政和统治时期，朝廷机构设置以及大臣专权跋扈的教训，为加强集权，他削弱了三公的权力，扩大和加强了尚书台的实权。在东汉建立之初，朝廷最高的官职就是三公，即太尉、司徒和司空。太尉主管军事；司徒就是以前的丞相，但权力比丞相小得多，主要是管理民政和教化；司空就是以前的御史大夫，主管工程项目，不再负责监督监察。三公职位虽高，年俸万石，但没有什么实权，实权都归尚书台。尚书台由皇帝直接控制，任何人不得插手。尚书台主官为尚书令，官秩为六百石，刘秀将其提高为一千石。另设副职一人，官名为尚书仆射，官秩为六百石。尚书令之下还有左、右丞各一人，官秩为各四百石。尚书台下设"六曹"，吏曹主管公卿事，二千石曹主管州、郡、封国二千石官吏事，民曹主管官吏上疏事，"三公曹"主管断狱事，南、北主客曹主管少数民族和外国事。每个曹设尚书一人，官秩为六百石，下辖侍郎六人、令史三人。刘秀通过机构重建和改革，加强了尚书台权力，使其成为决策和发号施令的中枢机构，而三公、九卿"只受成事"，级别虽然很高，但没有实权，徒有虚名。尚书台的官吏，包括一把手，级别虽然不高，但掌握着实权，而刘秀又把这个实权分给六个属曹，防止权力过于集中。刘秀从制度和机制上防止大臣专权跋扈，避免出现像王莽那样篡权夺位的情况。

出身于民间的东汉开国皇帝刘秀，深知监察监督在国家治理中的重要作用，因此，他对这一制度体系，特别是西汉前期曾经设置过的三套监察机构，进行了恢复和重建。

一是重建御史台（府）。御史台（府）是朝廷主管监察监督的机构，相当于今国家监委。西汉时，御史大夫是御史台（府）的主官；东汉初年改御史大夫为司空，主管工程。这样，御史台（府）的主官就成了御史中丞，官秩为一千石。御史中丞的权力仅小于尚书令。御史中丞下面有治书侍御史二人，掌解释法律条文；侍御史十五人，掌察举官吏违法乱纪，接受公卿、州郡官员奏事和来信来访。公卿、大臣朝见皇上，或朝廷举行祭祀、封禅、封侯、立太子等国家大典时，御史中丞带领侍御史们监察纠正威仪。

二是恢复司隶校尉。西汉武帝时，全国被划分为十三个部州，即监察区。国都附近地区的京兆、河南、河东、河内、弘农、右扶风、左冯翊七个郡为一个监察区，置司隶校尉部，设主官司隶校尉一人。其他十二个部州，各为一个监察区，设主官刺史一人。到西汉成帝刘骜时，这项制度被废弃。建武十九年（公元43年），刘秀又恢复了汉武帝时的这一制度。他仍将全国划分为十三个部州，即监察区，将三辅（即京兆、冯翊、扶风）、三河（即河南、河内、河东）和弘农七个郡作为一个监察区，并在京师设置司隶校尉部，设司隶校尉（简称司隶）一人，年俸为二千石粟谷，兼领一州事；司隶校尉下面设从事史十二人，主管监察朝廷文武百官和本监察区各郡、封国中官秩为二千石的官员。司隶校尉既是朝廷重臣，又是地方大员。召开朝会讨论问题时，位在九卿之上；朝贺时，处在公卿之下。司隶校尉的监察权很大，《通典》卷三十二·职官记载说：司隶校尉"无所不纠，唯不察三公"。在皇上接见公卿大臣时，尚书令、御史中丞和司隶校尉专席而坐，号称"三独坐"。

三是重新设置州刺史。刺史是从秦朝开始设置，西汉武帝时沿袭的。刺史的主要职责是，监察本监察区内各郡、封国的高官。"刺"的古意是检举不法，"史"的古意是皇帝所使。以前，汉武帝在京都及其周边七个郡共设一个监察区，置司隶校尉部，设司隶校尉一人；在其他十二个部州即监察区设刺史。刺史具有检察官性质，官阶低于郡守。西汉成帝绥和元年（公元前 8 年），将刺史改为州牧，原来刺史的职能也改没了。光武帝刘秀又恢复了西汉武帝时期的刺史设置，并结合当时的实际做了新的完善。十二个部州即监察区，各设刺史一人，年俸为六百石粟谷。刺史的属官设置，大体上与司隶校尉之下的设置相同。刺史于每年秋季巡视巡察本察区内各郡和封国，主要开展两项工作，即调阅检查刑狱案件办理情况，考核主要官员的政绩情况，并形成工作报告，于当年年底呈报皇上。光武帝根据各个监察区上报的巡视巡察报告，对官吏进行升降罢免。《后汉书·朱冯虞郑周列传》载有朱浮的上疏，称光武帝"疾往者上威不行，下专国命，即位以来，不用旧典，信刺举之官，黜鼎辅之任，至于有所劾奏，便加免退，复案不关三府（太尉、司徒、司空设立的府署，合称三府），罪谴不蒙澄察"。

五、提振百姓信心，抓好稳定和民生

统一全国的战争大面积结束后，刘秀集中精力抓民生事业。他继承和借鉴西汉高祖刘邦的治国理政经验，依然把"黄老无为"学说作为施政的基本遵循。刘秀说："吾理天下，亦欲以柔道行之。"刘秀所制定的政策措施和他的施政行为都充分体现了这一指导思想。早在更始帝刘玄时期，刘秀在黄河以北开展"革命"活动，无论他走到哪里，都是首先废除王莽新朝制定的繁杂苛刻的制度条令，恢复西汉旧制，包括地名、官名、机构名称的恢复等。这项工作推进得十分顺利，很快就在全国范围内完成。接着，刘秀还做了很多工作。

（一）兴建太学、复兴儒学

由于西汉末期政治腐败、王莽统治时期社会动荡，以及多年的战乱，东汉立朝之初，人们思想混乱、人心不稳和社会治安问题非常突出。刘秀坚持一手抓打击，一手抓教化，有力推进了社会治理。这里重点介绍刘秀亲自上手抓的两件事。一件是刘秀亲自率大军征讨颍川郡的盗贼；另一件是在洛阳城兴建太学。

颍川郡社会治安问题由来已久。自从黄巾军起义以来，该郡从来没有稳定过。连续多任太守都没有从根本上解决问题。有时朝廷会派来"高手"做太守，虽然当时采取的一些权宜措施实现了暂时稳定，但他调走之后马上又出现反弹。一些不法分子结成团伙，在光天化日和众目睽睽之下，对老百姓的财物实施盗抢，甚至动刀杀人，人民群众没有安全感。颖川郡靠近京师洛阳，刘秀对此高度重视。建武八年（公元 32 年），刘秀打算派遣负责京城保卫工作的执金吾寇恂以九卿的身份率军剿灭盗贼。寇恂却对刘秀说：颖川的盗贼听说陛下征讨远方的陇、蜀，没在京师洛阳，所以那些狂徒、狡诈之辈就趁机作乱。如果他们听说陛下南行，一定吓得要死。我愿手持兵器充当扫平盗贼的开路先锋。民间出身的光武帝，敢于和善于担当，于是他亲自领兵南征讨伐。颖川的盗贼慑于光武帝的威名，刘秀还没有率军进攻，盗贼就全部投降了。刘秀又把寇恂留在那里，命令他震慑贼寇，安抚百姓，收容投降的残余贼寇，真正实现稳定之后才撤离回来。

面对东汉建国之初世风不古、人心涣散、道德沦丧、风俗败坏的社会问题，刘秀决定以儒学伦理纲常统一人们的思想。为此，他大力倡导尊孔崇儒，赐封孔子后裔孔志为褒成侯，褒奖儒家学者，恢复经学博士的选拔，发动人们寻找遗失的典籍，整理儒家经书等。在此基础上，刘秀还在洛阳城南开阳门外兴建了一所国家级的太学，并于建武五年（公元 29 年）亲自到太学视察，赏赐博士弟子各有等差，鼓励他们刻苦学习，报效国家；同时还指导太学"稽式古典，修明礼乐"，建立健全典章制度。建武十九年（公元 43 年），刘秀再次去太学考察，亲自主持召开由众博士参加的学术讨论会，"会诸博士论难于前"。有一位名叫桓荣的老师，辨析和阐述经典要义，往往以理服人，其他儒家学者都赶不上他，刘秀对桓荣特加奖赏。

桓荣，字春卿，沛郡龙亢人，即今安徽蚌埠市怀远县人。他年少时到长安求学，拜博士朱普为师。桓荣出身于贫寒之家，常常以为他人打工来养活自己。他精力充沛，意志力很强。为节省路费、避免浪费学习时间，他十五年从来没有回过家。王莽篡位时他才回到家乡。当时正赶上老师朱普去世，桓荣到朱老师家里吊丧。为表达对老师的深厚感情，他背土起坟。后来他就留在家乡教书，常有弟子数百人。王莽灭亡后，天下大乱。桓荣抱着他的经书同弟子们一起躲避到山谷之中，"虽常饥困而讲论不辍"，后来他又客居江淮一带继续传道授业。建武十九年（公元43年），桓荣六十多岁了，才被大司徒府征辟。当时刘秀的儿子刘庄刚刚被立为皇太子，选求通晓儒家经典的人，光武帝选拔了桓荣的学生何汤（豫章人，即今江西南昌市人），并任命他为虎贲中郎将。其主要工作就是教授太子刘庄《尚书》。光武帝随意询问何汤的老师是谁，何汤说："师从于沛人桓荣。"光武帝很快召见了桓荣，让他解说《尚书》。刘秀对桓荣的讲解非常欣赏，于是就任命他为议郎（官名。为光禄勋所属郎官之一，掌顾问应对，无常事。汉代官秩为比六百石。多征贤良方正之士任之），并赐钱十万，让他入宫教授太子刘庄。每次朝会，光武帝就让桓荣为公卿大臣讲解经书。光武帝对桓荣大加称赞，当时博士正好出缺，光武帝打算让桓荣担任，桓荣却叩头辞让说：我的学问肤浅，不如我的同学郎中（官名。东汉以后为尚书台属官）彭闳、扬州从事（官名。即从吏史，亦称从事掾，汉刺史的佐吏。后因从事为刺史属吏之称，分为别驾从事史、治中从事史等）皋弘。光武帝帝说：好，那您就去把他们请来吧。于是光武帝任命桓荣为博士，安排彭闳、皋弘做议郎。

光武帝亲临太学考察时，正遇上诸位博士在太学前辩论疑难。只见博士桓荣身穿儒服，温和谦恭，宽厚而有涵养，他分辩说明经书要义，所阐述的道理"不以辞长胜人，儒者莫之及"。不久，桓荣入朝参加宴会，光武帝诏赐诸臣奇异水果，接受的人都将它揣在怀里，唯有桓荣双手捧着果子拜谢。光武帝笑着指着桓荣说：你们看，这可是真正的儒生啊！光武帝由此更加敬重厚待他，常常让他在太子宫中过夜。桓荣曾经卧病在床，太子刘庄每天早晚派中傅（官名。位次太傅，佐太傅行德育）探问病情，还以奴婢、美味、帷帐等赏赐他。后来桓荣病好了，又进入太子宫教授刘庄学业。刘秀重视儒学，厚待博士桓荣等儒家学者以及亲自到太学考察的消息传播之后，在京城内外引起强烈反响，崇尚和学习儒学之风逐渐在全社会兴起，同时社会风气也日趋好转。（据《资治通鉴》第四一至四三卷，《后汉书·桓荣丁鸿列传》）

（二）实行"柔政"，平反冤狱，解放奴婢

刘秀坚持以柔治国，亲民爱民，常常显示出一种恢廓大度、平易谦和的气貌。一次，宗室众多母亲相互议论说：文叔（刘秀字文叔）少年时谨慎诚实，为人处世不会殷勤应酬，一味忠直温和，而今竟然当上了皇帝！刘秀听见了，大笑说：我治理天下，就是要用柔道来推行教化。刘秀制定了一系列有利于社会和谐稳定的政策措施，例如他先后九次发布释放奴婢和禁止伤害奴婢的命令，还多次下令赦免罪犯为庶民，坚决纠正过去那种把严刑酷法和诡诈权势放

在前头，把仁德信义丢在后头，把残暴苛虐作为治理天下的手段的施政方式，努力实现政通人和。建武三年（公元 27 年），刘秀下诏说：男子八十岁以上，十岁以下，只要不是犯了大逆不道之罪，或下诏具名特捕的人，都不许囚禁。刘秀这个规定在我们今天看来，也许不叫什么事，但在近两千年前却是了不起的进步。此前，如果一名家庭成员犯了罪，就要连坐九族、五族、三族、全家，甚至连襁褓中的婴儿也不放过。王莽时期，一人犯罪还要追究四邻五家的刑事责任。这次刘秀下诏，把八十岁以上的老人和十岁以下的孩子剔除，向野蛮法律说"不"，这是历史上的一大进步。建武五年（公元 29 年）发生了旱灾，刘秀下发诏书说：久旱伤麦子，秋粮不能播种，朕十分忧虑。现在有些将领对下属和百姓粗暴，有些官吏不胜任现职，监狱之中还有许多被冤枉的人。因此，命令中都官、三辅、郡、封国释放关押的囚犯，不是犯殊死之罪的人一概不再追究，现有的囚徒免罪为百姓。第二年，他又下发诏书说：对天水、陇西、安定、北地四郡因被大军阀隗嚣欺骗而误入歧途的吏民，以及三辅地区赤眉军侵扰时被定为大逆不道之罪的人，凡判斩首以下的，都免罪不究。当年冬季，刘秀诏命各州、郡和封国对王莽时期将吏民处罚为奴婢，不合乎旧有法律规定的，要一律释放为平民。建武七年（公元 31 年），光武帝再次诏令中都官、三辅和各郡、封国放出在押囚犯，除死罪外，一律免除查办，服劳役的免刑为平民，判刑两年以上而逃亡的，把他们的名字记下，以备查考。当年刘秀还下发诏令说：对因遭遇饥荒、战乱以及被盗贼抢掠沦为奴婢、小妾的人，愿意离开或留下的可听任其便；胆敢拘留不放人的，以卖人法处置。刘秀下发的涉法方面的诏书几乎都是赦免的，但他对于杀害奴婢的人是坚决不予宽大、不予赦免的，足见他对于杀害那些处在社会最底层的人的行为的愤恨，以及对人的生命的尊重。建武十一年（公元35年），刘秀专门下发诏书强调：天地之间以人为贵。对于杀害奴婢的罪犯，不许减罪。第二年，他再次下发诏书：敢于烧灼奴婢的人，按律论罪。赦免被烧灼奴婢为平民。建武十四年（公元38年），刘秀专门对益州下发诏书说：自建武八年（公元32年）以来，凡被掠为奴婢的人，要全部释放为平民；有依托他人为妾的，愿意离去的听任离去；敢于扣留不放人的，按卖人法处置。稍后，刘秀专门诏命益州、凉州官府，明确指出，自建武八年（公元32年）以来，凡向官府提出申诉的奴婢，一律释放为平民，被卖者无须偿还卖身钱。建武二十九年（公元53年），刘秀还派遣使者到各州、郡清理冤狱，释放囚徒。这些诏令和举措的落实，解放了奴婢和其他一些无罪或因小罪而被长期关押的人，大大解放了生产力，缓解了社会矛盾，促进了社会和谐。（据《后汉书·光武帝纪》，《资治通鉴》第四〇至四四卷）

（三）减税降赋，降低农民生产成本

税赋是增是减、是重是轻，这是衡量一个国家经济是否繁荣发展、政府是否节俭为民的一个重要评判指标。建武六年（公元30年），刘秀下发诏书减轻农民税赋负担，诏书说：过去战争没有结束，国家经费不足，所以按十分之一抽取田税，现在军士屯垦，粮食略有储积。从现在起，各郡、封国要按现有田地的三十分之一征税，依景帝时期的制度办理。建武十三年（公元37年），光武帝颁发诏令说：往年我曾命令各郡国不要贡献奇异美味，现在我发现这种进贡现象还没有停止。这不仅有预先培育或饲养及挑选的辛苦，还有运输和转送的劳累，也给沿途所经过地方增加了费用和麻烦。应当告知管理御膳的太官今后不得收受。这两道诏书文字都不长，但却给地方和百姓减轻了很大负担，为人民群众带来了实实在在的利益，同时，也为国家长期稳定发展带来了好处。（据《后汉书·光武帝纪》，《资治通鉴》第四二、四三卷）

（四）核清耕地亩数和户口底数，严惩营私舞弊官吏

建武十五年（公元39年），刘秀针对当时一些地方自行申报耕地面积和户口弄虚作假问题，下发诏书要求各州郡要认真核实耕地面积和户口、年龄等情况，并查实官秩为二千石的官吏中有无徇私舞弊的官员。诏书下发后，经过核查发现：一些州刺史、郡太守多行诡诈，弄虚作假，投机取巧，他们以丈量土地为名，把农民群众聚集在田野里，连村落、房屋等一并丈量为耕地，还有优亲厚友、侵害苛待贫民群众等大量触目惊心的问题。随后，刘秀派出专掌为天子传达的谒者，对二千石高官中徇私枉法的行为进行调查核实，结果发现大司徒欧阳歙在担任汝南郡太守期间，丈量农民土地时作弊，获赃款一千余万。刘秀下令将其逮捕入狱，欧阳歙死在狱中。河南尹张伋以及其他郡太守共十余人，由于丈量耕地亩数弄虚作假，谋取私利，被逮捕入狱并处死。（据《资治通鉴》四三卷，《后汉书·光武帝纪》）

（五）对自然灾害中的死难者和社会弱势群体实行救助

建武二十二年（公元 46 年），南阳郡发生强烈地震，老百姓的生命财产受到严重损失，"地震甚，地裂处多陷""人多压死"。南阳郡是刘秀的家乡，他对家乡父老的受灾情况非常关心，对赈灾工作非常重视。他亲自下诏，安排部署赈灾减灾工作。刘秀在诏书中说：地震灾难降临在吏民头上，朕十分恐惧，令南阳郡不必上缴今年的田租和饲草。派遣谒者进行巡查和慰问。凡死罪囚犯在地震那天以前定罪的，一律减死罪一等；所有的囚徒一律解去脚镣，穿上丝绵衣服。赐给被砸死、压死的人棺材钱每人三千钱。凡人头税未缴纳和拖欠田租的，若房屋损坏尤为严重的，不再收取。吏民死亡，或者还在断墙毁屋下面埋压着的，而家人赢弱不能收殓的，官府要拿出钱粮雇人挖掘寻找。光武帝的民本意识很强，他制定政策、下发文件，很细致、很具体，而且非常符合下面的实际情况，非常接地气，确实能够有效解决老百姓在自然灾害中遇到的实际困难和问题，深受老百姓欢迎和拥护。

刘秀还对社会弱势群体实行国家救助，努力解决他们的吃饭问题。建武五年（公元 29 年），全国不少地方发生了水、旱、蝗虫灾害，粮价飞涨、民用物品匮乏。次年光武帝下发诏书说：去年水、旱、蝗虫为灾，谷价暴涨，食物缺乏。我念及百姓不能自给，心里难过，怜悯他们。现在命令存有谷物的郡国，供给高寿的老人、鳏夫、寡妇、年幼失父的孩子、老而无子的孤独者及有绝症和无家属照顾、贫困不能自保者粮食，供给标准依照有关法律。二千石的官员要勤加抚慰，不要失职。在刘秀统治后期，国民经济出现了前所未有的繁荣景象，建武二十九年（公元53年）至建武三十一年（公元55年），三年之内，刘秀曾先后三次赐给全国男子以爵位，同时，还对弱势群体，即鳏、寡、孤、独、患绝症、穷得无法生存的几种人，实行国家救助。对天下男子赐予爵位的情况是：每次每人两级，共六级；对弱势群体赐给的粮食每年都是六斛，共十八斛。可以说，广大老百姓包括弱势群体，都过上了有饭吃的生活，这是一个了不起的历史成就。刘秀所实行的社会保障制度和对社会弱势群体的救助制度，对汉明帝刘庄、汉章帝刘炟等后世皇帝都产生了积极影响。

（六）大力倡导和推行薄葬

建武七年（公元31年），刘秀专门下发诏书，对当时流行的厚葬风俗进行批评，他说：现在有一种不好的风俗，就是以厚葬为有德，薄葬为鄙陋，以至于富有的家庭奢侈无度，贫困的家庭耗尽资财。礼仪不能劝阻，法令不能禁止。一直到战乱时，一些达官显贵的坟墓被盗掘，才明白厚葬带来的祸害。因此，刘秀大力倡导和推行薄葬，布告天下，让大家知道忠臣、孝子、慈兄、悌弟和薄葬送终的道理。建武二十八年（公元52年），刘秀的舅父寿张恭侯樊宏去世，留下遗嘱实行薄葬，不用任何随葬物品。刘秀赞赏他的遗嘱，并把这份遗书出示给百官阅读。并说"吾万岁之后，欲以为式"，即我去世之后，也要依照此办理。刘秀是这样说的，也是这样做的。建武二十六年（公元50年），初建寿陵，负责建陵的将作大匠窦融上疏说，建造寿陵不必计较花费。刘秀说，文帝建陵注重节俭，虽然遭遇大乱变故，但唯独霸陵能够保全，岂不是美事吗？建造寿陵不要占地太多，不要堆土为山，不要修建池塘，只要不存水就可以了。刘秀在去世之前，效仿西汉文帝的做法留下遗诏，嘱托后人节俭办丧事。他在遗诏中说：朕无益于百姓，办理后事全照汉文帝的做法，务必节俭。刺史、二千石官员都不要离开所在的任所，也不要派遣属吏或用邮传致哀。（据《后汉书·光武帝纪》,《资治通鉴》第四四卷）

2

明章之治：汉明帝、汉章帝的政治作为

中元二年（公元 57 年），当了三十三年皇帝的光武帝刘秀，在洛阳南宫前殿病逝，享年六十三岁。皇太子刘庄即位，是为汉明帝。明帝是光武帝的第四子，生母为阴丽华皇后。刘庄十岁时就通晓《春秋》，光武帝很喜欢他。建武十五年（公元 39 年）被封为东海公，建武十七年（公元 41 年）晋爵为王，建武十九年（公元 43 年）被立为皇太子。拜博士桓荣为师，学通《尚书》，儒学理论基础非常扎实。明帝即位时已三十岁。他上台后秉承"顾重天下，以元元为首"的执政理念，全盘继承父皇光武帝的政策措施，坚持以民为本，将立国爱民的事业发扬光大；大力推崇儒学，尊孔读经，加强意识形态领域的工作；继续加强皇权建设，不断检视和纠正问题，勇于开展批评与自我批评；抑制外戚，控制功臣，加强吏治建设；奉行与民生息政策，整修水利工程；维护边疆稳定，打击外敌侵扰，消除北匈奴的威胁；派遣使者出使西域，重新打通丝绸之路，恢复与西域多国中断了六十五年的关系；选立德高望重的马贵人为皇后，使其成为自己政治上的贤内助；亲自主持对皇子的分封，减少分封土地面积。明帝在光武帝打下的好的发展基础上，继续向前推进，他在位十九年有所作为，有所发展。但他的弊政是，

执法不够慎重，将楚王刘英之狱一案扩大化，造成一大批官民蒙受不白之冤。

永平十八年（公元75年），汉明帝刘庄在洛阳东宫前殿病逝，享年四十八岁。皇太子刘炟即位，是为汉章帝。章帝刘炟是汉明帝的第五子，生母为贾贵人。永平三年（公元60年），刘炟被立为皇太子。他年少宽容，爱好儒术，明帝很器重他。章帝即位时十九岁。他上台后继承光武帝、汉明帝的施政方针，依旧重视儒学，朝廷决策的重大事项都要组织大臣反复讨论，发扬封建民主，注重开展批评与自我批评，制定发展人口的政策措施，减轻酷刑，平反明帝时期的冤假错案，积极维护边疆稳定，发挥西域使者班超的重要作用，重建西域少数民族王国与汉朝的关系。汉章帝在位十三年，东汉王朝稳中有进，经济、社会和民生事业都有一定程度的发展。但从他开始，光武帝、汉明帝关于外戚不得封侯和参政的制度规定被破坏，汉章帝对无功外戚封侯授爵，尤其是提拔重用素质低劣的外戚窦宪，此举不仅引起了大臣们的强烈反对，而且也为后世皇帝开了一个坏头，埋下了严重的政治隐患。同时，汉章帝选立皇后不够慎重，听信枕边风，逼死多条人命。但总的来说，光武帝和汉明帝、汉章帝统治时期，即东汉前期的七十年左右，是整个东汉王朝历史上最好的时期。

一、"顾重天下，以元元为首"

受光武帝刘秀执政时期政治思想文化的深刻影响，明帝刘庄、章帝刘炟，都有较强的民本意识。他们登上帝位之后，都首先考虑那些处在社会底层的"鳏、寡、孤、独、笃癃（旧指年老衰弱多病和患重病的人）、穷"等弱势群体的吃饭问题，救助他们粮食，使弱势群体也都过上了不愁吃的生活，并把国家救助制度化。同时，他们还频繁下发诏书，督促各级官吏廉洁勤政，抓好农业生产。明章二帝都重视发挥三老在基层治理中的作用，恢复了汉高祖刘邦时期对三老的奖励制度。

（一）对社会弱势群体进行救助，改善他们的生活状况

明帝和章帝在执政上有很多共同特点，他们谦虚谨慎、勤政务实、想民为民，为发展生产和改善民生，都倾注了大量心血，做了很多卓有成效的工作。

中元二年（公元57年）春，明帝即位伊始，就下发诏书说：予未小子，继承祖宗大业，日夜战战兢兢，如履薄冰，不敢有半点马虎。先帝受命于中兴，其品德与帝王相符，与多国关系融洽，君臣之间通达和睦。怀柔和敬仰百神，神鬼安和。恩德惠于鳏寡。朕继承了国运，遵循先帝的法度，但我不知种植与收割的辛苦，害怕有所废失。先帝遗嘱告诫我："顾重天下，以元元为首。"公卿百官，将怎样来辅助朕、弥补朕的不足呢？皇位至关重要，而我年纪尚轻，思虑浮浅，还要靠有德有才之人来指点和帮助。从这段话可以看出，刘庄继承帝位以后没有盲目乐观，而是切实感受到了皇位在身所承受的政治压力。光武帝把一个四分五裂、破破烂烂的国家治理得那么好，明帝接手之后，由于"不知稼穑之艰难"，而"惧有废失"，所以他"夙夜震畏"。他这种心态是具有事业心和责任感的

表现。他想到了父皇的遗训："顾重天下，以元元为首。"所以他上台后干的第一件事就是利用光武帝艰苦创业积攒下来的财富改善民生。紧接着，他在诏书中宣布：在全国范围内，凡是鳏、寡、孤、独、患重病的人，每人发粟十斛。解除枷锁的囚徒及郡国苦役，在中元元年（公元56年）四月大赦前犯罪而后来逮捕的，要一律免刑。在大赦前，边境平民遭乱，而被强迫为内地人妻妾的，原则上遣回边境，但一定要服从其个人的意愿。明帝上任伊始，干的这件事符合民心民意。

需要指出的是，明帝对社会弱势群体的救助不仅是这一次，在他执政的十九年里至少有五次，永平三年（公元60年），对上述弱势群体每人发粟五斛，永平十二年（公元69年）、永平十七年（公元74年）、永平十八年（公元75年），每人发粟均为三斛。明帝这些临时性的救助措施，在一定程度上缓解了社会弱势群体所面临的生活困难，增强了老百姓对汉朝的认同感，有力促进了社会和谐稳定。

章帝在扶贫救助方面，不仅保持了明帝执政时期政策的连续性，而且还加大了救助力度。汉章帝即位以后，将老百姓视作父母，设身处地为他们着想，将心比心为百姓办实事。他说：作为一国之君，要"视民如父母"，常怀忧民之心，常行"忠和"之教，当他们遇到了困难跌倒而爬不起来时，国家就要实施救助。比如，婴儿失去了父母又没有近亲抚养的，或者父母孩子多而养活不起的，都要按律禀食。章帝这种爱民忧民之心同样值得敬佩。

章帝刘炟即位的当年，正赶上兖州、豫州、徐州发生了旱灾，他果断下令免除了三个州当年的田租和刍稿（秦汉时期田赋的一种。刍稿是农作物的秸秆，用以充当饲料、燃料。从秦到汉，刍稿和粟米同时征收），并从国家粮库中拿出谷物，"赈给贫人"。第二年正月，章帝又给这些灾区下发诏令说：现正值春耕大忙时节，给灾民发一点儿救济粮，为取粮让灾民来回跑，妨碍农事。地方官员要下去核实百姓的贫困状况，对于特困户，连借贷和救助一起办理。逃荒外出的人想回本乡的，郡县要给足口粮，使他们回到本乡能够生活。流民在驿站、官亭投宿的，不要收客店钱。州郡长史要亲自过问，不要让贫弱之民漏掉了。要防止小吏和豪强作弊，贪污或截留国家救助。诏书既下，不要拖延，州刺史要加强督察，严厉查处扶贫领域的腐败问题和不作为问题。章帝这个诏令想灾民之所想、急灾民之所急、解灾民之所困，周到细致地安排赈灾减灾工作，值得称道。

章帝执政时期，继续推进对弱势群体的救助政策，而且救助频次和数量也大于明帝时期。建初元年（公元76年），章帝即位，他在明帝生前已经对弱势群体每人发粟三斛的基础上，再每人发粟三斛，前后加起来当年就发了六斛。建初三年（公元78年）、建初四年（公元79年）、建初九年（公元84年），每人发粟五斛，元和二年（公元85年），又对"高年、鳏、寡、孤、独"，每人赐帛一匹。此外，章帝还于建初元年（公元76年）秋，诏令把上林苑圈禁的那些土地分给贫民。上林苑始建于秦始皇时期，汉武帝刘彻在旧苑址的基础上进行了改造和扩建，面积达三百四十平方公里。历经战乱，到东汉初期，上林苑已是一片废墟了。班固（公元32年—公元 92 年）在"观迹于旧墟""闻之乎故老"的基础上，写下了《西都赋》，那时上林苑已荒芜多年。明帝把这块荒芜而肥沃的土地分给无地或少地的贫民，既有利于扶贫助困，也有利于农业发展。（据《后汉书·显宗孝明帝纪》《后汉书·肃宗孝章帝纪》）

（二）为督促官吏抓好农业，章帝创建了巡视调研制度

永平元年（公元 58 年）初，明帝下发诏书说，现在正是春天，农民们都忙于耕田和养蚕。现命令所有官员务必顺应节气，不得妨碍干扰农事，要为老百姓发展农业生产创造良好的环境。永平三年（公元 60 年）春，明帝再次下发诏书说：春天是一年的开始，春天抓得紧，秋天才有好收成。近年来，水旱灾害不时发生，尤其是边境地区老百姓缺吃少穿。"政失于上，人受其咎。"即上面的政事不当，老百姓就遭殃。

这是汉明帝刘庄的至理名言。在这方面，汉章帝刘炟也有一句名言，他说："上无明天子，下无贤方伯（方伯，是春秋时期的古汉语词汇，出自《礼记·王制》，原指一方诸侯之长，后泛指地方长官）。"

明帝在诏书中接着说：各级官员都应该勤勤勉勉，顺应时节，务必劝导督促农桑，消灭虫害。审理和判决案件，要仔细谨慎，不要偏听偏信。白天黑夜一点都不要怠惰，这才称我的心。

永平十年（公元 67 年）夏，明帝又下发诏令说：去年五谷丰登，今年蚕麦又好。现在正是盛夏万物生长的时节，各级官府应当为农业生产排除一切干扰因素，以利农功。农民群众也要加强田间

管理，防备水旱虫灾，以利于桑麻生长。各级官员要抓好本职工作，不要犯罪堕落。在汉明帝的重视和不断督促之下，全国各地都出现了"吏称其官，民安其业，远近肃服，户口滋殖焉"和天下安定、人少徭役、五谷丰登、牛羊遍野、百姓富足、粟谷每斛仅三十钱的喜人景象。

章帝即位后，对农业生产抓得很紧，对官吏严求也很严格，而且他还善于运用法纪规范官员的施政行为，促使他们心无旁骛地抓农业。章帝即位时正赶上闹"牛瘟"，耕牛大量患病或死亡，农业生产遭受了严重损失。建初元年（公元76年）春，章帝下发诏书说：近些年来牛多疾病，垦田减少，谷价很贵，百姓流亡。现在正值春耕季节，要毫不放松地抓住农时，搞好农业生产。二千石高官要勉励百姓从事农桑，使他们勤于耕作。公卿百官要履职尽责，专注于老百姓的事情。囚犯除了非要斩首的大罪以外，一律等到立秋以后再审案。审判案件是古代官员的一项重要职能，章帝提出这一要求，就是为了让各级官府在农业生产旺季，从大量的案件审判中解脱出来，集中精力抓好农业生产，等到秋后冬闲时节再集中办案。章帝这个要求符合当时的实际。

建初二年（公元77年），章帝下发诏令，对官吏队伍中存在的突出问题进行严厉批评，要求各级官吏要"深惟先帝忧人之本"，按照先帝曾在诏书中提出的"不伤财，不害人，诚欲元元去末归本"的命令去做。古人认为，农业是本业，其他行业都是末业。去末归本，就是要积极劝说百姓弃离其他行业，专事农业，搞好农业生产。章帝在诏令中说：近年来阴阳不调，连年发生饥荒。深思先帝替平民担忧的根源，真诚地希望老百姓去末归本。可是，现在朝廷中的近亲贵戚，骄奢放纵无度，嫁娶送终，超越身份，不惜财力，大操大办，官员违法乱纪，没有人敢检举。这样发展下去是非常危险的。现在要从三公做起，一定要明纠非法，整改问题，宣扬振奋正气。我当弱冠之年，不知耕种之艰辛。管窥之见，岂能照亮一隅！我的力量有限，但法纪是无情的，法纪是公正的。所有法纪科条任何人都必须遵守，由上而下，先朝廷再地方，一律执行。章帝年龄不大，但很有思想，他知道自己年轻，那些皇亲国戚无所畏惧，骄奢放纵，违法乱纪，于是他拿起了法纪武器，以法纪管人，以法纪治事，并且要求以上率下，人人遵守。

章帝还创造性地建立了巡视调研制度，并明确了调研的目的和内容。元和三年（公元86年）春，章帝巡视北方，济南王刘康、淮阳王刘昞、沛王刘定、中山王刘焉、六安王刘恭、西平王刘羡、任城王刘尚、乐成王刘党，都随从巡视。章帝对几个郡、国（指治所在邺县，即今河北邯郸市临漳县邺镇的魏郡；东汉时已由清河郡改为王爵藩国，治所迁至甘陵县，即今山东聊城临清市东北的清河国；由巨鹿郡改为巨鹿国，治所迁至廮陶县，即今河北邢台市宁晋县的巨鹿国；当时治所在河北石家庄市元氏县的常山郡；治所在无盐县，即今山东泰安市东平县的东平国）的郡太守和封国相发话说：我想，巡视调研制度，是用以考察远近，宣扬政教，解决问题和矛盾的。如今有四个封国政事不好，就是因为用人不当，没有起用贤良的缘故，皇帝巡视，就是想亲自了解郡、国存在的突出问题，探索顺利解决这些问题的办法。章帝在这次巡视调研中发现，一些地区有许多肥沃土地尚未开垦，生产资料与生产力脱离，不利于国民经济发展。于是他下发诏令说：今肥田尚多，没有开垦。应一律交给贫民，并为他们提供种子，一方面要务尽地力，另一方面也不让老百姓游手好闲。另外，章帝还宣布，这次巡视凡所经过的邑县，只交全年田租的一半，"以劝农夫之劳"。

章帝勤奋敬业，他经常到各地巡视了解农业生产和郡县官吏工作情况等。他轻车简从，每次出巡，都下发诏书，要求务必节俭，不得铺张浪费，不得扰民。建初七年（公元82年）秋，章帝出巡调研，先到治所在今河南洛阳偃师市的河南郡偃师县，后达治所位于今河南焦作市武陟县境内的河内郡。章帝下发诏令说：朕出来看秋收情况，了解全年丰歉，因而涉足郡界。一路上没有多少的车辆和行李，跟从者也不多。所以，沿途各地都不要修筑道路和桥梁，不要远离城邑，派官民逢迎，伺候起居，增加滋扰。不得安排众多陪同官员，前呼后拥，也不得抽调大量服侍人员出出进进，忙忙乱乱，一切举动务求节省。我只希望能粗茶淡饭、脱粟瓢饮就可以了，所经过之处，务必对贫弱有利，千万不要违背我诏书上所说的意思。建初九年（公元84年），章帝去南方巡视，再次下发诏书对上次出巡的纪律作了重申，并强调说：诏令所经过的郡县，不得预先准备。命令司空自带工人修筑桥梁。如果有的地方派人欢迎，探望起居的，二千石高官要坐罪。元和三年（公元86年）春，章帝巡视北方，他诏令掌水土之事的司空、掌受公卿奏事，举劾非法，出讨奸猾等事的侍御史说：如今正是春季，我所经过的地方，不得造成任何伤害。车辆能绕行的要绕行，驾车的边马能解除的要解除。《诗经》上说："敦彼行苇，牛羊勿践履。"《礼记》上说："人君伐一草一木，不得其时，谓之不孝。"希望大家明白我的意思，以称朕心。（据《资治通鉴》第四五、四七卷，《后汉书·显宗孝明帝纪》《后汉书·肃宗孝章帝纪》）

（三）注重发挥三老在基层治理中的作用

永平二年（公元 59 年）十月初五，明帝在辟雍举行首次养老礼。为什么明帝要举行养老礼呢？因为光武帝生前建设了三大工程，这三大工程竣工之后，光武帝只是举行了天子与诸侯、群臣会见的"三朝之礼"，但还没有来得及赏赐六十岁以上、具有丰富阅历和经验的长老耆宿，光武帝就驾崩了。明帝继位后，曾在当年春天举行了大射礼，即天子、诸侯在祭祀之前选择参加祭祀人的礼仪。这次又借十月初五这个吉日，举行具有补课性质的养老之礼。为此，明帝下发诏书说：要像对待和侍奉兄长那样，恭敬地对待三老（李躬）和五更（桓荣）。要派出一匹马拉的、可以在车厢里坐着的安车；用兽皮或麻布把车轮包裹成软轮，以减缓颠簸；在车上装上安全带，让尊贵的客人握住它，以确保安全。平平安安地把三老和五更拉到举行养老礼的现场。诸侯王要负责提供美味的肉酱；公卿大臣要负责置办珍贵的菜肴；我作为皇上将袒露出右臂，亲自操刀，为出席养老礼的尊贵客人分食熟肉，亲自端着酒杯，颤动着双手，为他们敬酒。这次请年老致仕者饮酒吃饭，一定要安排专门的服侍人员，小心侍候，确保他们不哽不噎。仪式开始后，要登堂演奏各种悠扬的乐歌，表演各种优美的舞蹈。这是明帝对举办养老之礼所做出的安排，很周到，很细致，足见他对老者的敬重。接着，明帝在诏书中说：三老李躬，年高学明。五更桓荣，为我讲授《尚书》。《诗经》上说："无德不报，无言不酬。"今赐桓荣关内侯爵位，食邑五千户。三老、五更都以年二千石俸禄俸养终身。

李躬，常山郡元氏县人，即今河北石家庄市元氏县人，初为常山郡负责民间教化的三老。常山郡原为恒山郡，在西汉文帝前元元年（公元前179年），为避汉文帝刘恒之讳，改恒山郡为常山郡，治所在真定县，即今河北石家庄市正定县。汉景帝前元五年（公元前152年），改为常山国，汉武帝元鼎二年（公元前115年），移郡治所至元氏县，即今石家庄市元氏县境内。汉武帝元鼎三年（公元前114年），复改为常山郡。汉明帝永平十五年（公元72年）又改为常山国，都城在元氏县（今河北石家庄元氏县殷村镇故城村）。三老李躬是当地的大族，亲属众多，家产丰厚。李躬有学问，有本事，在常山一带颇有威望，老百姓都信服他。常山郡太守开展工作离不开三老李躬的支持配合。更始元年（公元23年）冬，刘秀的二姐夫邓晨被更始政权任命为常山郡太守。邓晨上任后，正遇上"占卜先生"王郎冒充汉成帝庶子刘子舆在邯郸称帝，当年年底，王郎发布文告悬赏刺杀刘秀，文告说：天下有得刘秀首级献于朕者，赏邑十万户。当时，刘秀正在经略河北，王郎文告的散发，对刘秀的战略部署造成了严重干扰，迫使他不得不放下手头的事情，从蓟县南下去收拾王郎。邓晨获悉后也想为妻弟贡献一分力量，于是他赶到巨鹿与刘秀相会，"自请从击邯郸"。刘秀说：伟卿（邓晨字伟卿）以一身从我，不如以一郡之主来支援我。于是"乃遣晨归郡"。在那兵荒马乱的年代，郡太守邓晨作为一个外地人（南阳新野人），初来乍到，人生地不熟，他要给刘秀提供兵员和粮草支持，必然要依靠三老李躬为他出面张罗，这期间，李躬为他跑前跑后，做了不少事，从此，郡太守邓晨在工作中与三老李躬建立起良好的关系。建武元年（公元25年）五月，刘秀平定王郎后，追击铜马、高湖等几股杂牌武装势力来到冀州，邓晨不仅支持了刘秀千余名善骑射的精兵，而且还源源不断地把粮草等军需物资送往前线。这其中也有三老李躬的辛劳和贡献。刘秀称帝后，封邓晨为房子侯。建武三年（公元27年），刘秀征召邓晨回京师。从此，邓晨离开了常山郡。邓晨在常山郡任太守四年，李躬为他出了不少力。同时，李躬还为当地文化教育事业发展做出了重要贡献。据《元氏县志》记载，建武十七年（公元41年），李躬曾在元氏县封龙山（今河北石家庄市元氏县西北。该山建有封龙书院）收徒讲学。

在邓晨的举荐下，明帝又将李躬这个常山郡三老明确为"国三老"，并"以二千石俸禄养老终身"。

明帝在厚待三老李躬的同时，还诏令全国"赐天下三老酒一石，肉四十斤"，并将这种赏赐和关怀制度化。明帝在外出巡视时，还亲自走访慰问三老。永平十年（公元67年）冬，明帝视察南阳，返回时路过治所在今河南周口项城市西南南顿镇的汝南郡南顿县，他以酒食慰劳三老。汉章帝刘炟对三老也非常重视。建初四年（公元79年），章帝赏赐天下男子爵位每人二级，而对三老、孝悌、力田（即努力耕田者。用今天的话说，就是农业劳模）每人三级。元和二年（公元85年），章帝下发诏令说：三老，年高，孝悌，德行端正美好，国家崇敬和鼓励他们在基层工作和田间劳作的辛苦，据此特赏赐他们每人帛一匹，以劝勉农功。章帝还经常利用巡视调研的机会，走访慰问三老，赏赐他们财物，激发和调动三老的工作热情。（据《汉书·高帝纪》《后汉书·李王邓来列传》《后汉书·百官志》《后汉书·显宗孝明帝纪》《后汉书·肃宗孝章帝纪》《后汉书·儒林列传下》）

（四）对老根据地元氏实施政策倾斜，免除灾区赋税

永平五年（公元 62 年）冬，明帝从洛阳到魏郡邺县会见赵王刘栩。当时常山郡三老李躬也在座。李躬向明帝建议说："上（指明帝）生于元氏，愿蒙优复（指给予优待，免除租赋、徭役）。"

汉明帝刘庄的生母阴丽华是南阳新野人，即今河南南阳市新野县人。地皇三年（公元 22 年），"南阳荒饥，诸家宾客多为小盗"，刘秀曾"避吏新野"。在这里，他见到阴丽华长得很漂亮，"心悦之"。后来刘秀去了长安，见到执金吾"车骑甚盛"，华丽壮观，因而感叹说："当官就当执金吾，娶妻就娶阴丽华。"更始元年（公元 23 年）六月，刘秀终于娶了阴丽华，时年她十九岁，婚房在宛城当成里（即今南阳市宛城区）。当年九月，更始帝打算北上，建都洛阳，便任命刘秀为代理司隶校尉，要他北去洛阳修缮宫殿和官府。于是，刘秀就将刚结婚三个月的新娘子阴丽华送回新野娘家。

建武四年（公元 28 年），阴贵人跟随光武帝征讨渔阳太守彭宠叛乱，"生显宗于元氏"。

常山郡三老李躬向明帝提出"愿蒙优复"的建议之后，明帝予

以采纳，他下发诏书说：努力迎合元氏县的诚挚之意，免除该县田租和雇役钱六年，并慰劳赏赐该县掾史及杂务人员。

汉章帝即位后，保持了明帝对老根据地元氏县政策倾斜的连续性，他于建初七年（公元 82 年）秋到魏郡、赵国和常山郡考察，慰劳犒赏魏郡太守、县令、三老，以及县以下官吏；慰劳犒赏常山、赵国的广大吏民，并继续减免元氏县租赋三年。同时，章帝还指示，因为发生自然灾害或其他原因导致老百姓穷苦的，可酌情减免他们的税收。自建初九年（公元 84 年）发生牛瘟以来，谷粮产量连年下降。章帝认为，这主要是一些地方官吏没有履职尽责的表现，特别是刺史和二千石高官不以民食为忧造成的。因此，他诏令各郡国，要募集无田户而又愿意迁徙到富饶地区者，悉听其愿，不得强迫命令。到达目的地后，官府要派给公田，为他们雇请佣工，贷给种粮，借给农具，五年内不收租，三年内不收人头税。以后有愿意回原籍的，不得禁止。元和二年（公元 85 年），章帝巡视东部地区，据情免去了博（古邑名，位于今山东泰安市东南）、奉高（治所在今山东泰安市东故县村）、嬴（古邑名，位于今山东济南市莱芜区）三地的赋税，老百姓不再缴纳当年的租赋。（据《后汉书·显宗孝明帝纪》《后汉书·皇后纪上》《后汉书·光武帝纪》《后汉书·肃宗孝章帝纪》）

二、大力倡导和推行儒学，重视文武百官思想建设

受光武帝这位太学毕业生思想的影响，明帝和章帝早在做太子时，就努力学习儒家学说。光武帝为太子刘庄、汉明帝为太子刘

炟，都配备了当时全国最著名的大儒作老师。所以，刘庄和刘炟父子的儒学功底都很厚实。他们即位之后，也大力倡导和推行儒学，用儒家学说统一文武百官的思想。

（一）组织文武百官开展理论学习，以提高其思想政治素质

永平二年（公元59年），明帝即位不久就前往辟雍，利用首次举行养老礼结束的机会，主持召开了一次超大规模的儒学经典交流研讨会议，明帝邀请他做太子时的老师、儒学大师桓荣和他的数百名学生登堂参会，文武百官和士人参加听讲，参会规模"盖亿万计"。明帝亲自授课，文武百官和儒生们认真听讲。这是一次开放式的集体学习，儒生们手持经书在明帝面前询问疑难。从此开始，明帝将文武百官的集体学习制度化，多次组织文武百官、儒学大师桓荣及他的学生数百人先后到太常府（太常：官名，掌礼乐郊庙社稷事宜的大臣。这里是指太常府中的大型场所）和汉朝皇室藏书之处石渠阁举办儒学讲座。明帝专门为桓荣配置几案和手杖，命桓荣面东而坐进行讲解，而明帝自己也手捧经书认真听讲。

明帝在抓文武百官集体学习的同时，还要求各级各类官吏抓好自学。就连从事执兵护卫工作的期门、禁军羽林武士等，明帝也要求他们通晓《孝经》章句的含义。

明帝带头尊崇和学习儒学，对各级各类官吏产生了广泛影响，上至天子、诸侯王、三公、九卿，下至高官功臣的子孙，大家都在认真学习儒家经典。在官僚、贵族和士大夫们的影响和带动下，全社会形成了一个崇尚和学习儒家学说的社会风气，有力促进了封建

社会精神文明程度的提升。

早在建武三十二年（公元 56 年），晚年的光武帝就曾认为，五经章句繁多，欲议定减省。永平元年（公元 58 年），长水校尉（古代官名，汉武帝置。八校尉之一，掌屯于长水与宣曲的骑兵，官秩为比二千石。东汉时属北军中侯）樊修上奏明帝说：先帝之大业，应当及时施行。只有让诸儒共同正确理解经义，才能使学者得以提高。樊修还引用了孔子的两句话：第一句话是，不讲究学术，这是我最担心的事情。第二句话是，广泛学习又能立志笃行，深究不懂的问题，反复思考已懂的事物，那么仁就在里面了。汉章帝对光武帝关于五经章句繁多的看法，以及樊修写给明帝的奏疏，印象非常深刻。建初四年（公元 79 年），校书郎（古代官名，东汉置。以郎官典校皇家秘籍图书）杨终向章帝上奏说：当年，汉宣帝博征群儒，在石渠阁讨论儒家五经。当今天下太平无事，学者得成其业，而那些只知分析和注释章句的人，却破坏了五经的主旨。宜如石渠故事，重新研究和弘扬经书大义，作为后世永久的法则。

杨终所说的"石渠故事"，史称"石渠阁会议"。自从汉武帝独尊儒术以来，儒家学说越来越受到人们的重视，学习和研究儒学的人日渐增多，并逐渐形成了众多的学术流派，对同一个问题，不同学派有不同的解说。为了进一步统一儒家学说，汉宣帝刘询于甘露三年（公元前 51 年），在长安未央宫之北的石渠阁召开了一次儒家经典学术讨论会。萧望之、刘向、韦玄成、周堪等众多名儒应诏参会。宣帝诏令他们讲出五经的异同。由太子太傅萧望之等人进行综合归纳，而后由汉宣帝亲自裁决。结果以西汉武帝时期的夏侯胜

（著名政治家、文学家，今文《尚书》"大夏侯学"的开创者）、夏侯建（夏侯胜之从父子，今文《尚书》"小夏侯学"的开创者）以及谷梁赤（战国时期著名经学家、《春秋谷梁传》作者）著作中的思想观点为标准。

章帝采纳了校书郎杨终的建议，于当年十一月专门给掌宗庙礼仪、兼掌博士选试的太常下发诏书说：命诸将、大夫、博士、郎官及儒生们在白虎观（汉宫观名。在未央宫中）开会，就大家对五经的相同与不同的见解进行讨论。史称"白虎观会议"。章帝出席并主持这次讨论会。《汉书》作者、儒学世家出身的班固，明帝刘庄之子广平王刘羡以及河南太守丁綝之子丁鸿，曾为明帝讲解《春秋》的经学家楼望，与丁鸿论定五经的成封，桓荣次子、对《尚书》颇有研究的桓郁，经学家、天文学家贾逵等专家、学者和名人应约参会。章帝还安排介于将军和校尉之间的五官中郎将魏应提问，参加会议的人都可以解答或辩论。来往于殿中奏事的侍中淳于恭将参会人员各自的解答或辩论所发表的观点记录下来，呈章帝作出裁决，并将裁决结果记录在案。会议开了很长时间，在"三纲六纪"等一系列问题上形成共识。最后，依据章帝的裁决结果，编辑成《白虎议奏》（也称《白虎通义》）一书，"宜如石渠故事，永为后世则"，从而结束了今文经学与古文经学的派别之争，使经学研究统一了口径，标志着经学由分野走向融合，并使经学成为解释封建社会一切政治制度和道德观念的依据，对后世产生了深远的影响。

明章二帝亲自抓文武百官的理论学习，用儒家的仁、义、礼、孝、信和博爱、忠诚、厚生、节俭、和谐等思想统一统治集团内部的思想认识，端正各级官吏的思想理念，对于防止官吏以权谋私和胡作非为具有重要的意义。应该说"明章之治"的形成，与两位皇帝坚持不懈地抓官吏队伍的思想政治建设是密不可分的。（据《后汉书·肃宗孝章帝纪》《后汉书·杨李翟应霍爰徐列传》《汉书·宣帝纪》，《资治通鉴》第二七、四四、四六卷）

（二）明帝专门开办贵族学校，用儒家思想改造外戚子弟

在封建上层社会普遍重视学习孔孟之道的风气下，明帝听说一些外戚子弟依仗其家庭的特殊地位，不学无术、吊儿郎当，甚至骄横跋扈，惹是生非。对此，明帝专门在南宫开办了一所贵族学校，要求郭氏、阴氏、马氏、樊氏四姓小侯（外戚家族）将其子孙们送到学校学习儒家经典。明帝专门为他们安排了讲解儒家五经的老师，"搜选高能以授其业"；明帝还指导学校建立了一套规章制度，规范对孩子们的教育管理。学校开办时间不长，就已名声在外，匈奴贵族也把他们的子弟送来学习。明帝办学的目的，就是要用儒家思想文化改造外戚子弟，使他们走上"正道"，成为国家的有用之才。（据《资治通鉴》第四五卷）

（三）瞻仰孔子故居

永平十五年（公元72年），明帝东巡到达鲁城（曲阜的别称，曲阜曾为鲁国的都城，故名），瞻仰孔子故居。他亲自登上讲堂，还命皇太子和亲王们阐说儒家经典。在孔子故居这一严肃、庄重的

场合，让太子和亲王阐说儒家经典，这实际上是明帝是对他们平时学习情况的一次检查，或者说是一次考试。由于太子刘炟从小就受到著名儒学大师的良好教育，其儒学功底非常扎实，明帝对太子的讲解还是挺认可的。

章帝即位以后也去鲁城瞻仰了孔子故居。元和二年（公元85年），章帝东巡，专门拐到鲁城，去孔子故居祭祀孔子及其七十二位弟子。仪式结束后，现场演奏了黄帝、尧、舜、禹、商、周六朝古乐，并举行了大会，章帝接见了孔家二十岁以上男子六十三人。章帝对陪同他的孔子第十九代孙、孔丰之子、御史（古代官名。商周时期为史官。自秦朝开始，御史作为检察性质的官职，一直延续到清朝）孔僖说：今天的大会，对于你们家族是不是很荣耀啊？孔僖回答说：我听说，圣明的君主无不尊师重道。而今陛下以天子的身份亲自屈驾，光临我们卑微的乡里，这是崇敬先师，发扬君王的圣德。至于说荣耀，我们可不敢当！章帝大笑说：不是圣人的子孙，怎么能说出这样有水平的话！于是，章帝任命孔僖为皇帝侍从官——郎中，并令他随驾回京，而后安排他到东观校书。在离开鲁城之前，章帝还对孔家男女赏赐钱帛。

在拜谒孔子故居之前，章帝先去了治所在濮阳县（即今河南濮阳市濮阳县西南）的东郡，拜访了他做太子时的老师张酺（时任东郡太守，汝南细阳人，即今安徽阜阳市太和县人）。章帝与他的老师以及老师现在的学生，在郡府庭中举行见面会。章帝先行弟子之礼，而后让老师讲解《尚书》一篇，最后再行君臣之礼，气氛和谐融洽，大家都很高兴。章帝这次东巡，既祭祀了孔子及其弟子，充分显示了他对儒家学说创始人孔子的敬仰和对儒学的高度重视；又拜见了老师，表达了他对老师的尊敬之情。（据《资治通鉴》第四五、四七卷）

三、所立皇后薰莸有别

皇后的选立既是皇帝的家庭问题，更是国家的政治问题，非常重要和关键。选立一位好皇后的重要性，不亚于选拔一位好丞相。

（一）明帝选立品行高尚的马彤为皇后，减少了很多麻烦

永平三年（公元 60 年），汉明帝将刘炟立为太子，将贵人马彤立为皇后。马皇后年少时是个苦命的孩子，她能够成为天下之母实属不易。

马彤生母死得早，父亲马援含冤死了，后妈疯了，哥哥早夭，家里的一大摊子家务事落在了当时年仅十岁的小马彤肩上。小马彤"干理家事，敕制（这里是管理的意思）僮御（仆婢），内外诸禀，事同成人"，里里外外都打理得井井有条。马援生前已将女儿马彤许给了豪门大户窦家的儿子。而窦家得知马援名誉受损之后，便不再与马家来往。马援的侄子马严见窦家如此势利眼，非常生气，与马彤的奶奶商量之后，便解除了与窦家的婚约。后来，马彤患病，奶奶先后请来算卦和相面先生。算卦先生忽悠说："此女虽显病态而当大贵。"相面先生说："我等必为此女称臣。"马严得知后，便向光武帝刘秀上疏说：臣的叔父马援负恩未报，而他的妻子却获恩保全，戴德仰仗陛下，为天为父。人既然得以不死，就想求得幸

福。我私下听说太子、诸王的配偶尚未定下来，叔父马援的女儿仪容相貌，头发皮肤等都在中等以上，她孝顺恭谨，婉娈娴静，彬彬有礼。希望派下相工（古代以相术供职或为业的人），选择决定可否。如万一挑中，那么马援就不朽于九泉之下了。再说，马援的两个姑姑，其姐妹二人并为成帝婕妤，葬于延陵。臣下马严幸得蒙恩更生，希望因先姑的关系，让马援的女儿到后宫侍候。此时，刘秀已经完全明白，马援受到了小人诬告，因此心里感觉有愧于马援，于是便征召马彤入宫。当时，只有十三岁的马彤进入了太子宫，做了太子刘庄的妃嫔。

经历过失去双亲的痛苦和家政实践磨炼的马彤，与那些娇生惯养的大家闺秀出身的妃嫔有着明显区别。马彤落落大方，遵德守礼，从不扭扭捏捏，使小性子；她尊重人、理解人、关心人，善于换位思考。与人相处时，无论是同级别的妃嫔，还是下面的仆人，马彤说话做事都每每正中对方心思，使人心里感到温暖舒服。她对婆母阴皇后的服侍更加周到、细心，阴皇后也乐意与马彤交流，婆媳二人有很多共同语言。马彤很有思想，经常与太子刘庄就有关问题进行切磋，刘庄对她"遂见宠异"，于是就让她常居后堂内室。刘庄即位后，将马彤立为贵人。

当初，马彤异母姐姐的女儿贾氏也被选入太子宫，被封为贵人，贾贵人生皇子刘炟，而马彤没有生儿子，于是明帝让马彤将贾贵人生的刘炟抱养过来，作为自己的儿子。明帝对马彤说：人不一定非得亲生儿子，只怕爱心不够、养护不周。于是，马彤精心抚育小刘炟，操劳照料，付出了许多辛苦，甚至胜过亲母对待亲子。刘炟天生聪明，讨人喜欢，而且还非常孝顺，于是母子情深，亲密无间。明帝即位后，马贵人处处为明帝着想，总是担心他子嗣不多，向明帝"荐达左右，若恐不及"。每当后宫有女人陪伴了明帝，马彤总是"每加慰纳"；如果有人被多次召幸，马彤便给予优厚的待遇。永平三年（公元60年）春，大臣们奏请册立皇后，明帝还没开口，阴太后便说：就选马贵人吧，她在后宫中品行最高。阴太后的意见也正合明帝的心意。于是马贵人被册立为皇后。马彤登上皇后之位后，越发谦虚谨慎。她爱好读书，能诵《易经》，好读《春秋》《楚辞》《周礼》《董仲舒书》等。她生活简朴，常穿粗丝衣服，裙脚也不加绣边。每月初一、十五，嫔妃和公主们打扮得花枝招展入宫请安，远远看见皇后衣着简单粗糙，还以为是特制的丝绸，走近一看才笑了起来。马皇后也笑着说：这种绸料特别容易染色，所以就用它。明帝对百官上疏反映的疑难问题，多次拿给马皇后看，让她提出初步意见，以检验她的才识和处理政务的能力。马皇后每次都进行深入分析和缜密推理，一一拿出解决方案，"多所补益"。明帝非常赞赏她的真知灼见和分析问题的能力。尽管马皇后很受明帝的宠爱，但她从来不为娘家人求官求福，从不干涉政事，也从来不给明帝乱吹枕头风，给老公添乱。这样，明帝就没有什么烦心事和后顾之忧，他把时间和精力都投入到了国家大事上。（据《后汉书·马援列传》《后汉书·皇后纪上》《后汉书·显宗孝明帝纪》）

（二）章帝将心胸狭窄的窦贵人立为皇后，平添了许多烦恼

章帝所选立的窦皇后嫉妒心太强，私心过重，整人手段也太残

忍，严重影响了章帝形象。

窦氏，名字不载。扶风平陵（今陕西咸阳市）人，原大司空窦融的曾孙女。祖父窦穆，父亲窦勋，因事而死。窦氏的母亲是光武帝刘秀长子东海恭王刘疆之女沘阳公主。

窦氏六岁就能读书识字，亲戚族人等都感到惊奇。建初二年（公元 77 年），窦氏与妹妹一起被送入宫中。窦氏不仅绰约多姿，楚楚动人，而且言行合乎规矩，还有一定的文化素养。章帝刘炟听说窦氏的美貌和文采之后，多次向负责教导众妃嫔的女官"傅母"打听窦氏的情况。当"傅母"把窦氏带到刘炟面前时，刘炟简直是把眼睛都看直了。马太后也对窦氏很满意，就把她安排在妃嫔居住的掖庭，窦氏与章帝得以在北宫章德殿相会。窦氏天性聪敏，用尽心机承欢应接，因此好名声一天天传扬开来。

建初三年（公元 78 年）春，章帝立窦氏为皇后，她的妹妹也被封为贵人。建初七年（公元 82 年），章帝追谥窦皇后父亲窦勋为安成思侯。窦皇后独占后宫之爱，极受宠幸。

此前，马皇后亲自为太子刘炟物色调养了两对姐妹花，后来都被选入太子宫。一对姐妹花是宋杨的女儿（平陵县人，即今陕西咸阳市人）。宋杨因恭敬孝顺而受到同乡人的赞扬，但他不接受州郡官府的征召，隐不出仕。宋杨的姑姑是马彤皇后的外祖母。马皇后听说宋氏姐妹美丽善良，孝顺恭谨，恪守妇道，于是就把二人接到皇宫培养调教。永平末年，马皇后将宋氏姐妹选入太子宫。太子刘炟对她们非常喜爱。刘炟即位后，宋氏姐妹都被封为贵人。建初三年（公元 78 年），宋大贵人生皇子刘庆，第二年，刘庆被立为皇太子。宋杨也被征召为议郎，赏赐十分优厚。

另一对姐妹花是东汉军事家、法学家、思想家梁统的孙女、文学家梁竦的女儿（乌氏县人，即今宁夏固原市东南人）。建初二年（公元77年），梁氏姐妹一起被选入掖庭，都被封为贵人。建初三年（公元78年），梁小贵人生皇子刘肇，也就是未来的汉和帝。

宋大贵人所生的皇子刘庆和梁小贵人所生的皇子刘肇，长得都很可爱。窦皇后始终没有怀上孩子，于是她效仿上一代马皇后的做法，抱养了梁小贵人所生的皇子刘肇。以前，宋氏姐妹深得马太后的恩宠，但自从马太后去世之后，章帝对"窦皇后宠盛"，而对宋氏、梁氏这两对姐妹花逐渐疏远。

窦皇后心里明白，自己虽然抱养了皇子，但是，太子并不是窦氏的养子刘肇，而是宋氏的儿子刘庆。将来章帝驾崩以后，刘庆做了皇帝，不可能尊称窦氏为皇太后，他必然要尊称他的生母宋大贵人为皇太后。窦皇后看到了潜在的危机和风险。所以，她开始利用自己皇后的有利地位和受宠的优势，趁着太子刘庆尚未长大成人时期，发起了对宋氏姐妹和太子的进攻。只有把宋氏姐妹整垮或整死，把"太子帽"从刘庆的脑袋上摘下来，戴在刘肇头上，窦皇后才能从根本上解除后顾之忧。所以，一段时间以来，窦皇后与她的母亲沘阳公主"谋陷宋氏"。她们一方面安排窦皇后娘家亲兄弟在外围搜集宋家的微小过失；另一方面安排窦皇后非常宠信的宫中侍者在内部侦探宋氏姐妹的不当言行。内外结合起来，共同搜集宋氏姐妹和她们娘家人的"黑材料"。

经过一段时间的侦探，她们得知，宋大贵人患病，想吃鲜兔，曾吩咐娘家人寻找。于是，窦皇后以鲜兔为题材，在章帝面前诬告宋大贵人说，宋大贵人用巫蛊之祸，祈求鬼神诅咒和降祸于我。章帝信以为真，非常生气，宋氏姐妹这样的品行岂能把太子带好！那时候的太子刘庆还不满五岁，虽然居住在太子宫，但实际上仍由宋氏姐妹养育。章帝听从窦后的意见，下令将太子刘庆搬出太子宫，移居到承禄观，与宋氏姐妹隔离，不许她们与刘庆见面。

刘庆来到一个陌生的地方，照料他的全都是陌生人，他见不到妈妈和姨妈，整天哭哭嚷嚷要找妈妈、姨妈。于是，窦皇后便开始向太子刘庆发起攻击。她一方面向章帝频吹枕头风，说刘庆精神有问题；另一方面还拉拢腐蚀章帝身边的人，让他们一有机会就向章帝灌输刘庆精神有问题的观点。章帝又被窦皇后和身边的人弄得混淆是非。于是，他于建初七年（公元 82 年）下发诏书说：皇太子精神恍惚失常，将来恐怕难以侍奉宗庙。大义之下，亲情可灭，何况是贬降！今废去刘庆皇太子名号，改封为清河王。皇子刘肇，由皇后抚育，在怀抱中就接受良好的教育。现将刘肇封为皇太子。窦皇后的阴谋终于得逞。

窦皇后并未见好就收，而是乘势而上，继续向宋氏姐妹发起攻击，她对章帝说：废黜刘庆的太子地位，宋氏姐妹一定心怀忌恨，如果不把宋氏姐妹关押起来，太子刘肇很有可能被她们毒害。章帝再次听信谗言，将宋氏姐妹囚禁关押，并命令掌宫廷内外及皇帝与后宫之间联络之事的小黄门蔡伦负责审问。蔡伦通过审问，"验实"了宋氏姐妹的巫蛊之罪。于是，两位贵人双双喝下毒药自杀。她们的父亲，掌顾问应对、参与议政、指陈政务得失的议郎宋杨被免官，驱回原籍。

皇子刘肇被立为太子以后，他的生母梁氏的娘家人一族私下里喝了场小酒，以示庆贺。这事儿传到了窦皇后的耳朵里，对此，她非常厌恶。因而，她又开始向梁氏姐妹发起攻击，不断在章帝面前进行诬陷和诋毁，使章帝逐渐疏远梁氏姐妹，甚至产生了嫌弃之心。建初八年（公元83年），窦家用匿名信诬告梁贵人的父亲梁竦，说他犯下了谋反大罪，梁竦因此被冤死在狱中。梁竦在供词中牵连到自己的嫂子舞阴公主，舞阴公主被贬逐到新城（即今河南洛阳市伊川西南）。梁氏姐妹忧郁而死，梁家的其他家庭成员都被流放到遥远的九真。章帝稀里糊涂地充当了窦皇后整人的工具，严重影响了自身形象。（据《后汉书·皇后纪上》《后汉书·窦融列传》《后汉书·章帝八王传·清河孝王刘庆》《后汉书·梁统列传》，《资治通鉴》第四六卷）

四、明帝和章帝在朝政建设和吏治建设上的异同

明帝和章帝在朝政建设和吏治建设上，既有相同之处，也有不同之处。

（一）明帝建立定期汇报制度，章帝完善选官考官办法

永平元年（公元58年），明帝沿袭光武帝时期的大年初一朝会制度，率领三公、九卿和文武百官在原陵（即光武帝陵）举行朝拜。朝拜结束后，各郡守、封国相依次上前，在供奉光武帝神像的大堂上汇报本地的粮食价格和百姓情况。通过汇报，明帝掌握了各地民生方面的具体情况。于是，他就把这项制度固定下来成为常例。

永平九年（公元66年），明帝下发诏书，责成监督京师及其周边地区的监察官员司隶校尉，根据秋季开展的巡视巡察情况和年终考核情况，每年向朝廷推荐上报一名县令以下、任职三年以上、考绩最优的官吏，并让这名官吏随同呈报考绩的官员一同进京，接受朝廷的进一步考察询问；同时，对于考绩最差者，也要上报朝廷。这一制度的建立，把州刺史的巡视巡察成果和年度考核结果与官吏的升降任免有机结合起来，激励和约束地方官吏清廉奉公，不饮盗泉，努力为老百姓办实事。

明帝在巡视调研时，还亲自对政绩优等的州刺史进行赏赐，树立了良好的工作导向。永平三年（公元60年），明帝随阴太后巡视考察荆州，到达了治所在今湖北襄阳枣阳市之南十五公里的南阳郡章陵县。明帝了解发现，荆州刺史郭贺政绩不凡，于是当即就对他进行了赏赐。

郭贺，字乔卿，雒城人，即今四川德阳广汉市人。他的祖父、父亲都很有学问，具有箕山之节，不肯在王莽手下为官。郭贺初为广汉主簿，典领文书等事。他精通法律，执法严格，经多次升迁，官至尚书令，成为五曹尚书的首长。郭贺做尚书令六年，注重研究古典，汲取历史上的经验教训，公平公正处理政务，匡正和补益国家治理中的问题。因而，又被朝廷任命为荆州刺史。在他赴任前，朝廷给予他很多赏赐，恩宠有加。郭贺到荆州任职以来，始终把百姓放在心上，他为人温良谦恭、刚正不阿，做事用心，刻苦勤奋，老百姓既方便又顺心，他们作歌赞扬郭贺说："厥德仁明郭乔卿，忠正朝廷上下平。"明帝了解这一情况后，赐予他三公穿的礼服，以示恩宠。该礼服上绣有黑白相间的斧形花纹和黑青相间的双"己"形图案，还赏赐他悬有七条玉串的礼冠；命令郭贺在本部州巡视巡察各郡县时，除去车前的帘帐，让百官和庶民观瞻其仪容服饰，以表彰他的德行。永平四年（公元61年），郭贺又被任命为河南尹。他清静无为，从不烦劳百姓，在任三年后去世。明帝怜惜，下诏赐车一乘，钱四十万。

章帝即位后，在吏治建设和管理方面也做了大量工作。建初九年（公元84年），有大臣上疏反映说：目前，各郡、封国举荐人才，大都不根据政绩和功劳大小来举荐，而是靠拉关系、走后门，因此提拔任用的官吏多数表现不大称职，政务工作效率越来越低，其主要责任在于州、郡主官举荐不当。针对这一反映，章帝下发诏书命令公卿、大臣进行讨论，提出纠正和解决这一问题的意见和建议。九卿之一、掌管诸侯及藩属国事务的大鸿胪韦彪上疏反映说：选拔人才，首先应当考虑其品行和才干，不能只依据资历。目前存在的主要问题是，对二千石高级官员选用不当。如果二千石官员贤能，那么他所举荐的大都是人才；如果二千石官员不贤，他所举荐的大都是不才。他还说：朝廷机要掌握在尚书手中，尚书作为选官的官，对他们提拔使用必须慎重。但是，近年来，尚书多由分曹治事者的郎官升任，他们虽然通晓法律条文，擅长应对，但这只是一点小聪明、小本事，大都没有经历过大事，缺乏选贤任能的真本事。圣上应该借鉴历史上选拔使用优秀尚书的成功经验，三思而行之。章帝对韦彪的建议非常认可，"皆纳之"，对尚书的选拔任用更加重视，注重从具有地方实际工作经验的官吏中挑选尚书，打破了尚书单一的来源渠道，优化了来源结构，使管官的官员整体素质更加全面，提高了选人用人水平。

章帝赞赏踏实肯干、不事张扬的官吏。他说，如果考察这样的官吏一天的工作，好像看不出他们有什么工作成绩；而考察他们一个月的工作，他们的工作成绩就比较明显了。章帝倡导日积月累，久久为功。他发现颍川郡襄城县的县令刘方为政从简，事不弛废，推进工作有板有眼，取得了明显政绩。于是，他对刘方的工作予以充分肯定，大加表扬，章帝说：刘方能够做到为政从简，不给老百姓添麻烦，他虽然没有其他特殊的表现，但这也接近朕的要求了。接着，章帝在反思吏治工作得失时，深有感悟地说："吾诏书数下，冠盖接道，而吏不加治，其咎安在？"就是因为官吏们存在四种不良理念：一是"以苛求为明察"；二是"以刻薄为智慧"；三是"对有过失而从轻处理以为德"；四是"从重处理以为威"。于是，章帝于元和二年（公元 85 年）专门给三公下发诏书，要求三公和各级官员遵守以往的法令，自觉纠正和克服上述四种不良理念。（据《资治通鉴》第四四至四七卷，《后汉书·蔡茂列传（附郭贺）》）

（二）明帝坚持先帝定下的规矩，并对皇子分封进行限制

明帝认真遵守和奉行光武帝建立的外戚不得封侯和参政的制度，他当政十九年始终没有开这个口子。他反对任人唯亲，自律甚严。馆陶公主刘红夫（光武帝刘秀与郭圣通所生的女儿）曾经为自己的儿子请求郎官之职，明帝不许，只赏了她一千万钱。明帝讲原

则而不讲私情，当面拒绝刘红夫。他对身边的大臣说：郎官派到地方就是一县之令，如果任人不当，则一个县的老百姓将深受其害。尽管是为我的外甥求官，我也拒绝这一请求。尚书阎章有两个妹妹都是明帝的贵人。阎章本人善于研究并精通以前的典章制度，在朝廷和民间有很好的口碑，呼声很高，按说早就应该提升要职，但明帝因他是后宫妃子的亲属，始终没有提拔重用他。

受光武帝刘秀执政理念和工作作风、生活作风的影响，刘秀的儿子明帝、孙子章帝都属于"过日子型"的皇帝，而不是"败家子型"的皇帝。他们都带头勤俭节约，带头过紧日子，珍惜国财民力，不大规模兴建宫室，不高标准建造陵墓，不搞安逸享乐，反对铺张浪费和侵民扰民。永平十五年（公元72年），明帝将皇子刘恭封为巨鹿王、刘党封为乐成王、刘衍封为下邳王、刘畅封为汝南王、刘长封为济阴王。明帝亲自划定封国疆域，使各封国的面积只有淮阳国的一半大小。对此，马皇后说："皇子们只分得了几个县，与旧制相比，不是太少了吗？"明帝说："我的儿子怎么能与先帝的儿子相比？每年有两千万钱的收入就足够了。"（据《后汉书·皇后纪下》,《资治通鉴》第四五卷,《后汉书·显宗孝明帝纪》《后汉书·肃宗孝章帝纪》）

（三）章帝对外戚封官赐爵，破坏了先帝的初心和规矩

明帝在位时，由于他坚持光武帝关于外戚不得封侯和参政的规矩不动摇，因此马皇后的哥哥马廖担任高于校尉、低于将军的统兵武官虎贲中郎将，马廖的二弟马防、三弟马光都担任侍从皇帝左右

的黄门郎，始终没有升迁。马家三兄弟长期以来都是循规蹈矩、老老实实地在一个职位上待着，大臣们对他们没有什么不良议论和反映。永平十八年（公元 75 年），章帝刚刚即位三个月，却置先帝的初心与规矩而不顾，背离马太后的旨意，一次性把他的三个舅父都提拔了。

按理说，明帝压了马氏三兄弟这么多年，章帝把他们提拔起来，他们都应该规规矩矩、老老实实干好本职工作，为自己当皇帝的外甥争口气才对。可是，自从升官之后，马氏三兄弟都像变了个人似的，开始膨胀起来，特别是马廖，表现得更加明显。他热衷于结交宾朋，同上层社会的一些官吏、士人吃吃喝喝、拉拉扯扯，而那些热衷于趋炎附势的人不请自到，都争相趋附于马家，络绎不绝地登门拜访、送钱送礼。马氏三兄弟也对他们施以小恩小惠，以培植拉拢自己的政治势力。

经过光武帝刘秀、汉明帝刘庄两任皇帝的精心治理，几十年来，国家和社会总体上处于风清气正的状态。可是，章帝上台后一下子将他的三个舅父全都提拔起来，再加上三兄弟自我膨胀、结交宾客、收受钱财等，立即引起了朝廷内外的非议。大家都议论说，类似情况五十多年来都没有见过，这样下去，光武帝的初心和规矩就会遭到践踏，国家就会重新走上政治腐败和社会动乱的老路。此种舆论沸沸扬扬，甚嚣尘上。曾受惠于刘秀、刘庄、刘炟三朝的老臣司空第五伦坐不住了，他想提醒和劝谏章帝重视民间舆论，不要忘记先帝的初心和规矩。

第五伦在蜀郡担任太守七年，章帝继位后，知道他的忠心和才干，很快就将第五伦从边远的蜀郡调回朝廷，提拔他担任了掌水土等事的司空，使他成为三公之一。司空第五伦看到章帝将三个舅父同时提拔到要职岗位，又听到反映强烈的负面舆论之后，认为马太后的家族势力强盛，既有损于章帝形象，也不利于朝政建设；既不符合民心民意，也不利于马氏家族的长久平安。于是第五伦上疏章帝进行劝谏，从正面劝说章帝应该加强对三个舅父的约束，制止他们的违法乱纪行为，确保国家政治清明。第五伦说：《尚书》有言，臣无作威作福，其害于而家，凶于而国。《谷梁传》也说，大夫无境外之交，束脩之馈。近世阴丽华皇后性情温和，对人友善，但她却限制阴氏家族，从来不为他们求官求权。后来外戚中的梁家、窦家都有人倚仗权势，胡作非为，明帝即位后严加惩处，狠狠打击。从此，朝中不再有专权的外戚大臣，同时那些打招呼、走门子之类的不正之风也少了很多，可以说基本实现了朝风政风的好转。明帝经常告诫外戚说：苦身待士，不如为国，戴盆望天，事不两施。臣常常铭刻在心，不敢忘却。紧接着，第五伦话锋一转，将章帝三个舅父近期背离朝纲、拉拢个人势力的错误行为做了具体反映。第五伦说：如今人们的非议又多起来，而且都集中在陛下的舅父马家。我听说卫尉马廖用三千匹布，城门校尉马防用三百万钱，私下供给长安一带的士大夫，无论认识与否，无不给予馈赠。越骑校尉马光，曾在腊祭时用掉三百只羊、四百斛米、五千斤肉。我认为，这三位挥霍国家资财、培植个人势力的行为与儒家经典大义不合。为此，我心里感到惶恐不安，不敢不让陛下知晓。陛下情欲厚之，亦宜所以安之。我今天说这番话没有别的意思，上忠陛下，下全后家，伏请陛下裁决。但是第五伦的劝谏并没有引起章帝的警觉和收敛。

不久，章帝又将其二舅父马防提拔为战车部队的统帅——车骑将军（位仅次于大将军及骠骑将军，而在卫将军及前、后、左、右将军之上），准备让他率军征讨西羌。第五伦再次上疏劝谏说：臣下愚见，对外戚可以封侯，以使其富贵，但不应任命他们官职。为什么呢？因为一旦他们有什么过失，对其绳之以法则有损于恩德，以亲情徇私则违背国家法律。最近听说马防将要领兵西征，臣下认为马太后恩德仁厚，陛下极为孝敬，恐怕马防稍有过失，很可能因为恩宠而不加惩罚。据说马防聘请杜笃为从事中郎，赐给他很多钱财绢帛。杜笃口碑不好，为乡里人们所不齿，寄居在治所在右扶风美阳县（今陕西咸阳市武功县境内），他的妹妹是马氏的妻子，凭着这种关系与马家来往，其家乡所在县的县令经常为他不遵守法令而苦恼，将他收捕论罪。如今到了马防的军中，议论的人都感到奇怪，何况又任命他为从事中郎，臣担心因此而使大家对朝廷产生非议。我认为，应该选拔贤德之人辅佐马防，不应让他自己聘人，否则就会有损于国家威望。我有这些想法，岂敢不上奏给陛下。第五伦上奏的意见建议未被章帝采纳，章帝依然让马防随军出战。

后来，章帝又打算给三个舅父封侯，被马太后给挡住了。章帝一直琢磨再次启动为舅父们封侯之事，但又担心马太后不同意。有的大臣想利用自然灾害这个由头，以"天意"来压制马太后，帮助章帝把这件事办成。于是，他们上疏章帝说，发生旱灾就是因为没有给外戚封侯的缘故，如果给他们封了侯，老天就会喜降甘霖，旱灾就会自然解除。与此同时，朝廷有关部门也奏请章帝赐封马氏三兄弟侯爵。这样的政治把戏，老政治家马太后见得太多了。马太后考虑问题，不是从其家族的眼前利益出发，而是站位大局，考虑长远，她认为这件事有违先帝的初心和规矩，破了规矩、开了口子，一来对不起国家，二来对不起吏民，三来对不起祖宗，四来也给后世帝王带了坏头，最后对自己的家族也没有什么好处。所以，她认为这件事情坚决不能做。于是，马太后亲自下发了一道诏书，在诏书中严厉批评说：那些建议封外戚的人，都是要向皇帝献媚，以便谋求好处罢了。可以说马太后的话一针见血，说到了根上。紧接着，她陈述理由说：从前，王氏家族一日之内有五人封侯，造成天怒人怨，人心背离。外戚富贵过盛，几乎没有不倾覆的。所以，先帝（指明帝）对外戚的安排非常慎重，从来不把他们放在朝廷要害岗位上。先帝对他的儿子分封也不大方，他说"我的儿子不应该与先帝（指光武帝）的儿子等同"。如今，有关部门为什么要将马家与阴家（指阴丽华娘家一族）相比呢？况且卫尉阴兴（阴丽华的弟弟）受天下人称赞，宫中的使者来到门前，他连鞋都顾不上穿，赶紧出来相迎，恭敬有礼；新阳侯阴就（阴丽华的另一位弟弟）虽然性格刚强，略失规矩，但胸有谋略，以手撑地，坐着发表议论，朝中无人能与他相比；原鹿贞侯阴识（阴丽华的异母哥哥），勇敢忠诚而有信义。这三个人都是天下群臣中的出类拔萃者，别人能比得上吗？马家比阴家差远了。我本人没有才能，日夜恐惧不安，总怕有损于先帝订立的法则。即使细小的过失，我也不肯放过，日夜不停地告诫我娘家亲属。但是，我的亲属们仍然不断地犯法，比如，丧葬时兴筑高坟，又不能及时觉察觉悟。这表明我的话没有人听，我的耳目已经被蒙蔽。她在诏书中接着说：我先后作为皇后、皇太后，身为天下之母，我在日常生活上没有搞过特殊，身上穿的是粗丝衣服，吃饭并不追求香甜，我的左右随同也只穿普通帛布，不使用熏香饰物。我这样做的目的，就是要从我做起，给我的亲属和广大吏民做出示范。我原以为我的娘家人看到我的行为，应该会痛心自责，但他们只是笑着说：太后一向喜爱节俭。前些时候，我经过濯龙门（东汉濯龙苑的大门。在今河南洛阳市东北的洛阳城西南角，邻近北宫），看见那些到我娘家兄弟家拜访的人络绎不绝，车流如水，马如游龙，就连奴仆身上也穿着绿色外罩，衣领衣袖雪白。回头再来看看我的车夫，差得远了。以前，我之所以不对娘家人发怒谴责，而只是裁减他们每年的费用，就是希望他们内心暗愧。但是，他们仍然懈怠放任，完全没有忧国忧民的觉悟。俗话说，了解臣子的，莫过于君王。更何况他们是我的亲属呢！我难道可以背叛先帝的旨意，损害国家和百姓的利益，重蹈前朝外戚败亡的灾祸吗？

马太后这份较长篇幅的诏书，向皇帝、外戚、那些溜须拍马的大臣敲响了警钟。章帝看到马太后的诏书后悲叹不已，但他仍不死心，又找马太后磨叽说：自从汉朝建立以来，舅父封侯，犹如皇子封王，乃定制。太后固然存心谦让，却为什么偏偏不能使我赐恩于三位舅父呢！而且卫尉马廖已年老，越骑校尉马光身患大病，如果有一天他们发生意外，将使我永怀刻骨之憾。所以，应该趁着吉时赐封，不宜延迟。听了章帝这番话，马太后又面对面地给他上了一堂政治课、政德课。马太后说：我反复考虑这件事，您是一国之君，希望您做出的事既对国家有益，也对马家有益，不能光利于马家，而不利于国家。难道我只是想博取谦让的美名，而让皇帝蒙受不施恩于外戚的怨恨吗？不是这样的。从前，孝文窦皇后要封王皇后的哥哥王信，丞相周亚夫进言：高祖有规定，无军功者不得封侯。如今，马家没有为国立功，怎能与阴家、郭家那些光武中兴时期的皇后家族相比呢？我曾观察那些富贵之家，既有官位，又有爵位，官爵重叠，如同一年之中两次结果的果树，它的根基必然受到损伤。况且，人们之所以愿意封侯，只不过是希望上能以丰足的供物祭祀祖先，下能求得衣食温饱罢了。如今皇后家的祭祀由太官供给，衣食则享受御府的剩余之物，这难道还不够，而非要拥有一县封土吗？对此，我已经深思熟虑，你不要再说此事！听了马太后的一席话，章帝只好暂时放弃了为三个舅父封侯的打算。

此后，马太后对马氏家族的管理和约束更加严格。为防止娘家人一族背着她到下面办私事或胡作非为，她专门给京师及周边地方官府下发诏书说：若有马氏家族及其亲戚、门客请托郡县官府，干预扰乱地方行政的，要依法处置并及时上报。马太后在严格要求马氏家族方面，坚持激励和约束两手抓。在马家亲属和亲戚中，凡是为人处世低调谦虚的，马太后便以温言好语相待，并赏赐财物和官位；如果有人犯了错误，马太后便首先显示出严肃的神色，然后加以谴责和批评；对于那些车马衣服华美、不遵守法律制度的，马太后就将他们从皇戚名册中删除，并遣送回乡。

一次，章帝向马太后报告说，广平王刘羡（汉明帝刘庄第二子）、巨鹿王刘恭（明帝第三子）和乐成王刘党（明帝第四子）车马朴素无华，没有金银饰物。据此，马太后赏赐他们每人五百万钱。马太后还把言传与身教结合起来，亲自在皇宫大院设立织室，在濯龙园中种桑养蚕，并频频前往察看，鼓励和指导宫女们参加生产劳动。一早一晚，马太后还与章帝谈论国家大事，教授年幼的皇子学习《论语》等儒家经书，讲述自己的经历，把教育下一代的工作抓在手上。

可以说，经过马太后一段时间恩威并施的教育管理，皇亲国戚们为人处世都比以前低调多了，社会形象也比以前好了。马氏兄弟的思想政治觉悟和自身素质也有了明显提升。马廖还就加强国家政德建设和营造良好的社会风气等问题，向马太后提出意见建议。马太后认为他的建议很有针对性和操作性，全部予以采纳。马防被章帝任命为代理车骑将军，率领三万人讨伐叛羌，打败了羌军首领布桥，斩杀和俘虏四千余人，布桥失败后率领二万余名残兵败将逃跑。第二年，马防再次率军进攻布桥，布桥大败后，率领部众一万余人向马防投降。马防班师回朝后，章帝将其正式任命为车骑将军。

随着年龄的增长，马太后不再过问政事，章帝趁机为三个舅父封侯。建初四年（公元 79 年），章帝将其大舅父、卫尉马廖封为顺阳侯；二舅父、车骑将军马防封为颍阳侯；三舅父、执金吾马光封为许侯。章帝终于实现了自己的心愿。马太后听到此消息后叹息说：我年轻的时候，非常羡慕古人青史留名，所以按照古贤的标准严格要求自己，心中不顾惜自己的生命。如今虽然老了，但仍然告诚自己不要贪得无厌。我之所以日夜警惕，自我贬损，就是希望始终遵循这一宗旨，不要辜负了先帝的初心。因此，我经常规劝娘家兄弟共守此志，将来我闭目身死之日不再有遗憾。不料，我这个老人的心愿不再被遵从！身死之日，我将永怀长恨了！受马太后长期思想教育的影响，马氏三兄弟对章帝的封侯一同辞让，愿降为关内侯。关内侯有其名号，但无封地，只有食邑户数，但有权按规定户数征收租税。而章帝不许将他们改封。三兄弟不得已而接受了封侯，但又上疏辞去官职，章帝应许。三兄弟都以"特进"的身份离开朝廷，回到府第。"特进"位在三公之下，是个名誉职务，朝廷只授予列侯中有特殊贡献或特殊地位的人此职务。两个月之后，马太后带着遗憾离世。

马太后死后，马廖的两个弟弟及其子弟骄横放纵、任性妄为。在马太后生前教育约束下，年老体衰的顺阳侯马廖已经变得谨慎小心、循规蹈矩了，但他缺少对两个弟弟和子孙们的严格管理和约束。因此，马家子弟全都"骄奢不谨"。对此，马廖的好朋友、掌校正典籍的校书郎杨终曾给马廖写信告诫说：阁下的地位尊贵显赫，四海之内，众人瞩目。可是，您的弟弟马防、马光还很年轻，他们都血气方刚，缺少谦虚退让精神，结交了一些轻浮狡猾、品行不端的人，您的儿子社会形象也不好。您对他们放纵而不加教诲，使他们都养成了飞扬跋扈的作风，被世人诟病。回顾以前的事，我为马家感到寒心！马廖没有接受好朋友杨终的劝告，依然没有对他的两位弟弟和下一代采取任何管教措施。

马防、马光兄弟以结交宾朋为幌子，食客经常有数百人之多，大肆敛财聚财，并大规模兴建宅第，房屋成方连片，金碧辉煌，占满街巷。马防还饲养了大批马匹，随意派出骑兵对羌人、胡人征收税赋。章帝听到反映，感到不悦，屡次下令予以谴责，并处处加以限制。马廖的儿子马豫担任了步兵校尉，但他总嫌官小，妄议朝廷，甚至投书朝廷表达怨恨和不满。于是，朝廷有关部门对马豫连同他的叔父马防、马光一并进行弹劾。弹劾奏书说：马防、马光奢侈豪华，巨额财产来路不明，严重超过他们的身份及合法收入，扰乱了圣明的礼教制度，建议章帝将马氏三兄弟免去官职，遣返封国。章帝批准。就在他们即将上路时，章帝却犹豫了，他下诏说：三位舅父及其家人全部前往封地，四季祭祀陵庙时，无助祭先后者，朕甚伤之。今特命许侯马光留下，在乡间田庐闭门思过。朝廷有关部门不要再提出异议，以慰朕的甥舅之情。后来，马光稍微收敛了一点儿，所以，章帝以他知道马家祖先"祭祀顺序"为名把他留下，又恢复了马光的"特进"之职。马豫随他老爹马廖回到了封国。但时间不长，马豫又因犯事被官府抓走，在狱中审讯时被拷打致死。过了很久，章帝又下发诏书，命马廖返回京城居住。

马家获罪后，窦家政治地位迅速上升，新外戚又走上了老外戚的老路。窦皇后的娘家哥哥窦宪曾被章帝任命为虎贲中郎将；窦宪的弟弟窦笃被任命为黄门侍郎。同当年马氏兄弟一样，窦氏兄弟也喜欢结交宾朋。

就在新外戚窦氏兄弟的豪宅进进出出的门客暴增时，有一个人在观察、在思考。这个人是谁？他是三朝老臣、司空第五伦。

此时，第五伦的心情与当年他见到马氏兄弟家门口一天到晚宾客如织、车水马龙时的心情是一样的，他依然按捺不住胸中涌起的正义，所以，他照旧向章帝呈上了奏章。第五伦在奏章中说：臣无真才实学，却担当辅佐国家的重任，才能低劣，胆子又小，位高爵显，谨守大义，只想勉励自己，即使遭到死罪，也不敢选择装聋作哑、视而不见，何况亲逢耸人听闻的事件呢？现在一些人继承了不讲政德的恶习，喜欢文过取巧，搞歪门邪道，不走正路。臣看到出入于虎贲中郎将窦宪家门的人络绎不绝，但大都是有劣迹或犯过罪的人；官欲极强却在仕途上受到压制的人；缺少安分守己、安贫乐道节操的人；官僚中志趣低下的人；相互吹捧、相互推荐的人。这五种人大量涌入窦氏的家门。风大了可撼动大山，蚊子多了叫声如雷。这可不是窦家的福气，而是窦氏兄弟骄傲放纵、逐渐滑落的开始。第五伦看得很准，他在奏章中反映的跑官买官、趋炎附势的五种人，确实都不是什么好东西。试想，那些志趣高尚、安分守己的人，在官场上顺风顺水的人，谁去跑关系、走门子？没人跑关系、走门子，难道只能让人家有权有势的窦宪攥着万能的赚钱工具而长期耐"寂寞"、守"寡财"吗？而那五种人不通过花钱投资、走窦家的门子，谁能给他们资源奇缺的"香喷喷的馅饼"？所以，无论从门里面主人的角度看，还是从门外面宾客的角度看，双方都有需求，都有积极性。第五伦只是向章帝反映了窦家"顾客"盈门的现象，且提醒说那些"顾客"都不是什么好东西，有可能使"供应商"窦氏兄弟骄傲放纵，逐渐滑落。第五伦在奏章中接着反映说：三辅地区爱好发表议论的人说，因老贵戚连累而遭贬黜压制的人，现在纷纷去找新贵戚来洗刷罪过，犹如用酒来解醉一样，越解越醉。陛下和皇后应该提醒窦宪等人，那些奸邪阴险、趋炎附势之辈，实在不能亲近；严令窦氏兄弟闭门自守，不要让他们随随便便地结交官僚和士人。防备祸患于萌芽之前，使窦家永葆荣华富贵。君臣同欢，大家都没有丝毫隔阂，这是我最大的愿望！同上次第五伦向章帝反映马氏家族的有关问题一样，这次第五伦反映的窦氏家族有关问题和提出的建议，章帝依然是既没有肯定，也没有责备，更没有采纳。

窦宪倚仗权势贪赃枉法，受到朝臣们强烈反对。作为章帝的大舅哥，侍中、虎贲中郎将窦宪，自从马家倒台、自己受宠之后，一下子就膨胀起来。

窦宪，字伯度，扶风郡平陵县人，即今陕西咸阳市人，大司空窦融的曾孙。他没什么才学，仗着自己外戚的身份，从小就游手好闲，蛮横放肆，酗酒滋事，骑马斗鸡。自从他的妹妹被册立为皇后，窦氏兄弟都成了宠臣，他们在宫中晃晃悠悠，所得赏赐无数，荣宠日盛，自王侯、公主到阴氏、马氏外戚家族，没有不畏惧忌惮的。窦宪为了显示他的官威、权威和以权敛财的胆量，竟然向沁水公主发起了挑战。

沁水公主是章帝刘炟的亲爹汉明帝刘庄的女儿，当时有名的"冷面美人"刘致，也即汉章帝的同父异母妹妹。窦宪以非常低廉的价格强行收购了沁水公主刘致的庄园。窦宪侵占沁水公主的庄园后，沁水公主因害怕窦宪的权势一直不敢言声。建初八年（公元83年），章帝外出巡行时经过那个庄园，被庄园的美丽景色吸引住了，于是他停马下车瞭望观赏，并问随行大臣窦宪，这个庄园是谁家的，这么漂亮？因窦宪暗中喝阻左右之人不得照实回答，所以没有人敢吱声。窦宪指鹿为马，把章帝糊弄过去了。后来章帝听说了沁水公主庄园易主的真相之后，气愤不已，他让人把窦宪叫来，严厉训斥，章帝说：我以前经过沁水公主庄园时，问这个庄园是谁家的，你为什么采取欺骗手段来忽悠朕呢？发生这样的事，令人震惊。以前，在永平年间，先帝（指明帝）经常命令阴党、阴博、邓叠三人（均为外戚）互相监督，所以，诸外戚中无人敢触犯法律。而今尊贵的公主尚且遭到你的掠夺，更何况平头百姓呢！国家抛弃你窦宪，就像扔掉一只腐鼠！窦宪非常害怕，面地而跪，浑身发抖，不敢动弹。窦皇后也为这事脱去皇后的服饰，换上贵人的衣装，向章帝谢罪。

经过窦皇后两年多频频向章帝吹枕边风，章帝渐渐恢复了对窦宪的宠信。窦氏兄弟门前冷冷清清一段时间之后，随着窦宪又得章帝宠信，又开始车水马龙起来。

窦宪疯狂敛财的罪恶行径，激起了最高军事长官、执掌天下军政大事的太尉郑弘的强烈愤慨。

郑弘，会稽郡山阴县人，即今浙江绍兴市人。最初他是该县的"基层干部"，是职掌听讼、收取赋税的啬夫。在这个岗位上，他热情服务百姓，办事公道正派，深受乡民的信赖。时任会稽太守第五伦春季巡行调研时走到山阴县，发现了郑弘这个先进典型，于是就把他召到郡府，安排他担任了代理督邮，主要负责督送邮书，代表郡太守督察诸县，宣达教令，兼管社会治安和催缴租赋等工作。因能力突出，第五伦又推举郑弘为孝廉（相当于今天的后备干部）。郑弘曾拜同郡人、河东太守焦贶为师。朝廷在查办"楚王刘英谋反案"时，发现一封书信中涉及焦贶，于是就把焦贶抓起来，押往京城，走到半路上，焦贶因病而死。于是执法官吏就把他的老婆和儿子抓进监狱，长期审讯拷打。焦贶的学生和朋友害怕受到牵连，都改名换姓，以避其祸，唯有郑弘剃去头发，戴着腰斩用的垫座——铁锧，赴京向皇帝上疏，为焦贶申冤昭雪。明帝看到郑弘的上疏诉状，有所醒悟，立刻赦免了焦贶的家属。郑弘张罗安葬了老师焦贶，又将焦贶的老婆孩子接回家乡。郑弘的义举传扬遐迩，朝臣们也为此事深受感动，郑弘被任命为驺县（治所在今山东济宁邹城市东南）的县令。郑弘发奸摘覆，厘奸剔弊，以仁为本，百姓爱之。后来，他被提拔到淮阳郡（治所在今河南周口市淮阳区）担任太守。经过四次升迁和调动，到建初元年（公元 76 年）担任了"三独坐"之一的尚书令，成为尚书台长官，掌决策出令、综理政务，职位虽低，但实际上总领朝政，无所不统。郑弘利用这一有利地位，积极推动官吏选拔任用制度改革，"帝从其议"。他先后所陈有补益朝政的事情，都放在南宫存储、展示（东汉时，南宫为政治中心，朝贺和议政多在南宫），以为故事。后来，郑弘又被调到平原国（治所在平原县，即今山东德州市平原县张官店）担任国相，不久又被调回朝廷，担任侍从皇帝左右，出入宫廷，与闻朝政的近臣侍中。建初八年（公元 83 年），郑弘担任了大司农，掌管全国租赋收入和国家财政开支，并兼理调运货物等事。这期间，郑弘干了两件青史留名的大事：一件事是他曾上书建议开辟的零陵郡（即今湖南永州市宁远县一带）和桂阳郡（即今湖南郴州市一带）的山道，后遂成为交趾七郡与中原地区贸易往来的主要通道，促进了今越南北部红河流域与我国中原地区的经济联系，为国家节约和增加资财数以亿计，有力促进了国民经济发展。另一件事是，他针对当时因全国性旱灾而人食不足和边疆地区常有外敌侵扰，而国库积存的钱币物资很多的实际，上疏汉章帝，建议降税赋、减徭费，以利饥民，朝廷采纳了他的建议，全国的老百姓普遍受益。元和元年（公元84年），郑弘被任命为太尉，成为三公之首。当时曾几次推举和提携郑弘的第五伦在朝廷担任司空。司空虽然也是三公之一，但排名在太尉之后，所以，每次朝见，郑弘总是弯腰自卑。章帝发现后询问何故，才得知第五伦原来是郑弘的伯乐。于是，章帝下令专门配置了云母屏风，将郑弘与第五伦隔开，并由此形成了一种制度。

太尉郑弘发现，外戚大臣窦宪的权势过盛，而且窦宪把权力都用在了自己发家致富上，窦宪家的财产多得无法用语言来形容。于是郑弘直言不讳地向章帝上疏直谏说，目前窦宪比皇上您还厉害，如果再不管他，既坑了国家，又害了他和他的家族。手眼通天的窦宪，当然知道郑弘在告他的御状，因此他对郑弘恨之入骨。郑弘经过几次直谏，发现窦宪是个"不倒翁"，于是，他改变了斗争策略，我告不倒你窦宪，我就弹劾你下面为非作歹、践踏法律的死党，让死党去咬你不干净的屁股。于是，郑弘弹劾窦宪的铁杆党羽——尚书张林和洛阳县令杨光。其弹劾的主要问题是，贪赃枉法、施政残暴——当然里面有很多具体事例来支撑。郑弘将奏疏呈上后，负责登记的官吏是杨光过去的老朋友，他把郑弘弹劾奏章的内容全部透露给杨光，而杨光又告诉了自己的政治靠山和保护伞窦宪。于是，窦宪就把泄露消息的事硬是栽赃在郑弘头上，以此为由头，向郑弘发起了反攻。他弹劾郑弘，身为朝廷重臣，泄露朝廷重要机密。章帝因此问责郑弘，并收回了郑弘的太尉印信、绶带。郑弘一琢磨，老夫我不能坐等挨整，不管章帝是真糊涂，还是揣着明白装糊涂，也许九卿之一、职掌刑狱的最高长官廷尉不糊涂。于是，他让人把自己捆起来，主动到廷尉处投案。对朝廷三公之一、天下武官之首的太尉，如果没有皇帝发话，廷尉是不敢审讯的，况且廷尉与太尉同朝为官，他对郑弘的为人处世也非常清楚，所以在"待审"期间，廷尉可能去找章帝请示报告了。章帝给廷尉下发诏书将郑弘释放。

满怀忠诚的郑弘，经过这番折腾，虽然有惊无险，但心里发凉，他向章帝申请退休回家，章帝没有批准。郑弘因气而病，以上疏谢恩的名义，再次向章帝写信反映了窦宪的问题，而且用词更为尖锐，一针见血，他说：窦宪的奸恶上通于天，下达于地，天下人疑惑不解，贤者愚者心怀憎恶，都说：窦宪用什么方法迷住了主上！近代王莽之祸，依然历历在目。陛下居于天子之尊位，守护着万世长存的帝业，却信任进谗献媚的奸佞，而没有意识到这是关系到国家存亡的关键！我虽然在顷刻之间就可能失去性命，但死而不忘效忠，愿陛下像舜帝除掉四凶一样惩办奸佞之徒，以平息人与鬼神共同的愤恨！

郑弘引用舜帝除"四凶"的历史传说，就是迫切希望章帝以对国家和人民负责的态度，果断惩处奸佞。重病缠身的郑弘豁出去了，把平时不敢讲、长期憋在肚子里的话，毫无顾忌地讲给了章帝听。章帝看到奏疏后，派遣御医去为郑弘诊病。当御医到达郑家时，郑弘已经含愤离世了。（据《后汉书·第五钟离宋寒列传》,《资治通鉴》第四六、四七卷,《后汉书·梁统列传（附梁冀）》《后汉书·朱冯虞郑周列传》）

五、重视发展民生事业

明帝和章帝，都继承了光武帝的民本主义思想，把发展民生事业牢牢抓在手上。他们各自干了一件载入史册的大事、好事，受到广大吏民的高度评价和赞扬。

（一）明帝兴建大型水利工程，一百五十个县受益

早在西汉平帝时期，黄河、汴河曾经决口，发生严重的洪涝灾害，多年未曾修复，几乎每年一到大雨时节就闹水患。后来，汴河决口向东泛滥，被洪水淹没的土地面积不断扩大，兖州和豫州深受其害。这么大面积的老百姓遭受水患，引起了一些忧国忧民之士的忧虑。有人向明帝提出治理黄河、汴河的建议，并推举了水利专家王景。

王景，字仲通，乐浪郡泪邯（今朝鲜平壤西北）人。王景少年时就博览群书，特别喜欢钻研《易经》和天文、数学等。他性格沉稳，多才多艺，一身百为。永平十二年（公元 69 年），明帝打算治理汴河，于是召见了王景，询问治河方略。

王景全面分析了造成汴河决口和洪水泛滥的主要原因，提出了治理思路和建议。明帝大为赞赏。因王景具有治理浚仪渠的实践经验，于是明帝就赐给他《山海经》《河渠书》等书籍以及钱币、布

帛、衣服等物品，要求他立即着手做好前期准备。当年夏天，朝廷征调了几十万军队，派将作谒者王吴和水利专家王景一起负责治水事宜。王吴与王景由于曾在治理浚仪渠上搭过伙，所以这次合作也非常默契。王景亲自勘探地形，规划堤线，设计图纸和方案。工程分先后两个阶段：第一阶段先修筑黄河堤防。该项工程以荥阳（今郑州北）为起点，向东一直延伸到千乘（位于今山东东营市利津县境内）入海口，共一千多里，除了修筑加高两岸大堤之外，每隔十里修建一座水闸，使各个水闸之间的水流都能够相互调节，这样，就可以从根本上消除黄河决堤和跑水的祸害。第二阶段，整修汴河，将黄河水从今郑州西北引入汴河，经河南开封市、商丘市及虞城县，安徽宿州市砀山县、萧县，至江苏徐州，入泗水，再入淮河，贯通黄河与淮河两大流域。由于多年水患，汴河老河到处决口，可以说原来的老河道几乎百无十存，重新整修、取直、挖深、筑坝等工程量巨大。两个阶段工程量加在一起，那就成了石破天惊、感天动地的浩大工程。工程开工后，千里工地人潮涌动，人山人海，人们用铁锹、扁担和肩膀，像蚂蚁搬家一样，一锹一锹地挖，一筐一筐地挑，终于在永平十三年（公元70年）四月胜利竣工。此项工程的竣工，使黄河与汴河水流分离，两河各自重新回到原来的河道，大大提高了防洪标准，使兖州、豫州近一百五十个县的老百姓广泛受益。工程完工后，明帝亲自巡视，并下发诏书，要求靠近黄河的郡国设立负责河堤的官员，一如西汉旧制。王景由此知名，他经三次升迁担任了侍御史，此官受命于御史中丞，接受公卿奏事，举劾非法，有时受命执行办案、镇压农民起义等任务。永平十五年（公元 72 年），王景跟随明帝巡视，到达无盐县（治所在今山东泰安市东平县东南无盐村）时，明帝称赞他的功绩，授予他掌治河之事的河堤谒者一职，并赏赐他车马、细绢和钱币，对他的治水技术给予了充分肯定。黄河和汴河的成功修复，是明帝为兖州、豫州老百姓办的一件大好事，到现在已经快两千年了，而那里的老百姓至今还是一代传一代地颂扬汉明帝的功德。（据《后汉书·循吏传·王景传》，《资治通鉴》第四五卷）

（二）章帝制定优惠政策，鼓励百姓生育

章帝针对当时家庭生活水平普遍不高，婴儿出生率低、死亡率高，人口发展缓慢的实际，专门制定倾斜政策，从赏赐粮食和减免人头税两个方面鼓励和支持百姓生育。元和二年（公元 85 年），章帝下发诏书说：原先法令规定凡有百姓生育的，免收人头税三年。如今在继续执行这一政策的基础上，再增加"所有怀孕的妇女，由官府赏赐胎养谷三斛，免收其丈夫人头税一年"。将此诏书定为法令。章帝制定这一惠民政策，说明当时国民经济已有了较好的基础，人民群众已经过上了和平稳定、安居乐业的生活。该项政策深受广大育龄夫妇的欢迎，也有力促进了人口的发展。据史料记载，中元二年（公元 57 年），皇太子刘庄即帝位时，全国户数为 427.9 万户，人口 2100 万人。到明帝去世的永平十八年（公元 75 年），全国户数上升至 586 万户，人口 3412.5 万人；到章帝去世的章和二年（公元 88 年），又上升到 745.6 万户、4335.6 万人。"明章之治"时期，人口的恢复和发展是比较快的。（据《资治通鉴》第四七卷）

六、重视加强边疆建设，打击镇服北匈奴

东汉立国之初，中原大地已破败不堪，西部武装割据势力尚未平定，天下凋敝，灾变不息，百姓穷苦，恢复和发展生产的任务十分繁重。为避免发生大规模战争，刘秀继承西汉对匈奴的若干行之有效的政策，对匈奴采取了怀柔策略。建武六年（公元 30 年），针对匈奴和匈奴力挺的军阀卢芳的不断侵扰，光武帝刘秀派遣归德侯刘飒等出使匈奴，"以修旧好"。匈奴单于舆骄横傲慢，虽然也派使节回访洛阳，但攻抢照旧，"寇暴如故"。后来，匈奴单于舆死后，他的儿子左贤王乌达鞮侯继位。可是乌达鞮侯当了几个月单于就死了。乌达鞮侯的弟弟蒲奴继位。当时匈奴所统治的地域连年发生旱灾和蝗灾，人和牲畜因饥饿和瘟疫流行死去多半，沙漠以南的广大地域荒无生机，死气沉沉。乌桓乘机打败匈奴，匈奴被迫北徙数千里。此时匈奴又出现了危机，集团内部因争权夺利，再次发生分裂。匈奴八部族人共立呼韩邪单于之孙日逐王比为单于，与蒲奴单于形成了"龙虎斗"的局面。日逐王比派出使者前往东汉五原塞（古代地名。汉代五原郡边塞的统称，今内蒙古大青山西端、乌拉山南麓及阴山南坡的秦汉长城障塞），向朝廷表示"愿永为藩屏，捍御北虏"，即愿意永远做汉朝的藩属和屏障，抵御北方的敌寇。光武帝刘秀与他的决策团队讨论后，采纳了五官中郎将耿国的意见，决定受降。于是日逐王比率领部众四万多人南下附汉称臣，被称为"南匈奴"，安置在河套地区。第二年，迁王庭于美稷县（今内蒙古鄂尔多斯市准格尔旗西北），即为"南庭"。东汉王朝设置了

匈奴中郎将率领军队保护其安全。而留居漠北的称为"北匈奴"。北匈奴连年遭受严重自然灾害，又受到汉朝、南匈奴、乌桓、鲜卑的攻击，退居漠北后力量大大削弱，多次遣使向东汉请求和亲。光武帝一时难以决定，便与公卿大臣们一起商量。太子刘庄说：北匈奴因南匈奴内附、和亲，所以才害怕我们，如果我们不攻击北匈奴，又同他们和亲，那么，北匈奴就不怕我们了，而且南匈奴也会对我们产生二心。光武帝认为太子刘庄的意见颇有道理，于是决定不同北匈奴和亲，只同意不关闭边关的互市贸易。(据《资治通鉴》第四四卷，《后汉书·显宗孝明帝纪》)

(一)汉明帝派遣军队讨伐北匈奴，在伊吾卢设宜禾都尉

由于长期以来北疆地区的战乱，不少边民都迁徙到内地生活，造成北部边境地广人稀，大量可耕种的土地撂荒多年，为加强北疆地区建设，开发和利用那里的土地资源，永平五年(公元62年)，明帝决定，将过去从北疆迁徙到内地的百姓和他们的后代回迁。为激发他们的回迁积极性，朝廷拿出财政资金，赏赐每人治装费两万钱。这样，相当一部分在内地生活的原北疆居民及其后代，又回迁至北疆，这在一定程度上解决了北疆地区地广人稀、土地荒芜的问题。然而就在当年，北匈奴六七千名骑兵先后侵扰并州五原郡(治所九原县在今内蒙古包头市九原区麻池镇西北古城)和云中郡(治所云中县在今内蒙古呼和浩特市托克托县东北古城)。南匈奴对北匈奴的侵略行径予以反击，西河郡(治所平定县在今内蒙古鄂尔多斯市伊金霍洛旗东南)的长史马襄率领地方武装增援南匈奴，他们

联合起来，并肩作战，终于将北匈奴击退。

由于北部边境地区经常遭到北匈奴侵扰，东汉政府下令关闭了边关互市贸易，并加强了边疆地区的兵力部署。北匈奴入境抢掠挨打，又不能以货换贸易取得日常生活所需的产品，困顿至极。于是，永平七年（公元 64 年），北匈奴派遣使者来到汉朝，请求确定互市贸易口岸，恢复发展边界贸易，实行和亲。明帝一想，这是一件好事。通过贸易，匈奴产的马、牛、羊等畜产品可以卖给汉民，汉民产的粮食、水果和手工业品等可以卖给匈奴，这样公平交易，互通有无，匈奴就用不着再来抢了，大家和平相处，共同维护和谐稳定的边疆，对双方都有好处。于是，明帝答应了北匈奴使者的请求。但经过一段时间的边境贸易，北匈奴抢劫的老毛病又犯了，他们打着贸易的幌子，却在市场上实施抢劫，甚至还进村入户抢劫，汉民的利益受到严重的伤害。此种情况上报到朝廷后，明帝于永平八年（公元 65 年），派遣掌领越骑宿卫兵、官秩千石的越骑司马郑众，作为汉朝使者出访北匈奴，就有关问题进行商谈。北匈奴单于让郑众行跪拜大礼，郑众不从。单于将郑众关押起来，不给饭吃，不给水喝。郑众宁死不屈。单于见郑众态度强硬，考虑到汉朝首次派遣使者，把关系搞僵了对自己也没有什么好处，所以，不但再也没有强求郑众下跪，而且转变态度，好话说了一大堆，好吃好喝好招待。郑众返回时，单于还派遣使者随同郑众回访东汉都城洛阳。自此以后，北匈奴一方面经常不断地派遣使者入朝进贡，另一方面还隔三岔五地越境侵扰。

经过光武帝刘秀三十多年的艰苦创业和汉明帝刘庄即位后继续

全面推行刘秀的政策措施，东汉的国力大大恢复，经济和军事实力强大起来。实力来自发展，尊严来自实力。在汉明帝统治后期，国家对北匈奴的犯边和侵扰不再隐忍，而是采取强硬措施。为保护回迁的边民和边疆地区不再遭受北匈奴的侵扰，明帝采纳谒者仆射耿秉几次上疏提出的建议，于永平十五年（公元72年）决定派遣精兵强将，分别从"四塞"出兵合击北匈奴。

一是从"酒泉塞"出兵。明帝以奉车都尉窦固（职掌皇帝车舆，入侍左右，秩比二千石）为主将，骑都尉耿忠为副将，出京屯驻凉州酒泉郡（治所禄福县在今甘肃酒泉市，辖境相当于今甘肃疏勒河以东、张掖市高台县以西地区）。主将窦固是光武帝刘秀的女婿，大司空窦融的侄子，城门校尉窦友的儿子。窦友去世后，窦固承袭了父亲显亲侯的爵位。窦固秉持节操，谨慎稳重，对人诚实恭敬，虚怀若谷，好读书，喜兵法，因娶了涅阳公主刘中礼，被任命为中朝官——黄门侍郎，主要工作就是给事于宫门之内，侍奉皇上，顾问应对，出则陪乘。汉明帝刘庄即位后，提拔窦固为中郎将，监护羽林军，成为年俸比二千石的高官。后来，窦固以监军身份随捕虏将军马武等人率军四万人攻打烧当羌，将其打败。永平五年（公元62年），窦固的堂兄窦穆因犯罪被查处，窦固也受到牵连被免官，禁锢在家，坐了十年"冷板凳"。这次出征讨伐北匈奴，明帝考虑到窦固以前曾在河西跟随过其伯父窦融，熟悉边事，于是任命他为奉车都尉，并以他为主将，骑都尉耿忠为副将，先屯驻在酒泉郡做好准备，而后按统一时间发兵进攻北匈奴。永平十六年（公元73年）春，窦固与耿忠率领酒泉、敦煌、张掖三郡郡兵及卢水羌骑兵共一万二千骑，出酒泉塞，北攻隶属于北匈奴的呼衍王。呼衍王所统领的部众游牧于今新疆巴里坤湖（哈密市巴里坤县西北十八公里左右的蒲类海周围）。窦固、耿忠率军抵达天山后，斩杀敌众一千余人，呼衍王逃走，汉军追击到蒲类海，攻占了位于今新疆哈密市伊州区五堡镇四堡村的伊吾卢城，并在那里设置了宜禾都尉，留下部分将士搞屯垦。

二是从"高阙塞"出兵。高阙塞位于今内蒙古狼山中部计兰山口。明帝以太仆祭肜（九卿之一、掌舆马等事）为主将，度辽将军吴棠为副将，率领一万一千名骑兵，出"高阙塞"北攻。主将祭肜，字次孙，颍川颍阳人，今河南许昌市襄城县人，他是名将祭遵的堂弟。祭肜少年丧父，因遭遇乱世，为防止有人盗墓，他日夜守护在父亲墓旁。每逢盗贼夜间路过，见到祭肜年纪尚小且有胆略，"皆奇而哀之"。祭肜长大后受堂兄祭遵的庇荫，被任命为黄门侍郎，在光武帝刘秀身边工作，掌顾问应对，出则陪乘。建武九年（公元33年）祭遵去世后，光武帝刘秀"追伤之"，因祭遵无子，于是刘秀便任命祭遵的堂弟祭肜到河南郡偃师县（治所在今河南洛阳偃师市境内）担任县令，偃师距离祭遵坟墓不远，刘秀要求祭肜一年四季都要祭祀为国而死的祭遵。祭肜以堂兄祭遵为榜样，勤奋敬业、爱国爱民，他有思路、有谋略、有魄力，任职五年，县内没有强盗，政绩考核"课为第一"。善于用人的政治家刘秀又把祭肜调到社会秩序非常混乱的老大难县襄贲县（治所在今山东临沂市兰陵县东南）担任县令。当时该县强盗非常猖獗，光天化日之下公然作恶。祭肜到任后，狠抓严打，"诛破奸猾，殄其支党"，几年之后，襄贲县出现了政治清明、社会安定、百姓安居乐业的良好局面。光武帝下发诏书表扬祭肜，并为他增加官秩一级，赏赐丝绢一百匹。当时东北边疆地区出现了动荡不安的情形，匈奴、鲜卑和赤山乌桓联合起来，屡次越过边塞，"杀略吏人"，"朝廷以为忧"。因治乱高手祭肜在光武帝的脑子里印象深刻，"帝以肜为能"，于是建武十七年（公元41年），光武帝提拔祭肜到辽东郡（治所在襄平，即今辽宁辽阳市老城，辖境相当于今辽宁大凌河以东、铁岭市代管的开原市以南，朝鲜清川江下游以北地区）担任太守，给了他更大的平台。祭肜上任后，厉兵秣马，加强战备，广设探哨，抵近侦察，每次敌人犯边，他都能早发现、早应对。祭肜力气很大，能开三百斤的弓。"虏每犯塞，常为士卒前锋，数破走之。"建武二十一年（公元45年）秋，鲜卑一万多名骑兵部队侵犯辽东，祭肜率领几千人的部队迎战敌人，他亲自披甲陷阵，奋勇杀敌，士卒们看到祭太守带头冲杀，也都勇气大增，拼死作战，终于以少胜多，将鲜卑军队打败，"虏大奔"，祭肜等穷追猛打，敌军落水淹死的超过半数，剩下的人全都丢下武器，赤身裸体四处逃跑，祭肜又杀敌三千多人，缴获战马几千匹。"自是后鲜卑震怖，畏肜不敢复窥塞。"后来祭肜又遣使"示以财利"，招抚鲜卑、满离、高句骊等异族首领陆续归降。在此基础上，祭肜又鼓动鲜卑大都护偏何，攻打赤山乌桓，斩首二千余级。后来鲜卑与赤山乌桓年年互攻，鲜卑总是把赤山乌桓人的首级送到辽东郡府，祭肜对鲜卑大加赏赐。祭肜以夷制夷的策略取得了巨大成功，北方边境再无战乱。朝廷对祭肜担任辽东太守以来的政绩高度认可，永平十二年（公元69年），祭肜被提拔为太仆，成为九卿之一。

三是从"张掖居延塞"出兵。该塞位于今内蒙古阿拉善盟额济纳旗之东。明帝以都尉耿秉为主将，骑都尉秦彭为副将，率领一万名骑兵，"出张掖居延塞"。主将耿秉，字伯初，扶风郡茂陵县人，即今陕西咸阳兴平市人。他是大司农耿国的长子，建威大将军、好畤侯耿弇的侄子。耿秉长得雄壮魁梧，他喜欢研读兵书，能够解说《司马兵法》，尤其嗜好将帅用兵谋略。最初耿秉因父亲耿国的功勋而被任用为郎官，他屡次上疏谈论军事。耿秉认为中原空耗，边疆不稳，问题就出在匈奴，应该狠狠地打击他们，使其不敢犯边。当时汉明帝已有北伐之意，心里面很赞同耿秉的观点。后来，明帝征召耿秉到宫中，询问他前后所奏的有关军事谋略，赞同他提出的观点和建议，于是提拔他担任谒者仆射，成为谒者的长官。明帝对耿秉非常信任，每次公卿集体议事，明帝就带耿秉上殿，凡涉及边疆之事，明帝就征求他的意见。耿秉所发表的观点和建议大都对明帝的心思。永平十五年（公元72年），耿秉上书朝廷请求攻打北匈奴，他说：我认为应当首先进攻白山（又名折罗漫山。今新疆中部的天山），夺取伊吾，打败车师（西域古国之一。都城在交河城，今新疆吐鲁番市西北十公里雅尔湖西），派遣使者出访乌孙，重温过去所建立的良好关系，联合他们共同切断匈奴的右臂。在伊吾还有北匈奴南呼衍一部，如果将他们打败，又等于折断了匈奴的左臂。折断他们的双臂之后，就可以攻击匈奴本土了。但有的大臣认为：如今进攻白山，匈奴必定集结部队救援，我们还应该在东方分散匈奴兵力。汉明帝表示同意。永平十六年（公元73年）春，明帝派耿秉、秦彭率领由武威、陇西、天水三郡募士和羌人、胡人共一万名骑兵，出张掖居延塞，攻击北匈奴匈林王。耿秉、秦彭率军穿越六百里沙漠，到达三木楼山，即今蒙古国巴彦洪戈尔省戈壁阿尔泰山脉之一。因北匈奴都已逃走，于是不战而还。

四是从"平城塞"出兵。该塞位于今山西大同市东北。明帝以掌监羽林骑的骑都尉来苗为主将，掌护乌桓胡兼护鲜卑事务的护乌桓校尉文穆为副将，率领代郡、上谷、渔阳、右北平、太原、雁门、定襄等七个郡的郡兵和乌桓、鲜卑部分兵马，共一万一千骑，出平城塞征伐北匈奴。结果无功而返。

以上四路汉军合击讨伐北匈奴，无的放矢，虎头蛇尾，只有窦固和耿忠这一路取得了一定战果，不仅消灭敌军一千余人，而且还在伊吾卢城设置了负责屯田事宜的宜禾都尉。窦固因功被明帝授予位在三公之下的特进。明帝这次出兵攻打匈奴可以说获得了万本一利的战果。

明帝对匈奴的强硬态度倒是带动北方边疆地区的一些郡太守也强硬起来了。因此，他们改变了以往放弃抵抗的消极态度，对匈奴入侵，他们也敢于反抗了。永平十七年（公元74年），匈奴大举进攻云中郡。该郡太守廉范决定亲自率领地方部队予以抵抗。廉太守下属官员感到本郡兵力太少，想给邻郡送信请求支援。廉太守没有同意。这时天已黄昏，廉太守命令士兵都把两支火把交叉捆绑成十字状，然后点燃三端，在军营中排开，状如繁星。匈奴人误以为汉朝大军援军已到，大为震惊，打算等到天亮时撤走。廉太守命令部队在夜宿地吃饭，凌晨便擂响战鼓，向北匈奴军队发起猛攻，斩杀数百人，而拼命逃奔的北匈奴兵马自相践踏而死的有一千余人。从此以后，在较长时间里，北匈奴再也不敢侵扰云中郡了。廉太守的胆略和智慧令人称道。（据《资治通鉴》第四五卷，《后汉书·窦融列传（窦固）》《后汉书·铫期王霸祭遵附祭肜列传》《后汉书·耿弇列传（附耿秉传）》《后汉书·显宗孝明帝纪》）

（二）章帝妥善处理南、北匈奴之间的麻烦事

元和二年（公元 85 年），再次分裂之后的南匈奴向北匈奴发起了进攻，在涿邪山与北匈奴进行决战，结果北匈奴失败。南匈奴斩杀并俘获了北匈奴部分士兵，还趁机抢掠了一些百姓及大量牲畜。南匈奴带着这些战利品返回以前朝廷给他们安排的居住地——河套地区。看到这种情况，凉州武威郡（"河西四郡"之一，治所在姑臧，今甘肃武威市，辖境相当于今甘肃黄河以西，武威以东及大东河、大西河流域地区）的太守孟云上疏说：以前，北匈奴已经同汉朝和解。而现在南匈奴去到北匈奴地盘上抢劫。北匈奴单于有可能认为是汉朝支持南匈奴干的，觉得是汉朝欺弄了他们。根据获得的情报，北匈奴打算进犯北部边疆。因此，我建议让南匈奴将抢来的俘虏和牲畜归还北匈奴，以安抚他们。章帝接到奏章后，命令群臣在朝堂上专门讨论此事。凡是重大事项决策，章帝都让群臣讨论，最后章帝根据讨论情况拍板决策。这是章帝时期朝廷决策的一个好做法。在群臣讨论时，司徒桓虞和位列九卿、掌舆车之马的太仆袁安等主张应当归还；太尉郑弘和司空第五伦等坚持不应归还。双方

争执不下，各自面红耳赤。司隶校尉上疏弹劾郑弘等人，郑弘等人全部交出印信、绶带谢罪。章帝下诏答复说：重大问题应反复讨论，群臣的意见各不相同，这是正常现象。大事需要集思广益，政策需由众人商定。忠诚、正直而又和睦，这才符合朝廷之礼，而缄默不语，压抑情志，则不是朝廷之福。你们犯了什么错误而谢罪？章帝对这件事看得很明白，说的都是符合情理的明白话。最后，章帝下诏决定：江海之所以成为百川之首，就是因为地势低下，胸怀宽广，大度能容。汉朝稍微受点损失算什么，有什么大不了的危害！更何况如今汉朝与北匈奴之间已和谐相处，北匈奴言辞恭顺而守约，并不断进贡，难道我们应该违背信义，自陷于理亏的境地吗？现命令度辽将军兼中郎将庞奋，用高于市场价一倍的价格赎买南匈奴抢得的俘虏及牲畜，以归还给北匈奴。章帝这个决策，南匈奴高兴，北匈奴满意，汉朝虽然经济上受了点儿损失，但政治上还是赢了。（据《资治通鉴》第四七卷）

七、发挥使者班超的重要作用，恢复与西域诸国的关系

从狭义上讲，西域是指玉门关以西、葱岭以东的广大地域。该地域南北有大山，中央有河流；东西宽约六千里，南北长一千余里。从广义上说，西域是指葱岭以东和以西的广阔地域，包括亚洲中部和西部、印度半岛，甚至更广大的地域范围。从玉门关、阳关到西域有两条道路：一条是从鄯善国沿着南山北面，顺着塔里木河西行至莎车，被称为西域南道。该道西越葱岭可到达大月氏、安息。鄯善国、莎车国均为汉西域古国。鄯善国都城在扜泥，即今新

疆巴音郭楞蒙古自治州若羌县，本名楼兰，元凤四年（公元前77年）以后改国名为鄯善。莎车国，又称渠沙国。都城在叶尔羌（今新疆喀什地区莎车县），位于塔里木河上游。安息国是亚洲西部的古国，即今伊朗。原为古波斯帝国的一个省，后隶属于亚历山大帝国及塞琉西王国。公元前249年至前247年宣布独立，建立阿萨息斯王朝。安息国都城原为番兜，即今达姆甘，位于伊朗东北部，距离其首都德黑兰三百四十二公里。后又先后迁至埃克巴坦那、忒息丰，即今伊拉克巴格达市附近。伊朗高原及两河流域都为安息所统治，其为西亚大国。另一条是从车师沿着北山南面，顺着塔里木河西行至疏勒，被称为西域北道。该道西越葱岭可到达大宛、康居。沿道诸国都是汉代西域古国。疏勒国治所在疏勒城，即今新疆喀什地区疏勒县，属西域都护。康居国都城在卑阗城，即今乌兹别克斯坦塔什干一带。该国位于今哈萨克斯坦巴尔喀什湖和咸海之间。它东接乌孙，西达奄蔡，南接大月氏，东南临大宛。奄蔡国位于西伯利亚西南部的欧洲和亚洲的交界处。西汉时在咸海西北、里海北部的草原游牧，东汉时隶属康居。以前，西域诸国都受北匈奴的奴役和控制。北匈奴西部的日逐王设置"僮仆都尉"管理西域多国。匈奴以僮仆都尉为官名，盖视西域各国为其"僮仆"。"僮仆都尉"常驻在尉黎（位于今新疆巴音郭楞蒙古自治州库尔勒市东北）、焉耆（位于今新疆巴音郭楞蒙古自治州焉耆县）、危须（位于今新疆巴音郭楞蒙古自治州焉耆县西北）等地，向西域诸国征收赋税，征发劳役等，北匈奴生活殷实富足，但为富不仁。

从汉武帝统治时期开始，西域三十六国内附汉朝，与中原交往密切。汉朝专门为西域设置使者、校尉以实施对西域的监护。神爵二年（公元前60年），汉宣帝置"西域都护"为驻守西域的最高长官，控制西域各国。"都"为全部，"护"为带兵监护，"都护"即为"总监护"之意。初元元年（公元前48年），汉元帝设置戊己校尉，掌管屯田事务，治所设在车师，隶西域都护，可单独设府，有丞、司马、候等属官。哀帝、平帝时期，西域多国发生内外矛盾和斗争，分裂成五十多国，且都分布在匈奴以西、乌孙以南。王莽称帝后，对包括西域在内的各个王国实施贬抑和改换侯王政策，引起西域诸国的怨恨反叛。西域诸国与新朝断绝关系，并再次被匈奴所控制。西域诸国绝大多数是几万人到几百人的小国，而匈奴对他们征收赋税却十分繁重，动不动就以武力相胁迫，西域诸国只好忍辱负重，勉强维持生存。东汉立国后，西域多国纷纷派遣使者到国都洛阳，要求归属汉朝，请求光武帝派出都护。当时刘秀刚刚平定天下，没有时间和精力处理西域事务，最终没有答应。东汉明帝永平十六年（公元73年），明帝刘庄遣将攻占了伊吾卢城，并在那里设置了宜禾都尉，驻扎屯垦，以防御匈奴，保障汉通西域的北道畅通。从此，西域诸国都派遣王子到洛阳侍奉皇帝，实际上是主动将王子送去做人质，以表示归附汉朝的立场不会改变。这样，西域同汉朝朝廷中断了多年的关系得以恢复。（据《后汉书·西域传》）

（一）明帝派遣班超出使鄯善国，使其臣属汉朝

鄯善国距离长安六千一百里，人口一万四千多，军队近三千

人，多沙卤，少田地，产马驴，多骆驼，能制造兵器。永平十六年（公元73年），东汉王朝在伊吾卢城设立宜禾都尉之后，为顺应西域多国归附汉朝、摆脱北匈奴控制的强烈愿望和要求，加强与西域多国的联系和交往，孤立和打击北匈奴，根据明帝的要求，刚刚被朝廷授予特进官衔的窦固，派遣他的代理司马班超和从事郭恂带领共三十六人的小型使团出使西域。

班超，字仲升，扶风郡平陵县人（今陕西咸阳市）人。其父班彪是赫赫有名的史学大家，其兄班固和妹妹班昭对史学、儒学等都很有研究，著述颇丰。班超少年时胸怀大志、不拘小节、孝顺恭谨、勤俭持家，无论干什么粗活累活，他都毫无怨言。班超博学多才，广猎书传，反应灵敏，口才很好。永平五年（公元62年），家兄班固受朝廷征召担任校书郎，班超和母亲一起随哥哥来到洛阳。因哥哥俸禄有限，家里贫穷窘迫，生活拮据，班超就常到官府去当抄书的打工仔，挣点钱来养活母亲。天长日久，班超觉得抄书的工作枯燥辛苦。班超不愿意干一辈子抄书的工作，他想效仿傅介子和张骞，做一名外交家。与他一块儿"爬格子"的那些同事，得知班超的想法后，都笑话他异想天开。班超却说：凡夫俗子岂能理解仁人的胸襟呢！后来，班超去见一位相面先生，先生对他说：尊敬的长者，你看起来是个平常人，但若干年后一定会封侯于万里之外。班超想问个明白，先生指着他进一步忽悠说：你有燕子一样的下巴，老虎一样的脑袋。燕子善于迁徙飞舞，老虎嗜好吃肉，你正是万里封侯的面相。后来明帝任命班超为兰台令史。兰台令史归御史中丞管理，主要负责书奏和印工文书，兼校订宫廷藏书等文字工作，年俸为六百石粟谷。班超干了几年兰台令史，因犯有过失而被免官。

永平十六年（公元73年），职掌皇帝车舆，入侍左右，秩比二千石的奉车都尉窦固带兵去攻打匈奴，任命班超为"假司马"，让他率领一支部队去攻打伊吾卢，双方交战于蒲类海，班超将北匈奴打败，斩杀了很多敌人，深得窦固赞赏，于是窦固又派遣班超与从事郭恂等人一起出使西域。

班超和他的三十六人小型使团第一站到达了鄯善国。开始，鄯善国王以热情周到的礼节接待了班超一行。后来，鄯善王忽然对班超使团冷淡疏远了。班超认为，这一定是北匈奴使者来了，鄯善王心里犹豫，所以改变了态度。于是，班超召来为其服务的鄯善国人员，假装已经知道北匈奴使者来到鄯善国这件事，开口诈问：北匈奴使者来几天了？如今住在什么地方？班超这么一问，猝不及防的服侍人员还真道出了实情。他回答说：已经来了三天了，他们住的地方离这里有三十里。于是，班超把该侍者关起来，召集使团成员一起喝酒。当喝到酣畅之时，班超借着酒劲动员大家说：你们和我同在边远的荒城，如今北匈奴使者才来了三天，鄯善王就不讲礼仪了。如果使者命令鄯善王把我们抓起来，送给北匈奴，那我们的骨头就该喂狼了。大家说说看，咱们应该怎么办？使团成员一致回答说：如今处在危难之处，我们都愿意跟您同生共死。班超说：不入虎穴，焉得虎子。现在唯一可行的办法是，乘着夜色火攻北匈奴使者，使对方不知道我们究竟有多少人马，这样，北匈奴使者一定会惊慌而不知所措。就在他们惊恐之时，我们迅速出手，将其一网打尽。鄯善人知道后必然会胆战心惊，那就等于我们成功了。这时有人说：这件事应当同郭从事商量一下。班超生气地说：胜败吉凶就在今天决定了，而郭从事是个文吏，听到我们的打算定会害怕，那样计谋就会泄露，而计谋一旦泄露，我们死都没有名堂，怎么还会当英雄呢！大家都同意班超的看法。等到夜间初更时分，班超带领使团成员直奔北匈奴使者驻地。当时正刮着大风，班超命令十人拿鼓，躲到匈奴使者帐房后面，并相互约定：看见火起，就要一齐擂鼓呐喊。其余的人手持刀剑弓弩，埋伏在帐门两侧。安排妥当，班超亲自点火，大火一起，帐房前后鼓声齐鸣，杀声震耳。北匈奴使者惊慌失措，顿时大乱。班超亲手杀死三人，他的部属斩杀北匈奴使者及其随同人员三十余人，而且割下了他们的脑袋，其余的一百多人都被大火烧死。

班超等人于次日返回驻地，将有关情况向郭从事做了通报。郭恂开始大吃一惊，一会儿脸色变了。班超对郭恂说：您虽然没有一同去破敌，但我们也不会存心独占这份功劳！郭恂这才高兴起来。班超命人将鄯善王广叫来，把北匈奴使者三十多人的首级拿给他看，广非常惊恐，脸色大变。班超将东汉王朝的国威和恩德向广做了阐述，并对他说：从今以后，不要再跟北匈奴来往。广立即下跪叩头说：我愿意臣属汉朝，不会有二心。于是，鄯善王广将王子送到汉朝充当质子。

班超归来后，向窦固汇报了这次出使鄯善国的详细情况，窦固十分高兴，将班超的功劳上报朝廷，并建议朝廷重新选派使者继续出使西域。汉明帝刘庄看完窦固的报告，赞许班超的气节，下令给窦固说：为什么不选像班超这样的优秀官吏，却要另选他人呢？现任命班超为大将军的属官军司马，让他继续完成以前的功业。（据《后汉书·班梁列传》《汉书·傅常郑甘陈段传》《汉书·张骞李广利传》《后汉书·西域传》,《资治通鉴》第四五卷）

（二）明帝派班超出使于阗国，拔掉西域南道上的钉子

于阗国也是西域古国之一，其都城遗址在今新疆和田市之西的约特干。从这里东到长安九千六百七十里。全部人口近两万人，军队二千四百人。地域范围：南与婼羌相接，北与姑墨相连。于阗多产玉石。窦固按照明帝关于"让班超继续完成以前的功业"的指令，又派遣军司马班超出使于阗国。窦固打算为他增加一些随行的兵力，可是班超只愿意带领原班人马。他说：于阗路途遥远，若率领几百人前往，也无益于显示汉朝的强大。如果发生什么不测，人多行动迟缓，反而成为累赘。当时，于阗国王广德称雄于西域南道，但该国仍受北匈奴使者的监控。班超到达于阗国后，广德对班超使团非常冷淡。于阗国素有迷信巫术之俗，此时该国的著名巫师散布谣言说：神已发怒，责问我们为什么倾向于汉朝！巫师还说：汉朝的使者所骑的马中有一匹黑唇黄马，王要派人赶快给我找来，我要杀死该马祭神。于是，广德就派遣宰相私来比向班超索要那匹黑唇黄马。班超暗中已获得底细，便爽快地答应了此事，并要求让巫师亲自来取马。很快巫师就到了，班超立即将巫师斩首，并将宰相私来比逮捕，痛打数百皮鞭。由于巫师和私来比均未返回，广德就亲自来到班超驻地查看，班超将巫师的首级扔到广德面前，广德

顿时打了一个冷战，而后直挺挺地呆在那里。班超借机对他进行训斥。广德早听说班超在鄯善国消灭北匈奴使者的事，非常恐惧，他立即表示会断绝与北匈奴的关系，归附汉朝。广德回去后把北匈奴使者全部杀死，向班超投降。班超重赏于阗王及其大臣，他们都喜出望外，再三表示愿意弃甲倒戈，归顺汉朝。

在这次出访活动中，班超镇服、安抚了于阗国，西域多国看到"大国"于阗已顺服汉朝，也都纷纷效仿。西域多国纷纷派出王子到汉朝做质子。至此，汉朝与西域多国中断了六十五年的关系，开始恢复交往。汉朝也通过丝绸之路南道，加强与西域的贸易往来。但仍有少数王国继续追随北匈奴，与汉朝作对。（据《后汉书·班梁列传》《后汉书·西域传》，《资治通鉴》第四五卷）

（三）明帝派班超出使疏勒国，拔掉西域北道上的钉子

疏勒国全部人口不到两万人，军队两千人。西面处在去大月氏、大宛、康居的通道上，东面是龟兹国。龟兹国国都在延城，即今新疆阿克苏地区库车市附近。该国东通焉耆，西通姑墨，北通乌孙，全部人口八万多人，佣兵二万多人，在西域城郭诸国中最为强大。龟兹国国王建是北匈奴所立，因此，他对北匈奴感恩戴德，百依百顺，两国关系犹如父子。建依仗北匈奴这个"老爸"的威势，控制了西域北道，进攻并杀死了疏勒王，将自己的臣子兜题立为疏勒新王。这样，北匈奴就把龟兹当成"儿子"，把疏勒当成"孙子"。他们三国拧在一起，拒不归附汉朝。相对于龟兹来说，疏勒距离汉朝疆土较近，班超和他的小型使团决定先去疏勒。由于疏勒

国与汉朝敌对，班超一行无法通过正规渠道入境。于是，他们便由偏僻的小道进入该国。在距离疏勒王兜题的王都盘橐城约九十里的地方扎营。盘橐城又叫艾斯克萨城，即维吾尔语"破城子"之意，该城位于新疆喀什市东南郊吐曼河岸边（班超曾在盘橐城驻守长达十七年）。班超一行住下之后，便派遣属官田虑先去劝说兜题降汉。在临行之时，班超嘱咐田虑说：兜题不是疏勒族人，那里的吏民并不欢迎他，当然也不会听从他的号令。如果他拒不投降，你可见机行事，将他抓起来，疏勒人不会替他反抗。田虑等人到达盘橐城后，疏勒王兜题见他们势单力薄，丝毫没有投降的意思。田虑趁其不备，将他捆绑起来。兜题身边的人没有料到会出现此事，全都撒丫子跑了。田虑留下几位同事看守兜题，自己挥鞭策马向班超报告。班超等人赶到盘橐城后，马上召集疏勒国文武官员开会，控诉龟兹王及其臣子兜题强加给疏勒人民的罪行，并将前疏勒王哥哥的儿子忠立为疏勒王。疏勒族的大臣们见到又由本族人担任国王了，都十分高兴。班超询问忠及其疏勒族官员：大家说说看，应该把兜题杀掉呢，还是活着放他走呢？在场的人都说：应该杀死兜题！班超说：杀死他无益于大事，应该放他走，一旦他回到龟兹，龟兹人就会明白汉朝的恩威。于是，班超将兜题释放，驱逐出境。由于新的疏勒王忠是汉朝使者班超所立，所以，他当王以后臣服于汉朝，为汉朝通过丝绸之路北道加强与西域的贸易往来提供了很多方便，这样，通往西域的北道又被打通。（据《后汉书·班梁列传》《后汉书·西域传》，《资治通鉴》第四五卷）

（四）明帝派遣军队平定车师，重新设置西域都护

车师国位于今新疆吐鲁番市西北十公里雅尔湖西部一带。初元元年（公元前48年），由于内部矛盾，车师国将其地盘分为前、后两部，即车师前国与车师后国，皆属西域都护府。车师前国治所在交河城，河水分成两条环城流过，所以就叫交河。车师前王在此居住，他管辖一千五百多户，四千多人，军队两千多人。车师后国治所在务涂谷，今新疆昌吉回族自治州吉木萨尔县的南山中，这里距乌鲁木齐市一百六十公里，距昌吉市二百零六公里。车师后王在此居住，他管辖四千多户，一万五千多人，军队三千多人。车师前国向西通往焉耆北道，车师后国向西通往乌孙。建武二十一年（公元45年），车师与鄯善、焉耆派王子入朝侍奉，光武帝都让他们回国，后来车师依附于匈奴。永平十六年（公元73年），汉朝军队占领了伊吾卢，打通了西域，车师又归属汉朝。不久，匈奴派军队攻打车师，车师再次投降了匈奴。

永平十七年（公元74年），明帝以窦固为主将，掌副车之马的驸马都尉耿秉和掌监羽林骑的骑都尉刘张为副将，各自统领一万四千兵马，出昆仑塞（位于今甘肃酒泉市瓜州县西南），奔赴西域攻打北匈奴。这是窦固第二次伐兵天山，也是他再次在蒲类海边打仗。同上次一样，窦固率领汉军将北匈奴白山军击败。随后，汉军挺进到车师国。窦固安排耿秉作先锋向北挺进，其他将领领兵跟进。他们一边走，一边打，一路上斩杀敌人数千人，对车师国形成强大震慑。车师后王安得吓得毛骨悚然，当他得知汉军即将到达

后，便战战兢兢地出城迎接耿秉。安得把自己头上的王冠摘去，抱住耿秉的马腿投降。接着，车师前王也投降了。这样，车师国全部平定，于是窦固率领大军回国。窦固回国后，立即上疏明帝：建议重新设置西域都护府。

西域都护府既是汉朝的军事驻防区，也是一个特殊的行政区；既是机构名，也是官职名。它始建于汉宣帝时期，初建时，负责管辖西域三十六国，后增至五十多国。由于受自然条件、民族人口、生活地域、文化传承等多方面因素的影响，三十六国中每国人口一般为几千人到两三万人，小的只有几百人。龟兹国人口最多八万多人；其次是焉耆（又称为乌夷、阿耆尼。系新疆塔里木盆地古国，位于今新疆巴音郭楞蒙古自治州焉耆回族自治县）三万二千人；五千人以下的有八国；最小的单桓国（汉西域古国名。国都在单桓城，今新疆昌吉回族自治州米泉区北）不到二百人。西域都护府之下不设郡县，依然保留原来的国，汉朝政府原则上不干预各国内部事务，但掌握他们的人口及兵力状况，管控他们的军事和外交，有权调动他们的军队，必要时可以废或立他们的君主。首任西域都护名叫郑吉，他是会稽人（今江苏苏州一带）人。郑吉早年曾是一名普通士兵，多次随军征战西域，因功被提拔为郎官。汉宣帝时，升任尚书的属官——侍郎。郑吉因处事果断，为人刚毅，且又熟悉异域事务，被朝廷选拔为汉朝使者。郑吉在西域工作和生活了二十多年，在屯田渠犁、击破车师、迎降日逐王、出任西域都护、协调汉朝与西域诸国关系、宣扬汉朝恩威、保障丝绸之路畅通等方面做了大量卓有成效的工作，功绩卓著。正如《汉书》作者班固所言："汉之号令班西域矣，始自张骞而成于郑吉。"从郑吉担任西域都护开始，一直到新莽前期，朝廷派往西域的都护始终没有中断过。王莽败亡，李崇去世，汉朝与西域的关系中断。

这次窦固根据国家形势和西域多国情况的新变化，建议朝廷恢复设置西域都护和专司车师屯田的戊、己校尉，以加强对西域诸国的监管和对当地的屯田开发。明帝与大臣研究后决定采纳窦固的建议，将陈睦任命为西域都护，将司马耿恭任命为戊校尉屯驻在车师金蒲城（今新疆昌吉回族自治州吉木萨尔县之北的破城子），将谒者关宠任命为己校尉屯驻在前车师柳中城（今新疆吐鲁番市鄯善县鲁克沁镇），各驻军数百人。

明帝去世后，龟兹、焉耆再度反叛，他们联合起来共同攻杀西域都护陈睦，"及明帝崩，焉耆、龟兹攻没都护陈睦，悉覆其鵘（xī，部队），匈奴、车师围戊己校尉"。此时，"（班）超孤立无援，而龟兹、姑墨数发兵攻疏勒。（班）超守盘橐城，与忠（即疏勒王忠）为首尾，士吏单少，拒守岁余"。章帝初登帝位，因陈睦被杀害，遂撤销了西域都护，但又担心班超兵少，不能保全自己，于是下令召班超返回朝廷。班超接令后准备起程回国，疏勒全国忧愁恐惧。其都尉黎弇说：汉朝使者抛弃了我们，我们一定会再次被龟兹所灭，我真不忍心看到汉使离去。于是拔刀自杀。班超回到于阗国（今新疆和田一带），于阗国自王侯以下都哭着说：我们依靠汉使就像依靠父母一样，您千万不能离开啊！他们一边哭，一边抱着班超的马脚，使他不能离开。班超既害怕于阗人终不会让他东归，又想实现他原来的志愿，于是又返回疏勒。班超离开之后，疏勒有两个城邑便又背叛了，并与尉头国（国都在今新疆克孜勒苏柯尔克孜自治州阿合奇县哈拉奇乡一带）联兵一处与班超作对。班超捕杀了谋反的人，打败了尉头，杀死了六百多人，疏勒国才安定下来。（据《后汉书·班梁列传》《后汉书·西域传》《汉书·傅常郑甘陈段传》，《资治通鉴》第三七、三八、四五卷）

（五）章帝继承明帝的西域政策，继续发挥班超的重要作用

永平十五年（公元72年），在明帝去世的国家大丧期间，西域多国趁机反叛，汉朝派驻西域的官吏和军队受到围攻，并遭受了严重损失。在大环境十分不利的形势下，班超没有悲观失望，充分利用西域多国之间的相互矛盾，挖掘一切可用资源，团结一切可以团结的力量，主动出击，力挽狂澜，终于走出低谷，转危为安。

建初三年（公元78年），经过多次沟通协调，班超调动和集结疏勒、康居、于阗和拘弥（今新疆和田地区于田县克里雅河以东）等国的军队一万人，自己亲自率领，对位于今内蒙古阿拉善盟额济纳旗北（一说在今蒙古国南戈壁省境内）的姑墨石城发起攻击，将该城攻破，斩杀七百多人。这次战役有力震慑了那些背叛汉朝的小国。班超很想乘胜出击，一举平定那些以汉为敌的王国。于是他上疏章帝说：现在的形势发展总体上对汉朝有利。莎车、月氏、拘弥、疏勒、康居、乌孙等国都有重新归附的意向，并表示愿意同我们一起共击龟兹。以此推测，葱岭一带可以打通。一旦葱岭被打通，那么讨伐龟兹就没有什么问题了。目前，应该扶植龟兹侍子（古代属国之王或诸侯遣子入朝陪侍天子，学习文化，所遣之子称

为侍子）白霸做龟兹的国王，以骑兵步兵数百人送他回国。我想，我们跟西域其他国家联兵，一年或几个月时间，龟兹王便可被擒获。况且姑墨、温宿（西域古国名。都城在温宿城，即今新疆阿克苏地区乌什县）两国国王是龟兹扶植的，既不是同种，又互相厌恶憎恨，极有可能谋反而归降于我们。如果姑墨、温宿两国来降，那么龟兹就会不攻自破。

奏章呈上去之后，章帝预料班超这一谋划可以成功，商议想给班超增派援兵。平陵人徐干向来与班超是志同道合的好友，他上书章帝表示愿意领军支援班超。

建初五年（公元 80 年），朝廷任命徐干为代理司马，并从监狱里弄出一批愿意拼死作战而免除徒刑的囚犯、从社会上招募部分志愿从军的义勇人士，组成一千人的"敢死军团"，由代理司马徐干率领，开赴西域听从班超指挥。此前，莎车国王认为汉朝不会出兵，于是向龟兹投降；疏勒国统领军队的都尉潘辰也背信弃义，公开与汉朝作对。正当班超考虑如何收拾他们时，徐干率领的"敢死军团"匆匆赶到。于是，班超指挥他们攻打潘辰统领的疏勒国军队。班超一声令下，这支犹如饥虎饿狼的部队迅猛地冲进了潘辰羊群般的部众，经过一通撕咬拼杀，消灭潘辰官兵一千多人，还抓获了很多俘虏，潘辰一败涂地，他率领的军队土崩瓦解。班超收拾完潘辰之后，想利用乌孙国的兵马去收拾龟兹。为取得章帝的支持，班超再次呈送奏疏说：对西域来说，乌孙是个大国，有十多万善于骑射的士兵。过去汉武帝为拉拢乌孙，实行和亲，把公主嫁给了乌孙王，到宣帝时终于收到成效。现在应当派遣使者去招抚慰问，重温这一亲戚关系，使乌孙与我们同心合力。章帝采纳了班超的建议，派出使者出访乌孙，进行疏通安抚，取得良好效果。

章帝为了给班超在西域开展工作提供兵力支持，他于建初九年（公元84年）派出代理司马和恭率领八百名援兵到班超那里报到。班超以原有的和新充实的军事力量为基础，又征调已经顺服汉朝的疏勒、于阗的军队组成联军，向背离朝廷的莎车国发起进攻。莎车国的都城在莎车城，全部人口为一万六千三百多人，军队三千多人。东北至都护驻地有四千七百四十六里，西至疏勒五百六十里。莎车有铁矿山，出青玉。莎车王听说班超组织联军来伐，压力很大，于是向疏勒王忠大肆行贿。忠收到好处后背叛了汉朝，他派出追随自己的部分士兵配合莎车军队主力据守莎车国乌即城（今新疆喀什地区疏附县境内），企图抵抗班超进攻。具有战略思维的班超，在忠背叛之后，立即改立疏勒府丞成大为疏勒王，并安排成大动员和组织所有未叛变的疏勒军队去攻打忠。后来，康居王也力挺莎车。康居国有六十万人，军队十二万人，不属于西域都护，东距西域都护驻地乌垒城五千五百五十里，东面受到匈奴的牵制。康居王派出精兵援助前疏勒王忠，班超攻打不下。这时候，月氏王刚与康居王"和亲"，互相友善。班超便派遣使者给康居王送去厚重大礼，游说康居王撤兵，并将忠抓起来，送回本国。在班超一系列战略部署和强大攻势下，守卫乌即城的莎车军队受到极大震慑，他们全部向班超投降。忠趁机逃跑，潜入疏勒国边境一座名叫损中（又名桢中、顿中。在今新疆喀什地区疏勒县或疏附县境内）的小城。在这里，忠一方面派人向康居王行贿，以期继续得到康居国的军事援助，但未能得逞；另一方面，忠派遣使者向班超诈降。忠的小伎俩被战略家班超一眼看穿，班超假意欢迎忠回头是岸，重归汉朝。于是，忠便带着部分轻装骑兵前去诈降。班超安排酒宴和乐队，欢迎前疏勒王忠归来。忠到达后被引到酒席上，饮酒期间，班超令士兵将忠逮捕，并把他杀掉，随后立即向忠的军队发起攻击，杀死了七百多人。这样，西域南道再次畅通。

由于之前班超率军攻打莎车横生枝节，莎车军事力量并没有受到重创，他们依然不肯归附汉朝，并与他国反汉势力勾勾搭搭，不断给班超制造麻烦。元和四年（公元 87 年），班超征调于阗等多国军队共二万五千人再次发动对莎车的攻击。在班超组织的联合大军压境的形势下，龟兹王为拯救莎车，就匆忙串通并征调温宿、姑墨、尉头三国军队共五万人前去增援莎车。出现这种情况是班超始料未及的，原来班超的战略设计是攻击莎车"一条孤狼"，现在又突然冒出了"群狼"去增援"孤狼"，这该如何对付？于是，班超在莎车边境立即召开了紧急军事会议，重新进行战略部署。班超部下将校级军官和于阗国王一并参加了会议。班超对大家说：从目前形势看，我方兵少，敌军兵多，死打硬拼干不过敌人，我们必须采取以智取胜的办法。现在增援莎车的联军阵势强大，我们假装害怕，各自分散撤离，给敌人以逃跑的假象。而逃跑要分成两路，以引诱敌军分头追击，这样就可以把强大的敌军分割开来，而后我们的两路军队突然集结，形成合力，共同打击敌人的薄弱之处，这样才有希望打赢。参加会议的将领和于阗国王都认为班超这个计策高明。于是，班超又进行了具体的安排部署，他接着说：既然大家都赞成这个计策，那么我再具体安排一下。夜间鼓响，听到鼓声，大家一齐出发。出发时，于阗王带领本国军队从这里向东，我带领汉军和其他国士兵从这里向西返回疏勒。为了迷惑敌人，从现在开始，我们就要假装放松戒备，有意让以前抓获的俘虏逃跑。会议结束后，大家都按照班超提出的行动方案去执行。果然，龟兹王得知消息后大喜，他亲自率领一万名骑兵，到西面埋伏起来，准备拦截向西"逃跑"的班超所率领的军队；温宿王率领八千名骑兵，到东面埋伏起来，准备拦截于阗王率领的军队。班超通过这种战术把龟兹、姑墨、温宿、尉头等国增援莎车的联军成功分割成两部分，并顺利实现了调虎离山，使他们都远离莎车边境。班超的侦察兵向他报告，龟兹王、温宿王已经按照班超的"指挥"分头出动，班超遂下令将自己和于阗王各自率领的"逃军"秘密集结在一起，并急速挺进到莎车军营。莎车士卒被这突如其来、杀气腾腾的大军吓破了胆，惊慌失策，乱作一团，四处奔逃，班超的军队穷追不舍，斩杀五千余人，缴获大批财物、马匹，于是莎车军乖乖投降。龟兹王、温宿王见莎车国已经败亡，只好率领军队各自撤退。从此开始，班超的威名震动整个西域，那些时而归附、时而叛离的西域多国也都老老实实地向东汉王朝俯首称臣，丝绸之路再次被打通，方便了中国与中、西亚的经济和文化交流。班超冒着生命危险，克服重重困难，多次出使并长期驻扎在西域，卓有成效地开展工作，化解了王莽时期贬去西域各国王号而引发的矛盾，使西域多国重新臣服于汉朝。班超对巩固和拓展疆域，扩大统一战线，孤立和瓦解北匈奴的残余势力，促进多民族国家发展做出了重大贡献。基于班超对东汉王朝所建立的伟大功勋，有史学家评论说："班超之后，再无班超。"前无古人，后无来者，这是历史对班超的最高褒奖。（据《后汉书·班梁列传》，《资治通鉴》第四六、四七卷）

八、章帝对明帝时期的"楚王刘英之狱"一案进行纠正

明帝在位十九年，继承先帝遗志，勤于政事，总的来说，国家治理得挺好，成绩也是主要的。但他执政期间犯了一个很严重的错误，就是在查办楚王刘英谋反一案，即楚王刘英之狱上搞扩大化，制造了一起骇人听闻的冤假错案，致使很多官吏和百姓蒙受不白之冤，造成许多无辜者被杀头、被投入大牢、被流放，数千户人家被逼得家破人亡、妻离子散，这严重影响了朝廷的形象，引起广大吏民的强烈不满和反对。

章帝继位以后，根据群臣的呼声和建议，对此案进行了重新调查和处理，为那些蒙受不白之冤的人进行了平反昭雪，维护了法律的公正性和严肃性，受到人民群众的欢迎。章帝所做的平反冤假错案工作是得民心、顺民意的。通过平反这起冤假错案，章帝较好地修复了人民群众对朝廷的信任危机，缓和了朝廷与老百姓之间的矛盾，促进了社会和谐稳定。

明帝查办楚王刘英之狱一案扩大化，冤枉了不少无辜好人。楚王刘英，系光武帝刘秀与嫔妃许美人所生的儿子。建武十六年（公元 40 年），刘英被封为楚公，两年后进爵为王。由于刘英的生母许美人不受刘秀待见，所以，刘秀在给许美人的儿子们分封时，将当时各藩属国中最次的楚国封给了刘英。刘英对老爹安排自己到这个

又小又穷的破地方做藩王，非常不满，心生怨恨，于是他对朝廷也产生了离心离德倾向。刘英少年时好游侠，多与宾客交往；来到封地后又喜欢上了道教和黄老的学说，还对佛教产生了浓厚兴趣。他广交方士和江湖侠客，经常同他们在一起吃吃喝喝。永平十三年（公元 70 年），楚王刘英和方士渔阳人王平、颜忠制作金龟玉鹤，并在上面刻上文字，以作为刘英称帝的符谶。有个叫燕广的知情人一心想升官发财，但苦于没有门路。当他看到刘英正在密谋这个大逆不道的事情之后，心想向朝廷告发他，一定会得到赏赐，一夜之间就能拥有荣华富贵。于是，燕广就将楚王刘英有起兵造反苗头之事，向朝廷告发了。明帝对这样的政治案高度重视，立即将它交由朝廷有关部门调查核实。主管官员调查完之后，弹劾刘英犯有招聚奸猾之徒制作图谶、擅自增设诸侯王宫将军和二千石高官之罪，大逆不道，并建议皇帝诛杀刘英。明帝考虑到刘英是他同父异母的弟弟，不忍批准，只将刘英的王位废掉，将其迁往丹阳郡泾县（治所在今安徽宣城市泾县西青弋江西岸），给予他收取五百户赋税的私邑。明帝还派大鸿胪持节护送，允许他乘衣车（古代皇族妇女所乘的一种前面开门后面用帷幕遮蔽的车子。可卧息，亦兼载衣物），持兵弩，行道射猎，极意自寻欢乐，去往流放地；并明确提出楚太后（即许美人）不必上交玺绶，可留在楚宫居住。可是，刘英觉得此事太窝囊，于是走到丹阳就自杀了。明帝遣光禄大夫给刘英吊唁祭悼，赐赠丧物，又加赐列侯印绶，以诸侯之礼葬其于泾县。

在楚王刘英之狱中被冤枉致死的最高级别的官吏就是三公之一的司徒虞延。楚王刘英谋反的苗头刚一显现时，司徒虞延并不知情。"阴氏欲中伤之"，便私下里使人将楚王谋反之事告诉了虞延。虞延认为刘英是汉明帝刘庄的手足至亲，不相信这样的密报，所以，他既没有向明帝报告，也没有将密报转交有关部门查处。一直到刘英逆谋案彻底暴露之后，明帝才得知司徒虞延存在压案不报的问题。于是，明帝下诏批评虞延，虞延害怕，自杀而亡。这时候人们才发现，作为"掌人民事"的司徒虞延家中一向清贫，他的子孙也"不免寒馁"。

司徒虞延死后，明帝要求办案官员，此案不管涉及谁，都要一查到底，严加审讯，一网打尽。于是，很多朝廷和地方官员都被抽调去查办此案，此案严查细究，持续了很长时间。大案之中套着小案，小案里面连着大案，纵横交织，缠缠绕绕，从京城皇亲国戚、诸侯、州郡豪杰，一直到参与办案的官吏，因涉此案而被处死、被流放的数以千计，另外还有几千人被关进了大牢。刘英曾经暗中将全国名人全都一一记录在册，办案官吏起获了这个名册，并把他上缴给了明帝。

明帝对这密密麻麻的人名全都持怀疑态度。他看着看着，看到了吴郡太守尹兴的名字。于是，他下令将尹兴及其全郡官吏，甚至连吃公家饭的伙夫、门卫等五百多人，一个不落地全都抓到廷尉受审。尹太守手下那五百多名属官们，有些"招供"了，胡乱"咬"出了一些"同案犯"，但多数人经受不住严刑拷打，被活活打死了。这其中，有几个骨头特别硬的人，他们虽然受到"五种毒刑"的逼供，但因没有参与犯罪，始终不予招供。他们分别是：郡太守选拔使用的属吏、门下掾陆续，郡太守手下掌管文书等事的主簿梁宏，郡府掌吏员任免和赏罚等事的功曹史驷勋等。门下掾陆续的老娘听人说儿子被关进了大牢，便从遥远的家乡吴郡（今苏州市一带）来到京都洛阳，要为儿子做一道他最爱吃的大葱炖肉。饭菜做好后由狱卒端给了陆续。陆续以往虽经拷打，言辞神色却从不改变，但面对饭菜却痛哭流涕。审案官员问陆续为什么哭。陆续回答说：老娘来了，可我们母子不能相见，所以悲伤。审案官问：你怎么知道你老娘来了？陆续说：我娘切肉无不方方正正，切葱也都是一寸长。我看见这饭菜就知道她老人家来了。审案官将这一情况上报后，明帝忽生慈悲之心，下诏赦免了陆续、梁宏、驷勋等人，令他们终生不准做官。

对这起天字号第一大案，明帝超乎寻常地重视，每次公卿大臣们上朝时，他都询问审讯和处理情况，并反复询问如此判决是否合适。那些参加朝会的大臣们都跪地回答说：皇上圣明！依照以往的制度，大罪要诛杀九族，而今陛下大恩厚重，只处决当事者一人，天下人真是太幸运了！虽然他们当着明帝的面这样说，但心里深知此案被冤枉的人太多了，后来，有的审案大臣以不怕杀头、不怕坐牢的大无畏精神，向明帝反映了真实情况，明帝有所醒悟，并亲自到洛阳监狱甄别囚犯，当场释放一千多人。当时正值大旱，偏巧下了一场大雨，于是人们便认为纠正冤狱带来了一场及时雨。马皇后也认为楚王之案多有滥捕滥杀，便趁机向明帝进言。明帝醒悟过来，"帝恻然感悟，夜起彷徨"，从此对罪犯多有宽赦。刘英谋反案暴露后，朝廷废除了楚国，改为楚郡。此时，"三府"共同推荐袁安为首任楚郡太守，说他具有处理复杂问题的能力。于是，明帝下诏任命袁安为楚郡太守。

虽然袁安等一些公平公正的大臣仔细审查甄别并勤奋工作，将许多无罪在押的人释放，但仍有不少人被冤枉。查处楚王刘英之狱一案扩大化，草率定案，冤枉了许多无辜的好人，这是明帝在位期间所犯的严重错误。

章帝即位以后，全国大部分地区发生了严重的旱灾，特别是兖州、益州和豫州的灾情非常严重。前面已经说过，在古代，一旦发生自然灾害或天象异变，皇上和吏民都认为是"上天发怒"。此时，皇帝和大臣就会对朝政进行一番检视，开展一场批评与自我批评。面对严重干旱，章帝着急上火，他询问掌水土事的司空鲍昱，如何才能消除旱灾？鲍昱借机对章帝说：陛下刚刚即位，即使有失当之处，也不至于致使灾异出现。我以前曾经做过汝南郡太守，负责审理该郡涉及楚王刘英之狱一案的案件，仅汝南这个地方就被抓进去了一千多人。这些囚犯不全都是有罪的人，大案一发，被冤枉者往往超过半数。由于被流放的人与亲属分离，他们中一些人死在天涯海角，孤魂得不到祭祀。因此，老天就以不下雨来惩罚谴告。所以，我建议，让流放到边远地区的那些人全部返回家乡，并除去他们不准做官的禁令；对于死在外地的人，允许他们安葬在其祖坟旁陪伴祖宗，使生者死者各得其所。这样，就可以带来祥和之气，消除旱情。

章帝在鲍昱建议的基础上，大赦天下，宽缓刑罚，释放了许多被无故囚禁的人，特别允许因楚王刘英之狱一案而被流放的四百余户回归故里。后来，又将楚王刘英的遗骨改葬在彭城，并为其追加谥号楚厉王；赐封刘英的儿子刘种为楚侯，刘种的五个弟弟皆为列侯。之后，章帝出巡路过彭城，又召见了刘英的未亡人，对她厚加赏赐。至此，楚王刘英之狱一案的遗留问题基本上得到了解决。

建初二年（公元 77 年），有人告发阜陵王刘延与他儿子刘鲂第二次密谋造反。汉章帝汲取老爹查办楚王刘英一案过急、过猛的教训，在查处刘延一案中，慎重从事，稳稳当当，本着法外施恩、宽大为怀的原则，对此案做出了妥善处理，避免留下后遗症。

章帝汲取明帝办案扩大化，使许多无辜者蒙受冤屈的教训，下令除去了以往一人犯谋逆之罪而整个家族皆受牵连的法令，强调一人犯罪一人当，不搞扩大化，不株连亲属。他还针对明帝时期从政崇尚严苛的高压政策，以及对案件的判决大都过猛、过重的问题，于建初元年（公元 76 年）下发诏书，要求朝廷有关部门和地方各级官府排除贪婪奸猾的小人干扰，顺应天时节令，及时清理积存的冤案，除了犯有应当斩首大罪的案件之外，一切案件都要等到秋后处理。在章帝努力改变严刑酷法的大环境下，尚书陈宠上疏建议说：古代贤君为政奖赏不过度，刑罚不滥使。以前官员判案严厉，靠的是以威治奸，可是，一旦奸恶清除之后，就应该以宽厚相补。陛下即位以来，大都根据宽厚原则行事，多次诏告群臣，劝勉温和施政。但是，有的官员未能完全顺承圣上的旨意，仍然追求苛刻。审案官员急于采取严刑拷打的残酷手段，执法者则纠缠于肆意诬陷的告状信，或假公济私，或作威作福。执政就像拨琴瑟上的弦，如果大弦太紧，小弦就会绷断。陛下应当发扬古代贤君的治国之道，清除那些烦琐苛刻的法令，减轻酷刑以挽救生命，全面推行德政，以顺应天意民心。章帝认为，陈宠的建议很合自己的心意，于是，他采纳了陈宠的全部建议，并转化到自己的施政行为之中，有力推动了文明执法和社会和谐进步。章帝还曾专门下发诏令，明确要求禁止酷刑，他说：汉律规定：拷问犯人只允许使用以下手段：杖击、鞭打、罚站。此外，《令丙》对刑棍的长短都有具体规定。自从设置监狱以来，审案拷问多采用残酷的方式，诸如铁钳锁颈、锥刺肌肤等等，真是惨痛无比。想到毒刑的苦楚，令人恐惧！今后应当等到秋冬两季审理案件，并明确规定应该禁止的酷刑事项。章帝还就解除禁锢问题专门下发诏书要求：以前犯有妖言惑众罪的罪犯，其父亲一族、母亲一族和妻子一族，凡是遭到禁锢不准做官的，一律解除禁锢，只是不准到宫廷做安保工作而已。

元和四年（公元 87 年），章帝任命公道正派的郭躬担任廷尉（九卿之一、掌刑狱）。郭躬在审理刑狱案件时，坚持实事求是和充分依赖证据的原则，多采取宽大慎重、不冤枉好人的态度。他从关于判处重刑的律文中找出四十一条可以从轻判处的，加以整理，上奏章帝。章帝对郭躬的建议一一批准。章帝总是依据宽厚的原则行事，他在减轻酷刑、尊重人的生命和人的尊严上是有历史贡献的。（据《后汉书·朱冯虞郑周列传》《后汉书·光武帝十王列传》《后汉书·袁张韩周列传》《后汉书·显宗孝明帝纪》，《资治通鉴》第四五、四六、四七卷，《后汉书·肃宗孝章帝纪》）

3

外戚政治的失败与和帝亲政后的主要政务工作

　　章和二年（公元 88 年），汉章帝刘炟在洛阳皇宫章德前殿去世，享年三十一岁。太子刘肇（章帝刘炟的第四子，生母为梁贵人，过继给窦皇后做儿子）即位，是为汉和帝，时年十岁。和帝的养母窦皇后被尊称为皇太后。由于和帝年龄太小，窦太后临朝称制。窦太后娘家哥哥窦宪以侍中的身份入宫主持机要，出宫宣布窦太后的命令。和帝是东汉王朝的第四任皇帝，他在位十八年，前四年是窦氏集团掌权，干了不少以权谋私、伤天害理的事。永元四年（公元 92 年），窦氏集团企图暗杀和帝，被和帝获知，在职掌给事禁宫和顾问应对的中常侍郑众等人的帮助下，和帝先下手为强，成功地将窦氏集团除掉。自此，十四岁的和帝开始亲政。和帝将郑众提拔为职掌宣达皇后旨意、管理后宫事务的大长秋，十年之后又破例封侯。和帝尊崇儒学，施政温和，以历史的态度和宽容的原则，妥善处理窦太后问题、自己的身世问题和生母娘家一族冤案问题；建立边疆地区推举孝廉制度；厚待出使西域三十年的有功老臣班超；取消岭南七郡每年向朝廷进贡新鲜龙眼和荔枝的惯例；及时废黜嫉妒心很强的阴皇后，将既有大局意识，又有良好品行的邓贵人立为皇后等。总之，和帝统治时期没有什么开拓性工作，也没有什么突出的政绩。

一、外戚大臣窦宪把持朝政大权，以权谋私胡作非为

章帝驾崩后，窦宪认为，继承皇位的必然是妹妹窦后的养子——太子刘肇，但刘肇是个小孩子，临朝主政的只能是自己的妹妹，而妹妹很年轻，肯定会让血浓于水的窦家兄弟来帮她看着江山。

（一）建立起窦太后摄政、外戚大臣窦宪掌权的政治体制

正如窦宪所算计的那样，章帝死后，刘肇当上了皇帝，窦皇后升格为皇太后，并主持朝政，成为东汉王朝的实际统治者。窦太后将家兄窦宪拉入宫中主持机要，出宫宣布太后的命令；窦太后还任命窦宪的弟弟窦笃为虎贲中郎将，窦笃的弟弟窦景、窦瑰都被任命为传达皇帝诏令和管理重要文书的中常侍。为掩人耳目，防止引发朝廷和民间对窦太后一味使用"窦家军"的舆论炒作，窦宪提议并经窦太后同意，在外戚大臣窦宪前面放一个老实巴交、没有什么政治立场的人作傀儡，以便为"窦家军"挡风遮眼。于是，窦太后下发诏书说：将前任太尉邓彪任命为太傅，赐爵关内侯，主管尚书机要。朝廷和地方文武百官要各司其职，听命于太傅。太傅系朝廷重要的辅佐大臣与皇帝的老师，在皇帝年幼或缺位时，可代管国家事务，主持朝廷的全面工作。

邓彪，字智伯，南阳郡新野人，即今河南安阳市新野县人，与原太傅邓禹同宗，父亲邓邯官至渤海太守。邓彪年轻时注重励志，

善修孝行。父亲死后，他作为长子，本应继承父亲爵位和封地，但他却将爵位让给了同父异母的弟弟邓荆凤。汉明帝刘庄认为邓彪品德高尚，下诏批准。邓彪早年曾在州、郡做吏，经五次升迁后担任了治所在郴县（今湖南郴州市的桂阳郡）的太守。永平十八年（公元75年），邓彪升任朝廷掌舆马畜牧之事的太仆，成为九卿之一。后来，因后母去世，邓彪告辞回家服孝。服孝期满，被任命为奉车都尉，职掌皇帝车舆，入侍左右，秩比二千石。不久，升为大司农，掌管全国租赋收入和国家财政开支，凡百官俸禄、军费、各级官府经费等皆由其支付。数月后，升任太尉，成为三公之首。担任太尉四年后因病退职。窦宪起用已经退职回家的邓彪做太傅，录尚书事，赐爵关内侯。其主要理由是："窦宪以彪有义让，先帝所敬，而仁厚委随，故尊崇之。"

同时，窦宪还推荐屯骑校尉桓郁［属北军中候，为五校（五营）之一，掌宿卫兵］给和帝讲授经书。桓郁是著名儒学大师、原太常卿桓荣次子，年轻时因为父亲桓荣的名声而被保举为郎官。受父亲的教育和影响，桓郁为人诚朴，谦恭礼让，好诗书文籍，手不释卷，目不窥园，颇有学问。他讲授《尚书》时，经常有数百名学生听讲。父亲桓荣去世后，桓郁应当继承封爵，而他上疏请求将封爵让给哥哥的儿子桓泛，明帝不准，桓郁只好袭爵，却将租税全都给了桓泛。明帝因为桓郁是自己先师的儿子，又有才学，就经常在宫中与他一起谈论经书，询问政事，并逐步将他提升至官秩比二千石的侍中，主要负责殿内众事，侍从皇帝左右，顾问应对，谏诤纠察，向公卿传谕御旨，皇帝出行则参乘骑从，地位尊贵亲近。明帝亲自编著《五家要说章句》，让桓郁在宣明殿校订书稿。明帝又让桓郁以侍中身份兼任了虎贲中郎将。永平十五年（公元 72 年），桓郁入授皇太子经书，又被任命为越骑校尉。

窦宪提议安排邓彪做太傅、桓郁做和帝的老师，窦太后批准。邓彪担任太傅后，名义上是代管国家事务，而实际上窦宪想办什么事，就在底下教邓彪如何如何起草奏章，然后自己到内宫去给窦太后口头做出说明，每次奏报都是"事无不从"。而邓彪居于太傅之位，只是"修身而已，不能有所匡正"。（据《后汉书·邓张徐张胡列传》《后汉书·桓荣丁鸿列传》，《资治通鉴》第四七卷）

（二）窦宪杀人后被派去讨伐北匈奴，获胜后升任大将军

章帝去世后，皇室宗亲和在各封国的诸侯王都到京师吊丧，事毕之后都返回了他们各自的封国。只有列侯之下、关内侯之上的都乡侯刘畅来京师祭悼后一直没有回去。刘畅是光武帝刘秀的兄长刘缤的曾孙、齐哀王刘章的孙子、齐殇王刘石的儿子。刘石死后，刘畅继承了父亲的爵位，被封为都乡侯。据史书记载，刘畅乖谬不正、品行不端、善于投机钻营，与步兵校尉邓叠及其亲属交往甚密。邓叠的母亲元是窦太后的老闺蜜，所以她"自通长乐宫"。刘畅通过元的牵线搭桥，"得幸太后"。在权力问题上一向嗜好吃独食的窦宪，担心刘畅会分去自己的权力"蛋糕"，于是"遣客刺杀畅于屯卫之中"。

因刘畅与他弟弟利侯刘刚有些矛盾，窦宪将杀人之罪强加在刘刚头上。刘刚的封地在青州，于是窦太后命令侍御史（位在御史中

丞之下，接受公卿奏事，举劾非法，有时受命执行办案等任务）和青州刺史共同查办此案，去青州审讯刘刚。对这种缘木求鱼式的破案方式，尚书令韩棱站出来，他大胆上疏说：凶手就在京城，不应该舍近求远。现在的做法恐怕为奸臣所笑。

韩棱，字伯师，颍川舞阳人，即今河南漯河市舞阳县人。他四岁丧父，年少时以孝敬母亲、抚养弟弟而闻名乡里。长大后，韩棱将父亲留下的数百万家产分给族内兄弟，家乡父老对他仗义疏财的行为非常敬佩。后来，韩棱被推举到颍川郡做郡守的主要佐吏，主管考察记录业绩的功曹。因郡太守常年有病，韩棱便代行政事。他勤于政务，治下有方，郡内各项工作都做得很出色。汉明帝听到了韩棱的名声，特别征召他到朝廷为官，经五次升迁成为尚书令。汉章帝曾赐给他宝剑，并御书"韩棱楚龙渊"。因韩棱的家乡舞阳为楚国之地，章帝将他比喻为楚国深渊中所藏的蛟龙。和帝少年即位，窦太后临朝摄政。侍中窦宪害怕窦太后对都乡侯刘畅委以重权，于是派人在洛阳上东门兵营刺杀了刘畅。对这起发生在兵营里的杀人大案，朝臣们大都怀疑是窦宪干的，但他们都害怕窦宪的权势，便附和说，刘畅兴许是被弟弟刘刚杀的。而尚书令韩棱却凌霜傲雪，无所畏忌，他上疏说，凶手就在京城，不要舍近求远。窦太后大怒，要韩棱别乱说，并斥责韩棱有意陷害皇亲国戚，将严加惩办。对此，韩棱毫不退缩，据理相驳，仍然坚持自己的意见。

此时，又有一位大臣勇敢地站出来，主动要求参与破案。他就是太尉府的官员何敞。

何敞，字文高，扶风平陵人，即今陕西咸阳市人。他初为廷尉的副职廷尉正，即高级审判官，掌审理判决疑难案件，可代表廷尉参加诏狱会审等重要法律工作。后来又被派到丹阳郡（治所在宛陵县，即今安徽宣城市宣州区）担任都尉，协助太守负责军事，秩比二千石。元和二年（公元85年），何敞供职于太尉宋由府中，宋由以特殊礼节对待他，安排他"职典贼曹"，即负责打击犯罪分子，维护社会治安。何敞发表议论站位高远，识大体，顾大局，对朝政建设多所匡正。包括司徒袁安在内的高官对他都很敬重。都乡侯刘畅被刺杀后，何敞对太尉宋由说：刘畅是宗室近亲，封国藩臣，来京吊唁先帝，人住在武装卫士那里，却遭如此毒手。而今执法官吏盲目讨捕，既不见凶手踪影，又不知其姓甚名谁。我充数算作您手下的要员，主管捕审罪犯，我想亲自到案发现场，查清变故，督查事态的进展。可是，司徒和司空知道这个案子水很深，不愿掺和到里面去，就以三公府不应参与刑事案件为由，躲得远远的。这就等于公然放纵坏人，且不认为这是失职之过。因此，我打算单独奏请，参与破案。宋由知道何敞性情耿直，总爱仗义执言，办事公平公正，于是便同意了何敞的意见。司徒、司空"两公"听说太尉府的何敞将参与查案，他们也坐不住了，也都派出主管官员随同前往。何敞既坚持公平正义，又富有办案经验，终于查清了雇凶杀人的全部事实。朝廷上下都称赞何敞。于是何敞被提拔为侍御史，成为御史台属官，主要负责纠弹朝臣违法犯罪，且经常奉命出使州郡，巡行风俗，督察军旅等。

查案结果充分证明，尚书令韩棱当时的判断是正确的：幕后的黑手就是外戚重臣窦宪！窦太后得知真相后大怒，把窦宪禁闭在内宫。窦宪害怕被严惩，便主动提出去攻打北匈奴，以赎死罪。恰在此时，已经归附汉朝并与北匈奴有着不共戴天之仇的南匈奴吁请汉朝朝廷出兵讨伐北匈奴。内有家兄哀求，外有南匈奴乞求，窦太后下决心为家兄创造一次以功赎罪的机会，于是她任命窦宪为车骑将军，仅次于大将军及骠骑将军，而在卫将军及前、后、左、右将军之上，佩戴金印紫绶，作为讨伐北匈奴的最高统帅；任命执金吾耿秉为副统帅，征调北军屯骑、越骑、步兵、长水、射声五营兵力，以及黎阳营（军营名称。东汉置，统幽州、并州精兵。因屯驻黎阳，所以称黎阳营）、雍营（东汉设在雍州军营的名称）和边疆十二个郡的骑兵，以及部分南匈奴、东胡乌桓、西戎氐羌人组成征伐大军，同时出塞攻打北匈奴。

对窦宪率领大军攻打北匈奴一事，包括三公、九卿在内的大臣一致反对，并上疏劝阻窦太后。大臣们一致认为，虽然历史上北匈奴经常犯边和入境抢掠，但目前他们并没有侵犯汉朝的领土，而朝廷却无缘无故地发兵远征，消耗国家巨额财富，以求取万里之外的功名，这显然不是为国家大局着想的策略。于是，他们的奏章接二连三地上呈，可窦太后却束之高阁，置之不理。

经过一段时间的紧张准备，永元元年（公元89年）初，窦宪与耿秉各自率领四千余骑从洛阳出发；南匈奴单于屯屠河率领万余骑、南匈奴左谷蠡王师子率万余骑，分别从满夷谷（位于今内蒙古包头市固阳县西南）和鸡鹿塞（位于今内蒙古巴彦淖尔市磴口县西北，狼山西南段哈隆格乃峡谷南口）出发；度辽将军邓鸿带领边境地区已归附汉朝的羌人、胡人八千余骑从翩阳塞（位于今内蒙古包头市固阳县境内）出发，几路大军在涿邪山（即今阿尔泰山东脉）会师，共约五万骑，浩浩荡荡，共同进兵攻打北匈奴，与北匈奴单于"战于稽落山（位于今蒙古国境内），大破之，虏众崩溃，单于遁走，追击诸部，遂临私渠比鞮海（位于今蒙古国境内）。斩名王以下万三千级，获生口马、牛、羊、橐驼百余万头。于是温犊须、日逐、温吾、夫渠王柳鞮等八十一部率众降者，前后二十余万人。"

窦宪等率军出塞三千余里，打了一个漂漂亮亮的大胜仗，把雇凶杀人之罪给盖住了。窦宪兴奋不已，他登上位于今蒙古国中部的杭爱山（古名为燕然山），命令职掌军中参谋、协调诸部的中护军班固刻石立碑，记录下汉朝的国威和恩德。这就是历史上著名的"燕然山勒石记功"，简称"燕然勒功"。班固将窦宪率领汉朝大军在燕然山与北匈奴军队交战中取得的大捷，详尽描述和歌颂了一番，窦宪非常满意，对班固更加器重。

本来应当判处死刑的雇凶杀人犯窦宪，经过最高当权者窦太后这个最大的保护伞的保护和运作，居然成了位居三公之上的大将军，权力和名声都达到了顶峰。（据《后汉书·窦融列传·窦宪传》《后汉书·皇后纪上》《资治通鉴》第四七卷，《后汉书·袁张韩周列传》《后汉书·朱乐何列传》《后汉书·申屠刚鲍永郅恽（含儿子郅寿）列传》《后汉书·孝和孝殇帝纪》《后汉书·南匈奴列传》）

（三）坚守正道的大臣同专权跋扈的窦宪进行斗争

窦氏兄弟罪恶昭彰，朝廷文武百官大都不敢举报，有关部门不敢弹劾，人们谁也不敢贬恶诛邪，唯有司徒袁安像当年太尉郑弘那样，不畏权贵，守正不移，以上疏弹劾的形式多次同窦氏集团进行不屈不挠的斗争。窦宪出兵之后，他的弟弟卫尉窦笃、执金吾窦景倚仗权势，公然在京师放纵其爪牙拦路抢劫财物。窦景又擅自派人乘驿马到北部边境各郡散发檄文，调集骑兵突击队和射箭高手，命令渔阳、雁门、上谷三郡各派官吏把军队送到窦景住处，归其私用。袁安再次勇敢地站出来，弹劾窦景擅自调集边防军，惊扰官吏百姓；而边郡太守不按法律和制度办事，不见朝廷的调兵符信，看到窦景写的条子就立刻发兵，都应该杀头示众。袁安又上奏弹劾司隶校尉、河南尹讨好依附贵戚，不坚持正义，睁一只眼闭一只眼，充当邪恶势力的保护伞，建议罢免官职，依法治罪。这些奏疏都被扣住没有上报。袁安分析自己弹劾外戚大臣窦景等人，被朝廷压案不报的原因之后，改变了斗争策略，他拉上司空任隗，一起弹劾那些通过向窦宪行贿送礼而被提拔重用的年俸二千石粟谷的高官。

任隗，字仲和，南阳宛城人，即今河南南阳市宛城区人，阿陵侯任光之子。任隗少年时喜欢黄老学说，清心寡欲，一心向学。走上仕途之后，任隗将其得到的俸禄拿出一部分来救济同族穷人，还收养孤寡老人。明帝刘庄听说他的事迹后，将其聘为"奉朝请"，特邀他参加朝会。不久，任隗先后担任了羽林左监（隶属于光禄勋，官秩为六百石，职掌宿卫宫禁，护从皇帝）、虎贲中郎将和位次于将军的长水校尉。汉章帝刘炟即位后，屡次称赞任隗的品行，任命他为负责国家工程项目的将作大匠。建初二年（公元77年），调任他为职掌御用车马和养马工作的太仆。三年后，任隗担任了守卫宫殿门户和兼管宫廷杂务的总头光禄勋。他在每一个职位上都有很好的口碑。元和四年（公元 87 年），任隗被任命为司空，成为三公之一。多年来，任隗始终注重自身思想品行修养，以稳重正直而被世人所敬重。少年和帝刘肇即位后，外戚大臣窦宪专权，作威作福，任隗或单独或与司徒袁安一道，前后上奏十多次，慎重公正，耿直地发表意见建议，无所回避。司徒袁安和司空任隗，眼里都容不得沙子，对窦宪及其党羽扰乱朝政、破坏政治生态的罪恶行径都非常气愤。两位老臣相约，拼着这把老骨头暴露荒野，也要同窦氏兄弟做坚决斗争。

随着大将军窦宪政治地位的逐渐稳固，其专权跋扈的程度丝毫不亚于西汉末期外戚大将军王莽，"天下远近，皆恐怖承旨"，就连朝廷新任命的州刺史、郡太守等高级官员，都要到窦家拜谒辞行。他们带上金银财宝来到窦宪门下，先向门卒行点小贿，通报自己的姓名、职务，由门卒向主人报告，而后耐心等待答复。尽管这些新任命的高官已经承接了朝廷授予的印信，并接受过尚书台的任职谈话，但谁也不敢不辞而别，一定要排号等待窦宪的召见，等待时间最长的需要几十天。

背向朝廷，趋向私门，这是当时官吏任用制度中最突出、最严重的问题。全国各州部刺史、郡太守、县令，基本上都是由窦氏举荐任命的。这些人为升官或保官，必须拿出一大笔钱财贿赂窦家，所以这些人大都贪污贿赂，敲诈勒索，搜刮民财。在上次袁安弹劾窦景等人无果后，袁安与司空任隗相约，两人一起出面，共同弹劾腐败问题集中、舆论反映强烈、与窦家交往密切的一批二千石高官，以打击在窦宪那里买官和保官的人，切断他的财源，这样才会对窦宪的党羽和贪官污吏形成强大的震慑。由于司徒、司空共同发力，并且采取了迂回进攻的战术，他们终于得到了朝廷的认同，因此取得了较好的战果。朝廷一次性贬官或免职的二千石高官及牵连者，共四十多人。扳倒这些贪官，意味着切断了窦家来钱的路子。于是，窦宪就对袁安、任隗心怀怨恨。这一回合的斗争，忠臣袁安、任隗取得了胜利。

受司徒袁安、司空任隗的影响，朝廷中的一些中高级官吏，也发起了对窦氏集团的进攻。尚书令的副职、尚书仆射乐恢就是一位敢于坚持原则、敢于同贪官作斗争的好官。

乐恢，字伯奇，京兆长陵人，即今陕西咸阳市人。乐恢年少时就颇有智慧，他父亲乐亲在县府做小吏，因得罪了县令，被逮捕关押，县令打算把他杀了。当时，乐恢年仅十一岁，他常伏于寺门，昼夜哭号，县令闻哭生怜，就把乐亲放了。乐恢长大后爱好经学，曾师从于博士焦永。焦永被朝廷提拔到禹王城的河东郡（治所在安邑县，今山西运城市夏县西北）做太守，乐恢跟随他到了河东。乐恢两耳不闻窗外事，一心专读圣贤书，不与外人交往。后来，焦永因事被劾查，他的弟子们都因为替焦永疏通关系而被拘禁，唯独乐恢保持自己清白无瑕的名声。乐恢立志要成为名儒，他品行高尚，凡是不合自己心意的人，即使位高权重也不与之结交。信阳侯阴就（汉光武帝皇后阴丽华的弟弟）钦佩乐恢的才学，曾多次想与乐恢套近乎，乐恢不做答复。后来乐恢做了本郡的小吏，郡太守因犯法被杀，同事、下属和朋友不敢去吊唁，唯独乐恢独自奔丧。不久，乐恢担任了郡功曹，在举荐人才上，乐恢公道正派，荐人唯贤，从不接受他人的请托。同郡的杨政曾经多次当众诋毁乐恢，但乐恢依据朝廷提出的标准和条件，举荐杨政的儿子做了孝廉，受到人们的广泛好评。

后来乐恢被征辟到司空牟融的府中。正赶上蜀郡太守第五伦代替牟融做司空，乐恢因与第五伦是同乡，他担心别人说闲话，给第五伦造成负面影响，于是乐恢举荐了一位名叫杜安的优秀人才之后，便离开了司空府。不久，乐恢被朝廷征召为议郎。议郎为高级郎官，职掌顾问应对，参与议政，指陈得失，为皇帝近臣，秩比六百石。东汉时，议郎之职很显要，常选任耆儒名士出任此职，除议政外，有时也给事宫中近署。乐恢担任此官后，正赶上车骑将军窦宪要领兵征讨匈奴，乐恢多次上书谏净，朝廷称道他的忠心，提拔他担任了尚书仆射。

此时，河南尹王调、洛阳令李阜依仗与窦宪私人关系密切，放纵胡为。乐恢弹劾王调、李阜以及严重失职渎职的司隶校尉，弹劾奏章事实清楚、证据充分，令被弹劾者无从逃避。由于乐恢把他们违法乱纪的事实摆到了桌面上，使朝廷不得不对他们作出处理。窦宪的弟弟夏阳侯窦瑰想去问候乐恢，与他套近乎，乐恢予以谢绝，不与他交往。乐恢的妻子经常劝解乐恢说：连古人都知道保护自身安全，你何必以言招怨呢？乐恢回答说："吾何忍素餐立人之朝乎！"（用现代话说就是，我怎能占据朝廷的官位而吃白饭呢！）

当乐恢看到，经常往窦宪家里跑的一批二千石高官被司徒袁安和司空任隗两位老臣扳倒，同时还发现少年和帝也开始主事时，他感到曙光已经来临。可是，和帝主政路上的"绊脚石"还没有清除。于是，乐恢奋笔疾书起草了奏章呈于和帝，他说：陛下继承了大业，但外戚控制着朝廷大权，并向天下展示着他们的私心。经书上说："君臣失序，万人受殃。"政治出现偏差而不予纠正，将产生不测之祸。这对陛下来说，是不安全的。目前最好的解决办法是，在上位的人以大义自行割爱，在下位的人以谦让的态度主动引退。这样，四位国舅才可以长久地享受荣耀的爵位和封地，皇太后才可以永远没有辜负宗庙的忧虑。乐恢在奏疏中提出"诸舅不宜干正王室"，但他的奏疏未被理睬。于是，他效仿郑弘的做法，以病为由上疏退休。或许乐恢的奏疏没有到达和帝手里，被窦宪扣压了，或许和帝看到了奏疏但却力不从心。朝廷接到乐恢的退休申请后，将他改任为骑都尉，掌领骑兵，位次将军，与校尉同级，官秩为比二千石。乐恢上书辞谢说：仍受厚恩，无以报效。政在大夫，这是孔子所痛恨的；世卿掌握大权，这是《春秋》所引以为鉴的。圣人所担心的，不是空话。近世外戚富贵，必有骄溢之败。今陛下思慕山陵，没有过问政事，诸舅宠盛，权势达于四方。如果他们不能自行减损，诛罚之罪必将到来。臣寿命将尽，临死竭尽愚忠，伏望陛下多加留神。于是乐恢上缴印绶，回归故乡。窦宪暗中示意州郡对乐恢进行迫害，乐恢遂服毒自杀（一说毒杀）。乐恢的弟子穿孝服送葬的多达数百人，老百姓悲痛惋惜。（据《资治通鉴》第四七卷，《后汉书·袁张韩周列传》《后汉书·任李万邳刘耿列传》《后汉书·朱乐何列传》）

二、和帝与宦官郑众等除掉窦氏集团

随着年龄的增长，和帝明白的事理逐渐增多。永元三年（公元 91 年）冬，已经十三岁的和帝出巡长安。此时，窦宪已经打垮了北匈奴，和帝非常高兴。在长安，和帝下发诏书说：北狄破灭，诸王降服，西域各国纷纷送纳人质内附。我瘝寐感叹，想望旧京，今赏赐这次出行所经过地方长吏以下，包括三老、属官钱帛各不等；鳏、寡、孤、独、患绝症、穷得不能活下去的人，每人发粟三斛。随后，他参谒了高庙，祭祀十一陵，又下发诏书说：高祖的功臣，应首推萧何、曹参，他们有流芳百世而不被人们忘记的历史意义。曹相国后代容城侯无后人。我走到长陵东门，看见两位功臣的坟墓，追思远节，每有感动。忠义获宠，古今相同。今命令使者以猪羊祭祀他们，大鸿胪征寻他们近亲后代适宜继承其爵位的人，以传扬功臣精神。之后，和帝又传令让临时驻扎在治所在姑臧县武威郡（今甘肃武威市）的窦宪来长安朝见。

跟从和帝来长安的官吏中，个别级别较低的官吏听说和帝召窦宪来长安，非常兴奋，他们想利用这个机会好好巴结巴结窦宪，以期将来有个好的前程。有个在尚书台做事的小官提建议说：见到窦宪，咱们都应行跪拜大礼，并俯身称"万岁"。尚书令韩棱严厉训斥说：对上交往不谄媚，对下交往不傲慢。在礼仪上没有对人臣称"万岁"的制度！那个提建议的小官碰了一鼻子灰，感到惭愧，不再言声。

这一幕被在场的尚书左丞王龙（尚书台佐贰官，居尚书右丞之上，总领尚书台庶务，主管吏民奏事及台内小吏，官秩为四百石）看见了，他暗地里将此事记录下来，打算等窦宪到来之后打小报告，以此来获得窦宪的信任和重用。

窦宪接到和帝的命令后，从武威郡一路狂奔赶到长安。窦宪一到长安，王龙就私下里向窦宪奉献了此前他向长安地方官员索要的牛和酒，并以奏书的形式向窦宪反映了韩棱不让大家行跪拜大礼和俯身称"万岁"之事。韩棱得知此事后直接向和帝弹劾王龙，王龙被判罚服苦役四年。

尽管和帝此时有了亲政的冲动，但朝廷大权依然掌握在窦氏集团手里，外戚政治仍旧统御天下。窦太后临朝摄政，大将军窦宪掌控朝政，窦氏家族中为九卿、校尉者遍布朝廷。除了窦宪、窦笃、窦景、窦瓌四兄弟之外，窦宪的叔叔窦霸为城门校尉，窦褒为将作大匠，窦嘉为少尉，窦氏家族成员担任侍中、将军、大夫、郎官等职的还有十几人。窦宪身边有一个"窦氏死党俱乐部"，其主要成员有：窦宪的女婿郭举（北军五校尉之一的射声校尉）、郭举的父亲郭璜（负责太后私财和生活事务的长乐少府）、窦宪的铁杆死党邓叠（其爵位是穰侯）。

就在"窦氏死党俱乐部"紧锣密鼓地策划刺杀和帝的关键时刻，"帝阴知其谋"，即和帝暗中获得了窦氏集团正在准备刺杀自己的消息。十四岁的和帝非常害怕。少年和帝清楚地知道，现在朝中大小官吏大都依附于窦家。只有宦官出身、常侍皇帝左右的中常侍郑众从不谄媚外戚权势，始终保持政治上的中立，而且这个谨慎机敏而富有心计的人，应该是可靠的。于是，和帝就与郑众一起密谋如何应对窦氏集团的谋杀，最后决定杀掉窦宪。这是少年和帝在郑众的力挺下做出的正确而大胆的决策。当时，由于窦宪领兵在外，和帝和郑众担心他兴兵作乱，所以暂时隐忍而没有发动。但时间不长，窦宪和他的铁杆死党邓叠等全都班师回京。和帝非常高兴，他下诏让大鸿胪持符节到郊外迎接，并按等级赏赐军中将士，慰问安抚，以安其心。

按照和帝旨意，郑众谋划了除掉窦氏集团的行动方案，并得到了和帝批准。永元四年（公元92年）六月，一场抓捕和打击窦氏集团的行动全面展开。

首先，和帝下诏发出三条命令，并责令立即付诸实施：一是由负责宫廷之外、京城之内治安的警卫，和管理中央武库、皇帝出行掌护卫及仪仗队、属官众多的执金吾和北军五校尉领军备战，严把死守南宫和北宫；二是关闭洛阳城各城门，抓捕窦宪的女婿射声校尉郭举、郭举的父亲长乐少府郭璜、窦宪的死党穰侯邓叠、邓叠的弟弟步兵校尉邓磊，将他们全部押往监狱，立即处死；三是派遣统领诸谒者、侍从皇帝左右、关通内外、职权颇重的谒者仆射，马上收回窦宪的大将军印信和绶带，将他改封为冠军侯，同窦笃、窦景、窦瑰一并遣送回各自的封国。三条命令下达后都顺利完成。

接着，和帝又下达了第二阶段的目标任务，就是处死窦氏兄弟，清除他们的党羽。开始，和帝碍于窦太后的情面，没有立即处死窦宪，而是选派严苛干练的国相监督押送窦宪、窦笃、窦景等回归封国，到达目的后逼迫他们自杀。由于窦瑰"每存忠善""常有尽节之心，检敕宾客，未尝犯法"，独得保全。窦氏三兄弟死后，朝廷又对窦氏集团中的其他成员进行了清理，将窦氏家族中其他有不法行为的成员、窦宪的党羽及其宾客，凡是因窦宪的关系而当官的官员，一律罢免，遣回原郡。

由于和帝决策果断、组织严密、行动迅速，在窦宪、窦笃、窦景都掌握朝廷军政大权的情况下，和帝组织的精干力量神不知、鬼不觉地将窦氏兄弟一举拿下，粉碎了窦氏集团意欲刺杀和帝的罪恶阴谋，终结了黑暗的"外戚政治"，消除了广大吏民的怨恨，为和帝亲政扫平了障碍，取得了良好的政治成果和社会效果。对此，郑众功不可没。于是，和帝将宦官出身的中常侍、钩盾令郑众提拔为掌管宣达皇后旨意，管理皇后所居住的长秋宫内部诸事的大长秋，郑众成为年俸二千石粟谷的高官。后来，和帝又打破东汉以来不为宦官封侯的常例，将郑众赐封为鄭乡侯。

在论功行赏过程中，和帝发现，郑众总是谦让多而接受少。因此，和帝认为郑众是一位难得的贤臣，于是对他更加信任，常常同他一起商议军国大事，"宦官用权自此始矣"。（据《资治通鉴》第四七、四八卷，《后汉书·孝和孝殇帝纪》《后汉书·窦融列传·窦宪传》《后汉书·宦者列传》）

三、和帝亲政后的政治作为

在一举粉碎窦氏集团之后，和帝开始亲理政事。他白天临朝听政，夜里批阅奏章，勤奋敬业，不辞劳苦，有"劳谦有终"之誉。在和帝统治期间，全国的耕田面积和户籍人口达到了东汉之最，被称为"永元之隆"。但由于和帝是在宦官郑众的帮助下"终除大憝","遂享分土之封,超登宫卿之位,于是中官始盛焉","宦官政治"逐渐坐大。在宦官的辅佐下,和帝亲政后主要干了以下几件事:

(一)处理好窦氏问题、自己身世问题和母族冤案问题

自从窦太后娘家兄弟窦宪等人倒台以后,窦太后得了一种奇怪的病,她经常失眠,一闭眼迷糊就做噩梦,不是梦见宋氏姐妹,就是梦见梁氏姐妹,梦中的她们都不是以前活着时美丽善良的面容,而是变得非常狰狞可怕,披头散发,瞪着愤怒的眼珠子,用力拽着窦太后的耳朵,恶狠狠地责问:你把我儿子(外甥)弄哪里去了?还我儿子(外甥)!有时窦太后还梦见四个贵人与她们父母等一群娘家人,里三层外三层地把她围住,有人拽她的头发,有人朝她脸上吐口水,还不停诅咒恐吓她。每次被噩梦惊醒之后,窦太后都吓出一身冷汗,甚至吓出尿来,痛哭流涕不止。所以,窦太后下令,晚上不准熄灯,而且还要再点燃许多蜡烛,弄得她居住的宫殿从黄昏到天明,亮如白昼。后来,她的病情越来越重,无论是宦官,还是侍女,谁在床前她就嘱咐谁说:这人啊,可千万不能做伤天害理的亏心事!窦太后说这话,大家心里都跟明镜似的,但谁也不敢说,谁也不点透。永元九年(公元97年)八月,受尽精神和肉体折磨的窦太后痛苦离世。

在窦太后去世之前,和帝不知道自己是梁贵人所生,也不知道自己是窦太后的养子。窦太后死后,光武帝与阴丽华皇后所生的长女舞阳长公主的儿子梁扈,委托其堂兄向太尉、司徒、司空上疏申

诉和帝生母梁贵人为窦后谋害之事，并说：汉朝旧制一向尊崇皇帝的生母。但是，梁贵人生了皇上，却没有尊号，请求对这一问题进行审理讨论。太尉张酺第一时间向和帝做了汇报。

和帝听了张酺的汇报之后，伤感哀痛了很久。他问张酺：你说这事儿应该咋办呢？张酺建议说：应该给陛下生母梁贵人追加尊号，并查找陛下各位舅父的下落，给予他们相应的名分。和帝采纳了张酺的建议。就在此时，梁贵人的另一位姐姐，即和帝的姨妈梁嫕（yì），向朝廷上疏自诉说：我的父亲梁竦因当年的冤案，屈死在牢狱之中，尸骨得不到掩埋；母亲年过七十，与弟弟梁堂在遥远的边疆，不知道是死是活。我请求批准安葬父亲的朽骨，让我的母亲和弟弟返回故郡。和帝接到奏疏，立即召见姨妈梁嫕，梁嫕一五一十地将和帝生母、姨妈两位梁贵人被冤枉而死的情形，全都告诉了这个做了皇帝的外甥。和帝知道了自己的身世和生母、姨妈含恨离世的情况后，心里非常难过，泪流不止。

三公听说此事后都义愤填膺，愤然不平。他们联名上疏和帝说：应该立即贬去窦太后的尊号，不应让她与先帝合葬。文武百官也纷纷上疏，对窦太后以前的恶行口诛笔伐。面对大臣们对窦太后的同仇敌忾，和帝亲笔撰写诏书，答复大家说：窦氏家族虽然严重违反国家法律制度，但窦太后对自己还是要求比较严格的，常常在生活待遇上自我减损。朕把她当作母亲侍奉了多年，深思母子大义。依据礼制，作为臣子、作为儿子没有贬斥尊长的道理。从亲情出发，朕不忍心将太后之墓与先帝之墓分离；从仁义考虑，朕不忍心做出有损于太后的事情。考察前代，上官桀被诛杀，而上官太后也没有遭到贬降罢黜。文武百官对此事不要再议论了。随后，和帝对生母及其娘家一族进行安抚和封赏。他追尊生母梁贵人为皇太后，谥号"恭怀"，追补自己服丧；将生母梁太后及姨妈梁大贵人之墓迁到章帝陵墓之西；追封生母梁太后之父、和帝的姥爷梁竦为褒亲侯，谥号为愍，并派出使者迎回他的灵柩，葬在梁太后墓旁；召回梁竦的妻子儿女，将梁竦的儿子、大舅父梁棠封为乐平侯，将梁棠的弟弟、二舅父梁雍封为乘氏侯，将梁雍的弟弟、三舅父梁翟封为单父侯，并将他们全部任命为特进。他们所得到的物质赏赐"以巨万计"，对其"宠遇光于当世，梁氏自此盛矣"。（据《资治通鉴》第四八卷，《后汉书·袁张韩周列传》）

（二）重视赈灾，关注民生，要求各级官吏勤政为民

和帝亲政的当年，发生了全国性的旱灾和蝗灾，粮食大幅度减产。和帝下发诏令说：今年各郡国因旱灾、蝗灾导致粮食歉收，大约损失十分之四以上，因此，不再征收田租、饲草；其他遭受损失不到十分之四的地区，要按实际减产情况酌情减免。第二年春，和帝诏令有关部门，务必减少内外马厩及凉州马苑的马匹，以节省粮食，并要求京师离宫、果园和上林苑、广成圃（汉苑名，放养禽兽，供皇帝狩猎）等全部向贫民开放，任其采捕，不得收税。几天后又下发诏令说：去年麦秋收成减少，恐民食不足。要统计上报特别贫困不能自给的户口人数。以前各郡国上报贫民人口及其家庭财产，往往把衣服鞋帽、灶具、房子等视为财产，以计算其贫穷程度，贫民为躲避征税，怕加重负担，只好将这些东西出卖，而一些

奸商、豪右以贱价买进，高价卖出，大获其利。为避免这种现象再度发生，特诏令地方官府认真核实，目的就是有益于贫民。如果长史等不能亲自统计核实，反而整天开会议论，以致耽误农时、耽误救助的，要首先拿二千石高官问罪。不久，和帝又派出使者分别巡察灾区，按实际流散人数，开仓赈济穷人粮食的有三十多个郡；还命令有关郡县劝导平民种植蔬菜，以贴补五谷的歉收；要求各级官府将公家的林苑、池塘等，让给平民采伐捕捞，两年内不得收取租税。由于和帝高度重视赈灾工作，采取了一系列务实管用的赈灾减灾措施，大灾之年没有暴发大面积饥荒，老百姓总算渡过了难关。

在以后的几年里，不断有局部地区发生这样或那样的自然灾害，和帝经常派遣使者巡视受灾地区，关心老百姓的生产生活，有针对性地采取帮扶和救助措施，帮助灾民走出困境。永元六年（公元 94 年），和帝派谒者分别巡视遭受旱灾的地区，将仓廪储谷借给"三河（指河内、河东、河南三郡）"、兖州、冀州和青州贫民。同时，还下发诏令说：逃荒要饭的流民所到达的郡国，要按实际人数以仓廪积谷予以赈济，流民中有做小买卖的不要收税，愿意回老家的，免除一年田租和代役税。永元十一年（公元 99 年），又派遣使者巡视郡国，将仓廪储粮借贷给遭受灾害而不能生活的人，并下令可以让老百姓到山林池泽打柴捕鱼，官府不得收取租税。永元十二年（公元 100 年），赈济敦煌、张掖、五原平民中最穷困的人粮食。当年，舞阳县发生水灾，对遭受水灾最严重的穷人每人发救济粮三斛。永元十三年（公元 101 年），赈济张掖、居延、朔方、日南等郡的贫民及孤、独、赢弱者钱物；对遭受水灾的荆州百姓减半收取田租，对受灾特别严重的绝产地区全部免除田租，并借给平民种子和口粮，命令官府一律不准追着屁股讨债。永元十五年（公元 103年），和帝诏令各州、郡和封国，有流民愿意回本籍而无粮食的，由所经过的地方官府据实发给仓廪储粮，对其中有病的人要免费提供医药，不想回本籍的，不要强迫。还诏令以仓廪储粮贷给颖川、汝南、陈留、江夏、梁国、敦煌等郡国贫民。永元十六年（公元104 年），诏令兖、豫、徐、冀四州，因连年雨多歉收，禁止酿酒。并派出"三府"掾属分别视察这些州，对贫民无力耕种的，帮助他们雇犁和牛等，诏令贫民有田业，因贫穷无力耕作的，官府要贷给他们种粮。

和帝在赈灾工作上诚心实意地为灾民着想，倾注了大量心血，工作深入细致，急灾区人民之所急。永元十二年（公元 100 年）春，二十二岁的汉和帝非常动情地下发诏书说：几年来收成不好，百姓衣食缺乏，京师一带去年冬天没有下雪，今年春天没有下雨，老百姓流离失所，颠沛道路。我痛心疾首，不知道用什么方法来救济穷人。老天爷啊，老百姓有什么罪呢，为什么要让他们忍受饥寒？和帝非常着急，然而他发现包括三公在内的各级官吏缺乏忧国忧民的觉悟，有的怠政懒政，有的为政不廉，有的作风粗暴，有的贪图虚名。于是，和帝接着就在诏书中对这种现象进行了严厉批评，他说，三公是我的心腹，但至今没有拿出一套秉承天意、治理天下的策略。我曾多次诏令，务必选好用好官吏，但到现在仍不整改，官吏队伍中依然存在着苛刻暴戾，侵害庶民，为求虚名，让下面的小官假借权势、到处作恶等乱象。虽多次下发诏令却屡禁不止，奸生诈起，曲解法令，文过饰非，暗地里索贿受贿，强加罪名，等等。对此，我十分头痛。如果三公、九卿不能明辨是非，岂能整顿吏治、笞罚不法和整改存在的问题？如果对这些问题视而不见，老百姓就只能遭殃了。因此，必须上下一心，共同检视和整改问题，这样就能够搞好政治建设。为激发广大吏民搞好生产自救，最后，和帝在诏书中宣布：现赏赐天下男子爵位，每人两级，三老、孝悌、力田三级，平民无户籍及流民回归家乡的每人一级；鳏、寡、孤、独、患绝症、穷得不能活下去的人，每人发粟三斛。和帝在国家经济发展遇到严重困难的情况下，仍然拿出这么多粟谷救助弱势群体，确实令人感动，值得称道。和帝还下诏教育百官说：政事不得民心，上天就要进行惩罚。各级官吏要深深想到庶民百事，现在百姓不能亲和，君臣之间、父子之间、夫妇之间、长幼之间、朋友之间关系不顺，应该大力实施"五教"，"五教"的核心在于宽厚。元兴元年（公元105年）秋，庄稼刚抽穗时遭遇了"卡脖旱"，和帝认为造成这一灾害的主要原因，就是官吏为政粗暴，对老百姓态度恶劣，因而被上天"谴告"。于是他下发诏令说：今年秋禾刚抽穗就遭遇了干旱，云雨没有一点润泽，疑是官员为政行为残酷刻薄，不宣扬朝廷恩泽，随便抓捕无辜，幽闭好人而遭到报应。有关部门要深入考察和发现那些为政苛刻的官员，一旦坐实就要严厉惩处。在自然灾害频发的情况下，和帝不仅严格约束官吏，而且还严格要求自己，他还认为发生自然灾害的主要原因在于自身的工作没有抓好。永元八年（公元96年）发生了干旱和严重蝗虫灾害，铺天盖地、密密麻麻的蝗虫吞食禾田，庄稼被吃成光杆，造成粮食绝收而发生严重饥荒。对此，和帝忧心如焚，他下发诏书说：蝗灾不是无缘无故发生的，万方有罪，根源在于我一人之身，不能老是指责和归咎于下面，这不是帮助我。我日夜惶恐，思想紧张，压力很大。大家将怎样来帮助我提高领导水平，消除灾害呢？我想各级官吏就是要千方百计地做好本职工作，州刺史等监察官员，要认真审理罪犯，平反冤假错案，抚恤鳏、寡、孤、独，矜怜弱小，反省招致蝗灾的罪愆。他还针对在连续几年灾荒年景里，一些贵族和官僚厚葬死者的现象提出了严厉批评，永元十一年（公元99年），他下发诏书说：官民超越自己的身份，实行厚葬，对生者不利，因此旧的政令规定了限制制度。但是近年来朝廷中近亲贵戚和各级官员，没有带头执行，管事的人也不举报制止，放任自流，这种现象一天比一天严重。坚决不能再继续下去了。同时，诏书还要求各级官府制止奸商囤积居奇和出售伪劣商品，并指出：又有商人小民，有法不依，有禁不止，贩卖奇巧及伪劣商品，公然大量囤积物品，等待时机高价出售，以牟取暴利。如有官吏犯禁者必须首先改正。对市道小民，要严明法纪，加强教育，不得坑害百姓。和帝所采取的这些政策措施，在一定程度上减缓了自然灾害给广大灾民所造成的负担和痛苦。（据《后汉书·孝和孝殇帝纪》）

（三）组织开展儒学理论研讨，改进对博士的考察方式

和帝继承和发扬先帝尊孔崇儒的传统，大力倡导文武百官学习和研究儒学，对儒家经典中的疑难问题开展理论研讨，推进学习向

深入开展。永元十一年（公元 99 年），和帝利用朝会的机会，让精通儒家学说的名人侍中贾逵，光禄勋属官中掌议论的中大夫鲁丕和负责管理文书和传达命令、职轻权重的"三独坐"之一、尚书令黄香等，就儒家经书中的难点问题互相质疑。此次研讨会，质疑、答疑你来我往，研讨气氛热烈，效果较好。和帝赞赏鲁丕的观点，散朝后特别赏赐给他礼服礼帽。鲁丕就学术研讨问题专门上疏，谈了自己的心得体会，他说：讨论经书，乃阐述先师的理论观点，并非发表个人的意见，不能相互退让。如果相互退让，道理就难以说清楚；质疑一定要有根据，解答务必讲明观点。当意见出现分歧时，让持不同意见之人各自申说先师的理论，以全面了解经典的大意。在研讨中，不能让儒生们因为言辞不当而获罪，也不能让那些精到、深刻的见解有所遗漏。

和帝还采纳了掌管水土工程、祭祀事宜和兼掌博士选拔的司空徐防在奏疏中提出的建议，对太学考查博士弟子的方式方法进行了改革。考查的重点是，专注精心研究经典大师理论的情况；考查方式是，依从名家经典传本，设置五十个问答题目，考查掌握经典要义情况。考查的等次是，解释周详的为上等，引文出处明确的为优秀。如果不根据先师学说，个人见解与经典要义观点发生矛盾的，都一律作为错误予以纠正。这一导向，促使博士、儒生在学习儒家经典时，一定要读原著，悟原理，在学懂、弄通上下真功夫、下苦功夫。此外，和帝还重视培养造就儒学世家，注重从精通儒学的优秀知识分子中选任官员。永元十二年（公元 100 年），和帝对博士弟子在太学读书的学生每人赏赐三匹布。第二年他又到东观参观书

林，翻阅典籍，广选精通经术的优秀人才充当官员。（据《资治通鉴》第四八卷，《后汉书·孝和孝殇帝纪》）

（四）减轻岭南地区进贡负担，关怀边郡官吏升迁

过去多年，岭南地区每年都要向朝廷进贡新鲜龙眼和荔枝。由于这两种水果不宜存放，没几天就会烂掉，所以，每当龙眼和荔枝成熟的时节，从岭南到洛阳遥遥数千里，十里设一个驿站，五里设一个岗亭，日夜不停地传运，耗费了大量人力，增加了沿途各郡县的负担。针对这种情况，古临武县（今湖南郴州市临武县）的县令唐羌上疏说：我看到交趾州所属七郡（其大致范围为今两广地区和越南中部以北）向朝廷进贡鲜龙眼和荔枝，一路疾驰，风动鸟惊。南方州郡气候炎热，毒虫猛兽常在道路上活动，传运贡物的人有时会发生生命危险。而将这两种水果贡献朝廷，也不一定能使人延年益寿。和帝看到奏疏后，立即下发诏书说：边远地区进贡珍奇美味，本来用来供奉宗庙。如果因此造成伤害，岂是爱护人民的本意？现在下令：今后不再接受此类贡品！明帝这一决定，一下子减轻了岭南七郡以及沿途各地老百姓的贡献和传运水果的负担，受到了他们的拥护。

和帝还发现，在边疆地区工作的官吏工作非常辛苦，但升迁困难，于是他决定在边疆州郡建立定期向朝廷推举孝廉的制度。和我们今天向上级党委推荐后备干部的制度差不多。永元十三年（公元 101 年），和帝就此专门下发诏书说：安抚外族和与异国打交道，人才最为重要。幽州、并州、凉州地区居住人口较少，而这些地区

的差役又很繁重，奉公守法的官吏升迁困难。因此规定，边疆人口十万人以上的郡，每年推举孝廉一人；人口不足十万人的郡，每两年推举孝廉一人；人口在五万人以下的郡，每三年推举孝廉一人。和帝这一政策，虽然下达的指标不多，但体现了朝廷对边疆和艰苦地区工作的官吏的关心和关怀，受到了边疆州郡的欢迎，那些长期在边疆基层工作的德才兼备的优秀人才总算有了提拔晋升的机会。（《资治通鉴》第四八卷，《后汉书·孝和孝殇帝纪》）

（五）废黜善妒的阴皇后，立知书达礼的邓贵人为皇后

汉和帝的皇后是光武帝第二任皇后阴丽华哥哥执金吾阴识的曾孙女。阴氏少时聪颖慧达，善书法，有才能。永元四年（公元92年），十三岁的阴氏经过特选进入后宫。由于她是阴丽华皇后的至近亲属，所以很快就被封为贵人。和帝对阴贵人宠爱有加，永元八年（公元96年）春，和帝将十七岁的阴贵人立为皇后。也是这一年的冬天，有一位年十六岁、名叫邓绥的美丽嫔妃也被和帝封为贵人。

邓绥是东汉开国功臣、太傅邓禹的孙女。父亲邓训官至护羌校尉，母亲阴氏系光武帝皇后阴丽华堂弟之女。邓绥小时候深受奶奶邓禹夫人厚爱。邓绥五岁时，奶奶为她修剪头发，因奶奶年事已高，眼神不好，碰伤了小邓绥的额头，但她表情自如，忍痛不哭，屋子里的人都感到奇怪，问她疼不疼。小邓绥回答说：不是不疼，奶奶喜欢我，为我修剪头发，我不忍伤奶奶心意，所以就忍受了。邓绥六岁就能读史书，十二岁通《诗经》《论语》。哥哥每读经传，

小邓绥往往提出一些问题询问哥哥。小邓绥的志趣爱好是学习史书典籍，对居家事务不感兴趣。经母亲点拨后，"昼修妇业，暮诵经典"，家人都管她叫"诸生"。邓绥父亲邓训发现这孩子与众不同，无论是大事小情，都喜欢同她讨论计议。

永元四年（公元92年），邓绥要被选中入宫时，恰好父亲邓训去世，邓绥悲伤哀痛不能自拔，整天以泪洗面，三年不吃荤菜，丰润的双颊瘦下去很多，一双炯炯有神的大眼睛显得更大了，脸色憔悴泛黄，嘴唇发白，连家里的亲人都不认识她了。三年后，邓绥与多家女子一同被选入宫中。她身高七尺二寸（一米七左右），含情脉脉，走路轻盈，左右之人见了都很惊讶。永元八年冬，十六岁的邓绥被封为贵人。邓贵人待人接物谦恭有礼，为人处世考虑全面，举止合规，她既精心侍奉照料阴皇后，又能与其他嫔妃和睦相处，即使是普通的宫人甚至仆役，她都加恩施惠，"帝深嘉焉"。邓贵人生病时，和帝打破常规，特许邓绥的母亲和兄弟入宫服侍，且不限定天数。对此，邓贵人予以推辞，她说：皇宫乃重要禁地，而让外戚长期居住在里面，一来会给陛下招来宠幸私亲的闲话，二来也会让我遭到非议，对陛下和我都没好处，我实在不愿意这样！和帝说：别人都以经常能到禁宫走走以为荣耀，而你却反以为忧虑，深深地自我抑制，宁愿吃亏，真是难能可贵啊！邓贵人始终坚持低调做人，从不因为自己受宠而得意忘形。每逢宴会，嫔妃们都把自己打扮得花枝招展，唯独邓贵人朴素无华，端庄文雅。她的衣服如有与阴皇后衣服颜色一样的情况，她便立即脱下来换掉。如果是和阴皇后同时觐见皇上，邓贵人不敢正坐或并立，行走时微躬上身，表示自己身份卑微。每当和帝有所询问，她总是退让在后，不敢先于阴皇后开口。阴皇后身材矮小，举止有时有不合礼仪之处，左右随从之人总是掩面窃笑，唯独邓贵人忧而不乐，为阴皇后隐瞒遮掩，仿佛是自己的过失一样。和帝知道邓贵人的苦心和委屈，叹息说：你修德养性竟然达到这种程度，实属不易啊！

自从邓绥被封为贵人以后，和帝对阴皇后的兴趣逐渐减退，对此，阴皇后也常有恚恨的情绪。于是她的外祖母邓朱也经常出入宫掖，与外孙女阴皇后叽叽咕咕。阴皇后是一位嫉妒心很强的女人，而邓贵人作为女人也能感觉到阴皇后逐渐明显的醋意，所以，每当遇到和帝召见，她总是以有病为由予以推辞，尽可能消减阴皇后心中的怒气。当时，和帝接连失去几个刚刚出生的皇子，邓贵人常垂泪叹息，她担心和帝后继无人，屡次挑选才人进献，以博取和帝的欢心。阴皇后见邓贵人的德望一天比一天高，嫉火升腾，于是就诅咒她，并祈求鬼神加害于她。后来，和帝曾生病卧床，一度病危。阴皇后私下对人说：日后如果我能得势，就不让邓家再留下活口！不料她这句话却传到了邓贵人的耳朵里，她流着眼泪对左右之人说：我真心实意地侍奉皇后，不仅换不来她对我的真心，反而让她那么仇恨我。我今天应该跟随皇上去死，上报皇上的大恩，中消家族的灾祸，下也不至于使阴氏像以前吕雉制人彘那样使我受到残害。

于是，邓绥拿出毒药欲服毒自杀。此时，有个名叫赵玉的宫女从她手里强行夺回毒药，并谎称有信使来报，说皇上的病已经好了。邓贵人这才打消自杀的念头。次日，和帝果然病愈。

这时候，阴皇后的外祖母邓朱出入内宫更为频繁。永元十四年

（公元 102 年）夏，有人向和帝反映说，阴皇后和她的外祖母邓朱一同使用巫蛊之术诅咒邓贵人。和帝便让中常侍张慎和尚书陈褒在掖庭狱中拷问审查此事。结果，邓朱及其两个儿子邓奉、邓毅与阴皇后的弟弟阴轶、阴辅、阴敞供词互相连及，承认确实祭祀诅咒，并坐实了阴皇后与邓朱祈求鬼神加害于邓贵人的犯罪事实。于是张慎和陈褒以"大逆无道"之罪进行弹劾。

司徒鲁恭将策书转赐给阴后，收走了她的皇后玺绶，将其废黜，并令她迁入桐宫。桐宫是借指被贬的帝王或皇后幽禁之处。在这种情况下，邓贵人还在和帝面前帮阴氏说好话，求情挽救，但没有成功。自此，和帝更归心着意于邓贵人。

不久，废后阴氏忧郁而死，年仅二十三岁。阴氏的父亲特进阴纲自杀，弟弟阴轶、阴敞及邓朱的家属都被流放；邓朱的两个儿子邓奉、邓毅以及阴皇后的弟弟阴辅都在狱中被拷打致死。阴氏家族败落了。

永元十四年（公元 102 年）冬，和帝下发诏书将邓绥立为皇后。邓绥亲手书写谢恩的奏书，陈述自己德行浅薄，不足以充当天子正妻，云云。和帝及朝廷文武百官，都认为邓绥品德高尚，她当皇后是众望所归。此前，四方诸侯之国向皇上进献贡品，且都是珍贵华丽之物。自从邓绥当上皇后之后，这种进贡方式一律禁绝，她提出岁时季节只要供给纸墨就行了。和帝每次想给邓皇后家族的人封爵，邓皇后总是谦让，苦苦哀求不让施惠，所以邓皇后的哥哥邓骘在和帝当政时期只是一位虎贲中郎将。（据《后汉书·皇后纪上》，《资治通鉴》第四八卷，《后汉书·卓鲁魏刘列传》）

4

"太后政治""奶妈政治"和"宦官政治"

元兴元年腊月（公元106年2月），东汉王朝的第四任皇帝汉和帝刘肇病逝，享年二十七岁。以前，由于和帝的儿子出生后不久就接连夭亡，朝廷怀疑并防备有人下毒手，于是就把和帝后来与其他嫔妃所生的两个男婴秘密送到民间养育。这种情况群臣无人知晓，只有皇后邓绥掌握底细。由于和帝生前没有立太子，邓绥也没有生儿育女，和帝去世之后，邓绥派人将两个皇子从民间接回。

和帝的长子刘胜身患久治不愈的顽症，因其生母、出生时间不详，无法确认他的具体年龄，大概是今天刚上幼儿园的小朋友这个年龄；次子刘隆出生才一百来天。邓绥将两位皇子接回来的当夜，考虑到刘胜的健康状况，就将三个来月的婴儿刘隆立为皇帝，是为汉殇帝。这是东汉王朝的第五任皇帝，也是年龄最小的皇帝。皇后邓绥被尊称为皇太后，临朝摄政。和帝生前与同父异母的哥哥清河王刘庆非常亲近。和帝去世后，邓太后一如既往地优待刘庆一家。刘庆的儿子名叫刘祜，年十二岁，和帝生前，刘庆经常带着刘祜去看望和帝，和帝也多次在宫中接见，并屡次夸赞刘祜。邓太后因殇帝幼小，担心将来发生什么不测，就让刘祜住在清河国设在京城的官邸，作为"后备"。

延平元年（公元 106 年）八月，即位八个月、不满一周岁的汉殇帝刘隆病逝。殇帝病逝后，邓太后与哥哥邓骘在宫中决定皇帝继承人。当夜，邓太后就派遣哥哥邓骘带着符节，迎接刘祜来到殿中，拜刘祜为长安侯。邓太后颁发诏令说：先帝圣德善美，但他寿命不长，令人悲痛伤心。我考虑平原王刘胜素患痼疾，宗庙的重任，继嗣的大统，只有长安侯刘祜才能承担，他质性忠孝，小心谨慎，通儒好古，仁惠爱下，由他做继承人非常合适。刘祜现年已十三岁，有成人一般的气质。亲民明德传宗接代，再也没有比刘祜更合适的了。以刘祜为孝和皇帝的后嗣，继承祖宗，合乎礼仪标准。朝廷颁发策书说：延平元年（公元 106 年）八月初八，皇太后对长安侯刘祜说：孝和皇帝美德崇高而伟大，光照四海，可惜寿命太短。所以，我想到长安侯刘祜，你是孝章帝世嫡皇孙，谦逊恭谨，和顺慈祥，幼年就很勤勉，适宜奉祀宗庙，继承帝业。今以长安侯为孝和皇帝后嗣。你应肩负起统治汉家天下的重任，诚信地贯彻中庸之道。"一人有庆，万民赖之。"作为皇帝应好好自勉啊！宣读完策书，太尉奉上御玺，刘祜正式继位皇帝，是为汉安帝。刘祜是东汉王朝的第六任皇帝，他继位后，邓太后仍然临朝听政。

汉安帝刘祜在位十九年，前十五年是邓太后临朝摄政，汉安帝亲政不到四年。（据《后汉书·孝安帝纪》）

一、在多灾多难时期，邓太后扛起治理大国的重担

邓绥太后于延平元年（公元 106 年）摄政之后，以柔克刚，温和施政，重视维护法律公平，恢复对儒家学说的重视和崇尚，带头

节俭和赈灾，平定羌人叛乱，维护社会稳定，做了大量艰苦细致的工作。邓绥临朝摄政的十五年，正是自然灾害最为频繁的特殊时期，水旱灾害几乎年年发生，大事、难事、乱事不断，内忧外患严重，真可谓为天所欺，为人所扰，难上加难！她用柔嫩的肩膀扛起治理大国的重担。她兢兢业业，负重前行，以坚韧不拔的意志和艰苦奋斗的勇气，同各种自然灾害作斗争，同内乱和外敌作斗争，经受了一次又一次的严峻考验，渡过了一个又一个的难关。邓太后受到世人和后人诟病的主要问题有三个，一是她在选人用人上搞小圈子，宠信和重用外戚。她把娘家几个兄弟都摆在重要位置上，基本上是靠外戚来维持朝政，大力推行"外戚政治"，选人用人视野不宽，影响了优秀人才脱颖而出。二是她不懂军事，对国家军队建设重视不够，军队中能够顶事、扛事和平事的名将太少，军队的威慑力弱化，内外敌人经常来捣乱和破坏，影响国家稳定和社会安定。三是她还继续走把三公实权拿走，而把责任留下的老路。每次天降灾异，朝廷就让三公担责，在邓太后摄政期间，三公调整就像走马灯一样频繁，造成三公出工不出力，整天混日子。

（一）在用人上，提拔和依靠娘家四兄弟

从邓太后临朝摄政的那一天起，她就在想，依靠谁来推进国家治理呢？她想来想去，还是觉得娘家兄弟们可靠，起码不会与自己有二心。于是，就在埋葬和帝后的第二个月，她便一下子提拔了娘家四个兄弟：将虎贲中郎将邓骘提拔为车骑将军，仪同三司，待遇与三公相同；将黄门侍郎邓悝提拔为主掌虎贲禁兵的虎贲中郎将；

将邓宏、邓阊都提拔为秩比二千石侍中。邓太后将娘家四兄弟全都摆在了重要位置，朝廷文武百官议论纷纷。后来，邓太后又将娘家四兄弟全都封为侯爵，各自享有一万户食邑，四兄弟一下子全都成了"万户侯"。邓骘和他的三个弟弟们心里明白这个爵位还是不要为好，于是共同推辞谦让。邓氏四兄弟躲开朝廷的使者，绕路前往皇宫大门，上疏陈述自己的请求，先后达五六次之多，邓太后这才同意邓氏兄弟不接受封侯的意见。

尽管邓太后重用和依靠娘家四兄弟，但在其摄政前期，她还算是政治上的明白人。她一方面在政治上依靠四兄弟，朝中大事小情都与他们商量；另一方面也没有放松对外戚家族的监管。安帝即位后，邓太后专门给司隶校尉、河南尹、南阳太守等京城及其周边地方官府下发诏书说：我每每查阅前代的史事，看到皇后家族及其宾客仗势横行，"浊乱奉公，为民患苦，咎在执法怠懈，不辄行其罚故也"。如今，车骑将军邓骘等虽然怀有恭敬顺从之心，但家族庞大，亲戚不少，门客之中也不乏奸诈狡猾之徒，对国家的法律禁令可能会有冒犯。现命令你们对邓氏家族和他们的亲友、门客中的不法行为，要公开地加以检束，不许包庇祖护。邓太后这个诏令意在指示朝廷有关部门、京城及京城附近的地方主官，要敢于监督和惩处邓氏家族及其亲友、门客中那些违法乱纪的人，在查处和惩治他们时，要解除思想顾虑，不讲情面，依法查处，秉公办事。同时也给邓氏家族成员、亲友和宾客敲响了警钟，警告他们一定要遵纪守法，不能骄横跋扈，仗势欺人。谁违了法，谁就要承担法律责任，邓氏家族、亲属犯罪"无所假贷"。

后来，邓太后在重用、依靠外戚的同时，还让邓骘等人推荐和引进部分既有真才实学，又没有什么政治背景的人为官。永初二年（公元108年），邓骘按照太后的旨意，保荐掌宾赞受事、为天子跑腿的谒者何熙，在汉中郡太守领导下，掌管民户、祠祀、农桑等事的汉中户曹史李郃等作为茂才进入朝廷任职，还延聘杨震、陈禅等做自己的幕僚。邓骘保荐和延聘的这几个人无论道德品行，还是学识才干，大家都非常认可，后来都被提拔重用，杨震还成为历史上的名臣。（《后汉书·皇后纪》，《资治通鉴》第四九卷）

（二）频繁调整三公，三公混天度日

邓太后摄政后，一些大臣纷纷上疏建言，对光武帝以来虽设三公，但政事全归尚书台总理的政治体制提出批评。他们认为，这种体制经过光武帝、明帝、章帝、和帝四任皇帝数十年的运行，其弊端已经明显地暴露出来了。当年光武帝这样设计的初衷和目的是防止三公权力过盛，而将他们的实权转移到尚书台，使三公徒有虚名，有责无权，以防范他们像西汉末期王莽那样窃取帝位。但三公有责无权带来的问题，是当国家治理不善时，皇上往往颁发策书对三公进行批评谴责，甚至将他们免官；而实权名义上归尚书台，实际上却都在皇后家族或皇帝宠信的宦官手里。一般来说，这些外戚、宦官大都没有政治意识和大局意识，他们"亲其党类，用其私人，内充京师，外布州郡，颠倒贤愚，贸易选举（意思是利用推荐人才的机会进行私下交易），疲驽守境（意思是让无能不才者守卫边疆），食残牧民，挠扰百姓"。皇帝架空和削弱三公的政治权力，却又"欲望三公勋立于国家，绩加于生民"，使三公的处境极为艰难，地位非常尴尬，他们意见很大，情绪也很低落。大臣们迫切希望朝廷重视和解决这一问题，不要再走过去的老路。邓太后依然延续过去的做法，不给三公政治权力，光给他们政治责任。

延平元年（公元 106 年）正月，邓太后一开始摄政就任命张禹为太傅，总领尚书事务。太傅的设置早在春秋时期就有了，一些诸侯国设置此官，目的就是辅弼国君。东汉的历任皇帝中有的置此官，有的不置，凡置此官的大都总领尚书事，位在三公之上，参与朝政，相当于宰相。太傅与太尉、司徒、司空、大将军合称"五府"。邓太后将太尉张禹重用为太傅，主要为了让他好好地辅弼襁褓中的婴儿皇帝。为此，邓太后赐给张禹帷帐和被褥，让太官每天早晚送饭，让张禹五天回一次家。邓太后特别赞赏张禹的才干，每逢朝见都专门为他唱名，不与三公同席，让他单独就座，使得张禹的政治地位在三公、九卿和文武百官之中更加突出。

张禹，字伯达，赵国襄（今河北邢台市）人，其父张歆早年在治所位于陈县（今河南周口市淮阳县）的淮阳国做国相，后来又到河内郡汲县（治所在今河南新乡卫辉市西南十公里汲城）当县令。张歆去世时，一些官吏和百姓给他家送去办丧事的钱财多达数百万，张禹重义轻财，全都一律退回，坚决不肯收受。他还把自家的田宅让给伯父，自己居住在伯父家里。永平九年（公元 66 年），张禹被推举为孝廉，不久"稍迁"。章帝建初年间，张禹被提拔到当时治所在历阳县（今安徽和县）的扬州担任刺史。张禹走遍了扬州所有的郡、县，包括偏远县，亲自调阅检查囚犯卷宗，详察其情，明辨其冤，公正执法，惩恶扬善，在扬州留下了很好的口碑。

永元七年（公元95年），张禹被任命为大司马，旋改太尉，官秩为万石，列三公之首，与司徒、司空共同行使宰相职能，名位甚重。永元十五年（公元103年），和帝南巡帝王墓地所建的祠园庙，太尉张禹留守京师。张禹听说和帝将去江汉平原腹地、长江中游荆江北岸的江陵，认为和帝不应冒险去这么远的地方。于是，他以驿站快马送去劝谏奏疏。和帝接到奏疏，对张禹的忠心非常赞赏，他下诏回复说：祠园庙已经巡视过了，下一步打算到南方祭祀长江，正好接到你的奏疏，临近汉水，马上就回去了。和帝返回京师后，特别赏赐了张禹。延平元年（公元106年），邓太后摄政之初，就将太尉张禹重用为太傅，体现了她对张禹的充分信任。太尉出缺后，邓太后将司徒徐防任命为太尉。

徐防，字谒卿，沛国铚人，即今安徽淮北市濉溪县临涣镇人。他出身于书香门第，祖父徐宣做过讲学大夫，教授过王莽《易经》；父亲徐宪子承父业，依然从事讲学工作。徐防很小的时候就受到祖父和父亲的熏陶，经常跟他们学习《易经》，具有扎实的《易经》理论功底。永平年间，徐防被举荐为孝廉，成为一名郎官。他文质彬彬，相貌堂堂，"体貌矜严"，颇有气质。后来明帝刘庄见他气质不凡，谈吐有道，举止有节，非常欣赏，将其提拔为尚书郎，掌管机要。徐防做事小心谨慎，侍奉皇上毕恭毕敬，和帝又将其提拔为司隶校尉，成为一名监督京师和周边地方的监察官。后来又下放徐防到治所在邺县的魏郡（今河北邯郸市临漳县邺镇）担任太守。永元十年（公元98年），徐防迁任职掌宫廷日常生活用品的供应和财宝保管等杂务的少府,位列九卿,官秩为二千石。不久,朝廷又将徐防改任大司农,掌管国家钱谷之事。永元十四年(公元 102 年),徐防被拜为司空,领宗正、少府、司农三卿,主要负责水利工程、城防建筑、宫室营建等事务。

邓太后将司空徐防重用为太尉;将主管祭祀社稷、宗庙、朝会、丧葬礼仪,兼管博士和博士弟子考核等工作的太常尹勤任命为司空;将职掌宫殿门户宿卫,兼侍皇帝左右,宫中宿卫、侍从、传达,及兼典期门(虎贲)、羽林诸禁卫军的光禄勋梁鲔任命为司徒。

应该说,邓太后摄政之初,所任命的太傅和太尉、司空、司徒,其各自素质还是不错的,也没有什么负面评价。但是,三公就任时间不长,邓太后就罢免了"两公"。这里我们不妨看一下从延平元年(公元 106 年)四月至永初元年(公元 107 年)腊月,在这一年多的时间里,史官们记录的发生天灾、天象变异和边疆不稳定的情况:

汉殇帝延平元年(公元 106 年)

四月 鲜卑侵犯渔阳郡

五月十六日 河东郡发生山崩

六月 三十七个郡和封国大雨成灾

九月 陈留郡天降陨石

六个州发生水灾(全国共十三个州)

十月 四个州发生水灾和雹灾

汉安帝永初元年(公元 107 年)

三月初二 出现日食

五月　西域都护报告西域通往中原的道路被蛮夷堵塞，命令文件无法传递

六月　凉州羌人叛乱

全年　有十八个郡和封国发生地震，四十一个郡和封国大水成灾，二十八个郡和封国发生风灾和雹灾

这么频繁、这么大范围的自然灾害以及边疆地区的不稳定情况，造成国民经济衰微、财政空虚和人民群众生活水平严重下降，广大吏民强烈不满。在这种形势下，邓太后于永初元年（公元 107年）九月，将太尉徐防罢免，理由是天灾、天象异常和叛匪作乱。邓太后掌握朝政大权以来，三公因这种理由而遭罢免的，徐防乃首例。第二天，邓太后又颁发策书将司空尹勤罢免，理由是大雨造成水灾。邓太后摄政十五年，几乎年年发生自然灾害，所以对三公的罢免和调整像走马灯似的，非常频繁，不再一一列举。

对包括邓太后在内的东汉王朝最高统治者随意降罪、惩罚和频繁调整三公问题，东汉著名政论家仲长统进行过尖锐批评，他说：阴阳失衡，日、月、星三光出现亏缺，怪异不断降临，害虫吃掉庄稼，水旱灾害频发，人间妖物大量涌现这样的异常现象，皆是外戚大臣和宦官当权所致，朝廷反而责备和惩罚三公，这"足为叫呼苍天，号啕泣血者矣"！

邓太后罢免了太尉徐防和司空尹勤以后，将掌长乐宫安保工作的长乐卫尉鲁恭任命为司徒；又将太傅张禹任命为太尉，将太常周章任命为司空，将颍川太守张敏任命为司徒。（据《资治通鉴》第四九卷，《后汉书·邓张徐张胡列传》《后汉书·朱冯虞郑周列传》）

（三）周章密谋政变，因消息泄露而自杀

周章，字叔梁，南阳郡随县人，即今湖北随州市人。他初入仕途时，在治所位于南郑县（今陕西汉中市南郑区）的汉中郡做功曹，主要负责郡府人事工作，并兼参诸曹众事。当时，外戚大臣窦宪被免去了大将军职务，贬回封地。汉州郡太守想去拜谒窦宪，周章进谏说：窦宪作为外戚，已被免去大将军职务，打发回封地，是福是祸暂时还不好说，建议您不要轻举妄动。太守不听，便要乘车出发，周章走上前去，用佩刀割断了马鞅，汉州太守只好作罢。等到窦宪被诛，公卿以下官员多因与窦宪有来往而获罪，而汉州太守却得以幸免。从此，太守非常信任和喜欢周章，并把他推举为孝廉。经过六次升迁，周章官至五官中郎将，成为介于将军与校尉之间的武官。延平元年（公元106年），周章被任命为掌宿卫宫殿门户等事的光禄勋，不久改任太常（掌宗庙礼仪，位列九卿之首，兼管文化教育、陵县行政，也统辖博士和太学）。后来，周章升任为司空，成为三公之一。

司空周章发现，邓太后摄政以来，不仅提拔重用和依靠娘家人，而且还对和帝时期推翻窦氏集团的有功之臣、宦官出身的大长秋郑众、中常侍蔡伦等高看一眼，厚爱一层。邓太后在当年和帝对郑众赐封的基础上，又给郑众加封食邑三百户；赐封蔡伦为龙亭侯，为他增加食邑三百户，并派遣蔡伦监督谒者刘珍、博士史良等人在东观校正典籍的工作。不仅如此，邓太后还经常和宦官郑众、蔡伦一起讨论朝廷政事，且每每采纳他们所出的主意。周章虽然是

邓太后一手提拔起来的，但对邓太后宠信宦官心怀不满，所以他多次向邓太后直言极谏，建议她疏远宦官、亲近忠臣，而邓太后置若罔闻，不予采纳。周章因此对邓太后心生怨恨。此外，在殇帝刘隆驾崩之后，周章对邓太后不立和帝的长子刘胜为帝，而立和帝的侄子刘祜为帝非常不满。殇帝刘隆死后，公卿大臣们大都认为刘胜的病并非不可痊愈，他们都倾向于立平原王刘胜为帝，但邓太后就是不同意，其主要理由是，和帝死后没立刘胜为帝而立了刘隆，刘隆死了再立刘胜为帝，恐怕将来刘胜也会怀恨，所以就将和帝的侄子刘祜立为皇帝。周章和其他一些公卿大臣都认为，邓太后这件事办得不合礼制。但胳膊拧不过大腿，怎么往前走还是大腿说了算。于是，他们眼睁睁地看着邓太后硬是把刘祜立为皇帝，却又无可奈何。对此，公卿大臣们都心怀不满。据此，司空周章判断，公卿大臣不归心于邓太后。

周章参加完安帝的登基仪式之后，就开始密谋以刘胜取代刘祜的政变，并拿出了三步走的行动方案：第一步，关闭宫门，将外戚邓骘兄弟和宦官郑众、蔡伦等杀掉；第二步，劫持尚书，废黜邓太后；第三步，把安帝贬到遥远的封国为王，立平原王刘胜为皇帝。但是，周章这一计划尚未来得及实施，就被泄露了出去，周章自杀，其政变阴谋破产。邓太后汲取三十多年前汉明帝查办楚王刘英之狱搞扩大化，致使许许多多的好人蒙受不白之冤的惨痛教训，对周章阴谋政变一案的处置是相当低调和谨慎的，她严格控制查处范围，不搞扩大化，也不对外传扬。由于周章自杀，以死顶罪，邓太后决定不再诛灭他的全家及三族，也不再追查其同党、门客及亲友

等。（据《资治通鉴》第四九卷，《后汉书·朱冯虞郑周列传》）

（四）邓太后亲自审理有关案件，产生了良好的政治影响

邓太后在主持朝政的前期，亲自审理和复审了几个案件，查出了隐藏很深的案犯，纠正了冤狱，为各级官吏公正执法做出了示范，受到广泛赞誉和好评。同时，她还大力褒扬执法公正、办事公平的官吏，树立起好的导向。

1. 亲自办理宫中"大珠被窃案"，很快查出了"家贼"

此案发生在和帝刚驾崩但尚未安葬之时。和帝突然离世，有人趁宫廷臣僚悲痛和忙乱之机，窃走了宫中一箱大珠。邓太后认为，如果把此案交给廷尉进行审讯，一个人一个人地过堂审问，容易把事情闹大，弄得人心惶惶，甚至还会牵扯一些无罪受冤的人。于是，她把宫中人员召集在一起，逐一审视每个人的面容神色。在强大的心理压力下，盗珠人当即自首认罪，将一箱大珠退还。这样既避免了一些人无辜受冤，也没有使朝廷受到损失。邓太后对这起案子的处理，朝廷上下都给予了很高评价，不少人都感到惊讶：这个年纪轻轻的美丽女子，竟然还是一位治国理政的高手，不简单！

2. 亲自审理吉成巫蛊案，查明了事实真相

和帝时期，有一个深受和帝刘肇宠信的人名叫吉成，其手下的侍从共同举报吉成使用巫蛊之术害人。因此，吉成被交付审讯，供词和证据都很清楚，犯罪事实已被坐实。但邓太后认为：吉成整天在先帝左右，侍之有恩，平日尚无恶言，今反若此，不合人情。于是，她亲自下令召见吉成，重新核实情况，经过谈话询问，邓太后

查出是侍从陷害了吉成，因此避免了一起冤案的发生。邓太后亲自审查这一案件，产生了良好的政治影响，"莫不叹服以为圣明"。第二年，邓太后又专门下诏，遣散掖庭部分宫人，并将罚入掖庭当奴婢的皇族成员一律免罪，使他们成为平民。这项政策也得到皇族势力的称赞。

3. 亲临洛阳监狱调阅审查囚犯卷宗，纠正错押错判

永初二年（公元 108 年）夏，邓太后轻车简从，深入洛阳地方官府及若卢监狱（若卢以其储藏和冶铸兵器而得名。因保密甚严，就把监狱设在那里），调阅审查囚犯犯罪事实，查看审讯和判决情况。她抽查了这样一个案件：有个囚犯，实际上并没有杀人，但被屈打成招，自认有罪。他十分瘦弱，身有伤残，被人抬上来相见，他因惧怕官吏，吓得浑身发抖，不敢开口说话。将要离去的时候，他抬起头来，好像要为自己申诉。邓太后凭女性特有的细腻和直觉，觉察此人心中似乎有话要说，但不敢讲。于是，邓太后就把他叫回来，平心静气地询问情况。经过详细询问和回答，邓太后查清了全部冤屈的事实。之后她立即下令，将制造这起冤案的洛阳县令逮捕入狱，审讯调查。由于邓太后直接深入监狱亲自调查审查，使这起冤案得到了纠正。当时洛阳久旱不雨，邓太后起驾后，还没有回到宫里，正巧下起了一场大雨，解除了当地的旱情。洛阳城的吏民都认为，这是邓太后纠正冤案带来的及时雨。邓太后也是这样认为的。第二年，又发生了久旱不雨的旱灾，邓太后拿出三天的时间，连续到洛阳审视囚徒罪状记录，清理出判处死罪不当的三十六人，剃去头发胡须判两年刑的八十人，其余从死刑、砍下右脚一趾

到罚往边境戍边防敌等不当判决若干。

4. 大力褒扬敢于担当、办事公平、执法公正的好官

原洛阳县令王涣"居身平正",能够明察和惩治奸佞违法之徒,"凡所平断,人莫不悦服,京师以为有神"。延平元年(公元106年)初,王涣因突发疾病,死在了工作岗位上,京师的百姓无不叹息流泪。王涣的灵柩运回老家广汉县(治所在今四川遂宁市代管的柳树镇),途经弘农时,当地的百姓都在路旁设案摆盘,进行祭祀。护送灵柩的官吏询问百姓为什么给王涣上香,老百姓一致回答说:我们以前运米粮到洛阳,时常受到官吏和士卒的抢掠,总要损失一半。自从王大人担任县令以来,我们就不再遭受抢掠,米粮再也没有受过损失,现在听说王大人走了,我们来给他送行报恩。洛阳百姓还自愿捐钱为王涣建立了祠庙,一些文化人专门作诗歌来纪念他。每逢祭祀的时候,就奏乐歌唱这些诗歌。临朝摄政的邓太后得知这一情况后,亲自颁发诏书说:夫忠良之吏,国家之所以为治也,求之甚勤,得之至寡。现任命王涣的儿子王求为尚书台属官——郎中,以勉励那些兢兢业业工作、办事公平、执法公正的官吏。邓太后这一做法,实际上是为各级官吏树立了一个扑下身子为老百姓解难事、做好事、踏踏实实办实事的学习榜样。(据《后汉书·皇后纪》,《资治通鉴》第四八、四九卷)

(五)采取积极措施,着手解决崇儒之风日趋淡化问题

一个时期以来,由于和帝驾崩、殇帝即位,殇帝驾崩、安帝登基,四夷外侵、战事不断,连年发生水旱灾害等,无论是朝廷还是民间，谁都无暇顾及对儒家经书的学习和研究，因此，崇尚儒学之风日趋衰微。这种现象被善于发现和研究问题的时任尚书郎樊准——一位儒家经典爱好者发现了。

樊准，字幼陵，南阳湖阳人，即今河南南阳市唐河县人，他是光武帝刘秀舅父樊宏的曾孙。樊准的父亲樊瑞喜好黄老学说，清心寡欲，而樊准"少励志行，修儒术"。父亲去世后，他将数百万遗产让给了侄子。永元十五年（公元103年），和帝巡视南阳，樊准当时为郡功曹，和帝召见他，发现樊准颇有思想，很器重他，遂授郎中之职，从车驾还宫，又特补尚书郎。尚书郎樊准在工作中发现"儒学陵替（即衰败）"这一严重问题后，便向邓太后写了奏疏，他说，以前光武帝在战争间隙停鞍歇马讨论圣人之道；明帝日理万机，兢兢业业，但他亲自讲解经书，那个时期即使是期门、羽林的武士，也几乎人人通晓《孝经》章句。儒学的影响从君王开始，扩展到全国各地。因此，每当人们称颂盛世的时候，都会谈到明帝永平年间。如今博士不再讲学，儒生却竞相追求华而不实的言辞，忘掉了忠诚正直的原则。我认为，应当颁发诏书，广泛寻访隐居的学者，发现和储备知识渊博的大儒，将来圣上上学的时候，为他讲解经书。邓太后从小就喜欢学习儒家经典，被家人称为"诸生"，她觉得樊准所反映的是整个社会存在的突出问题，如果对这个问题不重视，不恢复和大兴学习之风，朝风政风和社会风气就会一天一天坏下去。她结合先帝们所倡导的方式方法和樊准所提出的意见建议做了深入思考。邓太后认为，大兴学习之风最重要、最关键的措施有两条：一条是从树导向开始，从皇帝做起；另一条是从皇宫开始，从娃娃抓起，用皇帝、皇宫的导向和示范作用，来引领和影响各级官吏乃至整个社会大兴学习之风。于是，她亲自着手做了两项工作。一项是为刚刚当上皇上的安帝配备一名优秀的儒学大师，教授其儒学经典，让皇上先学起来。永初元年（公元107年），她下发诏书，命令三公、九卿和中二千石高级官员，各自举荐隐士、大儒，要求被举荐者务必具有高尚的道德品行；然后再从他们推荐上来的人中精选品学兼优的博士，为皇上讲授经书，以发挥皇帝在整个国家和社会中的示范作用；另一项是仿照明帝当年在南宫开办"四姓小侯"外戚学校的做法，抓紧筹办和建设一所贵族学校，让皇亲国戚的子弟们入校学习儒家经书，提升其文化和文明素养。永宁元年（公元120年），邓太后建立官舍，正式开办贵族学校。她在给其堂兄、河南尹邓康等人的诏书中，透露出她的办学理念和办学目的，她说：处在末世的皇亲国戚和官宦，吃美食，穿暖衣，乘坚车，驱良马，但对待学术，犹如面向墙壁而目无所见，不知道善恶得失，这就是灾祸和败亡的由来。邓太后办学，就是想用儒家思想文化来改造贵族子弟们，使他们的思想和行为符合封建礼制，避免他们不学无术，坐吃山空，腐化堕落。邓太后将和帝的弟弟济北王刘寿和河间王刘开的五岁以上的子女共四十余人，邓氏家族的近亲子孙三十余人，全部集中到这所贵族学校学习儒学，她亲自监督考试。邓太后开办的这所学校，与明帝当年开办的学校是有所不同的，邓太后不仅招收外戚子弟，而且还招收了皇族子弟，意图以此为皇亲国戚的子孙谋取长远政治利益。

邓太后一方面带头加强自身学习，另一方面还切实抓好宫廷内部学习。她自从进入宫掖以来，就与大家一起学习经书，兼习天文、算术。白天勤理政务，晚上诵读诗书。工作中只怕发生谬误、背离典章制度。她博引广选了儒者及博士、议郎、四府掾史等五十余人，诣东观校对审核传记，事毕分别赐予数量不等的葛布。又诏令中官近臣在东观受读经传，而后教授宫人，让大家都能学习诵读，一早一晚济济一堂，共同学习，朝廷中的学习风气日渐浓厚起来。（据《资治通鉴》第四九卷，《后汉书·孝安帝纪》《后汉书·皇后纪》）

（六）大力裁减皇宫消费支出，督促地方官员抓好赈灾工作

自从元兴元年腊月和帝驾崩，三个月大的婴儿殇帝即位开始，一直到建光元年（公元121年）邓太后去世，在这十五年多的时间里，邓太后一直摄政。十五年多里，"水旱十载"。水旱灾害的频繁发生，使邓太后遇到了巨大的挑战，她"每闻民饥，或达旦不寐，躬身减彻以救灾厄"。邓太后是如何抓赈灾减灾工作的呢？

1. 从朝廷做起，带头过"紧日子"

延平元年（公元106年），三十七个郡和封国大雨成灾，全国大部分地区几乎到处都是一片汪洋，到处都是蛙鸣声，无数村庄民房倒塌，庄稼被淹，老百姓居无屋、食无粮，生活异常艰难困苦。面对严重的水患，邓太后下发诏书明确要求：裁减皇宫中掌管皇帝膳食及酒宴的太官，裁减掌管御用和祭祀米食、干粮等食品的导官；压缩置办宫廷器物的尚方和掌管内府衣物的内署的编制；减少各种衣服、车马、珍稀美味；停止制作锦绣、洁白细绢、有花纹

和图案的丝织品;停止制作金银饰品、珠宝玉器、犀牛角和象牙制品、雕镂玩物;停止画工三十九种;稻谷、高粱等不得加工精选;每日早或晚只准吃一次肉。邓太后这个诏书规定得很细,要求也很严。邓太后还在诏书中要求朝廷有关部门将皇家上林苑中的猎鹰、猎犬全部卖掉;各地离宫、别馆所储备的米粮、柴薪、木炭等也必须一律减少,各郡、封国的贡物,要削减一半以上。又诏令诸园贵人、宫人动员宗室同族,各府中如有年高体弱、不堪使用者,令管事的"园监"——核实上报名册,邓太后亲自到北宫增喜观检阅询问,在自觉自愿、听任他们自己决定去留的基础上,打发他们回家,当天就免除、遣散了五六百人之多,压缩了朝廷的开支。这是邓太后摄政后首次下发的关于部署赈灾减灾工作的诏书。诏书落实后,皇宫的生活费用由过去每年的一亿钱减少为几千万钱,大大节省了开支,减少了挥霍浪费现象。第二年,邓太后再次下发诏书,要求掌车马等事的太仆、掌帝室财政等事的少府裁减黄门乐队等,将省下来的人头名额和费用,用来增补羽林武士;厩苑中的官马,凡不是皇上经常使用的,一律将食料减少一半;各项工程,凡不是供皇家使用的宗庙和陵园,一律停建。

邓太后还采纳已由尚书郎提拔为御史中丞的樊准所提出的赈灾建议,命令掌皇帝膳食等事的太官、宫廷制办和掌管饮食器物的官署尚方、掌管制造兵器,兼管织绶诸杂工的考工,以及规模宏伟、宫室众多、有多重功能和游乐项目、占地三百四十平方公里的上林苑等,各有关官员和官署,必须核实裁撤无用之物。还命令太傅、太尉、司徒、司空、车骑将军等五府调整削减朝廷管理人员及在京城营造建筑的工匠，以节省财政开支。

永初三年（公元 109 年），邓太后还针对兵连祸结、灾害不断、国库空虚、百姓穷苦的国情，下诏要求，在年终为退役皇家卫士举行宴会时，不再安排游戏和奏乐，将参加大傩驱疫（指皇宫里所举行的隆重的驱除疫鬼祭典活动）仪式的童子数量减少一半。在举行元旦朝会时，取消奏乐和在庭中陈列御用车驾仪式。后来，她又下发诏书，削减朝廷文武百官及州、郡、县各级官吏的俸禄，依照等级各有差别，进一步减轻老百姓养官的负担。特别值得一提的是，邓太后在安葬殇帝一事上，也充分考虑了"连遭大水，百姓苦役"这一实际，将殇帝陵墓中的随葬品及各项工程都大力裁减，只保留"十分居一"。

2. 派出使者到重灾区进行慰问和帮扶

永初二年（公元 108 年），御史中丞樊准再次上疏说：经过持续不断的自然灾害的沉重打击，受灾郡的百姓已经贫困不堪，恐怕官府的赈济不能拯救他们，虽有赈灾之名，但很难收到赈灾之实。因此，应该参照汉武帝征和元年（公元前 92 年）的赈灾故事，遣使持节慰安，尤困乏者徙置荆州、扬州等丰产郡。这样，既节省转运之费，又能让百姓各安其所。目前虽然西方有战事，但也应该优先解救东方的急难。如派遣使者与地方二千石高官一起，根据受灾情况研究救灾方法，悉留富人守其旧土，为贫者调转所需衣食，诚为父母之计也。邓太后采纳了樊准的建议，并将樊准和吕仓都任命为代理光禄大夫，作为朝廷的使者，分别前往受灾最为严重的冀州、兖州进行慰问和救助，指导和帮助重灾区做好减灾赈灾工作。

樊准去了冀州,吕仓去了兖州,"以仓廪储粮赈济流民"。同时,邓太后还将国家所有的公田全都交给贫民耕种。

当时冀州治所在鄗县(今河北石家庄市高邑县东南),冀州的范围相当于今河北中南部及河南、山东部分地区。樊准到达冀州后,打开官府的粮仓赈济灾民,并开展慰问安抚和组织生产自救等工作,使外出讨生活的老百姓纷纷返回家乡,生产生活秩序逐渐得到恢复。樊准返回京城后,邓太后任命他到治所在巨鹿县(今河北邢台市平乡县平乡镇)的冀州巨鹿郡担任太守。当时巨鹿郡正值灾害后期,"家户且尽","人庶留道"。樊准深入基层,安抚逃荒归来的百姓,动员他们发展农桑生产,到秋收时"谷粟丰",粮价大幅度回落,有效解决了老百姓的温饱问题。朝廷又把樊准调到治所在怀县(今河南焦作市武陟县西南)的河内郡担任太守,继续去做那里的赈灾工作和社会稳定工作。

3. 严肃惩处在赈灾工作中有腐败问题以及弄虚作假和不作为的官吏

邓太后在赈灾减灾中发现了这一严重问题后,她于延平元年(公元 106 年)秋专门给监督监察机构司隶校尉和各州刺史下发敕令,明确指出:近来,很多郡和封国发生了水灾,伤害了秋天的庄稼,朝廷正在反思自己存在的过错,甚为忧虑恐惧。可是,部分地方官府为了得到丰产丰收的虚名假誉,故意隐瞒灾情,弄虚作假,虚报可耕种田地面积;不去统计外出逃荒要饭的人数,却竞相虚增户口;掩盖农民起义造反情况,使犯罪的人得不到惩处;不依照制度规定任用官吏,举荐任用官吏不当,将贪婪苛刻的祸害强加在人民头上，等等。同时，她在敕令中还严肃批评了朝廷派驻各州做监察工作的刺史，批评他们不认真履行监督职责，与地方官吏勾结等，她说，对一些地方官府和官吏的上述违法违规行为，你们这些做监督工作的刺史却装聋作哑，徇私包庇，不知畏惧上天，也不知愧对人民。她要求司隶校尉和各州部刺史牢记自己的职责和使命，敢于和善于监督，不能再让那些不法官吏仗恃朝廷的宽容恩典而不履职尽责。从今以后，要加大对不法官吏的惩处力度。现命令二千石高级官员各自核查老百姓受灾情况，将各郡、封国上缴朝廷的贡物减少一半以上，将免除老百姓缴纳田赋秸秆的政策落地。

"将各郡、封国上缴朝廷的贡物减少一半以上"和"免除百姓应向国家缴纳的田赋秸秆"，这是当时赈灾减灾的重要政策措施，深受灾民的欢迎。可是，冀州、兖州等地却谣传说，只有京畿地区才可以享受这一优惠政策，其他地区的租税皆不免。于是，冀州、兖州等地的灾民纷纷逃离家乡，扶老携幼逃往京城及其周边地区，给这些地方造成了巨大压力。邓太后得知这一情况后，就向司隶校尉和冀州等州刺史下达训令说：你们要命令下属官员亲自对百姓进行劝导，详细说明国家的政策措施，认真做好思想工作。如果他们愿意返回原郡的，当地官府可为他们出具公文，如果不愿意返回也不要强迫。邓太后要求监察官员要以和风细雨的态度，劝导听信谣言的难民，让他们在自觉自愿的基础上回归故乡，不要采取强迫、命令等简单粗暴的方法。

在赈灾工作中，邓太后注重发挥和运用光武帝恢复重建的司隶校尉、州部刺史这一监督监察机制，发挥监察官员驻在部州，常年巡视巡察地方郡、县的工作优势，监督郡、县地方官府和官吏做好赈灾减灾工作，这是有力有效推动赈灾工作在朝廷的政策思路下顺利运行的创新性、保障性措施。

元初二年（公元 115 年），京师地区发生了严重旱灾，河南尹及周边郡国十九个地方发生了蝗灾。邓太后下发诏令，严厉批评三公和有关地方官府隐瞒灾情、不作为等问题，她说：朝廷不明下面受灾的实际情况，就会决策失当，灾害就会变异不止，我忧心如焚。到目前为止，蝗灾已连续发生了七年，而州郡官府隐瞒灾情，仅言受灾面积几多顷几多亩。现在群蝗蔽天，为害广远，所言与所见，难道相符合吗？接着，邓太后严肃批评了三公的不作为问题，她说：三公之职，内外都要监管。现在却既不向上报告，又不实地查纠。天灾情势如此危急，欺天罔上的罪过这样严重，难道你们拿着国家的俸禄能心安理得吗？最后，邓太后说：今方盛夏，暂且免除追究，给予宽容，以观后效。应当抓紧消除灾害所造成的疾苦，安抚百姓。

元初四年（公元 117 年）秋，有三个郡下了冰雹，京师及部分郡国连日阴雨连绵。邓太后下发诏令说：今年秋天庄稼长势好，丰收在望，可是近日却连雨不晴，唯恐淹伤。警惕而审慎，担心而恐惧，就怕出现灾害。现在阴雨霏霏，就是因为人民怨恨的缘故。武官以淫威虐待下属，文官妄行苛刻之政，基层乡吏假公生奸，使得百姓患难而痛苦。因此，有关部门要公开惩罚，决不能让违法乱纪行为滋长蔓延。接着，邓太后在诏令中对仲秋养老等有关工作进行安排部署，她说：《月令》（系古代天文历法著作，按照一年十二个月的时令，记述朝廷的祭祀礼仪、职务、法令、禁令，并把它们归在五行相生的系统中）上说："仲秋养护衰老，授老人几杖，赐老人糜粥。"现在正是八月按验户口、比对核实的时候，但郡县多不执行。虽供给烂粥，但糠秕参半，老人无法下咽。长史怠惰，不去亲自办理。这严重违背诏令养老的本意。应当崇尚仁恕，赈济保护寡独，这样做才称我的心意。邓太后针对救灾工作中存在的突出问题，不断下发诏书批评那些不作为和乱作为的官员，约束他们履职尽责。

4. 实行国家救助，减免税赋，帮助灾民渡过难关

在邓太后摄政期间，虽然国民经济非常困难，但她仍然对全国弱势群体进行了三次统一救助。第一次是元初元年（公元 114 年），对全国各地的鳏、寡、孤、独、患绝症、穷得不能活下去的人，每人发粟谷三斛；贞节妇女，每人发帛一匹。第二次是元初六年（公元 119 年），京师及四十二个郡国发生地震或地裂，泉水涌出。邓太后下发诏令说：《月令》上说，仲春"养幼小，存诸孤"。据此"赏赐贫穷，赈济衣食无着者，要减少妇女强体力劳动，表彰忠节女子"，目的就是顺理阳气，崇尚生长。今下令赏赐给特困、羸弱、孤独的人每人粟谷三斛，贞节义妇每人十斛。第三次是建光元年（公元 121 年），她下令赏赐给鳏、寡、孤、独、穷得无法生存的人，每人粟谷三斛。

此外，邓太后还花大量的时间和精力有针对性地抓好对部分受灾地区的粮食救助、赋税减免和发展生产等工作。首先实行粮食和资金救助。延平元年（公元 106 年）夏，全国有六个州发大水，朝廷派出谒者分别考察虚实，报告灾情，赈济断粮断炊的贫民。当年十月，四个州发大水、下冰雹，朝廷下发诏令说，凡是因水大不能种植冬小麦的，一定要赈济贫民粮食。永初元年（公元107年）春，对受灾严重的司隶、冀、豫、兖、徐、并州，以仓廪储粮贷给贫民。还调运丰产地区扬州五个郡的租米，供给严重缺粮的东郡、济阴、陈留、梁国、下邳、山阳等郡国。永初二年（公元108年）春，以仓廪储粮赈济河南、河内、下邳、东莱等郡国的贫民；当年冬，又以仓廪储粮先后赈济济阴、山阳、玄菟和东郡、定襄、巨鹿、广阳、安定、沛国等郡国的灾民。永初六年（公元112年），调拨粮食丰收的零陵、桂阳、丹阳、豫章、会稽等郡租米，赈济南阳、广陵、下邳、九江、庐江、彭城、山阳等郡国的饥民。元初二年（公元115年），朝廷诏令以粮食赈济三辅及凉州、并州等地的流散贫民。还派遣官员收葬流亡并死在京城的人，并为其设祭；有家属但因贫弱无力埋葬的，或棺椁腐烂者，每人赐给五千钱。元初五年（公元118年），京师等五个郡国发生旱灾，朝廷诏令以粮食赈济灾民，减免赋税。永初四年（公元110年），三辅地区连遭寇乱，百姓外流，朝廷诏令免除三年欠租。永初五年（公元111年），十个郡国发生地震，九个州发生蝗灾，八个郡国发生洪涝，朝廷诏令减省郡国贡献给太官的粮食和食材。永初六年（公元112年），十个州发生蝗灾和旱灾；第二年，十八个郡国发生地震，又有蝗虫遮天蔽日地飞过洛阳。朝廷下令，各郡国凡被蝗虫伤害庄稼一半以上的，免收全年田租；不到一半的，按实际免除。元初元年（公元114年），京师及五个郡国发生旱灾、蝗灾，河东地陷，十五个郡国地震，朝廷诏令免除三辅地区三年田租、更赋（汉代以纳钱代更役的赋税。男子年二十三至五十六，按规定轮番戍边服兵役，称为更。不能行者，得出钱入官，雇役以代）和口赋（亦称口算、口钱。汉时对七至十四岁的儿童征收口赋，每人每年二十钱，属于皇室收入）。元初六年（公元119年），会稽郡暴发瘟疫，朝廷派光禄大夫带太医巡行治病。病亡的赏赐棺木，免除田租、口赋，并动员百姓开展生产自救。永初三年（公元109年），京师大饥荒，邓太后诏令把位于今河南洛阳市故城之东十公里的鸿池借给贫民，特许他们在池中捕鱼；当年秋冬之交，诏令长史巡视京畿地区，督促百姓大种冬小麦和蔬菜，务必地尽其力，贫民由国家救济种子和粮食。元初二年（公元115年），诏令三辅、河内、河东、赵国、太原、上党各自整修旧渠，打通水道，以灌溉农田，努力抗旱保收成。

在当时生产力极端落后的条件下，临朝摄政的邓太后这样努力地抓赈灾减灾工作，思路正确，措施有力，工作深入扎实，逐渐使灾情减缓，"故天下复平，岁还丰穰"。这是邓太后摄政期间所取得的了不起的成就！（据《后汉书·皇后纪》，《资治通鉴》第四九、五十卷，《后汉书·孝安帝纪》《后汉书·樊宏阴识列传》）

（七）为平息"四夷外侵，盗贼内起"，付出高昂代价

邓太后摄政期间，不仅老天不给面子，旱灾水患常年肆虐，而且人也不给她捧场，外有蛮夷侵入，内有盗贼蜂起，为了抵抗和镇压内外敌对势力的破坏，不同规模的战争一直在爆发，直到邓太后

去世还没有结束，战争消耗了东汉王朝巨大的军事资源和巨额财政资源。

1. 西域都护工作不力，西域诸国又开始反叛

正如时人所感叹的那样："班超之后再无班超。"永元十四年（公元102年），在西域工作三十年的西域都护班超因年老有病被朝廷批准回国。朝廷让任尚接替班超，继任西域都护之职。可是，任尚在西域工作四年之后，延平元年（公元106年）秋，他上疏朝廷紧急求救——"西域诸国反"，并"攻都护任尚于疏勒"。当时殇帝已经驾崩，十三岁的汉安帝刘祜刚刚即位，邓太后任命梁慬为西域副校尉，率领河西四郡羌、胡骑兵五千人急速救援。那些围攻任尚的西域多国叛军，听说汉朝大军将至，在梁慬到达之前便逃之夭夭，任尚这才得以解围。西域都护任尚因工作不力被朝廷召回，骑都尉段禧接替了任尚的职务。

段禧走马上任后，用诈术进入龟兹，而后迎入汉军士兵八九千人。龟兹一些官民背叛了龟兹王，并与温宿、姑墨两国联合起来造反，一同围攻龟兹城。段禧等率军出城迎战，大破联军，之后又乘胜追击，共斩杀一万多人，生擒数千人，龟兹局势才平定了下来。西域都护段禧等虽然保住了龟兹，但通往中原的道路已被夷族把持，命令、文件无法传递。

段禧把这一情况上报朝廷，公卿大臣们在讨论时认为：西域之路阻碍重重且距离遥远，那些少数民族政权又屡次背叛，官兵在那里屯戍垦田，经费消耗也没有止境，"朝廷前所以弃西域者，以其无益于中国而费难供也"。于是，永初元年（公元107年），东汉

王朝撤销西域都护，并将段禧等官员以及屯田的官兵接回汉朝本土。西域都护和屯田官兵撤回后，北匈奴重新以武力相威胁，驱使西域各国向自己臣服。他们还派出使者，督责西域各国缴纳拖欠的贡物，并提高贡物的价值，让西域各国严格按照规定的期限及时足额缴纳。西域多国都是实力不济的小国，他们虽然承受着经济拮据的压力，但又不得不向北匈奴贡献财富，北匈奴趁机劝说西域诸国"与共为边寇"，一同侵犯汉朝边境，抢掠汉朝边民的财产。

西域一些王国长期不间断地对汉朝边境进行侵扰，严重影响了边境地区的社会稳定，也增加了沿边郡县官员的压力。治所在敦煌县（今甘肃敦煌市之西）的敦煌郡太守曹宗上疏朝廷，请求朝廷出兵五千人，向北匈奴等发起进攻，"复取西域"。朝廷接到曹宗的奏疏之后，立即召开三公、九卿参加的会议，并邀请班超的儿子班勇一起进行讨论研究，最后，邓太后采纳班勇的建议，决定在敦煌郡重新驻兵三百人，并设置护西域副校尉驻守敦煌。朝廷虽然欲再次控制西域，但是军事决策能力软弱，只是派出了三百人的部队驻军敦煌，而未能派出大军出境讨伐北匈奴，因而没有对北匈奴形成强大的震慑力。北匈奴联合车师等国继续侵犯内地，边疆地区不得安宁，尤其是河西四郡受到的侵扰尤为严重。

2. 羌人叛乱逐步升级，平息叛乱付出了高昂代价

在古代，羌人在我国少数民族中属于大族，大都居住于青藏高原和黄土高原。汉初，匈奴单于冒顿兴起之后，羌族臣服于匈奴。汉武帝时，西汉综合国力增强，便兴军征讨四夷，向北击退匈奴，向西驱逐众羌，打通了河西走廊，设置了四个郡，并逐步从内

地迁徙大量人口来充实河西，阻断羌胡之间的南北通道，使他们不能相互勾结。羌人被迫离开湟水流域，到西海（今青海湖周边）一带居住。在王莽辅政时期，为炫耀四海一统，他便派遣使者到西海一带，以金钱财物利诱卑禾羌首领良愿，动员他献地内属。良愿等人慑于西汉武力，又贪图钱财，于是率领本部落一万二千人迁出西海，将环湖地区献给了汉朝，到自然条件更差的地区去放牧。于是，朝廷设置了西海郡，治所在龙夷（今青海海北藏族自治州海晏县三角城），并在环湖地区设置五个县归西海郡管辖。王莽败亡后，各支羌人部落又重新夺回并占领了西海。更始时期，羌人侵犯治所在允吾县（今青海海东市民和回族土族自治县东南下川口）的金城郡和治所在狄道县（今甘肃定西市临洮县之南）的陇西郡。隗嚣趁机派人联络羌人，征调他们一起与汉为敌。隗嚣败亡后，光武帝刘秀复置护羌校尉，由牛邯担任此职，持天子符节统领羌人事务。牛邯去世后，朝廷再也没有任命护羌校尉。建武十年（公元34年），先零羌与其他部族羌人勾结起来，再次入侵金城、陇西，光武帝派遣来歙率领盖延、刘尚和太中大夫马援等进攻羌人，大败羌军，杀死和俘虏几千人，缴获牛羊一万多头、谷物几十万斛。建武十三年（公元37年），武都参狼羌与塞外羌族各部联合，入侵临洮，杀死官吏，发动叛乱。时任陇西太守的马援率四千人前去征剿，断绝羌人的水源，控制草地。羌人水草乏绝，陷入困境，首领带领几十万户逃往塞外，剩下的一万多人也全部投降。朝廷将这些投降的羌人安置到治所在平襄县（今甘肃定西市通渭县西北）的天水郡，位于甘肃东南部、定西市东部的陇西郡，治所在槐里县（今陕西兴平市东南）的右扶风三个郡居住和生活。永元九年（公元 97 年），烧当羌首领迷唐率领亲兵八千人，加上其他羌人部落共三万人，侵犯陇西郡，打败了陇西郡兵，杀死了大夏县（治所在今甘肃临夏回族自治州广河县境内）的县长。汉和帝派遣代理征西将军刘尚等率领三万汉、羌、胡兵讨伐，前期打败了迷唐军，斩俘一千余人，但后期又被羌军打败，死伤惨重，于是朝廷将刘尚召回治罪。永元十一年（公元 99 年），朝廷又派谒者耿谭、王信率军讨伐，迷唐恐惧，向汉军投降，后被送到京城洛阳。迷唐手下的一些部众又被安置在金城郡居住。羌人先后迁徙到新地方居住之后，仍然不顺从官府管理，也不与当地居民融合。地方官府和当地百姓都对羌人没有好感。当地的官僚、地痞等排外思想严重，经常欺负甚至奴役羌人。羌人"积以愁怨"。

永初元年（公元 107 年），朝廷为增加骑兵在军队中的比重，增强快速反应、快速调动能力，便要求有关将领征调陇西、金城等地善于骑射的羌人充实汉军。对这次征兵工作，有关郡县官府高度重视，抓得很紧，催得很急。那些被迫当兵的羌人，大都上有老、下有小，他们担心被朝廷派遣到遥远的边境地带屯戍，不能再回来，逆反情绪非常严重。当这批新兵行进到酒泉时，已有不少人逃跑。新兵所在的郡县官府担心被朝廷责备，派人捣毁了他们家人居住的房屋或帐篷，端了他们的"老窝"。这一下就把羌人的怒火给点起来了，矛盾迅速激化，他们联络各地的羌人集结起事。因羌人早已归附汉朝，他们手中不再拥有武器，于是，他们以竹竿、棍棒等代替戈、矛，用桌子面板当作盾牌，与郡兵展开对抗。而此时郡县的官吏们畏惧胆怯，不能制止羌人叛乱。于是羌人越聚越多，事越闹越大，还发生了严重的打砸抢烧事件，切断了陇道。事情闹大之后，邓太后诏命时任车骑将军邓骘、征西校尉任尚二人共同率领屯骑、步兵、越骑、长水、射声等五营兵力及多郡地方武装共五万人前去讨伐。在出发之前，邓太后和安帝亲自在平乐观设宴，为邓骘饯行。永初二年（公元108年）正月，邓骘率领朝廷五营兵力踏入汉阳郡境时，任尚率领的各郡郡兵尚未到达。原本羌人起事只是将矛头对准地方官府和郡兵，而朝廷派出重兵开赴汉阳，羌人便调转矛头与汉军作战。当邓骘劳师远征抵达凉州州治所和汉阳郡治所所在地冀县（故址大约在今甘肃天水市甘谷县）之西时，羌人钟羌（古代羌人部落之一。东汉时居牧于大、小榆谷以南，即今甘肃南部地区，北邻烧当羌居牧地）部落数千人便向邓骘发起攻击，并将邓骘的军队打败。邓骘咽不下这口窝囊气，当年冬，他派遣任尚、马钧率领各郡郡兵，在平襄县（今甘肃定西市通渭县平襄镇）与羌人首领滇零率领的数万羌兵交战，任尚、马钧大败，又有八千余人被战死。

邓骘吃了两次败仗，汉军死伤惨重、代价高昂，这激发了羌人的野心，点燃了内战的战火。羌人武装势力迅速膨胀，以至于达到"朝廷不能制"的程度。羌人首领滇零笼络四方羌人成立独立王国，分裂国家，破坏统一，侵犯抢掠周边郡县，甚至威胁到京师的安全，成为东汉王朝往后多年的心头之患。由此开始，一直到元初五年（公元118年），汉军才把羌人的反叛高潮镇压下去。此为战争的第一阶段，共花了十年时间，汉军不仅有众多的官兵战死疆场，而且耗费军费二百四十亿钱。战争的第二阶段，从元初六年（公元119年）至建康元年（公元144年），长达二十五年，汉军最终将羌军打败，汉军不仅伤亡惨重，而且又耗费军费八十亿钱。战争的第三阶段，从延熹二年（公元159年）开始，又打了很多年，直到黄巾大起义爆发时，战争还没有结束。不仅耗费了巨额军费，而且还造成大量士兵伤亡，使数不胜数的家庭失去了儿子、丈夫和父亲。

3. 农民起义和少数民族叛乱事件接连发生

邓太后摄政时期，内地一些地方也不断发生农民起义和动乱事件。"其民无不挟利刃，往入杀人白昼中"。邓太后主持朝政的十五年，发生的动乱、叛乱实在太多了，限于篇幅不再一一介绍。这里，不妨抽查一下永初三年（公元109年），看一下这一年时间里究竟发生了多少事，都是什么事：

第一件，乌桓、胡人侵犯代郡和上谷郡。当年六月，渔阳郡内的乌桓部落与右北平郡内的胡人部落联合起来，共一千余人，进攻代郡、上谷。

第二件，南匈奴背叛。六月，汉奸韩琮作为南匈奴单于的翻译到洛阳朝见，回去后，他挑拨南匈奴单于说：函谷关以东发生水灾，百姓因饥饿几乎死尽，我们可以向朝廷发动攻击。单于听信韩琮挑拨而背叛了朝廷，派遣南匈奴武装力量在美稷（古县名。治所在今内蒙古准格尔旗西北）包围了汉朝中郎将耿仲。朝廷任命大司农何熙为代理车骑将军率领两万余人，又命令辽东郡太守和度辽将军率领军队一同参战，打败了南匈奴军队。南匈奴休整之后，继续包围耿仲数月。

第三件，山东爆发了张伯路领导的农民起义。七月，生活在沿海地带的张伯路自称将军，率领三千多名沿海地区青年农（渔）民起义，先后攻占沿海九郡。他被侍御史庞维捉住后投降，后又叛逃，杀死郡守县令。跟随其起义造反的人越来越多。

第四件，乌桓和鲜卑侵犯五原郡。九月，雁门郡的乌桓率众王无何允等与鲜卑大人丘伦，联合南匈奴的骨都，共组成七千余人的骑兵大军，进攻治所在今内蒙古包头市的五原郡，与五原郡太守率领的军队在今包头市附近的高渠谷交战，汉军失败。

这一年又一年，一波接一波的内乱和外侵，加剧了国家局势的动荡，增添了老百姓的痛苦，也使得邓太后手忙脚乱，左支右绌。（据《后汉书·西羌传》《后汉书·邓寇列传》，《资治通鉴》第四九、五十卷》）

（八）邓太后攥着皇权不肯移交，安帝和一些大臣心怀不满

安帝刘祜出生于永元六年（公元94年），永初三年（公元109年）正月，朝廷为十六岁的安帝举行了加冠仪式，并大赦天下。加冠礼的举行，标志着安帝已经长大成人；大赦天下意味着安帝就要亲政。可是，日复一日、年复一年，朝廷的一切工作都是"外甥打灯笼——照舅（旧）"。安帝似乎成了局外人，被晾在一边。只是在邓骘出征去攻打叛羌之前，邓太后为邓骘饯行，才叫他去平乐观陪过一次餐。这是安帝即位以来参与的唯一一次政务活动。对邓太后迟迟不向自己移交皇权，安帝心里很是无奈，但他也不敢说什么。三公、九卿也都认为早就应该让安帝亲政了，但谁也不敢劝谏。他

们都在等待邓太后觉悟，但等来等去邓太后却一点儿也没有向安帝移交皇权的意思。此时有两个"小萝卜头"着急了。一个是在尚书台做事的郎中杜根（颍川定陵人，即今河南许昌市襄城县人）；另一个是具有候补官性质的郎官。这小哥俩是同期的郎官，二人关系很铁。一次，两人在一起议论说，邓太后很忙，是不是她把移交皇权这件事给忘了呢？于是，他们联名向邓太后呈上了一封奏疏，意思是想提醒她一下。这封奏疏很简单，实质内容就六个字，就是"帝年长，宜亲政"。邓太后一看见两个傻小子写的那六个字就火冒三丈。于是，她"皆令盛以缣囊，于殿上扑杀之"。什么意思？就是把杜根二人都装进由双丝细绢做成的大袋子里，把口扎结实，在殿堂上当场打死（杜根侥幸未死）。自从郎中杜根二人在殿堂上被活活打死以后，朝中三公、九卿和文武百官再也没人敢提安帝亲政的事了。但地方郡府有个名叫成诩世的小官，不知是大无畏，还是信息闭塞，"亦坐谏太后不归政抵罪"，被关进了大牢。

邓太后是在和帝、殇帝接连去世，以及天灾人祸频发，汉朝内忧外患，天下并不太平的特殊历史阶段主持朝政的。她从一个管理后宫的皇后，一下子成了泱泱大国的最高统治者。过去她从来没有亲自处理过内政、外交、军事、民生等，一堆堆燃眉之急的大事、难事，都要靠她来拍板决断；朝廷与地方、官府与百姓、汉族与夷族、文臣与武将、宦官与外戚之间的错综复杂的矛盾和斗争也要靠她来协调处理。邓太后在决策这些大事、难事，解决这些矛盾和问题的过程中，确实存在着一些决策失误、用人不公、处理不当等严重问题，犯了一些错误，走了不少弯路，也付出了沉痛代价。但她勤勉政务、节俭生活，为了汉朝殚精竭虑，在她主政期间，她始终维持着历史车轮缓缓转动。

从延平元年（公元 106 年）起，不管是婴儿刘隆做皇帝，还是少儿刘祜做皇帝，整整十五年，邓太后一直都是东汉王朝的实际一把手。因为她事必躬亲，经常"达旦不寐"，所以严重伤害了她的身体。建光元年（公元 121 年）二月十二日，邓太后病倒了，在病床上仅仅躺了一天一夜后就死了。年仅四十岁。（据《资治通鉴》第五〇卷）

二、安帝对邓氏家族进行政治追杀，"外戚政治"瓦解

邓太后去世以后，以前邓太后活着的时候曾经处罚或批评过的一些宦官、宫女心怀怨恨，他们也联合起来在安帝面前诬告邓太后，说她曾经与其三个弟弟邓悝、邓宏和邓阊一起谋划，打算废黜汉安帝，改立河间王刘开的儿子刘翼为帝；还说他们曾经向尚书邓访索取废除皇帝的历史档案。因不用担心会受到死人的打击报复，他们把事编得有鼻子有眼。安帝一听，竟然连历史档案也都查找了，他感觉这事肯定是真的，安帝回想往事而生怒。邓悝、邓宏死了，安帝就找他们的儿子算账。邓阊没死，就让他和他的儿子一块儿买单。于是，安帝下令有关部门弹劾邓悝等人的大逆不道之罪，并将邓悝的儿子西平侯邓广宗的爵位废掉，贬为庶民；同时，将邓阊以谋反罪处死，将邓阊的儿子西华侯邓忠、邓宏的儿子叶侯邓广德、邓广德的弟弟都乡侯邓甫德，以及邓太后的另一位侄子阳安侯邓珍，全部废黜爵位，贬为平民。邓骘因不曾参与密谋，只是被免

去特进官衔，保留爵位，遣返封国上蔡（今河南驻马店市上蔡县）。邓氏宗亲一律免去官职，遣返原郡，邓氏兄弟的家产，包括田地、房屋、车马等全部充公。邓访及其家属被驱逐到遥远的边疆。在郡县官员的承旨逼迫下，邓广宗和邓忠回到封国之后都自杀了。之后，安帝又将邓骘徙封为罗侯。罗侯属于煞星，这个爵位一般只封给那些在政治斗争中惨败的高官，具有贬损的意味。邓骘感到受了莫大羞辱，就和他的儿子邓凤一同绝食而死。邓骘的堂弟、河南尹邓豹，度辽将军、武阳侯邓遵，以及将作大匠邓畅全部自杀。这次集体自杀事件，使朝廷上下都感到震惊。邓家只有邓广德、邓甫德、邓康的几个小家庭得以保全。虽然邓广德、邓甫德都被贬为庶民，但因其母亲与安帝的大老婆阎皇后是亲姐妹，他们便留在京城，没有被治罪。邓康因曾经劝谏邓太后"应该抬高朝廷威望、自行裁减外戚私权"而被邓太后免去官职、开除族籍，安帝不仅没有将其治罪，而且还提拔他为九卿之一，掌皇帝舆马和马政的太仆。另外，安帝还将继承刘胜爵位的平原王刘翼贬为都乡侯，遣回河间。刘翼到达河间后，不再会见宾客，紧闭大门而深居自守，因此得以免罪。

安帝铲除邓氏家族之后，民间舆论沸沸扬扬地传播开来，舆论的焦点直接涉及安帝的人品和他的社会形象问题。"众庶多为骘称枉者，帝意颇悟，乃遣让州郡，还葬骘等于北芒，请从昆弟皆得归京师。"民间舆论大都认为，邓氏家族蒙受了冤屈，于是安帝顿感"醒悟"。安帝的做法是——"乃遣让州郡"，就是把一切责任都推给那些按照朝廷指令而参与迫害邓氏家族的州郡官吏，并对他们进

行谴责。(据《资治通鉴》第五〇卷,《后汉书·杨震列传》《后汉书·郭陈列传》)

三、安帝亲政后的"奶妈政治"和"宦官政治"

汉安帝在邓太后病逝之后便开始接管政事,在他统治的四年里,他把东汉王朝的政治舞台搞成了"奶妈政治""宦官政治"和"外戚政治"群魔乱舞的政治平台,进一步加剧了国家的政治腐败和经济下滑。

(一)安帝启用"直道"和"隐逸"之士效果不佳

安帝摧毁邓氏集团之后,朝廷文武百官都在观望,未尝有言,只有尚书陈忠扬眉吐气,谈笑风生,成为当时的风云人物。陈忠认为,邓太后摄政时期最大的弊政是任人唯亲,跳不出外戚小圈子,一些敢于谏言的"直道"之士遭到迫害,一些有真才实学的优秀人才却"隐逸"起来,不肯出来为官。如果这个问题不解决,就难以实现政治清明。于是,陈忠一方面上疏弹劾邓氏家族的种种罪恶;另一方面积极向安帝举荐被邓氏打压的直道之士杜根、成翊世,以及隐逸之士冯良、周燮等。

1. 安帝起用了杜根、成翊世,欲重用冯良、周燮,但二人不应

杜根就是曾向邓太后上疏"帝已长,宜亲政"六字之谏,而被装在袋子里受刑,以为被打死,结果之后又苏醒过来,逃到宜城山酒铺打了十五年工的那个郎中;成翊世就是那位"坐谏太后不归政"而被关入大狱的郡府小吏。安帝感觉陈忠推荐的杜根、成翊世都是为自己不能亲政而鸣冤叫屈的，他们都差一点儿被邓太后整死，所以必须予以提拔重用。于是，安帝下诏将杜根提拔为御史大夫的属官侍御史，主要负责受理公卿奏事，监察文武百官，或供临时差遣，持节典护大臣丧事，以及收捕、审讯罪臣等工作；将成诩世提拔为尚书郎，在皇帝身边处理政务。那么，杜根和成诩世被提拔重用之后的发展情况究竟如何呢？大凡遭受过人生重大打击，几乎失去生命的人，其重归仕途之后，一般不会再玩命了，他们都很低调。杜根在顺帝年间曾被贬降为治所在定陶（今山东菏泽市定陶区）的济阴郡的太守，后来他辞职返回老家颍川定陵（今河南许昌市襄城县），七十八岁时去世。成诩世的情况不详。

　　陈忠所推荐的周燮和冯良两位隐逸之士，都是"学行深纯，隐居不仕，名重于世"之人。周燮，字彦祖，汝南安城人，即今河南驻马店市汝南县人。他长相特殊，下巴颏和额头突出，丑状让人害怕。其出生不久，母亲想把他扔掉，父亲却不同意，他说：我听说圣贤多异貌，兴许这孩子长大后还能振兴我们家族呢。周燮十岁上学便能通晓《诗经》《论语》等，长大之后，专门钻研《易经》《礼记》，他不读非圣之书，不修贺问（借指应酬交往）之好。他的前人在山岗之上建了一间草房，下有梯田，周燮便住在那里耕读，不是亲自耕种的粮食、不是亲手捕获的鱼，他都不吃。后来，他被推举为贤良方正，朝廷派人征召他做官，周燮却以病为由推辞不应。冯良，字君郎，南阳人，即今河南南阳市人，出身于孤微贫贱之家。初在县府做吏，三十岁那年当了县尉的从佐。一次，县尉派他去迎接郡府督邮，可冯良耻于贱役，在半路上把车子弄坏，把马杀死，把衣冠撕毁，而后跑到犍为郡武阳县（今四川眉山市彭山区），跟随当时的著名学者杜抚学习。他老婆到处找他，可音信全无，后来见到草丛里面有腐朽的马尸和破烂的衣服，以为他被野兽吃了或被盗贼杀了，于是便为他发丧出殡，埋了个衣冠冢。过了十多年，冯良才回到家乡。他志行高雅，不合乎礼制的事情不做，对待老婆如同君对臣一般严肃。当地人都以为他非同凡人，仰之弥高。

安帝刘祜感觉陈忠给他推荐的这两个人都是难得的人才，于是立即派使者拿着黑色绸缎和羔羊皮特制的礼品，在地方官员的陪同下，分别前往周燮、冯良的家里，召请二位到朝廷做官。周家长辈劝周燮说：修养道德，砥砺品行，目的是为国家效力，而你为什么偏偏守着那山坡上的一亩三分地而不肯为官呢？周燮却说：修养品德学问，要等待合适的时机，目前这个时机还没出现，出仕为官能有什么作为！周燮所说的合适时机就是朝政清明。周燮和冯良两人不约而同都自己乘车到本县官府，在深表谢意的同时，声称有病不宜出仕，然后回家继续隐逸。安帝没有请得动两位优秀人才，深感失望，于是下发诏书通知冯良、周燮所在的二郡，每年都要送给他们羊肉和美酒。冯良、周燮都是七十多岁在家中病逝的。

2.安帝要求臣属举荐有道之士

安帝招不到"隐士"，心里不是滋味，他下发诏书，要求上至三公、九卿，下至郡太守、封国相，各自举荐一名品学兼优的有道之士。

自从安帝亲政以来，陈忠多次献计献策。安帝要求群臣举荐有道之士的诏书下发后，陈忠就琢磨，既然皇帝已公开征召有道之士，那么很可能有人在给安帝荐贤的同时，也给他"献道"，也许有的"道"不一定符合皇帝的心意，甚至言辞激烈，良药苦口，遇到这种情况，皇帝应该具有海纳百川、闻过则喜的胸怀，"择其善者而从之，其不善者而改之"。于是，陈忠上疏说：仁爱的君主都是主动开阔自己的胸襟，使其就像高山和湖泊一样博大，能够容纳尖锐直率的批评，使忠臣能够尽到知无不言、言无不尽的职责，不用担心上奏逆耳之言而遭到打击迫害。陈忠还列举了汉高祖刘邦、文帝刘恒、武帝刘彻、元帝刘奭等以宽阔的胸襟虚心接受并采纳臣属的尖锐批评和意见建议的具体事例，劝谏安帝继承和发扬先帝的政治品德，以从善如流的姿态，推进政治清明。陈忠在奏疏中推断说，而今，善于议论时政的人看到杜根、成翊世受到褒扬，并被提拔到御史台和尚书台两个重要岗位上为官，一定会闻风响应，竞相贡献恳切直率的意见。陈忠在奏疏中坦言，作为圣明的君主应该对建言献策的行为予以鼓励，千万不能打击和压制。如果是良谋奇策，就应立即采纳；如果是狭隘浅陋的管见，或是狂妄的讥讽，甚至与实际情况不符等，尽管难以吸收，也请陛下大度宽容，以显示圣明王朝百无禁忌的美德。对群臣所举荐的有道之士，陈忠提出，应该进行面试询问，并依据他们的面试成绩予以妥善安置。如果大臣们所举荐的人选，在应询时有高明见解，则应留意查看，确实优秀的应提升一级任用。安帝亲政伊始，由于陈忠上疏推荐了冒死呼吁安帝亲政的杜根、成翊世，很合安帝心意，安帝不仅予以采纳，而且还把杜、成二人安排在朝廷重要岗位，他对陈忠也留下了很好的印象，感觉陈忠是忠于自己的。因此，安帝再次采纳了陈忠的建议。

经过面试答辩，安帝将成绩最优秀的施延任命为侍中。

施延，字君嗣，沛国蕲县人，今安徽宿州市埇桥区蕲县镇人。他青年时期聪慧好学，通晓五经和天文，在学问上很有名气，作为有道之士考任侍中之后，尚能够与坚守正道的大臣打成一片。由于后宫争权，安帝欲废黜太子刘保，施延和太仆来历等共同上疏，认为太子无辜，不应废黜。刘保即位汉顺帝后，施延被提拔为九卿之一的大鸿胪，掌少数民族首领和诸侯王、列侯的迎来送往，安排朝会、封授、袭爵以及夺爵、削土之典礼；诸侯王死后，则奉诏护理丧事，宣读祭文、悼词和谥号等。阳嘉二年（公元 133 年），施延被任命为太尉，成为三公之首。太尉作为管军事的最高官员，除了承担皇帝的最高军事顾问外，还要评定全国武官的功绩高下，并将其作为升降的重要依据。军队由各将军、校尉统领，太尉不能直接指挥军队。阳嘉四年（公元 135 年），施延在主持评定武官功绩和选官时，因受贿徇私被罢免。

3. 安帝派人征召孝子薛包、隐士樊英到朝廷为官

在征召有道之士的过程中，安帝听说有两位隐士颇有才学，他坚持一定要千方百计把他们请来为官。

薛包，汝南人，即今河南驻马店市平舆县一带人。他是远近闻名的大孝子。薛包年少时亲妈死了，老爸娶了一位后妈。后妈不愿意抚养薛包，要他另立门户独立生活，薛包日夜哭泣不愿离开，以至于遭到"妻管严"老爸的鞭打。无奈之下，薛包只好在老宅外面

搭建了一间小屋居住，每天早晨起来，薛包第一件事就是回老宅打扫庭院。后妈不愿看见他，再次鼓动老公将儿子打跑。薛包迫不得已，只好拆掉原来的小屋，在乡里大门旁边又搭建了一间小房居住。每天早晚，薛包还是回老宅向老爸和后妈请安，并主动干些家务活。时间久了，老爸和后妈感觉惭愧，便让薛包搬回去居住。若干年后，薛包的老爸和后妈先后去世，薛包的侄子坚持分割家财，异居另过，薛包好言相劝，侄子不听，于是薛包就将家产按股分开。薛包情愿自己吃亏，把年老的奴婢挑出来，对侄子说：他们与我相处的时间长，你使唤不动，让他们跟着我吧！田地、房屋、家具、牛马等，薛包都是选择瘠薄、破旧和老弱的，他对侄子说：这是我从小就经营、居住或使用过的，我对它们有感情。虽然在分家时，侄子占了很大便宜，但时间不久却几次破产。这种时候，薛包总是给予救济。因此，乡亲们称他为"孝友"。安帝听了薛包的故事以后，便命公车将薛包征召入京，任命他为侍中。当官对薛包来说简直就是活受罪，薛包知道自己干不了这个工作，而皇上非让他干不可，于是他想以死表明自己的意愿。安帝也没办法，只好批准薛包离官回乡，并对他礼敬优待。隐士们越是不愿出来当官，安帝越是认为他们具有谦逊的品德，就越想把他们请出来当官。但是，耗费了九牛二虎之力，把他们请出来为官之后，他们还真的干不成什么事。

樊英，南阳郡人，即今河南南阳市一带的人。他"少有学行，名誉海内"，青年时期就隐居在壶山南麓，即今河南平顶山市鲁山县南十公里左右。以前州、郡官府曾经多次征聘他出来当官，樊英都没有答应。朝廷的公卿大臣先后推举他为"贤良""方正""有道",他从未动心。当安帝得知这一情况后,就下发策书征召,樊英依然不从。于是,安帝派人拿着策书和黑色的缯帛等礼品,非常礼敬地征召他,他仍然以病为由推辞不就。安帝下发诏书,严厉批评州、郡官府办事不力。地方官吏害怕,便命人将樊英抬到车上上路,樊英不得已来到京城住下。之后,他称病不肯起床,朝廷有关部门怕交不了差,便派役夫用轿子强行把他抬进宫殿,但樊英还是称病,不肯屈从。安帝安排他到太医处治病养病,每月送给他羊肉和美酒。而后安帝特为樊英设立讲坛,命令负责看管南阙门和夜间巡查宫殿的公车令在前面为他引路,尚书陪同他,赏赐他可用于讲课的案几和手杖,用尊敬大师的礼节来对待他,向他咨询政务工作有关问题,可是,樊英所解答的问题既没有针对性,更不具操作性,答非所问,不着边际,令人失望。安帝觉得应该给樊英安排个像样的官职,他才会露真本事,于是将他提拔为五官中郎将。五官中郎将是干什么的? 东汉时期,五官中郎将设一人,大致介于将军和校尉之间,年俸为比二千石,属于高级武官的范畴。安帝让樊英这位几乎不与社会接触的隐士去干这个工作,的确有点难为他了!所以,数月之后,樊英又声称病重,整日呻吟,不吃不喝,安帝感觉樊英可能还是嫌官小,于是又下诏将他提拔为光禄大夫。光禄大夫是诸大夫中地位最显要者,但樊英仍然不干。安帝没有办法,只好准许他回家养病,并命令当地官府送给他谷米,每年四季送给他牛肉和美酒。樊英请求辞去官职,安帝下发诏书不予批准。

安帝征聘的所谓隐士成本高而效果差,结果很不理想。(据《后

汉书·郭陈列传》《资治通鉴》第五〇卷,《后汉书·杜栾刘李刘谢
列传》《后汉书·周黄徐姜申屠列传》)

(二)安帝的"奶妈政治""宦官政治"和新的"外戚政治"

安帝把邓氏集团除掉以后,还做了下面几件事。

1. 追尊封号,光宗耀祖,为早已去世的祖母宋贵人报仇

安帝追尊生父、生母和祖母谥号,尊嫡母名号,并将祖母的亲
属、嫡母的亲属全都封官拜爵。建光元年(公元 121 年)春,安帝
将其生父清河王刘庆追尊为孝德皇;将其生母左氏追尊为孝德后;
追尊祖母宋大贵人为敬隐后,将敬隐后之父宋杨的四个儿子全都封
为列侯,将宋氏家族中的十多个男子全部任命为卿、校、侍中、大
夫、谒者、郎官等。将嫡母耿姬尊为甘陵大贵人,将甘陵大贵人的
哥哥牟平侯耿宝任命为羽林左军(汉时,皇帝禁军设八校尉,左军
是其中之一)车骑总监(负责监督管理车马)。

耿宝系牟平侯耿舒之孙,耿袭之子。按照封建世袭世禄、父死
子嗣礼制,耿袭去世后,耿宝承嗣了牟平侯爵位,耿宝的妹妹耿姬
是清河王刘庆的大老婆。刘庆的儿子安帝安排嫡舅羽林左军车骑总
监这个职务只是一个过渡,不久就要提拔他当九卿之一的大鸿胪。
耿宝作为外戚,与宦官中常侍李闰、樊丰和安帝的奶妈王圣等打得
火热,弄权乱政,干了不少坏事。

安帝在给已经死去的长辈追尊谥号,给活着的亲属命官封爵
之后,还有一件事要办,就是给他的祖母——清河王刘庆的生母
报仇。

当年受窦皇后指使，曾经审讯安帝祖母宋大贵人及其妹妹宋小贵人的宦官蔡伦，已于永初元年（公元107年）被邓太后封为龙亭侯，后来又升迁为掌管太后私财和生活琐事的安乐少府。安帝命令蔡伦自己前往廷尉受审。

自从安帝亲政以后，蔡伦整天担惊受怕的那件事终于来了，他不声不响，穿戴一新后服毒自杀。

蔡伦，字敬仲，桂阳人，即今湖南衡阳耒阳市一带人。早在汉明帝时期，作为太监的蔡伦就在内宫干服务工作，章帝建初年间，蔡伦升任为低于黄门侍郎一级的小黄门，主要工作是常侍皇帝左右，皇上在内宫，小黄门则受尚书事，上呈下达中宫以外和中宫以下诸事。和帝即位后，蔡伦被提拔为中常侍，开始参与一些政务工作。蔡伦有学问，有才能，工作尽职尽责，诚实谨慎，有时会向皇上陈述一些为政得失的道理，多次触犯龙颜。因皇上对蔡伦比较了解，知道他没有恶意，也不曾对他进行处罚。每到休假的日子，蔡伦常闭门不接待宾客，微行田野。永元九年（公元97年），蔡伦升为尚方令，职掌制造兵器及宫内器用，由于蔡伦善于研究改进工艺，指导生产有方，所以制造出来的器物全都精密牢固，质量很好，并成为后代制作的典范。在工作中，蔡伦发现，自古以来各种典章书籍大都编成竹简，竹简由竹片制成，每片写字一行，将一篇文章的所有竹片编联起来，称为"简牍"。简牍较重，使用起来不大方便。"其用缣帛者谓之为纸"。缣帛是古代一种质地细薄的丝织品。古人也经常在缣帛上书写文字。缣帛柔软轻便，幅面较宽，宜于画图，这些都是简牍所不具备的优点。然而缣帛价格昂贵，普通人用不起，而且一经书写，不便更改，一般只用于定本，所以缣帛始终未能取代简牍作为记录知识的主要载体。蔡伦在吸收前人生产丝织品经验的基础上，用树皮、破布、麻头、破渔网等为原材料，经过挫、抄、泡、捣、烘等一系列工艺加工，发明制造出了适合写字的植物纤维纸。元兴元年（公元 105 年），蔡伦把制造出来的纸上奏和帝，受到和帝的赞赏。自此之后，大家都使用这种纸，并把它叫作"蔡侯纸"。蔡侯纸原料来源广泛，生产工艺相对简单，成本低，质量好，便于书写、携带和保存，于是逐渐被推广使用。这是我国古代影响世界的"四大发明"之一，中国的造纸术逐渐传播到世界各地，为人类文化事业发展作出了重大贡献。汉安帝即位后的元初元年（公元 114 年），临朝摄政的邓太后因蔡伦工作兢兢业业，资格又老，于是封他为龙亭侯，食邑三百户；后来又提拔他担任了太后所居住的长乐宫的重要官员——长乐太仆，与长乐卫尉、长乐少府并称为太后三卿。元初四年（公元 117 年），邓太后因为经史传记等大都没有核实确定，于是选派精通儒学的谒者刘珍和博士良史等人到东观校正典籍，朝廷派蔡伦监督管理此事。安帝亲政后，为了给祖母报仇，把蔡伦逼死，蔡伦封侯国被取消。

2. 大肆提拔重用阎皇后娘家一族

安帝的皇后阎姬是河南荥阳人，即今河南郑州荥阳市人。她的祖父阎章在汉明帝永平年间担任尚书。当时阎章的两个妹妹（即阎姬的两位老姑）都是明帝的贵人。明帝认真践行光武帝关于外戚不得参政、不得封侯的规矩，对外戚的提拔任用严加限制，"权无私溺之授",因此,阎章虽然贵为皇亲国戚,且又精通旧典,按资历、能力和呼声本应升任要职,但明帝只安排阎章为步兵校尉。阎章的儿子阎畅有四个儿子、一个女儿。儿子分别是阎显、阎景、阎耀、阎晏,女儿就是阎姬。阎姬长得如花似玉,美若天仙,元初元年(公元114年)被选入宫中。那个时候的安帝正是风华正茂、精力旺盛的年龄,但由于邓太后临朝摄政,牢牢抓着朝政大权不放,安帝闲着没事,就沉溺于酒色之中,"细腰争舞君沉醉"。阎姬入宫后,安帝为她闭月羞花般的容貌所倾倒,大有相见恨晚的感觉,很快就和阎姬如漆似胶、难舍难分了。不久,阎姬就被封为贵人。邓太后对阎贵人也多有关照。因为邓绥同父异母的弟弟西平侯邓宏的老婆,与阎姬的母亲是同胞姐妹。元初二年(公元115年),阎贵人被立为皇后。阎姬成了天下之母,内心洋溢着甜蜜和幸福,安帝的宠幸更使阎姬倍感自豪。童年时期父母的溺爱和娇生惯养,使阎姬养成了自私任性的性格。一旦有什么事不称她的心意,她就撒泼使性,摔盆砸碗,大耍威风。做了皇后之后,她这种性格就毫无遮掩地暴露了出来。阎姬无法忍受安帝染指其他宫女,有时甚至不惜将情敌置于死地。宫女李氏生下了皇子刘保,阎皇后就用鸩酒毒杀了李氏。安帝对阎皇后肆无忌惮地行凶杀人的行为,非但没有惩处或制止,反而继续一味地宠着惯着她。为取悦皇后,安帝仿照先帝们即位以后滥封外戚的错误做法,于元初三年(公元116年)任命阎皇后的父亲阎畅为侍中、长水校尉,封北宜春侯,食邑五千户。建光元年(公元121年),邓太后去世,安帝亲理政事之后,安帝将阎皇后的兄弟阎显、阎景、阎耀、阎晏全都安排为卿、校,统御皇家禁军。第二年，又晋封阎显为长社侯，食邑一万三千五百户；追尊阎皇后母宗（指母系宗长）为荥阳君。阎显、阎景的几个儿子都是少年，有的只有八岁，都被安帝任命为黄门侍郎。外戚邓氏家族落败之后，又一个新的外戚阎氏家族的政治势力开始崛起，"外戚政治"再次走上政治舞台。

3. 疯狂向奶妈和宦官输送政治经济利益

一般来说，在皇帝昏庸、政治黑暗时期，往往会产生依附并吸食皇权的寄生组织。而这个组织多由皇帝所宠信的宦官、外戚等组成。他们攀龙附凤，将皇帝、皇后玩弄于股掌之间，以吸食宿主养分并以狐假虎威为本能，诌上骄下，扰乱朝政，恃势凌人，贪赃枉法。安帝身边就有这样的一个特权和寄生组织，其主要成员是：被安帝封为野王君的奶妈王圣和她的女儿伯荣；被安帝赐封为中常侍兼大长秋的都乡侯江京；由中黄门提拔为中常侍并赐封为雍乡侯的李闰；中常侍樊丰；黄门令刘安；钩盾令陈达。这帮安帝的内宠们勾结在一起，相互利用，收钱买官，飞扬跋扈，形成了一个无人敢惹的政治势力团伙。

奶妈王圣的女儿伯荣利用她随时能够出入皇宫之便，四处奔走，大肆接受请托贿赂，疯狂敛财，从事着"传通奸赂"之勾当。她收钱之后转给母亲王圣和宦官，宦官直接能办成或找大臣也能够办成的事，由宦官去办；宦官无法办成的事，由奶妈王圣告诉安帝，安帝去办。他们搅弄得整个朝廷和官场乌烟瘴气，贿赂横行。这种严重的政治腐败，引起了朝中具有封建正统思想的大臣们的强烈不满和坚决反对。

　　眼看着政治生态被安帝严重污染，人称"关西孔子"的司徒杨震勇敢地站出来，直言不讳地上疏说：臣闻政以得贤为本，治以去秽为务。而今具备古贤所提出的"九德（即忠、信、敬、刚、柔、和、固、贞、顺）"之人未在朝中任职，而陛下所宠信的奸佞小人却充斥朝廷。奶妈王圣，出身微贱，遇上百年难遇的奉养皇上的机会，城狐社鼠，扰乱朝政，虽然她有侍奉皇上的勤劳，但圣上先后对她的赏赐，已经超过了对其恩德的报答。但是王圣却仍然贪得无厌，勾结宫外之人，大肆收受钱财，卖官鬻爵，严重玷污了陛下的形象，污染了政治生态。奶妈和宦官作为女子和小人，谁接近他们，他们便高兴；谁疏远他们，他们便怨恨，委实难以豢养。陛下当务之急是尽早让奶妈搬出皇宫，让她到外面居住，切断她的女儿伯荣与宫廷的联系，不许她往来奔走。这样，可以同时发扬皇恩与圣德，对上对下两全其美。杨震从维护皇上形象和维护国家良好政治生态的愿望出发，对安帝进行劝谏，而不讲政治讲私情的安帝却将杨震的奏疏让奶妈等人"传阅"，而没有素质的王圣母女等人全都愤慨怨恨杨震。

　　伯荣作为皇上奶妈的女儿，家财丰厚，穿金戴银，而且随着滚滚财源的不断涌入，她找老公的标准也节节攀升，慢慢地就成了大龄"剩女"，穷人不嫁，富人不娶。富贵生淫欲。耐不住孤单和寂寞的伯荣，便勾搭上了已故朝阳侯刘护的堂兄——吊儿郎当的无业游民刘瓌，两人鬼混一段时间之后，伯荣便嫁给了刘瓌做老婆。为了女婿刘瓌的升迁，丈母娘王圣频频向安帝说情，于是，安帝将刘瓌提拔为官，并且一路关照，使刘瓌的官位不断上升，成为侍从皇帝左右、供皇帝指派的高级官员侍中。安帝还打破传统爵位继承顺序，让刘環继承了其堂弟刘护的朝阳侯爵位。

对安帝这一严重背离礼制的做法，司徒杨震义愤填膺，他再次上疏直言极谏说：传统制度规定，父死子继，兄亡弟继，以防篡夺。刘护虽然没有儿子，可人家胞弟刘威健在，怎么轮也轮不到刘環。而今陛下却命令刘护的远房堂兄刘環继承堂弟刘护的爵位，这不是瞎胡闹吗？臣闻天子有专封，封有功；诸侯有专爵，爵有德。而今，刘環既无功，又无德，就是因为找了陛下奶妈的女儿做老婆，一时间，既官至侍中，又晋封侯爵，与传统制度相悖，与儒家经义不合，对此，宫廷内外议论纷纷。伏望陛下以史为鉴，遵循帝王的法则，按制度和规矩办事。安帝不听劝谏，对杨震的谏言置若罔闻。

安帝对奶妈的女儿伯荣宠信至极，多次派她作为使者，与黄门、常侍等几个宦官一起到清河封国甘陵（安帝的父亲清河王刘庆葬于甘陵，即今河北邢台市清河县南部冢子村之西）祭祀。从京城洛阳到甘陵墓园相距近千里，每次出行之前他们都"征役无度"，专门修路架桥，修缮驿站，并储备大量物资，以"赂遗仆从"。皇家车队均用双马驾驶的朱红色车辆，在道路上前后相望，浩浩荡荡，好不气派。伯荣和宦官尽显权势和威风，其所到之处包括封国相、郡太守等年俸二千石粟谷的高官都在车前给他们行大礼，而后他们才肯下车，并一头钻进轿子里，被役夫抬进驿站客房。每过一地，他们都收受大量的钱财，就连他们的仆从每人所收受的缣帛也达数百匹。这加重了沿途地方官府和老百姓的经济负担。许许多多老百姓因此而破产，他们趴在路边哭天叫地，呻吟哀叹，"莫不叩心"。

已经被安帝提拔为尚书令副官的尚书仆射陈忠发现这一情况后，也上疏劝谏。陈忠将伯荣和宦官代表安帝去清河国甘陵祭祀途中的横征暴敛行为和作威作福的情况，一五一十地向安帝进行了详细描述，并提醒安帝说：如果陛下不对他们严加追问，人们就必然以为皇帝的本意就是这样的。目前伯荣比皇上您还威风，国家的大权掌握在臣仆婢妾手中，水灾的发生必定是由于这个原因。他建议说：伏望圣上加强元首的尊严，端正皇权的位置，不应该让女人和宦官干预政务。如果国家大政方针和军国大事一律由陛下亲自决定，"下不得逼上，臣不得逼君"，那么，连续不断的大雨和洪水就必然会停止，四方各种灾异也就不会造成危害。尚书翟酺也上疏劝谏说：陛下自亲政以来，日子不长，赏赐费用已不可计算，敛天下之财，积无功之家。造成国库亏空，民物凋伤，而又不断加重百姓税赋，怨叛丛生，危国之祸近在咫尺。去年以来，地裂天崩，高岗一夜之间变成低谷，灾祸连续出现，这是上天发出的谴告。如果居上位的人能够克己修身，敬畏天地民心，那么还可以转祸为福；如果轻慢天戒，就会祸上加祸。愿陛下研精致思，寻求和勉励忠贞之臣，诛杀和远离奸佞，割除情欲之欢，罢宴私人之好，以避免祸国殃民。帝王图籍，陈列左右，心想亡国之因，鉴观兴国之利，庶几灾害可以停止，丰年可以到来。陈忠、翟酺的奏章一针见血，切中要害，但效果如何呢？书呈奏上去之后，安帝"不省"。

更为荒唐的是，安帝竟然颁发诏书为奶妈王圣大肆兴建宅第。

颁发诏书本是皇上运用皇权推行政务工作的重要手段，而安帝却用这种手段为其奶妈建和宅，可见其滥用皇权达到了令人不可思议的程度。

不知天高地厚的奶妈王圣肆无忌惮地侵占众人的利益，将两坊宅院合为一体，使自己的豪宅占据整条街道，影响周边居民出行。建筑规模之庞大，气势之雄伟，装修缮饰之精巧，一点儿也不亚于皇宫。为了凿山采石，各级官员层层催逼；成千上万的役夫赶着牛车、马车，像蚂蚁搬家一样，夜以继日地为王奶妈建宅运送建筑材料。整个豪宅"为费巨亿"。

4. "宦官政治"与"外戚政治"联手打压清明政治

延光二年（公元 123 年），作为三公之首的太尉刘恺再次申请退休，安帝考虑再三便同意了，退休后的待遇按其上次办理退休时的规定办理。那么，刘恺为什么有两次退休呢？因为刘恺看到的是小人受宠与君子蒙尘，政治腐败和肮脏的交易，虚伪狡诈及明争暗斗，而看不到政治清明和风清气正，所以他选择了退休。

然而，退休之后，刘恺又被朝廷拽了回来，他只好硬着头皮又干了三年，但他看到雾霾不会散去，黑暗没有尽头，自己上了年纪，已无能为力，还能祈求什么公平正义？眼不见为净，麻醉自己仅有的良知，以退为安。

刘恺，字伯豫，系汉室宗亲，汉宣帝刘询之后，梁郡睢阳县人，即今河南商丘市人。作为栎秋侯刘般长子的刘恺，父亲去世后，本应承袭其爵位，但他让给了弟弟刘宪，自己离家出走，以躲避袭爵。后来有关部门上书请求撤除刘恺的封国，皇帝赞美他的义行，给予优待和宽容，但刘恺依然不肯露面。直到永元十年（公元98年），有关部门再次请求撤除刘恺的封国，侍中贾逵听说后，便上奏说：孔子说过："能以礼让为国乎，何有？（意思是以礼让的原则治国理政，那就没有什么困难了！）"据我了解，刘般长子刘恺，平素高风亮节，友爱兄弟，谦逊义气，把封国让与弟弟刘宪，自己隐居多年。有关部门不播扬刘恺乐于向善的精神，而依照平常的法则处理此事，这恐怕不利于鼓励礼让之风，也不利于成全宽容仁厚的教化。对这种具有高尚节操的人，朝廷应该予以同情、宽容和支持，保全他的祖业，以彰显朝廷崇尚仁德的美誉。皇帝采纳了贾逵的建议，下诏说：刘般已去世，按礼法应当让他的长子刘恺继承爵位，可是刘恺声称遵从父亲的遗愿，主动把封国爵位让给弟弟刘宪，自己躲避起来隐居七年，他的品行操守值得肯定。大凡王法，本意在于锄强扶弱，推崇善举，促使人们乐善好施。现特许刘宪袭爵。这是特事特办，以后不得以此为例。于是刘恺被任命为郎官，不久被提拔去担任侍中。文武百官莫不仰其品行。永元十三年（公元101年），朝廷任命刘恺为宗正，主掌君主宗室亲族事务，后来又任命他为北军八校尉之一的长水校尉。永初元年（公元107年），朝廷又提拔他担任九卿之一的太常。永初六年（公元112年），刘恺升任司空，掌管工程，成为三公之一。元初三年（公元116年），刘恺改任司徒，掌管国家土地和人民教化。刘恺的官德和人品都不错，坚持原则，处事公道，在群臣中有很高的威信。征西校尉任尚因贪腐问题被关入监狱。任尚早年曾跟随邓太后的父亲护羌校尉邓训平定羌人叛乱，凭这层关系，临朝摄政的邓太后和执掌朝政大权的邓骘及其党羽都庇护任尚，太尉马英、司空李郃迎合邓骘，在没有皇帝诏书的情况下，打算擅自解除任尚的监禁，刘恺认为任尚不符合保释条件，坚决不同意。后来尚书查办此案，太尉马英、司空李郃二人都受到责任追究，刘恺坚持原则、为官清正的表现受到称赞。刘恺对朝臣贪赃枉法、官官相护、贪墨成风的现象心怀不满，于是便称病辞官。朝廷赏赐他三十万钱，并按年俸千石落实其退休待遇，地方官员每年看望慰问一次，送去羊肉和美酒。

安帝亲政后，尚书陈忠多次向他推荐刘恺，安帝感觉陈忠推荐的人没错，于是下令将刘恺召回，任命他为太尉。刘恺勉强干了三年，还是以年老有病为由，再次申请退休并获批准。刘恺两次退休，说明作为皇族出身、德高望重的老臣，已经对当时的黑暗政治非常不满，自己年老体衰、势单力薄，无法匡正，因此，他不愿侍奉汉安帝，也不愿与奸佞和贪官为伍，于是退休回家。刘恺引退，标志着东汉王朝已经陷入腐败政治的泥潭，完全容不下德才兼备、品学兼优、一身正气、两袖清风的忠臣。

太尉之职出缺之后，朝廷将司徒杨震任命为太尉，将光禄勋刘熹任命为司徒。杨震刚刚上任，安帝的舅父、掌管诸侯及藩属国事务的大鸿胪耿宝去见他，要求杨震安排宦官、中常侍兼大长秋李闰的哥哥做杨震的下属。

作为皇帝身边职掌顾问应对的中常侍，在西汉时期仅是个虚衔，系正规官职之外的加官。到东汉时才正式列编为实职，官秩由过去的千石增加为比二千石，成为高级官吏，且绝大多数由宦官担任此职，并授以重任，职数员额也由以前的四人增加到十人，后来又扩充到十二人，政治地位不断攀升。长秋宫是汉朝皇后所居住的宫殿。大长秋为皇后的卿，统管皇后各个官署，其职责是宣达皇后旨意，管理后宫中诸事。在整个东汉时期，这个职务始终都是由宦官充任。官秩为二千石。连安帝的舅父、大鸿胪耿宝都成了替李闰跑腿的。所以，耿宝也狐假虎威、阴阳怪气地对杨震说：李常侍受到圣上倚重，想让三公征调他的哥哥为官。我只是传达上面的意思罢了。杨震虽是三公之首，但三公的实权都划转尚书台了，他没有征召安排官吏的权力。杨震立马觉察到这是一个圈套，但这个圈套究竟是李闰给他设的呢，还是耿宝给他设的？是安帝真有这个意思，还是他们假传安帝的旨意呢？杨震真假难辨，于是他也用阴阳怪气的话回复耿宝说：如果圣上真的有意让主管官员征召他为官，本应由尚书台发出通知。耿大人走错门了吧！耿宝"大恨而去"。随后，阎皇后的哥哥、统领禁兵保卫京城的执金吾阎显也"荐其所亲于（杨）震"，杨震也没有给他囫囵话；以前杨震曾上疏安帝，建议让奶妈王圣搬出皇宫，大力削减内亲、内宠权力，安帝将杨震的奏疏让王圣和宦官等人传阅过。这就等于说，杨震把安帝身旁的"红人"、中常侍兼大长秋李闰，安帝的舅父、大鸿胪耿宝，安帝的大舅哥、执金吾阎显，安帝的内亲、内宠，包括奶妈王圣母女、宦官、外戚这些在安帝面前说得上话的人全都得罪了。

司空刘授听说耿宝、阎显都在杨震那里碰了一鼻子灰，便分别找到耿宝、阎显，笑眯眯地说，听说耿（阎）大人推荐的人才非常优秀，我这里正缺乏掾属，就安排在我这里吧！经刘授出面运作，耿宝、阎显所推荐的人都被安插在司空府为官。从此，刘授越来越受到宦官、外戚的赞扬，而杨震越发受到他们的忌恨。当然，刘授在安帝那里越来越受宠信，杨震也越来越不吃香。

在朝廷里混事的宠臣是很善于观察政治风向的，他们一见安帝整天待在后宫里吃喝玩乐；二见"杨震连谏不从"，且受到排挤和孤立；三见安帝专门下发诏书，并派出使者为奶妈王圣大肆兴建豪宅。就凭这"三见"，他们胆大妄为起来，竟然也动起了动用国家资财为自己兴建私宅的歪脑筋。中常侍樊丰和侍中周广、谢恽等人一起密谋说，连皇上的保姆都能用国家的资财和民力营建私宅，咱们都是国家的大臣，难道就不能用吗？于是，他们依仗安帝的宠信，相互打气，结党营私，用伪造的皇帝诏书，征调大司农的钱粮、将作大匠的工程师和周边地区的木材、石料、砖瓦以及车马、役夫等，各自大肆兴建豪宅、园林、池塘和亭台楼阁，花费国家资金和征用役夫无数。这边，奶妈、宦官和宠臣的一座座豪宅拔地而起，成方连片；那边，皇宫大院里面的宫殿，因缺乏经费而不得维修，外墙开裂发生倾斜，只好用木柱子顶起来，两边形成鲜明的对比和反差。

光天化日之下，竟然发生如此狗胆包天的腐败，实在令人气愤。虽然新任太尉杨震多次上疏，安帝却始终无动于衷。杨震实在没有别的办法，除了上疏还是上疏。尽管此时杨震的工作环境极差，日子很不好过，但他依然按捺不住胸中涌起的正义，他上疏揭露了中常侍樊丰和侍中周广、谢恽等人破坏朝廷纲纪、伪造皇上诏书、大肆动用国家资金和征调劳役营建私宅的滔天罪行。杨震奏疏中的文字语言由开头的温和转为中间的激烈，最后竟然发出了"愿陛下振奋起帝王的阳刚之气,抛弃那些骄横奢侈之臣,以回应上天警告"的呐喊!安帝看了他的奏疏之后,不仅没有对樊丰等人的违法犯罪行径作出坚决制止和果断查处的决定,反而因杨震奏疏中的用词尖刻而愤然作色。中常侍樊丰等人见状,全都对杨震侧目而视,恨之入骨。但由于杨震是知名大儒,这些人惧怕他的社会影响力,所以都未敢加害于他。

恰在此时,河间封国有一位名叫赵腾的读书人,诣阙上书,指陈得失。这一下子就把安帝惹火了,他把气全都撒到了赵腾身上,命人将赵腾逮捕,关押到诏狱审讯,并以欺骗主上、大逆不道定罪。

杨震看到与自己志同道合的赵腾因揭露和批评朝廷弊政而被关入诏狱,便产生惺惺相惜之情,于是,他再次挺身而出上疏安帝进行营救,奏疏说:臣闻殷商、西周圣明之君王,受到小人的诟骂和批评之后,反而自我警醒,进一步加强政德修养。而今赵腾所受的指控,就是因为用激烈的言辞进行诽谤,其罪行与持刀杀人是有明显区别的。所以,我请求为赵腾减刑,保全他的性命,以劝诱草民为国进言。安帝没把杨震关进诏狱,就给了他天大的面子,你想,他还会听信杨震为他人说情吗?于是,赵腾被处死,并横尸于街头。

不久,安帝到外地巡游,樊丰等人便趁机紧锣密鼓地建设各自的豪宅。太尉杨震指派他的掾属高舒,向掌管宫室、宗庙、陵园及其他国家土木工程建设的将作大匠的属官令史进行询问核查,起获了樊丰等人伪造并下发的所谓"安帝诏书"这一关键证据。杨震将全部情况写成奏疏材料，并附上假诏书这一有力证据，准备等安帝回宫之后一并上奏。樊丰等人听到消息后吓得要死，犹如热锅上的蚂蚁，惶惶不可终日。可就在此时，负责记载史事、编撰史书，兼管国家典籍、天文历法等事宜的太史官报告说，天上星象发生异变，出现了逆行现象。于是，樊丰等人密谋后，便借题发挥，赶在杨震向安帝告状之前，率先告发了杨震。他们上疏说：自从政治犯赵腾被判处死刑以来，杨震对陛下大为不满；而且杨震是邓骘一手提拔起来的，他对陛下诛杀邓氏家族常有怨恨之心。因此，才出现了星象逆行现象。他们所指控的这两条非常具有杀伤力和可信度。第一条，赵腾这个案子是安帝亲自定罪判决的。赵腾胆大包天竟然批评朝政，犯下大逆之罪，按律当斩，而杨震当时确实为赵腾说过话，劝谏安帝保全他的性命，要求对赵腾减刑。安帝没有听从他的建议，还是将赵腾处死，杨震能满意吗？作为三公之首的太尉杨震，竟然对皇帝"大为不满"，这不是一般性质的问题，而是严重的政治问题。第二条，杨震最初是由邓骘推荐的茂才，邓太后和邓骘先后多次施恩于他，并一直将其提拔到三公之一的司徒，邓家对杨震恩重如山。诛杀邓氏家族是安帝的决策，杨震就此对安帝心怀怨恨，似乎也合乎逻辑。所以，安帝尚未回来，心里就已经有决断了——一定要把杨震的太尉职务拿掉！所以，安帝回到洛阳后，当夜就派出使者颁发策书，将杨震的太尉印信收回。从此，杨震紧闭门户，不再会见宾客。

樊丰等人并不善罢甘休，他们害怕杨震倒而不死，日后在弟子们的推动下重新上台。于是，樊丰等人鼓动安帝的舅父、大鸿胪耿宝，由他向安帝上奏说：杨震作为重要大臣理应低头认罪，可是他心怀怨恨，企图翻案。安帝觉得舅父说得有理，于是他下诏将杨震遣回原郡。

爱国奉公、坚守正义的大忠臣杨震，深感困惑和迷茫，他一步一步地走向洛阳城西的夕阳亭，望着渐渐落山的太阳仰天长叹，他对儿子和门生们说：死亡者士之常兮。我蒙受皇恩而身居高位，痛恨奸臣和贪官的狡诈，却不能惩罚；痛恨淫妇作乱，却不能禁止，我还有什么脸面再见日月！我死后，要以杂木作棺材，用单被包裹，衣服能够盖住身体就行。我杨震无能，上愧对于祖先，下愧对于后人。所以，我死后不要归葬于祖坟，后人也不要祭祀。杨震说完这些话，就服毒自杀了。

中常侍樊丰等人得知杨震死了，他们在拍手称快的同时，还不善罢甘休。樊丰知道杨震是弘农郡华阴人，便私下授意弘农郡太守移良为难杨震的儿子。移良按照樊丰的指示，派遣官吏在陕县（即今河南三门峡市陕县）截住灵车，将装殓杨震尸体的棺木丢弃和暴露在道路之旁，强行征用杨震的儿子拉灵车的马匹，为驿站"传送文书"。樊丰和移良的卑劣行径，受到路人的谴责。

史学家范晔在《后汉书·孝安帝纪》中评论说，汉安帝德化不升，毁我法度，纵容祸害国家的奸佞，忠臣挨整，小人承欢，政治混乱，经济衰微，国家陷入颓败的深渊。由于安帝当政时期政治异常黑暗，像杨震这样的忠臣在朝廷和官场根本站不住脚，要么被整倒，要么被整死，所以，在朝廷坚守公平正义的忠臣越来越少。（据《后汉书·宦者列传·蔡伦传》《后汉书·皇后纪》《后汉书·郭陈列传》

《后汉书·杨李翟应霍爰徐列传》《后汉书·杨震列传》《后汉书·刘赵淳于江刘周赵列传》,《资治通鉴》第四九、五〇卷）

（三）安帝被内宠蒙骗

生性嫉妒的阎姬皇后，见老公安帝与妃嫔李氏生下了皇子刘保，醋意大发，一气之下将李氏毒杀。可偏偏自己的肚子不争气，几年下来也没有生下一儿半女。虽然阎皇后已经除掉了情敌李氏，可是自从李氏的儿子刘保被立为太子之后，阎皇后心中的嫉火和仇恨又起。阎皇后恨太子刘保，恨太子宫里的大小官员，甚至连太子的奶妈、厨子她都恨得牙根疼。同行是冤家，这话在安帝的奶妈王圣那里得到了应验。王圣作为安帝的奶妈，她要做天底下最伟大的奶妈、让世人和后人永远仰视的奶妈。所以，王圣对太子刘保的奶妈王男特别嫉恨，连为太子刘保做饭的厨监邴吉和那些勤杂人员全都心存嫉恨。后来发生了一件事，使安帝的奶妈王圣与太子的奶妈王男、厨监邴吉等发生了直接对抗。

一个时期以来，由于阎皇后及其手下的人不断找太子宫的碴，太子刘保"惊病不安"。以此为由，管事的人就将刘保搬到安帝的奶妈野王君王圣的住处居住。刘保的奶妈王男、厨监邴吉不愿意让太子搬家，说野王君所居住的房子刚刚修缮过、犯土禁，太子在野王君那里住几天尚可，但绝不能长期居住。而王圣就想，既然太子已经搬到我的住处，我就不能让太子再搬回去，我要与太子培养感情，以便日后永享荣华富贵。太子的奶妈不愿让搬，而皇上的奶妈非让搬不可，于是两个奶妈之间爆发了冲突。王圣与中常侍兼大长秋江京、中常侍樊丰等人共同在安帝面前诋毁太子的奶妈王男和太子宫厨监邴吉等人,说他们图谋不轨,打算谋反。安帝刘祜既不分析,也不调查,感觉自己宠信的人所说的话没错,于是下令将王男、邴吉处死,其家属被流放到遥远的比景。

太子刘保自幼就由奶妈王男抚育,对王男甚为依赖;厨监邴吉很懂太子的胃口,做的每顿饭菜太子都喜欢吃。所以,刘保对王男和邴吉很有感情,自从王男、邴吉被处死后,太子整天闷闷不乐,黯然神伤。阎皇后害怕将来太子当上皇帝以后自己遭到报复,所以又与江京、樊丰等人一起密谋废黜太子之事。他们借题发挥,捏造证据,罗织罪名,诬陷太子和太子宫的官员对安帝不满,有谋逆之心。"谗言间黑白,骨肉成深仇。"经过安帝内宠们一再向安帝灌输这些事,安帝产生了废除太子刘保的念头。延光三年(公元124年)九月,安帝将太子刘保废黜,贬为济阴王,并让他搬到德阳殿西侧钟楼下居住。对此,太仆来历气愤不已,他以大无畏的精神挺身而出,组织一些大臣进行坚决抵制和反对。

来历,字伯珍,南阳新野人,即今河南南阳市新野县人。他的曾祖父来歙是东汉开国名将和战略家,与光武帝刘秀是表兄弟。来历的祖父来褒继承了来歙征羌节侯爵位。来历的父亲、黄门侍郎来棱娶汉明帝女儿武安公主为妻。"棱早殁,褒卒,以棱子历为嗣",来历承袭了征羌节侯爵位。和帝时,来历担任侍中,兼任羽林右骑,监管宫禁宿卫等重要工作。延光二年(公元123年),来历升迁为太仆,成为掌管皇帝专用车马,有时亲自为皇帝驾车,地位亲近重要,并兼管马政事务,官秩为中二千石的九卿之一。次年,中常侍樊丰和大将军耿宝、侍中周广、谢恽等人一起进谗言陷害太尉杨震，杨震被迫自杀之后，来历非常气愤，他对侍御史虞翊说：耿宝依仗自己是安帝的大舅，享受着恩宠优厚的官位，却不想着报答国家的恩情，而偏向奸臣，诬陷杨公，伤害忠良，天祸就要降临到他身上了。于是来历断绝与周广、谢恽的关系，不与他们来往。

当安帝将太子刘保废除并降为济阴王后，来历便邀上九卿之一，职掌宫殿门户宿卫、兼侍从皇帝左右、宫中宿卫等事务的光禄勋祋讽；职掌帝王宗室亲族事务的宗正刘玮；职掌修建宫室、宗庙、陵寝及其他土木工程的将作大匠薛皓；职掌侍从皇帝左右，服务生活起居，分掌御用乘舆服饰等事宜的侍中施延、陈光、闾丘弘、赵代；职掌议论的太中大夫朱伥、第五颉；职掌侍从顾问，参谋建议的谏议大夫李尤；职掌传达皇帝命令和调兵凭证的"符"和"玺"的符节令张敬等数十人一同到鸿都门下谏诤。他们都说太子没有过失，不应废黜。安帝和他的内宠、外戚都深感不安，急忙派遣中常侍用诏命威胁那些谏诤的群臣说：父子一体本是天性，以大义割断亲情，是为了天下。来历、祋讽等人缺乏大局意识，与众小人一同吵吵闹闹，表面上看好像忠诚正直，而内心深处却隐藏着企图今后获取好处的罪恶目的，掩饰邪念，违背正义，这难道是臣子对待皇上该有的态度吗？倘若执迷不悟，就要接受刑罚！那些据理力争的大臣们听到中常侍一席硬话，大都心惊肉跳，面如土色。将作大匠薛皓一下子矮了半截，他叩头说：我们自然要服从诏命。来历非常生气，当面质问他说：刚才你说的是什么话？现在为什么改口？作为处理国家大事的大臣，难道可以这样反复无常吗？不大一会儿，跟随来历到鸿都门谏诤的几十位大臣都不声不响地溜走了，只剩下怒气冲冲的来历一人。他脸色阴沉，一连几天都不肯离开鸿都门。安帝对来历带头谏诤的行为非常生气，他命令尚书令陈忠与诸尚书一同弹劾来历等人。安帝还罢免了来历兄弟的官职，削减其封地赋税收入，贬黜来历母亲武安公主刘惠，不许她入宫晋见。阎皇后等人废黜太子刘保的阴谋终于得逞。昏庸不堪的安帝心甘情愿地做了他们整自己儿子的工具。（据《后汉书·李王邓来列传》,《资治通鉴》第五〇卷,《后汉书·孝顺孝冲孝质帝纪》）

（四）安帝亲政后一直没有进入角色

由于从前邓太后长期临朝摄政，国家的大事小情都不让安帝掺和，所以虽然安帝已经长成了二十多岁的大小伙子，但他仍然处于待业状态。由于他工作不艰苦，再加上他本人不爱思考问题，过惯了衣来伸手、饭来张口的日子，他养成了一种浪荡公子的习气。亲政后，安帝仍然不务正业，玩心很大，一直没有真正进入皇帝的角色。

除了上面已经提及的那些内宠、外戚以外，还有一个人也曾受到安帝的厚爱。这个人就是统领卫士守卫禁宫的九卿之一卫尉冯石。

冯石，字次初，南阳湖阳人，即今河南南阳市唐河县人。他的祖父冯鲂曾经担任卫尉、执金吾，被封为阳邑乡侯。冯鲂八十六岁去世，冯鲂的儿子、冯石的父亲冯柱继承了爵位，官至将作大匠。明帝的女儿获嘉公主下嫁给阳邑乡侯冯柱，并生了冯石。获嘉公主去世后，冯石继承了母亲的爵位，被封为获嘉侯。冯石同他的父亲冯柱一样也是早年担任侍中，后升任卫尉。冯石为人圆滑世故，善察人意，会溜须拍马，他利用贵戚关系，经常巴结取悦安帝，受到安帝的宠信。亲政后的当年秋天，安帝放下一国之君手头所有的工作，跑到冯石家里"留饮十余日"。当时，正是京城洛阳和多个郡国大雨成灾的时候。安帝不像邓太后摄政时那样"每闻民饥，或达旦不寐，躬身减彻以救灾厄"，他从来没有节俭赈灾这一概念。安帝在冯石家留饮期间，赏赐给冯石很多贵重的物品，还将冯石的儿子冯世任命为给事于宫门之内、官秩为六百石的黄门侍郎；将冯世的两个弟弟任命为近侍皇帝左右，统领士卒宿卫，参与谋议、顾问应对以及供差遣，官秩为四百石的郎中。安帝在臣子冯石家里，酒杯一端，拜官放宽；筷子一举，宝贝赠你！

后来，安帝喜欢上了巡游。过去章帝也经常出巡，但章帝不是去观光巡游，而是查看百姓种的庄稼长势如何，去搞调查研究，而安帝巡游纯粹是游山玩水，放情丘壑。安帝先后巡游了东部地区、旧都长安等地。延光四年（公元125年）春，他又去巡游南方，走到宛城（今河南南阳市宛城区）时，安帝顿感身体不适，车驾抵达叶县（今河南平顶山市叶县）时，安帝死在了车上，年仅三十二岁。（据《后汉书·朱冯虞郑周列传》《后汉书·孝安帝纪》，《资治通鉴》第五〇、五一、二三〇卷）

5

从少帝到质帝时期的政治斗争

延光四年（公元 125 年），安帝死在出巡的途中。一个年仅三十二岁的皇帝猝然驾崩，随同他出行的阎皇后和她的娘家哥哥阎显以及中常侍兼大长秋江京、中常侍樊丰等人立刻惊慌不已。他们立即召开秘密会议商讨对策，达成了这样一个共识：如今皇上死在出巡途中，他的亲生儿子济阴王刘保却留在京都洛阳。如果消息传出，公卿大臣们肯定会不约而同地共同拥立刘保继承帝位，这样，将来必然会给外戚阎氏和宦官们带来大祸。所以，他们一致决定，将安帝驾崩的消息严格封锁在参加这次秘密会议的范围之内，任何人不得向外透露，同时还要防止沿途驿站地方官员看出端倪。车队一路狂奔返回洛阳，抵达皇宫。第二天，几个密谋之人派遣司徒刘熹（青州长广人，即今山东莱阳市人）前往郊庙社稷，为安帝吁天请命，好像安帝是在呼天不应、叫天不灵的情况下才驾崩的。这个程序走完之后，他们于当晚发布了安帝去世的消息。

已废太子、济阴王刘保，按规矩不得上殿哀悼父亲，于是，他哭得死去活来，不吃不喝，谁也劝不了。宫廷内外文武百官见状，无不为之悲伤。（据《资治通鉴》第五一卷，《后汉书·孝顺孝冲孝质帝纪》）

一、安帝死后帝位继承的政治风波

阎皇后升格为阎太后，开始主持朝政。此时，摆在阎太后面前的首要大事就是选立皇帝继承人。按说已废太子、济阴王刘保是安帝唯一的儿子，由他继承帝位，符合封建礼制，朝野上下也易于接受，可是刘保是阎太后情敌的儿子，而且阎太后屡次陷害和压制他，她不敢让刘保当皇帝。

（一）阎太后立幼儿刘懿为帝，诛灭安帝的内宠和外戚

为长期把持朝政大权，阎太后"贪立幼年"。于是，她与哥哥阎显等遍查了皇族子弟名单，选中了北乡侯刘懿。刘懿是章帝刘炟之孙，济北惠王刘寿之子，安帝刘祜的堂弟，有名副其实的皇家血统。于是，刘懿被当作安帝的子嗣，于延光四年（公元 125 年）三月，继承了帝位，是为东汉前少帝。刘懿的具体出生时间不详，是一名幼儿。稍后，阎太后任命安帝所宠信的太尉冯石为太傅；司徒刘熹为太尉，并负责尚书台事务；司空李郃为司徒；长社侯阎显为车骑将军，仪同"三司"，垄断朝政。当时，耿宝已是大将军。按照官秩排位，大将军下面才是骠骑将军、车骑将军、卫将军。车骑将军阎显担心大将军耿宝不好驾驭。于是，他就指使有关官吏拿起弹劾武器，打算将耿宝和他的同党弹劾掉。弹劾奏疏指控说：大将军耿宝和他的同党中常侍樊丰、虎贲中郎将谢恽、侍中周广、野王君王圣及其女儿伯荣，相互结党营私，到处作威作福，均犯有大逆不道之罪。（弹劾名单中没有大长秋江京和小黄门李闰。因为他们

已投到了阎显门下。）阎太后和阎显根据有关大臣的弹劾指控，一是将大将军耿宝和耿宝的侄子林虑侯耿承都贬为仅食禄于乡、亭的亭侯，遣返封地，在官场上没有经历过挫折和磨难的耿宝经受不起这样的打击，在回归封地的途中自杀了；二是将樊丰、谢恽、周广等全都逮捕入狱并予以处死，并将他们的家属流放到遥远的比景；三是将安帝的奶妈王圣以及她的女儿伯荣流放到雁门（今山西忻州市代县一带），王圣的豪宅被没收。

这次被处死、被贬官和被流放的人，过去都是阎皇后身边的红人。现在，安帝死了，政治形势发生了新的变化，阎皇后升格为阎太后主持朝政，她要重用娘家兄弟，开始推行新的"外戚政治"，如果不除掉以前的老外戚和政治同盟，他们就必然会瓜分甚至威胁阎氏集团的政治利益。阎太后、阎显将耿宝及其同党和安帝所宠信的宦官、奶妈等干掉之后，又任命阎显的弟弟阎景为卫尉，阎耀为城门校尉，阎晏为执金吾。朝廷权力中枢都由阎家兄弟把持，外戚"阎家店"正式开张。但是，"阎家店"开张仅仅半年多，就突然被宦官势力给"查封"了。

（二）在拥立新帝问题上，外戚与宦官相斗

当年的阎皇后向安帝刘祜频吹枕头风，将皇太子刘保贬为济阴王，曾经引起一些大臣的强烈反对，朝廷和民间潜舆论兴起，大都感到不可思议！安帝死后，阎太后却将年幼无知的刘懿立为皇帝，不让安帝唯一的儿子刘保接班，对此，朝廷和民间潜舆论再度兴起，指责阎太后贪婪无道，目的就是让阎氏家族长期霸占皇权；刘

懿即位皇帝后仅仅两百多天就得了重病，朝廷和民间潜舆论三度兴起，人们认为人不公平天公平，人家皇子刘保接班天经地义，阎皇后却跟老天较劲，非立皇族旁系刘懿为帝不可，如果刘懿有个三长两短，还得顺从天意让人家刘保出来做皇帝。这种潜舆论，除了当事人阎太后不知道以外，天下几乎所有的人都清楚。这三次潜舆论，实际上都反映了民意之所向。

曾经在皇宫里熏陶多年的宦官、中常侍孙程，不仅明白这个道理，而且还从中发现了多年未遇的政治机遇。当他看到刘懿病情严重时，就对济阴王刘保手下做跑腿工作的谒者长兴渠说：济阴王刘保是安帝的嫡子，原本没有任何过失，可是安帝却听信小人谗言，废黜了他的太子之位。如果北乡侯刘懿的病不能痊愈，我与你联合起来除掉江京、阎显等，拥立济阴王为帝，这件事合天意、顺民心，肯定能够成功。长兴渠表示赞同。随后，孙程把这个想法告诉了他的铁哥们——掌管宿卫禁宫，值守门户的中黄门王康，以及在皇太后所居住的长乐宫做膳食及接待工作的太官属官长乐宫太官丞王国，他们都表示坚决支持孙程，顺从天意民心拥立济阴王刘保为帝。随后，他们三人分别串通了其他十六名宦官，加上他们三个挑头人，一共是十九名宦官，大家一致同意干一件书写历史的大事。

那么，面对前少帝刘懿的严重病情，宦官江京与外戚阎显又是如何谋划的呢？江京对阎显说：北乡侯刘懿病得不轻，继承帝位的人应当抓紧确定，眼前应该马上征召诸王之子，从中选择可以继承帝位的人。阎显认为江京的话颇有道理。没过几天，前少帝刘懿病死了，阎显第一时间禀告阎太后。阎太后与阎显、江京、李闰，及黄门令刘安、钩盾令陈达等人商定暂时秘不发表，立即征召诸王之子进宫，关闭宫门，驻兵把守，从中选择适合即位的人……

中常侍孙程、中黄门王康和长乐宫太官丞王国等十九位宦官，可不等他们慢慢遴选皇帝，他们开始出手了。

延光四年（公元125年）十一月初四，京师及其他郡国有十六个地方发生了地震，地震的发生为新帝的产生增加了更多神秘的色彩。这天夜里，孙程、王康、王国召开由黄龙、彭凯、李建、孟叔、张贤、王成、马国、史汎、李元、王道、杨佗、陈予、李刚、魏猛十四名低于黄门侍郎一级的小黄门和两名普通宦官赵封、苗光共十九名宦官参加的紧急会议，在拥立济阴王刘保为帝上进一步统一思想，进行战前动员，明确任务分工，并每人撕下一块衣襟进行盟誓，而后立即展开军事行动。他们手持武器先到崇德殿集合，而后共同进入章台门。当时，中常侍兼大长秋江京、小黄门、雍乡侯李闰，中常侍刘安，钩盾令陈达等几个深受阎太后宠爱的宦官，正好都坐在禁门底下商量什么事。孙程、王康等一齐动手，干净利索地将江京、陈达和刘安斩杀，但没有杀李闰。孙程、王康等不杀李闰是有策略的，他们知道李闰在皇宫做事多年，且是皇帝、太后身边的大红人，长期拥有权势，李闰对宫廷人员有一定的影响力，所以，他们想施压于李闰，让他带头拥立刘保为帝，以此来影响和带动整个宫廷拥立刘保。孙程、王康等人把刀架在李闰脖子上，厉声说：你必须答应拥戴济阴王刘保为帝，不得动摇！李闰怕死，早就吓得瘫在地上，他赶紧答应。于是，孙程、王康下令把李闰扶起来，由众宦官连推带拉把他弄到德阳殿西钟楼下，共同迎接年仅十一岁的济阴王刘保当皇帝。

当时和后世的史学家认为，刘保继承汉安帝的帝位，合情合理合法。但他承袭前少帝的皇帝职位，不合礼制，因为他们不是父子或养父子关系，即便是同族旁系同辈兄弟关系，刘保比刘懿的年龄要大几岁，哥哥继承弟弟的皇位也是不合礼制的，再加上北乡侯刘懿年幼，且在位时间很短，所以，一般认为刘懿在位的两百多天，不应承认他是正式皇帝，他依然是"北乡侯"。

东汉王朝的第七任皇帝汉顺帝刘保就这样登基了。在宦官的辅佐下，尚书令、仆射及其以下官员跟随顺帝刘保的御车进入南宫。孙程等人留守禁门之下，以防不测，他们切断内外交通，防止阎显带兵进入。汉顺帝刘保登上云台，召开首次君臣见面会，接见公卿和文武百官。尚书令刘光等奏请说：安帝圣德明茂，过早地遗弃了天下。皇上是正统相承，理当继承宗庙社稷，只因奸臣构陷，使得皇上由太子而贬降为藩王，天下文武百官，没有不失望的。好在天命有常，北乡侯虽被立为帝而不永年，汉家德泽盛明，福祚昭著。近臣献谋献策，左右扶翼，内外同心，顺应天地神明的旨意。皇上继位，遵奉传统，为郊庙主，承续祖宗英烈，上合天意，下应民心。但由于仓促即位，典章多缺，请准许我们按条整理礼仪，分别具奏。顺帝说：可以！于是朝廷召集公卿百僚，派虎贲和羽林勇士屯守南、北宫各门。

当仪同三公的车骑将军阎显计无所出、一筹莫展之时，他身边的低级宦官、年俸六百石的小黄门樊登给他出主意说，可用阎太后的诏命，征召越骑校尉冯诗、虎贲中郎将阎崇，让他们率军驻守平朔门，以应对孙程等人的攻击。阎显犹如暗室逢灯，心头一亮，他赶紧派人去诱骗越骑校尉冯诗入宫。阎显面对面地告诉冯诗说：济阴王即位不是阎太后旨意，皇帝玉玺还在这里。如果你尽力效劳，可以得到封侯。此时，阎太后派遣使者送来印信，使者也对冯诗说：阎太后已经下令，能擒获济阴王者，封万户侯；擒获李闰者封五千户侯。老将冯诗头脑并不简单，虽然表面承诺一定尽力，但他必然会考虑自己的得失，他给自己打掩护说：因仓促被召，带兵太少。阎显见状，担心冯诗耍滑头，想在冯诗军队里面安插自己的亲信予以监督，于是就命令小黄门樊登与冯诗一起到左掖门外迎接增援的部队。冯诗半路上将樊登杀死，之后就把自己的部队拉回大营固守。阎显的胞弟卫尉阎景仓促从宫中赶到外府，集合军队抵达盛德门。

中常侍孙程传达顺帝诏命，要求尚书们赶紧组织力量逮捕阎景。当时，尚书郭镇因病卧床，一听到命令，立马起床，率领值班的羽林卫士，从南止车门冲出去。刚一出门就遇到了阎景率领的士卒。士卒们挥舞刀剑，厉声大喊：不要挡道，赶紧闪开！郭镇立即下车持符节宣读顺帝诏书，阎景举刀砍向郭镇，郭镇猛一躲没有被砍中，于是，郭镇立即拔出剑来刺向阎景，阎景被击落车下，羽林卫士们冲上前去，迅速将阎景捆绑起来。郭振下令将阎景送往廷尉监狱，当夜就在狱中将阎景处死。阎显兄弟动用军事力量反抗的企图彻底破灭。

顺帝在众宦官的护卫下进入北宫，并夺得皇帝的玺印，派遣侍御史手持符节，将阎显及其弟弟城门校尉阎耀、执金吾阎晏一并逮捕，送进监狱处死。同时，又把他们的家属全都流放到遥远的比景，把阎太后迁往离宫。两个月左右后，阎太后便抑郁而死。（据《后汉书·孝顺孝冲孝质帝纪》）

（三）顺帝赐封"十九侯"，提拔厚赏以前的支持者

阎氏集团被粉碎后，参与军事行动的十九名宦官都被顺帝封为"列侯"，史称"十九侯"。在拥立刘保为帝和诛杀阎氏集团的政治斗争中，孙程是最早发起、策划和组织的指挥者，顺帝下诏将其提拔为隶属于光禄勋，掌监羽林骑，官秩为比二千石的骑都尉，赐封食邑一万民户；封王康、王国食邑各九千户；黄龙五千户；李建、孟叔、彭凯各四千二百户，张贤、王成、马国、史汎、杨佗、王道、陈予、李元、李刚、赵封各四千户；魏猛两千户；苗光一千户。同时，顺帝还按上述等级对十九侯赏赐不同数量的金银、车马和钱、帛等。李闰因是阎氏集团的骨干分子，被逼无奈才参与了拥立顺帝的阵营，既有罪，也有功，以功抵罪，算是扯平了，所以既没赏也没罚。在当初孙程带领参与秘密集会的人进入章台门时，唯有苗光存在"活思想"，他没敢进入，而王康在向顺帝呈报功臣名单时，打了马虎眼，把苗光也列进了进入章台门名单之列。但朝廷了解掌握这一情况后，没有发给苗光封赏证书，苗光内心惶恐不安，便主动向管理中黄门的头目黄门令自首。于是，有关官吏弹劾王康和苗光欺骗圣上。顺帝下诏不必追究，只是进行批评教育而已。

顺帝还下令，凡是自己即位那天跟随乘舆到南宫的尚书令以

下官员，都增加官秩，赏赐布匹各不等；还对全国公卿以下官员赏赐不同数量的钱和粟谷。由于顺帝即位后暴发了疫情，于是他又对天下百姓进行赏赐，并对弱势群体实施救助。永建元年（公元126年）正月初二，顺帝颁发诏书说：先帝圣明，德行崇高，但在位时间不长，过早地抛弃了丰功伟业。而奸诈邪恶之徒，乘机作乱，他们的负能量严重干扰了天地平和，导致疫情流行，使平民百姓一片哀怨。朕刚刚承继大业，国家和百姓尚未走出厄运，渡过难关。然而治国之本，最重要的在于弘扬恩惠德泽，扫除积怨恶习，使人们开启新的生活。为此，现宣布大赦天下，赏赐天下男子爵位每人两级，其中父后（乡官名，汉置，其职不详，疑为掌教育爱护后代子孙）、三老、孝悌、力田每人三级，流民自动归首的每人一级；鳏、寡、孤、独、患绝症、贫而无法生存者每人发粟五斛；守节的妇女每人发帛三匹。凡被流放到边远地区的违法者，不再迁移；逃亡的囚徒应通缉的，不再通缉。刘氏宗室因罪而断绝关系的，全部恢复原来的属籍。与阎显、江京等有来往而受牵连的，也不再追究。希望大家做好本职工作，让老百姓过上和平稳定、丰衣足食的生活。在孙程等人的共同辅佐下，少年顺帝所采取的一系列安抚措施，受到了广大吏民的欢迎，他们都热情拥护和积极支持顺帝即位，初步实现了政治安定和社会稳定。

在此基础上，顺帝立即着手做拨乱反正的工作，为以前自己被废黜太子时，敢于挺身而出为其鸣不平，以及因服务和保护太子而受到打击迫害，被处死、被流放和被免官的人，一律平反昭雪，恢复其名誉和职务，同时还对他们进行经济补偿。当时鸿都门谏诤组

织和发动者太仆来历，曾被安帝免职回家，安帝去世后，朝廷重新
起用他为职掌宫室、宗庙、陵寝等的土木营建的将作大匠，顺帝亲
政后，群臣都称赞来历是国家栋梁之臣，于是顺帝就提拔他担任了
卫尉，主掌皇帝所居未央宫禁卫，管理宫门屯驻卫士，专司昼夜巡
警和检查出入者之门籍等工作，成为九卿之一。不久，顺帝又将来
历提拔为位比三公，出掌征伐，入参朝政，官秩为万石的车骑将
军。他的弟弟来祉担任步兵校尉，成为北军五校尉之一，秩比二千
石，隶属于北军中候。另一位弟弟来超担任给事于宫门之内的黄门
侍郎，属于皇帝的近侍之臣，可传达诏令，协助皇帝处理朝廷事
务。时任光禄勋祋讽、侍中闾丘弘、宗正刘玮均已去世，顺帝便把
他们的儿子提拔任命为郎官；时任太中大夫，后已改任为长乐少府
的朱伥，提拔为司徒，位列三公；时任侍中施延升迁为大鸿胪，后
来又代替庞参担任太尉，成为三公之首；侍中赵代也"屡迁公卿"；
其他政治立场坚定者也都有不同进步。顺帝还下诏将自己的奶妈王
男和厨监邴吉的家属召回京城居住，并给予丰厚赏赐。其他原在太
子刘保身边工作的人员，因废黜太子时被连坐治罪的，都被召回
封赏。

　　顺帝拨乱反正的工作在朝廷和民间产生了广泛影响。已故名臣
杨震的门生虞放、陈翼听到消息后，便一起来到宫阙告状，为杨震
鸣冤叫屈。顺帝了解情况后下诏，任命杨震的两个儿子为郎官，补
偿资金一百万，以三公的礼仪将杨震改葬在华阴潼亭。远近之人听
说杨震改葬，便扶老携幼赶来吊丧哀悼。

　　粉碎阎氏集团之后，在顺帝重点提拔和封爵的人中，宦官所占

的比重很大。阎氏外戚家族政治势力被宦官铲除了，顺帝开始宠信宦官和新外戚。于是，新一轮的宦官与外戚的政治斗争又将拉开序幕。（据《资治通鉴》第五一卷，《后汉书·孝顺孝冲孝质帝纪》）

二、顺帝即位初期的政治斗争

顺帝登基时才十一岁，承担辅佐任务的人，自然就是帮助他除掉阎氏集团的那些宦官了。宦官辅政，说白了就是把持朝政。

（一）罢免依附于"阎家店"的老臣，提拔了一批反阎新贵

顺帝即位后，承担辅政工作的宦官孙程等人，也想给顺帝出一些好主意。于是，当部分忠臣上奏一些好的意见建议时，孙程等人也积极劝谏顺帝采纳。因此，当政局平稳之后，顺帝果断罢免了与"阎家店"关系密切的人，同时，提拔重用了一批当年敢于反对"阎家店"和反对废黜太子的人。

延光四年（公元 125 年）十一月，东汉王朝以诸侯王之礼安葬了北乡侯刘懿。紧接着，就把司空刘授免职。司空刘授就是那位主动巴结外戚权势，特意压制太尉杨震的势利眼。顺帝罢免刘授司空职务的主要理由有两条：一条是"阿附恶逆"，即阿附耿宝、阎显、李闰等奸恶逆乱势力；另一条是"辟召非人"，就是所征召任用的官吏不是德才兼备的优秀人才，简而言之，用人不当。这是顺帝即位后果断罢免的首个重臣高官，从中可以看出孙程等人辅佐朝政的政治方向。对此，虞诩深受鼓舞，非常兴奋，他奋笔疾书，立即起草了弹劾奏章。

　　虞诩，小字定安，大字升卿，系陈国武平（今河南周口市鹿邑县）人。他的祖父虞经曾在郡县做狱吏，从事治狱审判几十年。由于虞经办案公平公正，心存宽厚，深受百姓信赖。虞经相信，自己为老百姓主持公道，惩恶扬善六十年，累积起来的功德，一定能够为他的爱孙带来好运，于是就为虞诩取字为"升卿"。虞诩非常聪明，十二岁时就能通解《尚书》。由于父母早逝，爷爷、奶奶的教育和影响给少年虞诩留下了不可磨灭的印记。爷爷去世后，虞诩便独自承担起奉养奶奶的重担，吃了很多苦。虞诩童心尽孝，少年老成。因此，所在县的官府推荐他为"顺孙"，上报到上级官府——陈国。陈国国相为虞诩的事迹所感动，打算招聘他为吏，虞诩却推辞说：我奶奶九十岁了，我不在家她老人家就无人奉养，因此，我不能出门。国相只好尊重虞诩的意愿。

　　后来，虞诩的奶奶去世，其服丧期满后，朝廷征召他到太尉府为官，他被任命为职掌持戟值守宿卫殿门，出则充当车骑的郎中。

　　元初二年（公元 115 年），作为怀县县令的虞诩为驻扎在三辅地区抵抗羌军的中郎将任尚出谋划策，贡献出了挫败羌军的计谋。虞诩不仅具有治理基层的本事，而且还颇有军事韬略，令人佩服。

　　永建元年（公元 126 年），朝廷提拔虞诩担任司隶校尉。虞诩上任后注重学习法律法令，钻研监察工作业务，常常弹劾贪官污吏，并且一"弹"一个准，"弹"一个倒一个，因此他很快成为监察工作专家、反腐败斗士，为百官所忌惮。虞诩在总结以往弹劾经验的基础上，进行了一箭双雕式的弹劾，一下子击中了两位重磅高官。

顺帝在宦官、骑都尉孙程等人的辅政下，按照虞诩弹奏的指控，仍以"阿党附逆"的罪名，又将太傅冯石、太尉刘憙罢免。刘授、冯石、刘憙这三名重臣均是"阎家店"的铁杆心腹，顺帝都把他们免官，果断清除了障碍物，对于巩固自己的统治地位，实现自己的政治意图，无疑是有利的。

接着，顺帝突然又把司徒李郃也罢免了。在这个时候，顺帝为什么罢免李郃呢？罢免李郃不是因为他有政治问题或经济问题，而是因为当时发生了"吏民疾疫"，朝廷让司徒李郃"买单"而已。

李郃，字孟节，汉中南郑（今陕西汉中市南郑区）人。李郃的父亲李颉是著名的儒学博士，李郃子承父业，青年时期就读于太学。他会占卜，精通五经，通晓《河图》《洛书》。李郃为人低调，外表质朴，不事张扬，没人知道他才学不凡。李郃太学毕业后便回到了家乡，县府因他是太学毕业生，便征召他做了相当于今县政府接待办主任的幕门候吏。

和帝即位后，派遣很多使者"皆微服单行，各至州县，观采风谣"，有两个使者将去益州，途中到李郃负责的客栈投宿。两位使者慎独慎微，始终没有暴露身份，但李郃观察他们的气质，猜到了他们的身份。于是，他仰望天空，给两位使者讲起了星象理论，暗喻他们二人就是朝廷派来的使者。两位使者非常惊讶，虽然他们最终也未亮明身份，但是内心却非常佩服李郃的才华和见识，并对他印象深刻。后来，其中一位使者被朝廷下派为汉中太守，于是便征召李郃做了户曹史，协助户曹掾掌民户、礼俗、祠祀、农桑等事。不久，外戚大将军窦宪纳妾，各州、郡和封国都送去贺礼，汉中郡里也派了使者。李郃劝谏说："窦将军椒房之亲，不修礼德而专权骄恣，危亡之祸可翘足而待，愿明府一心王室，勿与交通。"太守坚持派人前去，李郃便请求由自己代表太守前往。李郃在路上走走停停，以观察和等待政局之变，当他走到扶风时，窦宪被遣送到封地自杀了，他的党羽全部被处死，凡与窦宪有交往的官员都被免官，只有汉中太守免于责罚。因此，太守对李郃更加器重，不久举荐他为孝廉，经五次升迁，李郃担任了尚书令，又被授任为太常。元初四年（公元117年），李郃被提拔为司空，这期间他数陈朝政得失，人们都认为他有忠臣之气节。在位期间，因受人之托办了一件私事，被免去官职。北乡侯即位后，李郃被重新启用担任司徒。

李郃与司空刘授、太傅冯石、太尉刘熹的政治立场不同，他不仅始终不巴结"阎家店"，而且在刘懿病危时，还曾私下挑头谋划过拥立济阴王刘保为帝之事。他与铁哥们少府陶范、步兵校尉赵直曾经制定出了行动方案，正在密谋如何发动时，孙程等十九名宦官走在了前面，并将刘保成功抬上了帝位。所以，李郃的功劳没有显示出来。这次因爆发"吏民疾疫"，李郃作为主管人民事，包括民众教化、户口等诸事的司徒，"被获罪"而免官。

李郃被罢免之后，将作大匠翟酺为李郃鸣不平，他上疏朝廷，反映了李郃曾经谋划过拥立济阴王刘保为帝的事。于是，朝廷记下了李郃暗中谋划的功劳，封他为涉都侯，李郃坚持辞让不受。后来，李郃回到家乡颐养天年，八十多岁死于家中。

三公等重臣位子出缺之后，顺帝根据孙程等人的意见建议，一是将太常桓焉提拔任命为太傅，录尚书事。

桓焉，字叔元，沛郡龙亢县人，即今安徽蚌埠市怀远县龙亢镇人。东汉著名大儒、博士、太常桓荣的孙子，桓荣曾教授过汉明帝刘庄，其父是儒家学者、太常桓郁，曾教授过汉章帝、汉和帝。受祖父、父亲的教育影响，桓焉精通儒学，进入仕途后被任命为职掌殿内门下众事，侍从左右的侍中，不久又兼任了八校尉之一，下有吏员七十三人、领兵七百人的武官步兵校尉。桓焉早年曾经教授过原太子刘保，后又积极参与鸿都门谏诤，政治立场坚定不移。二是将大鸿胪朱宠提拔任命为太尉，与太傅桓焉共录尚书事。

朱宠是京兆杜陵人，即今陕西西安市人。早年曾被外戚大将军邓骘选入其幕府，后历任颍川太守、北军中候、大司农。朱宠对邓骘无罪遭祸痛心疾首，曾祖身载棺，上疏申冤，被罢免大司农职务遣回家乡，后来又被重新起用为掌管诸侯及藩属国事务的大鸿胪。三是将长乐少府朱伥提拔为司徒。

朱伥，字孙卿，九江寿春人，即今安徽淮南市寿县人。安帝时，朱伥为太中大夫。当时，江京、樊丰等人加害太子刘保，太中大夫朱伥挺身而出，佐证太子无罪。顺帝即位后，先后担任位列九卿之一、掌宗庙礼仪等事的太常，掌皇太后后宫事务的长乐少府。四是赐封尚书郭镇为定颍侯。

郭镇，字桓钟，颍川阳翟人，即今河南许昌禹州市人。他年少时曾研习西汉杜延年所订《小杜律》。走上仕途后，担任太尉橼，为一曹之长，总领曹事；后又担任尚书，执掌文书奏章等事。延光四年（公元 125 年），在诛杀阎氏集团的斗争中，尚书郭镇带病率领羽林卫士将卫尉阎景活捉，并派人把他送到监狱处死。汉顺帝以功提拔他为尚书令，封定颍侯，食邑两千户。从汉顺帝即位后提拔重用的这几位高官的情况看，应该说他非常重视政治标准，在关键时刻看政治表现，在大是大非面前看政治倾向，在政治斗争的风口浪尖上看政治立场。

顺帝提拔重用或封侯的这几位重臣都是反对"阎家店"的骨干分子，以及对安帝和阎氏集团打压太子刘保严重不满的人，他们的政治立场都是坚定的、鲜明的。（据《后汉书·虞傅盖臧列传》《后汉书·方术列传·李郃传》，《资治通鉴》第五一卷》）

（二）司隶校尉虞诩打倒了顺帝身边卖弄权势的宦官张防

顺帝刘保依靠孙程等宦官来打理朝政，不仅朝廷文武百官大都不赞成，而且十九侯以外的其他宦官也心怀嫉妒，还有一些在安帝时期比较得宠的宦官，蔫了一段时间之后，也千方百计接近少年顺帝，称赞、忽悠和巴结他，并针对他少年期思想单纯、仰慕英雄、渴望友谊，以及情绪不稳、自控力不强等心理特点，与他套近乎，顺着他的性子来，以此获得顺帝的宠信。此时，有一双明亮的眼睛正在盯着宦官邪恶势力的一举一动，这位明眼人就是秉持"不遇盘根错节就无法识别刀斧之锋利"的监察理念，并已将太傅冯石、太尉刘熹拉下马的司隶校尉虞诩。虞诩认为，顺帝年少，宦官辅政，必须把宦官群体中的腐败分子和邪恶势力清除掉。这样，一来可以对宦官队伍产生强大的震慑力，使他们不敢轻举妄动，胡作非为；二来等于对辅政宦官搞了一次警示教育，使他们不敢狐假虎威、假公济私。于是，虞诩在调查研究、掌握大量证据的基础上，上疏弹劾中常侍李闰、程璜、陈秉、孟生四名宦官。

李闰在安帝时期曾担任小黄门，后来他串通皇后阎氏一门，与安帝奶妈王圣等，诬告邓氏谋反，陷害太子刘保。以诛杀邓氏之功升迁为中常侍，封雍乡侯，食邑三百户；其后又积极参与枉杀杨震、废黜太子刘保等事。延光四年（公元 125 年）十一月，在十九名宦官诛杀阎氏集团的斗争中，李闰本应与江京、刘安、陈达一块儿被杀，孙程等人却没有杀他，强迫他带头支持拥立刘保为帝。所以，行动结束后，李闰既没有受赏，也没有被罚。程璜，在汉灵帝时期就担任中常侍，以其资格老而作威作福，他收受贿赂，排挤忠良。陈秉、孟生都有贪污受贿等不法行为。对这几名宦官，"百官侧目，号为苛刻"。

虞诩发起对宦官的弹劾进攻，把宦官们都吓坏了。他们托关系，走门子，四处求情。以前曾经与宦官勾勾搭搭的一些大臣，也担心宦官"进去"之后，在严刑拷打之下把自己"咬"出来。因此，他们对虞诩弹劾这几名宦官感到不满，指责虞诩太苛刻。甚至新任的三公也出面上奏弹劾虞诩，指控他违反常法，在盛夏之季，大肆逮捕和关押无罪之人，使吏民深受其害。由于三公和一些大臣出面干扰，对虞诩上奏弹劾的四名宦官，顺帝并没有作出处理。虞诩非常气愤，他对三公对自己的弹劾进行了反击。虞诩上疏顺帝为自己申辩说：法律法令是规范社会风俗和人们行为的准绳，各级官府都承担着依法治理的政治责任。但从目前的情况看，从上到下，谁都不愿意承担责任，州一级推卸给郡，郡一级推卸给县，层层往下推卸责任，老百姓有冤无处申，投诉无门，并且当今的风气都以明哲保身为时尚，苟且容忍为贤能，履职尽责为愚蠢。我所查获的贪赃枉法案件各种各样，盘根错节。三公等害怕我下一步弹劾他们，所以就先来诬陷我，告我的黑状。即使把我整死，我也要向皇上进谏！顺帝看了虞诩的奏章，便罢免了司空陶敦的职务。陶敦，字文理，河南京县人，即今河南郑州荥阳市人。延光四年（公元125年）冬，由于司空刘授"阿附恶逆"，朝廷认为用错了人，于是就罢免了刘授的官职，将时任少府的陶敦提拔为司空。他刚刚担任司空不满一年，就被免官。

当时，少年顺帝在身边宦官、中常侍张防的甜言蜜语忽悠之下，逐渐对他产生了好感和信任，并且屡屡采纳张防所出的主意。张防依靠顺帝的信任，卖弄权势，收受贿赂，胡作非为。虞诩搜集了中常侍张防接受请托贿赂及乱作为等多条犯罪问题线索，先后几次向顺帝上奏弹劾张防，对其犯罪问题一一指控。但这些奏章竟屡次被宦官悄悄扣压而不得上报。虞诩非常气愤，于是就让人把自己捆绑起来去见廷尉，并上奏说：以前，安帝任用宦官樊丰等人，废黜皇室正统，几乎使社稷灭亡。现在张防又玩弄权势，亡国之祸即将再次降临，我不忍心与张防同朝为官，所以，我已自投廷尉监狱并向陛下报告，免得让我重蹈杨震的覆辙！奏章呈上去之后，中常侍张防在顺帝面前痛哭流涕，申诉辩冤，顺帝年少，一见张防哭泣，就以为张防真的受了委屈，于是下令让虞诩到左校服苦役。左校和右校，均为督造兵器的处所，其作坊中均有刑徒在那里做苦役。虞诩进去之后，中常侍张防在两天之内将虞诩传讯了四次，企图将他活活打死。虞诩苏醒之后，受命于张防的狱吏劝说虞诩自杀得了，免受酷刑。虞诩说：我宁可伏刑死于闹市，让远近之人都知道！如果我悄无声息、不明不白地自杀了，谁能分辨是非呢？此时，"十九侯"之一、掌监羽林骑的骑都尉孙程，和"十九侯"之一、原为小黄门、参与铲除了阎氏外戚之后被封为祝阿侯的张贤，获知虞诩因公获罪的消息后，便相继上奏请求顺帝接见。孙程、张贤见到顺帝后说：陛下当初和我们一道起事时，非常痛恨奸佞，明白他们的负能量足可以造成国家倾覆。可是即位以后却又包庇纵容奸佞，陛下怎能老是责备先帝的错误？司隶校尉虞诩为您尽忠，却被逮捕囚禁。中常侍张防贪赃枉法，证据确凿，您不对他进行任何处罚，反而治罪忠良。如今观察天象，出现了"客星守羽林"现象，这是宫中有奸佞的征兆！应该下诏逮捕张防，将其送入大狱；立即释放虞诩，归还他的印绶，以防范上天将要降临的灾异。骑都尉孙程正在劝谏顺帝，而中常侍张防正站在顺帝的背后不远处竖起耳朵偷听。孙程看见后大声呵斥张防说：奸臣张防，你在干什么？为何不下殿去！因孙程是铲除阎氏外戚和拥立顺帝即位的大功臣，张防不敢与他犟嘴，只好小步疾走退入东厢。

孙程又转身对顺帝说：请陛下立即下令逮捕张防，不要让他向您的奶妈求情！顺帝征求尚书们的意见，尚书贾朗与张防是多年的老朋友，他在争辩中一再强调虞诩确实有罪。孙程等人这样说，尚书贾朗等人那样说，这下可把少年顺帝弄毛了。他对孙程、贾朗等人说：你们都先出去，让朕考虑考虑！

当顺帝正在思考谁是谁非，如何处理这一复杂问题的时候，皇宫外面，虞诩的儿子虞顗和虞诩的门生一百多人，举着旗子，在街道旁等候中常侍高梵的车子。高梵系安帝时期的宦官，曾经担任太子刘保的中傅，与刘保感情较为深厚。延光四年（公元 125 年），太子刘保被废，高梵被流放到边疆。刘保即位后，为高梵等人平反昭雪，并提拔高梵为中常侍。虞顗等见到高梵后，叩头触地不止，甚至前额流血，诉说其父虞诩被冤枉之事。高梵入宫后将遇到的情况向顺帝做了汇报，并认为虞诩弹劾张防无罪，张防本身确实罪恶深重。在正义的声音相对较大的情况下，顺帝决定将中常侍张防免官，并将其流放到边疆；将张防的同党尚书贾朗，以及其他铁杆死党共六人，有的处死，有的免官，并于当天将虞诩释放。

骑都尉孙程对司隶校尉虞诩弹劾张防，他和几位大臣携手将张防打倒，感到非常高兴。因为自从张防受宠得势以后，孙程觉得自己作为大功臣连进禁宫的大门都不方便了，根本不像过去那样起码能做顺帝半个主，当他半个家。现在，将张防驱逐到边疆，自己可再次回到顺帝身边，为他出谋划策了。所以，孙程从内心里感激虞诩，要为虞诩说好话。于是，孙程向顺帝上疏陈述了这样的意思：虞诩坚持原则，敢于斗争，立有大功，应予重用。孙程的奏疏是带着感情写的，措辞甚为直率激烈。顺帝任命虞诩为隶属于光禄勋，官秩为比六百石的议郎，掌顾问应对，并可以参与朝政。几天之后又任命他为尚书仆射，成为尚书台次官，增秩为二千石。职掌拆阅封缄章奏文书，参议政事，谏诤驳仪，监察百官，尚书令不在时则代理其职。

虞诩做了尚书仆射之后，眼里依然容不得沙子，继续保持和发扬以前的斗争精神。当时，朝廷有这样一项政策，就是允许地方二千石高官和长史，在百姓犯罪之后，可向罪犯家属收钱赎罪，这笔钱美其名曰"义钱"，对外宣称"替贫民储蓄"，而实质上郡太守和县令往往贪污"义钱"，而大发不义之财。针对这一制度漏洞和腐败风险，虞诩上疏报告说：自从永建元年（公元126年）以来，穷苦百姓公开揭发收受百万钱以上的官员，处罚官吏很多，可是三公和州刺史很少举报。在明帝永平年间（公元58至75年）和章帝章和年间（公元87至88年），一些州郡官员用贪污的黑钱向贫民放高利贷，司空查处时发现，州郡县三级均有涉案犯罪的官员，朝廷因而罢免了他们的官职。如今应该依照过去的典章制度，废除一切权宜之策，堵塞他们的捞钱渠道。顺帝下发诏书批准了虞诩的报告，严厉批评了州郡。缴纳赎金减免惩罚的制度从此禁止。

东汉时期，尚书台六曹各设尚书一人，下设侍郎，每曹六人，共三十六人。其工作人员选录程序是，先在孝廉中选拔德才兼备的优秀分子进入尚书台工作，在皇帝左右处理政务。初入台者被称为"守尚书郎中"，满一年者被称为"尚书郎"，满三年者被称为"侍郎"。尚书仆射虞诩发现，尚书郎地域来源结构不合理，没有体现尚书台人员选用应顾及五湖四海的原则。于是他上疏说：尚书郎是要职，现在有的郡有七八个人做尚书郎，而有的州连一个人也没有，应该平均一些，以满足天下人对本地出人才的期望。虞诩每次上奏言事，都坚持公平公正的原则，因此大都被顺帝采纳。

虞诩还向顺帝保荐了坚持原则、敢于碰硬的议郎左雄。虞诩在举荐奏疏中说：我看到，当今公卿以下的官吏，大都属于专会拱手作揖，而不敢说真话、说公正话的好好先生，甚至还互相告诫说：

"和气多后福。"我认为议郎左雄具有作为朝廷大臣必备的政治气节，应该将他安排重用为负责议论和进谏的官员，他一定会为国尽忠，辅佐朝廷，为国家政治清明做出贡献。虞诩自身就具有忠臣和监察官吏的政治气节，他所推荐的人肯定不是专会拱手作揖，不敢说真话、说公正话的好好先生。

左雄，字伯豪，南阳郡涅阳县人，即今河南南阳邓州市穰东镇人。他少有大志，酷爱读书，知识渊博，文思泉涌，品性醇厚，廉洁正直。安帝时期，他曾被推举为孝廉，不久升迁为官秩为六百石，所监察的对象为二千石郡太守的冀州刺史。当时该州有不少豪门大族，喜欢相互请托，以谋求政治经济利益。左雄上任后，经常紧闭大门，不与他们交往。他敢抓敢管，严肃查办并奏免了一些贪污和暴虐的郡太守。左雄坚持原则，公道正派，坚持依法办案，没有丝毫通融，不搞迁就照顾，所以没有人敢向他求情。后来，朝廷调左雄担任议郎，这是光禄勋所属郎官之一，掌顾问应对，官秩为比六百石。当时，顺帝刚刚即位，大臣们怠政懒政，朝政工作存在许多缺失，左雄几次上疏言事，深刻揭露吏治工作中存在的问题，并提出整顿治理之策。

左雄的所作所为被志同道合的尚书仆射虞诩所赞赏，于是虞诩向顺帝力荐了左雄。据此，顺帝任命左雄为尚书，不久又提拔他为尚书令。左雄从尚书令职责出发，多次上疏言事，严厉批评官场上的腐败现象，敢于同贪官污吏作斗争，并建议朝廷惩治腐败，整顿吏治，建立考升废黜制度，保持郡县主官的相对稳定，对地方官府举荐的孝廉应该进行考试，等等。他还积极向朝廷推荐德才兼备、廉洁奉公的优秀人才，为完善古代官吏选拔任用制度和推进政治清明作出了重要贡献。

虞诩揭发坏人坏事，不留情面，不畏权势，敢于碰硬，敢于斗争，因此多次得罪权贵。他曾遭到九次批评、三次处分，但他刚正的秉性、忠贞的气节，一直到老都没有改变。（据《资治通鉴》第五一卷,《后汉书·孝顺孝冲孝质帝纪》《后汉书·虞傅盖臧列传》《后汉书·左周黄列传》）

（三）顺帝徙封十九侯

十九侯总是念念不忘自己的功劳，到处宣扬如果没有他们的果敢行动，顺帝根本就当不上皇帝，云云。实际上，刘保即位皇帝是民心所向，大势所趋。即使没有十九侯的"果敢行动"，时任司徒李邻也已经串通好了少府陶范和步兵校尉赵直，他们也谋划好了一套行动方案，只是十九侯走在了前面而已。实事求是地说，在拥立顺帝即位、铲除阎氏集团的斗争中，孙程等十九名宦官是出了大力的，他们胆大心细，周密安排，果敢行动，三下五除二就把阎氏集团收拾掉了，确实作出了重大贡献。顺帝并没有忘记他们的功劳，对十九名宦官一个不落地全部封侯并赐封食邑，也都给予了厚重的财物赏赐，还把挑头人孙程提拔为骑都尉，其他人也都升了官。按说，顺帝对他们够意思了。然而他们并不满足，不仅持功矜能到处吹嘘，甚至竟然敲起顺帝的竹杠来。孙程、王国把十九侯集合起来，带着他们事先写好的材料，洋洋自得地走上宫廷殿堂朝会现场，一个个竞相述说自己的功劳。对此，顺帝一下子就来气了，他命令朝廷有关官吏弹劾这帮贪得无厌的家伙。弹劾的主要违法事实是：孙程等人扰乱朝政，抗命叛逆，与王国等人结党，长期逗留京都洛阳，骄纵放肆。据此，顺帝将孙程等十九人全都免去官职，改封到边远地区，并安排洛阳令督促他们限期动身。

顺帝将那些依附巴结阎氏集团而得势的官吏清除出去了，将居功自傲的十九侯徙封远县，清除了异己分子和扰乱朝政的宦官，排除了政治干扰，为其更好地驾驭全局，有力推进政务工作创造了良好的环境。（《资治通鉴》第五一卷）

三、顺帝的政务工作一善而足，大多在误区里运行

顺帝在其统治期间，只干了重修太学学舍、扩大招生规模和选拔了一些儒生这几件正经事，其余的几乎都是胡干蛮干，扰乱朝政。

（一）重修太学校舍，注重提拔任用精通儒家经典的人才

安帝时期不重视儒学，师者不再传道授业，学生叶散冰离，太学学府墙倒顶塌，院子里草灌丛生，牧童、樵夫在里面放牧牛羊，或打草、砍柴。针对太学校园的破落和凄凉景象，将作大匠翟酺向顺帝上奏，建议拨出专款对太学房舍进行维修，组织有志青年入太学府学习。顺帝采纳了他的建议，于永建六年（公元131年）秋下令重新修建太学房舍，共建设房屋二百四十幢，一千八百五十间。太学校园的面貌焕然一新，招生规模也逐年扩大，崇尚和学习儒学之风在全国重新兴盛起来。

顺帝把精通儒学作为选拔孝廉的重要标准和重要内容。阳嘉

元年（公元 132 年），顺帝采纳尚书令左雄的建议，下发诏书规定，各郡、封国举荐孝廉人选，原则上应在四十岁以上，如果有特殊才能的，则不受年龄限制。儒生必须精通儒家经典；文史必须善于起草上奏下达的公文。不具备这两个基本条件的不得入选。这就从用人导向上引导儒生刻苦学习和钻研儒家经典；引导志愿从事文吏工作的人熟悉古代制度、礼仪和国家法律法令，掌握起草公文的技巧。诏书下发后，作为尚书令的左雄和他手下的尚书们，在审核和面试各郡、封国推荐上来的孝廉人选时，坚决贯彻诏书精神，认真把好符合规定条件这一关。在各郡、封国所推荐的众多孝廉人选中，符合诏书规定条件的只有陈蕃、李膺、陈球等三十多人，这些人面试应询考试成绩都不错，全被朝廷任命为郎中。东汉时，郎中属于光禄勋，掌持戟值班，宿卫殿门，出充车骑。朝廷先把他们放在郎中岗位上锻炼一段时间，先熟悉政务工作套路和基本程序，而后再根据工作需要和个人专长安排职务。然而，广陵、济阴等十几个郡太守所举荐的孝廉人选与诏书规定的条件严重不符，面试应询考试成绩较差。左雄报经顺帝同意，将那些对朝廷不负责任，推荐人才打马虎眼的郡太守免官或废黜。朝廷采取行动之后，一段时间内选拔上来的孝廉质量较高，素质过硬。他们被提拔任用之后，都干得不错，后来多数人都成长为朝廷的重臣，为加强朝政建设、树立良好的政风做出了积极贡献，其中一些人还成为名臣，有的甚至为国家献出了自己宝贵的生命。

顺帝注重发现和提拔使用优秀儒学人才。阳嘉二年（公元 133 年）四月，京都洛阳发生地震，六月又发生了地裂，顺帝下诏命令三公、九卿等各自向朝廷举荐一名"淳朴"之士。掌管京师十二城门屯兵的城门校尉岑起举荐右扶风功曹马融为淳朴之士，于是马融参加了应询答辩。马融精通儒家经典，知识渊博，他在应询发言中引经据典，论述深刻，文辞优美，逻辑性强，发表的观点和提出的建议具有很强的针对性和建设性。马融面试应询成绩优等，受到顺帝的赏识和重用。

马融，字季长，扶风茂陵人，即今陕西咸阳兴平市人。他是东汉开国名将马援的从孙，将作大匠马严的儿子。马融是一位美男子，姿态优美，说话动听，善于演讲，颇有才华。早年曾拜师于隐居在京兆周至县南山的老先生挚恂，跟从他学习儒术和游学。挚恂欣赏马融的才华，将自己的女儿嫁给了他。永初二年（公元108年），外戚大将军邓骘听说马融才学不凡，招聘他担任太子宫轮流值更宿卫的太子舍人。而马融则认为此官名声不雅，拒绝了应召，客居并来往于武都和汉阳之间。

永初四年（公元110年），马融被任命为校书郎，在龙亭侯、长乐太仆蔡伦的监督下，与刘珍、史良等人一起在东观从事校正秘藏典籍的工作。当时，邓太后临朝摄政，邓骘把持朝政大权，邓氏兄妹对军队建设不够重视，一些目光短浅的儒生认为"文德可兴，武功宜废"，于是，包括很多武士在内的人大都放弃了练功，也不研究战略战术，因此军队的战斗力出现严重下降，各地狡猾的盗贼趁国家无备，蜂拥而起。而汉军镇压和抵御叛羌进攻因战斗力不强，屡屡失败。马融对废弃武功大为不满，他认为文武之道为历代圣贤所重视，金、木、水、火、土应该并用，任何一个都不能偏废。元初二年（公元 115 年），马融创作了《广成颂》讽谏朝政，得罪了邓氏兄妹，他被压制，十年不得升迁。建光元年（公元 121 年），邓太后去世，汉安帝亲政后，将马融调至郎官办公的郎署，让他到负责经书讲解的讲部工作。后来又安排他到河间王手下为官。当时，安帝东巡泰山，马融呈献《东巡颂》。安帝对马融的文才感到惊奇，便任命他为皇帝的随从官——郎中。延光四年（公元 125 年），北乡侯刘懿即位，马融称病辞官，在右扶风郡府担任功曹。

这次马融因应询考试成绩突出，被顺帝下诏提拔为议郎，职掌顾问应对，参与议政，指陈得失，成为皇帝的近臣。提拔重用马融说明顺帝对儒学人才的高度重视，树立了一个好的导向。可是，接下来顺帝干的这件事就不着调了。他把京师六十岁以上年老博学的儒者四十八人都补充为郎官、太子舍人或诸侯王封国的郎官。根据《后汉书·百官志》的记载，凡郎官皆掌持戟值班，宿卫诸殿门，出则充车骑或侍从左右；太子舍人是执掌东宫宿卫的，一般都是选良家子孙充当。古人的平均寿命本来就不高，弄一帮手无缚鸡之力的儒者、行将就木的老头子来担任此职，不是瞎胡闹嘛！（据《资治通鉴》第五一卷，《后汉书·马融列传》）

（二）欲按左雄提出的思路改革吏治，却被宦官挡住

在顺帝统治时期，政治问题堆积如山。对此，尚书令左雄忧心如焚，他通过深入观察和研究，将吏治队伍中存在的突出问题及整改建议，以奏疏的形式向顺帝作了反映。左雄认为，当时朝廷政务工作存在五个方面的突出问题：一是各级官吏的执政理念发生了严

重错位，甚至黑白颠倒。地方官府和官吏把滥杀无辜看作有威严，擅长搜刮被认为是贤良能干。相反，善于治理和安抚百姓被认为是懦弱，奉公守法被认为是缺乏治理能力。丁点儿小怨，就处以剃去头发、铁圈束颈的刑罚，一时的喜怒，就可以酿成伏尸之祸。把人民看作仇敌，征收苛捐杂税比虎狼还凶狠。二是监察官员不履行监督责任，甚至与贪官污吏同流合污。朝廷派出的监察官员在道路上前后相继，络绎不绝，但他们都充当"老好人"，见到违法不检举，听到邪恶不调查，甚至充当贪官污吏的保护伞。三是对官吏的考核奖惩弄虚作假，失真失实。朝廷下派官员考核地方官吏的工作不深入、不扎实，下派的考核官员只是在客馆驿站听听汇报而已。肯定地方官员善政，与其品行不符；表扬他们的工作成绩，则没有事实支撑。善于弄虚作假的人获得好的名声；兢兢业业、埋头苦干的人却遭到诋毁。而州牧不调查审查其中是否有诈，就为他们办理延聘手续，有的甚至越级提升，反而比正常升迁更快。有人因违法犯罪无法掩盖，就声称看不起富贵，弃官而去，以示清高；有人看见上司心情沉重，脸色不好，就辞职走人，以表示自己有先见之明。该查处的不查处，该处分的不处分，吏治管理杂乱无章。四是官吏调整任免过于频繁。任免官吏像流水一样快，特别是对县级主官频繁更换，造成他们稳不下心来干事。因此，他们上任之初就把自己的工作看作临时工作，没有长远打算，很难沉下心来抓发展、惠民生。职位空缺太多而长期不予补充，官员缺额动不动就数以百计，造成很多工作无人推动、无人负责，贻误了国家和人民事业。五是基层官吏的问题尤为突出，这些官吏动不动就伤害人民群众的利益。由于乡官、部吏等基层官员职位卑微，薪水太少，他们的车马衣服等都靠"刮地皮"。一些清廉的官吏只要自己够用就满足了，而贪婪的官吏还要满足他们的老婆孩子等家庭成员的生活需要。于是，又巧立什么"特选""横调"等名目，搜刮老百姓的钱财；同时，迎来送往花去大量公款，损害了官府形象。左雄发现和归纳的问题深刻具体，切中要害。

接着，左雄向十七岁的顺帝提出了关于吏治改革的意见和建议，主要是：要明确规定郡太守、封国相和县令等地方主官，凡是慈爱百姓、恩惠人民且治理成效明显的，可以就地提升他的官秩，只要不是因为父母去世需要守孝的，一般不要离职，不得随意调动。要制定年度考核中防止地方官吏弄虚作假的制度措施；加大对违法犯罪官员的查处力度，对严重违法者要禁锢终身，决不允许他们再出来做官，即使遇到大赦，也不能把他们包括在内。对于受到弹劾后弃官逃亡、拒不接受法律惩处的人，逮住以后要将他们驱逐到边疆，以发挥其对其他官吏的震慑和警示作用；要注重选拔具有清白家世和基层治理能力的人担任基层官吏，增加他们的俸禄，减免他们应缴的税赋。任职一年之后，朝廷有关部门和州郡官府才能征辟保举。最后，左雄说，只要按照以上意见建议去做，就会切断以权谋私、胡作非为的路子，扭转弄虚作假、骗取官位的歪风，减轻迎新送旧、烦劳应酬的负担，堵塞加征税赋、敛财聚财、中饱私囊的漏洞。这样，官吏施政循理依法，百姓耕桑安居乐业，那么，过去汉文帝、汉宣帝的中兴盛世就会重现。

顺帝看到左雄所奏的内容深受感动，他认为左雄所作的分析和提出的建议很好，于是重申了官吏不能无故离职的规定，又要求有关部门考察评估左雄提出的吏治改革建议，看哪些能行，哪些不能行，拿出详细的实施方案，呈报批准后予以实施。然而，宦官觉得左雄提出的这些吏治改革措施，不便于他们浑水摸鱼，捞取好处，于是就千方百计地进行阻挠。顺帝不敢得罪宦官，所以这些举措最终未能实施，一切还按原来的老套路走。尤其是地方官吏的调整变动更加频繁。在当时道路条件和交通工具十分落后的情况下，地方官员的频繁更换，造成官吏们为迎新送旧都奔波于道路，有的官府曾经出现了官府空旷、无人值班办事的现象。

面对被宦官严重污染的政治生态，又有一位眼里容不得沙子的大臣看不下去了，他就是负责接受公卿奏事，举劾非法，有时受命执行办案等任务的侍御史张纲。张纲像虞诩、左雄那样，也是一位"脊梁"式的人物。

张纲，字文纪，犍为郡武阳人，即今四川眉山市彭山区人。他是西汉留侯张良的七世孙。其父张皓在永宁元年（公元120年）被朝廷任命为廷尉。张皓干一行爱一行，干一行钻一行，注重学习研究本职业务，留心刑罚断狱，经常与尚书讨论疑难案件，他的意见往往因详审平和而多被采纳。顺帝即位后，任命张皓为司空，张皓推举了很多品学兼优的人才，人们称他为"推士"。阳嘉元年（公元132年），八十三岁的张皓又被重新任命为廷尉，当年死在任上。在父亲张皓的言传身教影响下，张纲年轻时就通晓经学。他虽然出身于世代为官的家庭，但他身上完全没有公子哥习气，而且他还以布衣之士的高尚气节来自觉磨炼自己。张纲曾经被推举为孝廉，但他没有应从。后来，他以优异的考试成绩被司徒破格举荐，朝廷将他任命为侍御史。此时，顺帝放纵宦官，有识之士都为之寒心。张纲也非常生气，他慨然叹曰："秽恶满朝，不能奋身出命扫国家之难，虽生，吾不愿也。"于是，他秉笔直书，向顺帝呈上奏章说，推究大汉最初的兴隆和中兴之世，尤其是西汉文帝刘恒和东汉明帝刘庄时期，道德教化的成绩尤为突出。他们的治理措施很简单，照着做就行了，无非就是推行勤俭节约、修身崇德而已。在他们统治时期，中常侍不过两人，赏赐所宠爱的侍臣才几斤黄金，他们特别珍惜人民群众的血汗钱。所以当时家家富裕，有吃有穿。外敌知道中原富强，也不得不讲起信义和道德来，因此奸谋自然消除，国家和平安宁。可是，近年来，多项举措都背离过去的典章制度，连投机钻营的无功之徒都封官授爵，致使小人得志。由于他们素质低劣，一旦有权有钱，就骄奢放肆起来。待其恶积祸盈之后，再去惩治他们，这不是爱护人的本意。关心人、爱护人应该奉承天命，顺从大道。请皇上稍加圣思，整饬左右，以奉天意。张纲费尽心机进行劝谏，但并没有促使顺帝觉悟，他对宦官的宠信依然如故。

在顺帝的庇护下，宦官干政乱政越来越疯狂。（据《资治通鉴》第五一、五二卷，《后汉书·张王种陈列传》）

（三）重走先帝宠信、依靠和厚待外戚的老路

永建六年（公元131年），十七岁的顺帝打算选立皇后，而贵人中有四人受到他的宠爱。顺帝拿不定主意，不知道选哪一位好。有人建议他采取抽签的办法来决定，抽到谁算谁。尚书仆射胡广和

尚书郭虔、史敞联名上疏进谏说：最好的办法是，除了四位贵人外，再增加良家女儿，从中物色品德最好的；品德一样好，物色年龄较大的；年龄一样大，挑选容貌美丽的。稽查典籍，最后由陛下拍板决定。顺帝采纳了他们的建议，将贵人梁妠列入重点考虑对象。

梁妠，安定郡乌氏县人，即今宁夏固原市东南一带人。梁妠少时喜欢阅读史书，九岁时就能诵读《论语》，有些段落还能背下来，对《诗经》中的大义也都能领略；同时她心灵手巧，善于做针线活；还经常将列女图画放置左右，以自我激励。她的父亲梁商十分惊异，私下对他的弟兄们说：咱们的祖先当年慷慨解囊，赈济河西，使许许多多老百姓得以活命。虽然当时皇上没有过问表彰，但积了阴德必然会有好的报应。假若吉庆恩惠子孙后代，也许会让这个孩子富贵吧！永建三年（公元 128 年），十三岁的梁妠与姑姑一起被选入宫中旁舍——掖庭，成为一位妃嫔。当时专门从事察相的相工茅通见了梁妠，大吃一惊，他拱手拜贺说：这叫作日角偃月（即前额中央隆起，形状如日；两眉弯弯犹如半月），是大富大贵的面相。我从来没有见过这样的面相。可喜可贺！负责记载史事、编撰史书，兼管国家典籍、天文历法、祭祀等事的太史令用龟甲占得寿房，寿房即棺材，象征的意思是升官发财；又用蓍草（古人占卜常用的一种草）占得吉祥。于是顺帝便封梁妠为贵人，并经常宠幸梁妠。顺帝每次召唤梁贵人侍寝，她总是甜甜蜜蜜、言不由衷地推辞说：阳刚应以广泛施舍为德，阴柔应以不独享为义。愿陛下想到云雨之恩，应该大家均沾，以使小妾得以免罪。梁贵人越是推辞，顺帝越是频繁召她侍寝，每次梁贵人都把顺帝侍候得高高兴兴，心满意足。顺帝认为，在贵人里面，梁妠最为贤淑。阳嘉元年（公元132年）春，善于见风使舵、投机取巧的大臣上奏顺帝，请求立梁妠为皇后，汉顺帝愉快地采纳奏议，立十六岁的梁妠为皇后。梁妠深知前代的兴衰得失的道理，她进位为皇后之后，不敢有骄横专宠的思想，每当出现日食、月食时，她总是换穿素服，以检讨自己的过失。

顺帝认为，梁皇后品德高尚，就是因为她的父亲为她树立了榜样，于是顺帝把梁妠的父亲梁商任命为特进。特进是一个崇高的荣誉职位，光武中兴以来，凡诸侯功德优盛、朝廷敬异者赐特进，位在三公之下，可自辟僚属，无吏卒，唯食其禄赐。退免大臣加此者仍可参与朝政。不久，顺帝又任命梁商为掌管京师安保工作的总头执金吾。梁老爷子对女婿顺帝给他这么一个职位并不满意，他躺在床上装病大半年也不上班。梁皇后知道她老爹害的是什么病，经常不断地给顺帝吹枕头风，于是，顺帝就任命梁商为大将军，位如三公，任命梁商的儿子梁冀为执金吾。顺帝派遣自己做太子时的老师，九卿之一、掌管宗庙礼仪并兼掌选试博士的太常桓焉，手捧策书去梁商家中告诉他这一信息，梁商听后喜不自禁，赶紧从床上爬起来，穿戴整齐，小步疾走来到宫中接受任命。后来，顺帝又封梁商的儿子梁冀为襄邑侯。尚书令左雄予以劝谏，顺帝不听。顺帝的老丈人梁商知道后，也多次上疏顺帝表示想辞退朝廷授予其子梁冀的爵位，顺帝才将梁冀的爵位收回。

永和元年（公元 136 年），顺帝任命大舅哥、执金吾梁冀为河南尹。河南尹为京都洛阳所在的河南郡长官，官秩为二千石，主掌京都事务。

梁冀，字伯卓，安定郡乌氏县人。此人长相极为特殊：两肩耸起，犹如老鹰的翅膀；印堂狭窄，颧骨高耸，一双眼睛如同豺狼的眼睛一样倒竖着，直勾勾地看人，发射出贪婪凶暴的光；说话时含糊不清，嘴里好像含着东西。他才疏学浅，胸无点墨。生在皇亲国戚之家，梁冀从小就泡在蜜罐子里，因而养成了游手好闲、好酒贪杯、纵情作乐、仗势作恶的坏毛病。他喜欢射箭，爱好当时流行的棋类游戏"弹棋""格五"，常玩掷采行棋的博戏类游戏"六博"和另一种博戏"意钱"，经常与一帮纨绔子弟"蹴球"，还跑到野外飞鹰奔犬、斗鸡走马。起初，梁冀靠妹妹的关系担任了黄门侍郎，侍从在皇帝左右，干点儿跑腿打杂、迎来送往的杂事，这个官没当几天他就升任侍中，职掌殿内门下众事，侍从皇上左右，向公卿传谕御旨等。侍中没干几天，他就被重用为虎贲中郎将，统领虎贲禁兵，主宿卫，官秩为比二千石。随后他又先后转任为掌领宿卫兵，有吏员一百二十七人，领士七百人的越骑校尉，和北军五校尉之一、隶属北军中侯的步兵校尉，掌宿卫禁兵。不久，父亲梁商被提拔为大将军后，梁冀接任了老爸的执金吾职务。

自从梁冀被重用为河南尹，主政一方之后，他就更加放荡不羁，整天东游西逛，饮酒作乐，干了不少违法犯罪的事。其父梁商所亲信的门客、洛阳县令吕放将梁冀在河南的一些不法行为告诉了梁商，梁商狠狠地教训了梁冀一番。因此梁冀对吕放怀恨在心，派人在道路上截住吕放，将他杀死。梁冀因害怕父亲梁商获知此事，于是就把杀人的罪过推到吕放的仇人身上。为消除吕放家人对梁冀的怀疑,梁冀还向朝廷请求任命吕放的弟弟吕禹为洛阳县令,并由他来逮捕刺杀吕放的所谓凶手。吕禹上任后,将哥哥吕放仇人的宗族、亲戚、宾客等一百余人全部诛杀。这是梁冀亲手制造的一起令人震惊的大冤案、大惨案。但由于有顺帝这个巨大的保护伞,沾满一百多人鲜血的幕后杀人凶手梁冀一直逍遥法外。

在顺帝统治时期,外戚弄权,宦官罔上,外戚与宦官为争夺朝政大权,他们时而相互勾结、相互利用,时而相互嫉妒、相互斗争。永和三年(公元138年),小黄门曹节和中常侍曹腾、孟贲深受顺帝宠信,"二曹一孟"把持着朝廷部分重要权力,盛气凌人,不可一世。于是外戚大将军梁商便命令自己的儿子梁冀、梁不疑与"二曹一孟"结交。强大的外戚势力与受宠的宦官势力搞在了一起,实现了"强强联合"。这就使得中常侍张逵、蘧政、杨定等宦官顿感失落。于是,他们就与其亲信密谋,一同向顺帝诬告大将军梁商和中常侍曹腾、孟贲等,说梁商和曹腾、孟贲打算征召诸王的儿子前来京都洛阳,阴谋废黜顺帝,另立新帝,请求陛下将他们抓捕治罪。然而,此时的顺帝已经二十三岁,不像以前少年时期那么好糊弄了,顺帝对他们说:大将军父子是我所亲近的,曹腾、孟贲是我所宠爱的,一定没有这档子事,只是你们嫉妒他们罢了。张逵等知道自己的阴谋被顺帝一眼看穿,害怕大祸临头,于是,他们就假传圣旨,把曹腾、孟贲抓了起来。顺帝闻讯后大发雷霆,命令宦官李歆急速传令,释放曹腾、孟贲,并将这起绑架案的凶手张逵、蘧政、杨定逮捕入狱。从这件事上可以看出,顺帝宠信外戚和少数宦官,而那些没有受到宠信的宦官自然就会产生嫉妒,受宠信的与不受宠信的也必然会产生对立。

永和四年（公元 139 年），顺帝任命梁商的小儿子虎贲中郎将梁不疑为步兵校尉。梁商上疏推辞说：梁不疑是个孩子，您竟然让他担任成人可以担任的官职。我虽然没有才能，也希望在圣主之世保全我的财富和地位。从上次顺帝赐封梁商大儿子梁冀为襄邑侯，到这次又任命梁商的小儿子梁不疑为步兵校尉，可以看出顺帝把象征国家权力的皇权私有化并加以滥用。后来，顺帝将梁不疑改任为供皇帝指派的散官侍中，同时兼任光禄勋下面掌御乘舆车的奉车都尉。（据《后汉书·皇后纪下》《后汉书·梁统列传》，《资治通鉴》第五二卷）

（四）郎颢以解说灾异为名，对顺帝进行劝谏

阳嘉二年（公元 133 年）初，汉安帝的陵园恭陵寝殿周围走廊上的百丈庑发生了火灾。一些相信鬼神的吏民议论纷纷，影响很坏。顺帝听说治所在剧县（今山东潍坊市昌乐县之西）的北海国有个名叫郎颢的先生，精通京房易学，通晓阴阳之道。于是他下令把郎颢先生请来，询问恭陵失火以及当年春天特别寒冷等灾异之因和今后防范之策。

郎先生不是一般的方士、巫师之辈，他精通群经，著述颇丰，长于风角（古代的一种占卜方法，以五音占四方之风而定吉凶）星算（指星占术），同时，对朝政利弊得失也有独到的见解。

郎颢，字雅光，北海安丘人，即今山东潍坊安丘市人。其父郎宗对《京氏易经》颇有研究，长于风角星算，能观气候占吉凶，靠

卖卜挣钱养活全家。当时，汉安帝听说了郎宗的名声便召他来京，见他在应询答辩中为诸儒表率，于是任命他担任了吴县（在今江苏苏州市旧城区）县令。不久，该县猝然有风暴大起，郎县令占卜得知京师当有大火，于是记下时日，派人打听，果然如他所言。诸公听说之后，便上表朝廷，朝廷以博士之位征召他。郎宗以占验被知而为耻，听说朝廷诏书到了，晚上将印绶挂在官府明处便逃跑了。从此立誓终身不再做官。郎𫖳少时就子承父业，一方面白天苦修经典，研究其中的精辟义理，隐居海边，教授学徒，他的学生常年有数百人；另一方面利用晚上占卜象度（指天象的度数），勤学苦思，不知疲倦。州郡官府辟召，推举他为"有道""方正"，他均不应从。顺帝时期，自然灾害和天象异变屡有发生，顺帝想了解成因及破解之策。于是派出公车征召郎𫖳来京问询。郎先生也想利用这次为顺帝答询灾异之机，来影响他的执政理念朝着有利于国家和人民的方向转变。于是郎𫖳到达京师后，第一时间便向朝廷拜上奏章。

郎𫖳在奏章中说：臣听说上天降下反常的妖象，地上出现灾变的征兆，都是上天在谴告皇帝，因此皇上应该认真反躬自责，深刻检视自己的修德行善情况，整改以偏代正、以邪压正的问题，使未来的政务工作能够平稳运行，以利于兴政除弊。《易内传》有言："凡灾异所生，各因其政。变之则除，消之亦除。"想到陛下在太阳偏西之时，亲自听取政务工作汇报，重温曾子三省其身之勤，反省思过，大悔大悟，务消积弊，这样非常有利于去灾兴国。

郎先生讲完这段赞美的"引论"之言，接着谈了以下三个观点：一是要高度重视节俭济贫，崇德尚礼，关爱百姓；二是不要烦劳百姓，不给他们的生产生活添乱；三是善用贤才，赏罚分明，慎用刑罚。郎先生的意思很明确，就是用好用足现有的人才，充分发挥人才在推动社会造化中的重要作用，当他们做出了成绩和贡献时，要及时予以表彰和奖励。同时，要慎用刑罚，务在宽简，立秋之后再审理案狱。他还在奏章中煞有介事地说："臣伏案《飞候》，参察众政，以为立夏之后，当有震裂涌水之害。"

顺帝刘保看完郎顗的奏疏，既认为颇有道理，又感到非常恐惧，于是专门安排尚书与郎顗对话，面对面地听取他的观点和建议。

郎先生结合已经发生或他预料将要发生的自然灾害和天象变异情况，陈述了七件事。他在解说其各自成因时，直指汉顺帝为政之弊的七个"病灶"，并针对"病灶"开出了"药方"。

第一件事，陵园失火之事——其中隐含着劝谏顺帝不要劳民伤财、奢侈无度之意。郎先生从消灾减灾的角度，劝谏顺帝不要大肆兴建劳民伤财的"面子工程"，不要挥霍浪费国家和人民的钱财，过分追求享受，不然的话，就会发生大旱或大火。

第二件事，天气的冷热与季节不符之事——隐含着批评朝廷用人不当，尤其是三公不作为之意。郎先生以解释天气的冷热与季节不符这种异常天气为由，直接抨击了朝廷的用人问题，并将攻击目标对准了年俸万石的三公，深刻揭露了他们"令色足恭，外厉内荏，以虚事上，无佐国之实"的官僚主义作风，并指出这个问题不解决，必然会出现"阴侵其阳，臣欺其君"，一级糊弄一级的糟糕局面。要改变这种局面，就应该驱除那些滥竽充数、尸位素餐的高官，从地方和基层选拔一批具有丰富实践经验、了解民情民意和民间疾苦、与人民群众有深厚感情的优秀人才辅佐朝政，以助圣化。这样"倒春寒"等气候异常问题就能有效解决。

第三件事，春旱之事——隐含着劝谏顺帝减轻老百姓赋税负担之意。郎先生指出，汉文帝注重自身节俭，薄征租赋，减税降费，让利于民，于是成就了太平盛世。今陛下圣德中兴，应遵照以前的典章制度，厉行节约，那么天下就会非常幸运。郎先生预测，今春当旱，夏必有水。建议皇帝未雨绸缪，早做打算，及时减轻老百姓税赋。

第四件事，前星不明朗之事——隐含着劝谏顺帝放出大部分宫女任其婚嫁之意。郎先生以星象变异来规劝皇帝，主动转变"宫女养得越多，皇子生得越多"的思想观念，后宫女人多了，既违天意，又逆人伦，这遭到了上天的惩罚，所以皇子们大都夭折了。应该解放部分宫女，任其婚嫁，这样上天就会降福，皇上的儿子就会多起来，这样也能减轻老百姓的经济负担，对大家都有好处。

第五件事，还是说星象变化之事——隐含着劝谏顺帝常备不懈，加强战备之意。郎先生发现，去年闰十月，有白色云气从西方天苑星座向着参宿左右移动，入玉井（参星下四小星）数天后就不见了。参宿系二十八宿之一，参水猿，属水，为猿。参字本意为三，指参宿中央三星，代表三将军；中央三星南面是伐三星，代表边境胡人。参宿进入玉井星座，预示立秋以后，赵、魏、关西这三个地区将有叛羌入侵之患。为此，应预先宣告有关各郡，要求他们掌握季节，轻征徭役，薄收赋税，不要随便上马劳民伤财的工程，加强对仓廪、监狱等重点部位的防守，选拔贤将，操练士兵，储备粮草，做好抵御羌军入侵的战争准备。

第六件事，"白虹贯日"之事——隐含着揭露一些官员乱作为之意，建议朝廷罢免掌管民政的司徒职务。郎先生说，从这次发生"白虹贯日"的方位看，目标就是谴责中台（即司徒）。现任司徒作为掌管人民及教化之事的高官，自从他居位以来，阴阳多次出现谬误，司徒长期以来不能放弃私心杂念，而沉下心来研究和出台进贤之策，天下人议论纷纷，不同阶层的人都在嗟叹。且立春以来，金气再次出现，金能胜木，必有兵乱，因此，陛下应该罢免司徒，以应天意。如不早做安排，将辜负臣之所言，遗患于国家和百姓。

第七件事，《诗纬汜历枢》等所记载的事——隐含着劝谏顺帝改元更始，推进政治改革之意。《诗纬汜历枢》亦名《泛历枢》，是汉代佚名创作的谶纬类典籍，现早已亡佚，只存少量佚文。郎先生说，自从汉朝建立到现在，已经三百三十九年，超过了三个周期。《象传》说："困而不失其所亨，其唯君子乎！"陛下是潜龙养德之君，经受过由皇太子被废为济阴王的屈辱和幽隐的厄运，即位之初惊心动魄，震动宫禁，天象运行所显示的时气和命运已经应验，但恐怕还有妖气没有释放完结，君子应该居安思危，加强警戒，防范祸患的发生。自从汉文帝改革和减轻刑罚以来，已经三百年了。然而，那些微小的禁令，逐渐积少成多。因此应该因时而动，改元更始，大幅度删除和修改苛刻的法令，革除弊政，改革吏制，去奢就俭，招贤纳隐，广开言路，博采良谋。只有这样，才能开创治国理政的新局面。

郎先生一口气给尚书讲了以上七件事，尚书一边听，一边记。郎先生讲完之后，尚书又提出了一系列问题质询郎𫖮。郎先生回答完尚书质询的问题之后，便向朝廷郑重推荐了黄琼、李固两名优秀人才，在简要介绍了他们的情况后说：我明不知人，但听到众人所言，百姓所归，看到了大家对他们的共同评价，才推荐他们的。希望广泛询问百官，核实两人的名行，如果有一点不合实际，那就是臣犯了欺国之罪。最后，郎𫖮又"谨复条陈"，再次结合解说灾异上奏了援引贤能之人、罢黜臣子当中的害群之马、审详明堂布政和改革朝政四件事。奏疏送达后，顺帝下诏，任命郎𫖮为郎中。郎𫖮对当官不感兴趣，以病为由，推辞不就，立即回家。到四月，京师果然发生了地震，夏天大旱，而郎𫖮预测的是水灾。秋天，羌人进犯位于今山西晋城市沁水县东马邑村的马邑城，并击破了代郡的郡兵。第二年，羌军进犯陇右，而没有入侵赵、魏。后来朝臣又用公车征辟郎𫖮，郎𫖮不肯再出来。（据《后汉书·苏杨郎襄列传》）

（五）为奶妈、宦官封爵，频繁提拔外戚

顺帝有两个奶妈。一个名叫王男，刘保幼年做太子时，王男一直陪伴服侍，刘保对王男甚为依赖。延光三年（公元 124 年），王男因被诬陷而丧命。另一个奶妈名叫宋娥，顺帝对宋娥的感情也不浅。阳嘉二年（公元 133 年）初，顺帝仿照安帝将其奶妈王圣赐封"野王君"的做法，也将自己的奶妈宋娥封为"山阳君"。

尚书令左雄对顺帝赐封宋娥为山阳君进行了劝谏，左雄上疏说，先皇安帝封其奶妈王圣为野王君，从而导致地震灾难发生。而

今青州正在发生饥荒，农民起义尚未平息，实在不应该顾及给奶妈封爵这样的小恩惠，而使国家大局受到损害。顺帝并没有听从左雄的建议，而左雄也没有放弃对顺帝的劝谏。不久，左雄继续上疏说，陛下感念奶妈过去的恩德，可以在金钱和物质上加以重赏。然而，根据尚书台掌握的成例，以前从来没有皇帝给自己的奶妈封爵食邑的制度，只有安帝时才封王圣为野王君，而王圣被赐封之后，自我膨胀，胡作非为，造谣陷害皇太子，以至于先帝做出了废除太子的错误决策，给国家带来了祸害。建议陛下收回她的封号，改为每年供奉她一千万钱。对左雄这一建议，顺帝依然不予理睬。

大约过了一个多月，即阳嘉二年（公元 133 年）四月二十九日，京都洛阳果然发生了地震。顺帝恐惧，他知道这是上天震怒，发出谴告了，于是五月初一顺帝急忙下诏，要求三公、九卿等直言不讳地对朝廷弊政提出批评，并各自举荐一名淳朴之士。左雄抓住机会，又一次上疏说：先帝封王圣为野王君，汉阳郡发生地震；而今陛下封宋娥为山阳君，京都洛阳发生地震。帝王可以因私情赏人钱财，不可以因私情赏人官爵。因此，应该让奶妈归还封爵，以此来防止灾异发生。由于左雄措辞激烈恳切，宋娥也畏惧"遭上天惩罚"，表示愿意辞让。可是顺帝"恋恋不能已，卒封之"。然而，地震灾害发生不久，洛阳城宣德亭又发生长达八十五丈的地裂。人们更认为朝政出了大问题，上天连续两次发出了严厉谴告。按照顺帝关于三公、九卿各自举荐一名淳朴之士的要求，九卿之一的卫尉、即墨侯、汉和帝女儿临颍长公主刘利的丈夫贾建举荐李固为淳朴之士，李固于是参加了朝廷组织的关于这次地震产生之因以及如何应对的应询答辩。

李固，汉中南郑人，即今陕西汉中市南郑区人，司徒李郃的儿子。李固相貌奇特，头上有骨头凸出，犹如鼎足，隐藏在头发之中，脚底板上有龟纹。李固少年时就特别爱学习，经常不辞辛苦步行千里求师。李固读书多，朋友多，结交了许多名士英贤。京师的人都认为李固与他老爹李郃一样颇有才华。司隶校尉和益州刺史都曾责成汉中太守将李固推举为孝廉，还征辟他为司空掾，但李固都没有应从就职。因不久前发生了地震、地裂等自然灾害，经卫尉贾建推荐，李固作为"淳朴之士"参加了这次应询会议，皇上又下诏特地询问李固：当前存在哪些弊政，以至于上天发出如此"谴告"？如何解决这些问题，防止地震等灾害的再度发生？因此，李固在应询会上发表了长篇奏言，他从讲大道理开始，由表及里，由浅入深，而后直戳顺帝弊政的病灶。

李固说：以前安帝变乱旧典，封爵给奶妈王圣，因而制造妖孽，使樊丰等小人乘权放肆，侵夺主上的威严，乱改嫡嗣，把太子废为济阴王，致使陛下狼狈不堪，亲遇其难。太子从危难之中走了出来，当了皇帝，天下人都在仰望，希望朝风政风有所转变。积弊之后，只要认真整改，就容易得到中兴。然而，人们议论说，目前的政事，还是与从前一样，没有任何改变。臣下伏在山野草民之中，痛心疾首，极度失望。

首先，李固直言不讳地对顺帝赐封奶妈宋娥为山阳君进行了抨击。他说：自从汉王朝建立到现在，已有三百余年，圣贤时代相继，共经历了十八位帝王，有哪一位帝王没有奶妈的恩情？难道都忘了给奶妈尊贵的爵位吗？只是因为他们上惧上天的威严，下又考察了过去的经典制度，知道在大义上不允许这样做，所以都没有为奶妈封爵。现在，宋奶妈虽然具有勤劳谨慎的品德和功劳，但只要加以赏赐，就足以酬报她的劳苦。如果专门为她分割土地建立封国，确实违背了汉朝的传统制度。听说宋奶妈本性谦虚，必然会逊让不受，陛下应该赞许她那种辞让的高风，使她成就万安之福。

接着，李固又对顺帝宠信和重用外戚提出了尖锐批评。他说：从历史上看，皇后、妃妾之家，为什么很少能够保全，难道他们天性自然就邪恶吗？不是这样的。就是因为给他们封爵太尊，官位太高，使他们总揽大权。天道厌恶满盈，而他们却不知道自我克制，所以导致衰败垮台。以前，先帝宠爱阎皇后及其亲属，爵位、官位、钱财赏赐得太多、太频、太重，所以他们不久就遭受大祸。正如《老子》所言："其进锐者，其退速也。"意思是，凡是前进太快的，后退也一定很快。现在，梁商的女儿身为皇后，其娘家人与皇后一起都住在椒房。按照礼制，天子不应把妻子的父母当作臣属。因此，将梁商本人尊以高爵，未尝不可，但是，梁家的晚辈子弟却兼有荣耀和显贵，明帝以前的旧例可不是这样的。陛下应该命令步兵校尉梁冀以及梁氏家族中担任侍中的人，都退至原来所居的黄门之官，使权力离开外戚，归还于国家，岂不是一项美政！

最后，李固针对顺帝的近臣和宦官依仗职权将他们的父子兄弟、三亲六故都安排为官的现象，又大胆奏言。他说：过去之所以规定侍中、尚书等内臣子弟不得为吏，不得被州郡官府举荐为孝廉，就是因为他们手中掌握着大权，会照顾私情，相互请托。比如，中常侍就在皇帝和皇后的身边，其声名和威势震动天下，而他们的养子和近亲属担任官职、享受俸禄却没有制度约束。尽管中常侍表面上保持谦让和沉默，并再三表示不干预地方官府的政务，但是献媚之徒却望风推举他们的养子或近亲属、亲属为孝廉。现在应该设置常禁，与从前约束内臣相同。李固还举例说，从前光武帝第三女馆陶公主替她儿子向明帝求取郎官一职，明帝予以拒绝，只是赐钱千万。为什么呢？就是害怕不才为官，害及百姓。臣下私下听说，长水校尉属下掌领宿卫兵的长水司马武宣，十二城门侯之一的开阳城门侯（掌城门兵）羊迪等，都是宦官的养子，这些人没有什么优秀的品德和功绩，刚一任命，也没有经过试用期，就直接担任实职。这虽然只是一个小的失误，但却破坏了过去的典章制度。无论是政治制度，还是社会教化，一旦遭到了破坏，一百年都难恢复。现在与陛下共同治理天下的人，外面就是公卿、尚书，里面就是常侍、黄门，譬如一门之内，一家之事，安宁，大家都有福，危险，每人都遭祸。陛下当务之急，是应该招录一批贤者，引问为政得失。方直有德者，省事（处理政务）左右；才智娴雅者，给事殿中。建议裁减中常侍两人、小黄门五人。

受李固奏言和会场气氛的感染，隶属于太常，掌天时星历的太史令张衡也趁机发表奏言，对顺帝放权于外戚、宦官的不当行为进行劝谏。

张衡针对朝廷提出的问询题目，发表奏言说：地震，意味着坏人捣乱和人民受到惊扰；地裂象征着皇权分割。也许陛下不忍心割舍私恩，导致与外戚共享皇权。然而，皇权是不可分割的，愿陛下认真贯彻执行古代君主所制定的规章，千万不能让国家的权力脱离于帝王之手。而后，神圣的威严获得充实，灾异就会消失而不再来。

李固头头是道、慷慨激昂的奏言和其他大臣及"淳朴之士"的奏言，犹如轰轰烈烈的大火，把顺帝烧醒了。于是他立即下令让奶妈宋娥搬出宫殿，回到自己的私舍，但并没有将她的山阳君爵位及其封地收回。而奶妈宋娥搬出皇宫之后，并没有反思自身问题。永和三年（公元138年），山阳君宋娥因勾结奸佞，以不实之词诬陷他人而坐罪，顺帝下令收缴她的印信，并将她遣送回乡。十九侯中有九侯（黄龙、孟叔、杨佗、李建、史汎、张贤、王道、李刚、李元）因与宋娥互相勾结，也被查出坐实，因此朝廷将这九人一律遣回封国，减少他们所享受的封国赋税的四分之一。尽管顺帝没有采纳李固关于限制外戚和裁减宦官的意见建议，但他仍然认为李固有思想、有见解，于是将李固任命为议郎。

经过这次"下评上"，特别是看到或听说李固等人的奏言，宦官、诸常侍们发现正义的力量不可低估，于是他们全部叩头谢罪。同时，他们又觉得这个李固太厉害了，他如果参与朝政，那奶妈、宦官和外戚还有好日子过吗？于是，他们联合起来向顺帝写匿名信，罗织罪名，诬陷李固。

此时，顺帝不分黑白、不辨是非的老毛病又犯了。他竟然下令查办李固，诏书没有经过尚书台传递，而是直接下达给有关部门执行。一些守正不阿的大臣对顺帝查办李固非常着急，他们千方百计进行营救。大司农黄尚等去找顺帝的老丈人梁商帮忙，由于梁商通晓儒家经传，他赏识李固的学问，于是答应斡旋；尚书仆射黄琼也积极查明事实真相。经过梁商、黄尚、黄琼等人的共同努力，过了很久李固才解脱，但被贬为治所在今四川广汉市北五里巷的广汉郡雒县的县令。李固愤然不平，到了位于今四川广元市青川县东北白水镇之北的白水关，他解下印绶回到汉中老家，闭门谢客，不与官员交往。半年之后，大将军梁商直接将李固征召到大将军府，担任从事中郎，成为参谋议事的散职官员。

李固为报梁商的恩情，苦口婆心地劝谏梁商整顿吏治，辞退那些荣宠至极的人。他向梁商建议说：多年以来，水旱灾害和天象异变等怪异现象不断涌现。孔子有言：聪明之人见到灾异，便考虑它的成因；愚蠢之人却假装没有看见。天道不论亲疏，所以不可不敬畏。如果能够整顿朝廷纲纪，推行正道，选用忠良，辞退奸佞，那么您就能建立崇高的功业，获得不朽的荣誉。那些整天沉湎于荣华富贵、追求高官厚爵的其他外戚，怎么能与您同日而语呢？然而，梁商对整顿吏治一事，前怕狼后怕虎，顾虑重重，最终也没敢采纳李固的建议。

由于顺帝性格比较柔和，不怎么打压直言极谏的大臣，而且每当发生重大自然灾害或天象异变时，还要组织群臣和大儒们讨论原因和商议对策。所以，顺帝统治时期出现了一批著名的政论家。如虞诩、左雄、张纲、郎𫖮、李固、种暠等等。这些人具有很高的理论水平和较强的国家意识、民本思想，对朝政利弊得失看得很清楚，他们利用灾后顺帝发动大家出主意、献良策的机会，积极上疏反映国家治理中存在的问题和弊端，并提出一些针对性很强的意见建议，使顺帝能够及时了解全面情况，特别是存在的突出问题。政论家们提出的一系列好的观点和建议，有些被顺帝采纳吸收。顺帝将一些好的观点和建议转化为朝廷的重要决策，查纠了一些政治偏差，改进了工作，促进朝政朝着有利于国家和人民的方向发展。但凡是属于削减宦官、外戚权力的劝谏，顺帝基本不听。（据《后汉书·李杜列传》《后汉书·张衡列传》，《资治通鉴》第五一、五二卷）

（六）忠臣义士披露外戚、宦官及其党羽的罪行

永和六年（公元 141 年），乘氏侯、大将军梁商病重。顺帝亲自到梁家探望，他问老丈人有什么后事需要交办。梁商没有提什么个人要求，而是对顺帝说：跟随我在大将军府担任从事中郎的周举，清正廉洁，忠诚正直，可以委以重任。

周举，字宣光，汝南郡汝阳县人，即今河南周口市商水县人。他出身于儒臣世家，父亲周防曾跟从徐州刺史盖豫学习《古文尚书》，通晓经义，著有《尚书杂记》三十二篇，四十多万字。周防年轻时被举荐为孝廉，朝廷任命他为尚书的属官郎中。后经太尉张禹推荐，他被补任为博士，不久就被朝廷提拔到治所在陈留县（今河南开封市）的陈留郡担任太守。后因犯法，周防被免去官职，七十八岁时死在家中。周举身材矮小，长相不雅，却满腹经纶，为群儒所崇仰，在京师被誉为"五经纵横周宣光"。延光四年（公元125 年），周举被征辟到司徒李郃府中为吏。当时，孙程等十九名宦官已拥立刘保为帝，正在追杀阎氏集团成员及其死党，议郎陈禅认为，阎太后与顺帝没有母子恩情，应该让她徙居到别馆，并断绝

朝见。朝中大臣都赞成这个意见。而周举却向李膺建言说：如果按
照陈禅的意见办，后世就会把罪责都推到您身上。您应该秘密上奏
朝廷，尊奉太后，率领群臣朝见如旧，上顺天心，下合民意。李膺
听取了周举的建议，便上疏陈述了此事，顺帝认为李膺上疏所奏颇
有道理，于是拒绝了议郎陈禅的意见，采纳了周举的主意，太后由
此安宁。后来，长乐少府朱伥接替李膺担任司徒，周举仍然为吏。
这时孙程等人怀里都揣着表功材料，上殿争功，顺帝发怒，统统把
他们徙封到边远县，下令洛阳县令限期遣送。周举力劝朱伥向皇上
写了奏疏，建议念其当年所立的大功，应该从宽处理，顺帝果然采
纳了朱伥的意见，改变了原来的决定。后来周举被举荐为茂才，朝
廷提拔他到治所在今河南新乡市封丘县境内的陈留郡平丘县担任县
令。这期间，周举上疏评论朝政得失，言辞正直，切中时弊，所提
出的意见建议切实可行。尚书郭虔、应贺等读了之后赞叹不已，于
是二人联名上疏称赞周举忠直，并建议顺帝将周举的上疏材料放在
座位之旁，以为规诫。不久，周举被提拔到治所在今山西太原市晋
源区的并州担任刺史。多年来，该州所属的太原郡有一个风俗，就
是把晋国公子介子推被烧死的那个月称为"寒食月"，一个月之内
不得见火。每到那个月，无论男女老幼，必须吃冷食、喝冷水、睡
凉炕，因此每年死去不少人，其中多是老幼病患。周举到并州为官
后，决心改变这一有损百姓的风俗，于是他专门为介子推写了悼
词，并放在介子庙里，说明寒冬去火残损百姓生命，这不是圣贤的
本意。而后，又向百姓广泛宣传，说介子推已经同意，从今以后可
以恢复用火。于是百姓冬月禁火的风俗被改变，百姓的生活质量大

大提高。后来，周举调任冀州刺史。阳嘉三年（公元134年），司隶校尉左雄向朝廷推荐周举，周举被任命为尚书。周举与尚书仆射黄琼都在顺帝左右，同心辅政，正气之名"威重朝廷"。

后来，河南郡和三辅地区发生大旱，庄稼受灾，百姓饥馑，顺帝亲自坐在德阳殿东厢露天求雨，又命令司隶校尉和河南太守共同祈祷祭祀山川大泽。还以诏书的形式策问周举说：近年来，旱灾不断，庄稼焦枯，老百姓缺吃少穿。五常教化不行，帝王德泽未遍，百官怠政懒政，严重影响朝廷形象。朕打算采取贬谪罢黜措施，请问这样做，风调雨顺的年景会不会到来？你要如实答复，不要有任何顾虑。周举大胆阐明了自己的看法。他在论述了一番历史上的经验教训之后，直言不讳地说：皇上虽然处在唐尧虞舜的位子上，但没有实行尧舜的政治，就连西汉文帝、东汉光武帝的制度法则，也废而不行，却在亡秦奢侈之路上渐行渐远。宫廷里充斥了怨女，道路和田野上，到处都是没有老婆的光棍汉。现在皇上还没有皇子，既伤和气，又逆天理，这都是断绝人伦的结果。不仅皇上如此，宦官也跟着有样学样，他们恐吓侮辱良家妇女，娶女禁闭，使她们有的白头至死仍为处女。枯旱发生好几年了，没有听说皇上改过迁善，反而给各州郡下诏祈神求雨，这能解决问题吗？皇上所作所为，只图表面上好看，不求实际效果，这好比缘木求鱼，退行求前。应该老老实实地改革弊政，重道除惑，把后宫多余的女子放出去，平反天下的冤假错案，缩减太官过于豪华的伙食的费用。五常的教化不行，这全是司徒的责任，对不称职官员，应该撤职查办。

对上述问题，郎先生也曾煞费苦心地劝谏过顺帝，而顺帝并没有采纳。他看到周举的答询奏章之后，又亲自召见周举和尚书令成翊世、尚书仆射黄琼，询问朝廷为政得失。周举等都回答说，应该谨慎地挑选和任用官吏，罢斥贪污腐败分子，不要亲近奸佞，应发扬汉文帝的节俭传统，借鉴孝明帝推行教化的措施等，如能这样，则时雨必下。此时，顺帝询问说：百官当中贪污佞邪的都有谁呀？唯有周举一人回答说：我是从下州来朝廷工作的，对群臣不甚了解。然而，公卿大臣能够经常说正直话的，就是忠臣；阿谀逢迎、卖乖弄巧的，就是奸佞。司徒到职六年，没听说他有什么忠言和政绩，人们对他的负面议论很多，我说的就是他。不久，顺帝免去了司徒刘崎的职务。后来，周举被提拔为司隶校尉，时间不长又被调到治所在成都县（今四川成都市）的蜀郡做太守，后因事免官。大将军梁商对周举非常认可，又上表举荐他为从事中郎。永和六年（公元 141 春），梁商在洛水大会宾客，大摆筵席，对此，周举看不惯，于是托病不去。梁商与他所亲近的人都喝得酩酊大醉，极尽欢乐。太仆张种当时也在场。他回来之后，就把这事告诉了周举，周举叹息说：灾祸行将降临啊！到了秋天，梁商果然病重卧床。

病中的梁商诚恳地向皇上推荐了周举，顺帝任命周举为掌侍从顾问、参与谋议的谏议大夫。梁商临死还告诫他的儿子梁冀、梁不疑说：我活着的时候，没能辅佐朝廷，死后怎能耗费国家的库藏？装殓的衣服、单被，放在口中的含饭含玉，用作葬服的金缕玉衣，以及金银珠宝之类的东西，对死人来说又有什么用呢？送葬时劳累和烦扰文武百官，一路上落英缤纷，人头攒动，只是增加尘土和污垢罢了，所以，都应该加以谢绝。

梁商去世后，顺帝亲自为老丈人吊丧。梁商的两个儿子欲遵从父亲遗嘱，节俭办丧事，但顺帝不许。顺帝赏赐梁商高级葬具一套，金缕玉衣一身，椁用黄心柏木，棺用白银雕花，等等，无不高档，无所不有。到下葬时，朝廷又派来武装士兵以及战马战车，将梁商的棺椁护送到墓地。皇后梁妠亲自送灵，顺帝到宣阳亭遥望送丧车队。安葬完梁商之后，顺帝提拔河南尹、乘氏侯梁冀为大将军，把老丈人梁商生前的职务给了大舅哥，将梁冀的河南尹职务给了小舅子梁不疑。对此，史学家司马光评论说：以前，汉成帝不能选贤任能，把政权交给舅父家族，可谓昏庸。但他总还知道王立没有能力，所以摈弃不用。而顺帝却把朝政大权交给皇后家族，梁冀顽钝嚣张，凶狠暴虐，平时表现已经很明显了，却使他继承其父亲的官位，终于导致狂悖叛逆，颠覆东汉王朝。跟成帝比较，顺帝昏庸更甚！

由于一段时期以来内乱不止，灾异不断，顺帝便想起老丈人梁商的话来，周举"清高忠正，可重任也"。于是顺帝在显亲殿召见周举，又问他灾异发生的原因。周举回答说：近年来，由于违背了以前的规矩，朝廷里一些坏人受到宠幸，任用官吏不注重品行。看到上天降下的灾异，回过头来才考察吏治方面的问题，以今比古，感到可怕。《书经》上有句话，其大意是说，君行僭差无度，说出来的话没人听，下面百官就各行其是，自我放纵无节制，就会上竭下厥，出大乱子。因此。应该诏令州郡，密察强宗大奸，及时征讨捉拿，逮捕法办。

汉安元年（公元 142 年），顺帝任命周举为侍中，与侍中杜乔、代理光禄大夫周栩、兖州刺史郭遵、青州原刺史冯羡、尚书栾巴、侍御史张纲和太尉长史刘班，深入全国各州、郡、封国开展巡视工作。朝廷内外对八位名臣下去开展巡视寄予厚望，将他们称为"八使"或"八骏"。

周举、杜乔等七人都是德高望重的大儒和高官，只有张纲最为年轻，官位也最低。其他人都奉命出发，而张纲却把他的车轮埋在洛阳都亭附近，不肯动身。有人问他为什么不走，张纲说：豺狼当道，为什么先去捉狐狸？张纲对顺帝放纵宦官和外戚，把朝政搞得乌烟瘴气非常气愤。于是，他曾上疏建议顺帝"割舍左右"，以顺应天下吏民之心。顺帝置之不理。这次朝廷派遣他下去巡视，张纲认为顺帝放纵身边的豺狼不打，却让"八使"跑到下面去捉狐狸。既然如此，我就先把豺狼的恶行给你摆到桌面上，看你打不打！所以，他在出发之前，便向顺帝上疏弹劾梁氏兄弟说：大将军梁冀，河南尹不疑，作为外戚蒙受皇恩，以草野小民之才，辅佐皇帝，不能弘扬五德教化，却大肆贪污受贿，任性纵欲，贪婪无度，培植一帮阿谀谄媚的小人，中伤忠良。这些都是属于皇权所不能免除或减轻处罚的，应该判处极刑。谨列举出梁氏兄弟目无国君、贪赃枉法的十五件实事呈上。张纲将每一件事都列得非常具体，事实清楚，证据确凿。奏疏呈上后，京师震动。

此时梁氏一族正处在"内宠方盛"时期，梁氏一族及其亲友布满朝廷，顺帝虽然知道张纲说的全都是事实，但不忍查处梁氏一族。那么，顺帝为什么袒护外戚呢？难道仅仅为了皇后的脸面，就不怕得罪全国的吏民吗？

在顺帝的糊涂脑子里，外戚利益永远是第一位的，他宠爱梁皇后，就重用、依靠并袒护其娘家兄弟。顺帝见不得梁皇后不高兴，更见不得她哭泣。为了不让梁皇后在他面前垂泪，顺帝就把张纲弹劾梁冀、梁不疑的十五条罪状不声不响地压下了。虽然梁冀和梁不疑毫发无损，但梁氏兄弟却把张纲的名字牢牢记住了。

"八使"之一的杜乔和他的巡视组，经过一段时间的辛勤工作，抓了一些正反两个方面的典型。正面典型是"泰山太守李固政绩为天下第一"，据此，顺帝将李固提拔为将作大匠；反面典型是陈留太守梁让、济阴太守氾宫、济北太守崔瑗等，他们贪污受贿数额均在千万以上。梁让、氾宫、崔瑗等人的后台都很硬，梁让是外戚大将军梁冀的叔叔，氾宫、崔瑗皆为梁冀的亲信，后来经进一步核实，崔瑗贪污证据不足，对其弹劾的罪状未被坐实。杜乔回京后，被授任为掌保养、监护、辅翼太子的太子太傅，升任掌租税、钱谷、盐铁和国家的财政收支的大司农。周举劾奏的贪官和表荐的公正清廉之官，朝廷也非常满意，任命他为掌管诸侯及藩属国事务的大鸿胪。其他巡视组也都上报了巡视成果。治绩突出、口碑良好的优秀地方官吏除了李固以外还有冀州刺史苏章、胶东国相吴祐、洛阳县令任峻等人；贪官除了陈留太守梁让、济阴太守氾宫之外，还有蜀郡太守刘宣等人，但这些人多数是梁冀和宦官的亲属和党羽。

梁氏兄弟和宦官得知他们的亲友、朋党被弹劾之后，"互为请救，事皆寝遏"。由于外戚和宦官互相请托与庇护，所有的弹劾案子都被搁置起来。对此，出身于寒门之家、以"明法律、断狱平"而闻名天下的廷尉吴雄，以"博览古今、学识渊博"而名扬四海的东汉名臣、刚刚由泰山太守提拔为将作大匠的李固，共同上疏督促顺帝说：八使向朝廷所弹劾指控的地方官吏应迅速惩处。与此同时，又有一位坚持原则、敢于担当的官员挺身而出，向顺帝极言直谏，这位官员就是侍御史种暠。

种暠，字景伯，河南郡洛阳县人，即今河南洛阳市人。他父亲曾经担任过定陶县（治所在今山东菏泽市定陶区）县令，有家财约三千万。父亲死后，种暠把这些财产全都赈济给了宗族及本乡穷人。种暠不仅淡泊名利，而且对一味追求名利的人嗤之以鼻，坚决不与他们交往。种暠最初担任洛阳县府的门下吏。当时，河南尹田歆的外甥王谌被人们公认为有知人之明。田歆对外甥王谌说，朝廷给了河南六个孝廉名额让我推荐上报，而我却收到了许多达官贵人的请托，我不敢得罪他们，但我也不愿意全用那些"门子货"，我想用一名有真才实学的人，以报效国家，你帮我找找。第二天，王谌正好有事外出，远远看见洛阳门下吏种暠。王谌认为，种暠素质不一般，他应该是舅父所要找的那个人。于是，他回去告诉田歆说：您让我找的那个孝廉人选，已经找到了，就是洛阳县门下吏种暠。田歆笑着说：原来是洛阳吏啊！你应该到山林里面或湖泽之旁去寻找隐不出仕的人才。王谌说：山林、湖泽之旁不一定有优秀人才，优秀人才不一定就待在山林、湖泽。田歆觉得外甥说得有道理，于是就让王谌通知种暠来见。种暠来了后，河南尹田歆在庭中接见了他。田歆查问种暠职守之内的有关事务，种暠回答得井井有条，合情合理。田歆认为，种暠是块从政的料，于是就召他做了代理主簿，负责文书簿籍和掌管印鉴等秘书性工作。种暠一接手，就把相关工作干得有条不紊，田歆甚为满意，于是推荐上报种暠为孝廉。经朝廷面试，种暠成绩优秀，于是，朝廷便安排种暠到太尉府工作。汉安元年（公元 142 年），种暠又因考试成绩优秀，被提拔为侍御史。

种暠认为，侍御史的职责就是检举不法，秉公执法，坚决同腐败分子作斗争，坚决维护国家和百姓利益，任何时候都不能忘记自己的政治责任和使命担当，在原则问题上不能含糊，不能当"老好人"，不能"睁一只眼，闭一只眼"。因此，当看到顺帝将"八使"上奏弹劾的案子压下之后，种暠气得捶胸顿足，他再次上疏弹劾指控蜀郡太守刘宣等人的犯罪事实，且认为按律应当判处极刑。同时，他还在奏疏中建议，应责令大将军府和三公各府，举一反三，近臣父兄及其亲友担任州刺史、郡太守等二千石高官中，凡是有残暴贪婪和不胜任现职者，应一律罢官治罪。在侍御史种暠等一些大臣的弹劾和强烈呼吁下，顺帝感觉"八使"弹劾的案子不能再压了，如果继续压案不办，大臣们就要造反了。于是顺帝提拔种暠监护太子刘炳于承光宫，并采纳了种暠提出的全部建议，将压在自己手里的"八使"所检举弹劾的案子转交有关官员，并下令审查定罪；命令"四府"认真开展自查，将那些残暴贪婪和不胜任现职者罢官治罪。有关官员经过一段时间的审查，坐实了他们的犯罪事实。于是顺帝决定将"八使"所检举弹劾和"四府"自查发现的贪官全部罢免。在此基础上，顺帝提出从今以后要减少朝廷的特派；他还责成三公今后一定要加强明察，及时发现和惩处腐败分子。

在"八使"和吴雄、李固、种暠等一批正义之臣的共同推动下，以"八使"巡视和"四府"自查为手段的反腐败斗争取得了初步成果，朝廷内外都给予了积极评价。在这样的大好形势下，李固又与光禄勋刘宣上疏建言说：近来所举荐任用的州牧、郡太守多数不称职，有的甚至滥用职权、聚财敛财，侵害人民群众利益，朝廷应该严加惩处，并建议顺帝本人停止享乐游玩，专心政事。顺帝采纳了他们的建议，命令御史台和司隶校尉、州刺史拿起弹劾武器，对那些"政有乖枉，遇人无惠者"，要免去所居官职；对那些"其奸秽重罪"者，一律收入诏狱。这样，反腐败斗争又往前推进了一步。

一段时间以来，由于一大批正义之臣的积极推动，反腐败斗争形成了一定的声势和高压态势，他们毫不留情地同专权跋扈、贪赃枉法的外戚、宦官进行斗争，并将他们安插到地方为官的亲友、朋党中那些罪大恶极的腐败分子绳之以法，广大吏民拍手称快，他们迫切希望朝廷继续推进反腐败斗争，肃清贪官污吏，推进政治清明。然而，外戚、宦官和他们的亲友、朋党等，对以张纲、李固、种暠为代表的一批忠臣恨得牙根疼，他们蠢蠢欲动，也在积极策划报复和反扑。在巡视组下去之前，张纲就率先呈上了指控外戚梁冀、梁不疑贪赃枉法的十五件犯罪事实的弹劾奏疏，顺帝把案子压下之后，梁冀就一直琢磨如何报复和收拾张纲。他想来想去，想到了广陵郡。

广陵郡地处长江下游东岸，也就是今江苏中部地区，东汉顺帝时辖十一个县，郡治所在广陵县，即今江苏扬州市。该郡是朝廷非常头疼的老大难郡，那里的起义军首领张婴在扬州、徐州一带作乱已经十多年了，历任郡太守都没有将起义军作乱的局面治理好。梁冀想把张纲放到那里去当郡太守，如果张纲收拾不了起义军，梁冀就收拾张纲。于是"八使"巡视结束并返回之后，梁冀暗示尚书，任命张纲为广陵郡太守。

以前新上任的广陵太守都向朝廷请求多派些兵马，而张纲却只带吏卒十几人便前去赴任。他到达广陵郡后，不进郡府，径直来到起义军首领张婴的营垒大门前，要求面见张婴。张婴大吃一惊，立马下令紧闭大门，拒绝相见。张纲在门外把当地官吏和围观的百姓都打发回去，仅留下自己带去的亲信，然后写信告诉张婴，同你见面没有别的意思，你不要有顾虑，只是为了向你说明国家的恩德。张婴见张纲一片诚心，于是出来拜谒张纲。张纲与张婴拉了一会儿家常，而后开始做他的思想工作。张纲说，过去，贪官污吏横征暴敛，使你们心怀愤怒，聚众起兵。确实，各级官府在基层治理上存在这样那样的问题，甚至有些问题还比较严重。如今皇上圣明仁爱，打算用恩德来解决问题，欲赏赐你官职和爵位，不愿对你施加刑罚。今天专门派我来向你宣达这件事。对你来说，今天也是个转祸为福的好日子。如果你听到了这些道理而不肯归附朝廷，那么，皇上就会赫然盛怒，征调荆州、豫州、扬州、兖州的兵马，组成大军来攻打你，这难道不是很危险吗？如果不度量朝廷军队的强大与自己兵马的弱小，这是不明；弃善取恶，这是不智；不归顺朝廷而效法叛逆，这是不忠；身死无后，这是不孝；反正从邪，这是不直；见义不为，这是不勇。这几点乃成败之要。其中的利害，你好好地掂量掂量吧。张婴听后，流着眼泪说：我们这些边远的愚民，自己不能上通朝廷，不堪忍受残酷剥削和压榨，迫不得已聚集在一起苟且偷生，就像小鱼在锅里游动那样，自己也知道不能长久，只不过是苟延残喘罢了。今天听了郡守大人的开导，我想这正是我们的再生之时。不过我们既然已经陷入不义，只怕投降之后，会遭到逮捕杀头。张纲以天长地久不变为约，以日月光鉴为誓，张婴被深深打动，于是向张纲告辞回营。

第二天，张婴和他的老婆及一万余名部众，都把手臂捆在背后，向张纲投降。张纲以单车进入张婴的营垒，召开大会，遣散部众，打发他们都回乡务农。张纲还亲自为张婴选择住宅，查看田地，解决他的居住和其他生活问题。张婴子孙愿意当官的，都引见召问，凡有点儿素质的，张纲都予以任用。张纲"不战而屈人之兵"，运用和平手段解决了朝廷多年解决不了的农民起义闹事问题，当地吏民无不感到心悦诚服。

到朝廷考核评议各州郡政绩时，大家一致认为，应该给广陵太守张纲赐封侯爵，但大将军梁冀却予以阻止。梁冀原本以为张纲根本平定不了广陵郡，打算好好收拾他，没想到张纲真把广陵郡的老大难问题解决了，梁冀无法将罪名安在他头上，但侯爵决不能给他。因此，朝廷欲为张纲封爵之事被梁冀搅黄了。顺帝知道张纲的功劳，欲进一步提拔任用他。原起义军首领张婴等人上疏，坚决请求把张纲留在广陵，朝廷批准了。

在平定叛乱的实践中，张纲深切地体会到，农民起义闹事并非统治者所说的"盗贼聚集"，而是他们受到了各级腐败官府和贪官污吏的残酷剥削和压迫，其生存权受到了严重侵犯，他们才被迫聚集在一起共同反抗的。因此，张纲针对这个主要矛盾，自觉转变理念，切实减轻老百姓的赋税负担，教育地方官吏特别是基层官吏设身处地为农民着想，不盘剥和烦劳百姓，妥善化解官府与百姓之间的矛盾，改善官民关系，以温和手段解决了农民起义军与官府的对立问题。农民起义军感到，广陵太守张纲是一位坚持百姓至上的好官，所以不愿意让他离开，他们担心张纲走后朝廷再派来一个饿虎饥鹰、食亲财黑的郡太守，再把他们逼上绝路。所以他们就联名上疏要求把张纲留下，继续做广陵太守。可是，就在张纲留任的那一年，他病倒了。广陵郡的官吏和百姓都纷纷为张纲祈祷求福，他们都说："千秋万岁，何时复见此君。"不久，三十六岁的张纲病逝。广陵郡老幼相携，纷纷到郡府哀悼，络绎不绝。张婴和他原来的部众五百多人悲痛不已，他们都为张纲穿上孝服，并将他的灵柩送回老家犍为郡，还为他运送泥土筑坟。顺帝下诏赏赐一百万慰问金，并将张纲的儿子任命为郎中，掌持戟值班，宿卫殿门，出充车骑。

顺帝宠信、重用、庇护外戚和宦官，而外戚和宦官任人唯亲、胡作非为，这加快了东汉王朝的政治腐败进程，为其彻底覆灭起到了推波助澜、纵风助燎的作用。东汉王朝之所以多年来摇摇欲坠而没有立马倾覆，就是因为有一大批像李固、张纲、种暠那样的爱国忠臣，敢于和善于把不法外戚、宦官及其党羽、朋党的犯罪事实摆到桌面上，使皇帝不得不将他们中的一些人免官治罪，以暂时平息人民群众的怨恨和愤怒。（据《资治通鉴》第五二卷，《后汉书·李杜列传》《后汉书·左周黄列传》《后汉书·张王种陈列传》）

四、外戚大将军梁冀的"跋扈政治"

建康元年（公元 144 年）四月，汉顺帝册立皇子刘炳为太子。刘炳系顺帝与后宫妃子虞美人所生。当年八月，顺帝刘保便驾崩了，时年三十岁。太子刘炳即位，是为汉冲帝，年仅两岁，这是东汉王朝的第八任皇帝。冲帝刘炳的母亲虞美人，"以良家子年十三选入掖庭，又生舞阳长公主。自汉兴，母氏莫不尊宠"。可是，虞美人虽然为顺帝生了唯一的宝贝皇子，但顺帝生前并未给虞美人加爵号。两岁的冲帝不懂且也没有能力尊崇生母。冲帝即位后，尊皇后梁妠为皇太后，并由她临朝主政。朝廷任命太尉赵峻为太傅，大司农李固为太尉，并参录尚书事。然而，幼儿冲帝即位仅仅九个月就病逝了，"大将军梁冀秉政，忌恶佗族，故虞氏抑而不登，但称'大家'而已"。

冲帝死后，太尉李固从维护国家整体利益和长远利益出发，劝说梁太后的哥哥大将军梁冀，避免重蹈历史覆辙，下功夫选立一位好皇帝。他对梁冀说：这次选立新帝，应当汲取以前的教训。注意选择年龄相对较大，聪明智慧而有道德，并能够亲自处理朝廷政务的人。请大将军仔细考虑国家大计，体察西汉时期周勃之所以选立文帝、霍光之所以选立宣帝的道理，以邓氏家族和阎氏家族选幼不选长、选弱不选强的前事为戒。李固这个意见对国家有利，对人民有利，无疑是正确的。而梁冀考虑问题的出发点和落脚点是，对自己长期把持朝政有利，对梁氏家族永远富贵有利，对家族政治势力发展壮大有利。所以，李固的话他根本不会听从。当时可继承皇位的人选有两位，一位是清河王刘蒜。刘蒜是汉章帝刘炟的玄孙，千乘贞王刘伉曾孙，乐安夷王刘宠之孙，清河恭王刘延平之子。汉冲帝去世后，太尉李固征召刘蒜到京师洛阳，准备商议立皇位继承人之事。李固认为刘蒜已十七岁，年长有德行，想立他为帝，并主动做大将军梁冀的工作，希望他也同意这个意见。另一位是刘缵。他也是汉章帝刘炟的玄孙，千乘贞王刘伉曾孙，乐安夷王刘宠之孙，渤海孝王刘鸿之子。说句大白话，刘蒜和刘缵两人有同一个爷爷，只是爹不同而已。论血缘亲疏，都是一样的。太后梁妠和大将军梁冀因刘缵只有八岁，年幼无知，便于控制，所以早在冲帝病重时，就已经征召刘缵作为皇帝继承人来到洛阳都亭等待，冲帝去世后，梁冀持符节，用封王皇子乘坐的青盖车，把刘缵迎入南宫。刘缵被封为建平侯，并于当天即位皇帝，是为汉质帝。这是东汉王朝的第九任皇帝。仍然由梁太后临朝摄政。

梁太后摄政，初心也是想把国家治理好。她对哥哥梁冀的一些臭毛病心里很清楚。于是，朝中的大事小情，梁太后一般都委托给太尉李固打理，"李固所言，太后多从之"。

本初元年（公元 146 年），在一次早朝时，聪明的质帝刘缵眨巴着眼睛看着梁冀说：这是跋扈将军！梁冀听到后一愣，小小的年纪竟然骂我专权跋扈，长大亲政以后还有我梁大将军的活路吗？于是，梁冀让质帝身边的侍从把毒药放在汤饼里，给质帝端上，质帝食用汤饼之后，药性发作非常难受，宫里急忙派人传召太尉李固，李固迅速来到质帝床前，询问其得病由来。质帝还能说话，他说：我吃过汤饼，现在觉得肚子堵闷，快给我水喝，我还能活！这时，站在旁边的梁冀阻止说：恐怕呕吐，不能喝水！质帝没有喝上水，就一命呜呼了。年幼的质帝就是因为说了一句"跋扈将军"，就被心狠手毒的跋扈将军梁冀给送走了。（据《后汉书·皇后纪下》,《资治通鉴》第五二、五三卷）

（一）皇甫规因揭露和批评朝廷政治腐败而被陷害

建康元年（公元 144 年）九月，京都洛阳和太原、雁门等地发生了地震。梁太后按惯例下发诏书，命令三公、九卿各举荐一名"贤良方正"，并向他们策问应对地震之策。安定郡上计掾皇甫规参加了策问应询。

皇甫规，字威明，安定郡朝那县人，即今甘肃平凉市灵台县人。他出身于将门世家，祖父皇甫陵官至度辽将军，父亲皇甫旗曾担任扶风都尉。受家庭环境的影响，皇甫规少年时就喜欢学习兵法，注重军事理论知识的积累和储备。永和六年（公元 141 年），叛羌侵略京兆、左冯翊、右扶风三辅地区，并出军包围了治所在临泾县，即今甘肃庆阳市镇原县东南的凉州安定郡，这里距离长安三百多公里，直接对旧都长安构成威胁。朝廷派遣征西将军马贤率领大军征剿。当时，皇甫规在安定郡做跑腿打杂的小吏，他见马贤战术有误，料定他必败无疑。于是，皇甫规上疏朝廷，分析当时的军事形势和马贤军事部署上的漏洞，以期引起朝廷重视，纠正马贤的战术失误。而朝廷根本没有拿他这个边疆地区小萝卜头的奏疏当回事。不久，马贤果然中了羌军埋伏，在北地射姑山（今甘肃庆阳市西北一带）被羌军围歼，马贤和他的两个儿子都命丧疆场。此时安定郡太守才发现皇甫规懂兵略，于是重用他担任了本郡功曹，主要负责群吏升迁黜免之事，在郡守自辟属吏中地位最为尊显。郡太守随即又命令他率领郡兵八百人的部队与叛羌作战，结果旗开得胜，消灭了一些羌军士卒，迫使羌军败退。后来，郡太守又举荐皇甫规担任了安定郡的上计掾，负责向朝廷报告工作。不久，羌兵大集结，向陇西发起攻击，烧杀掳掠，严重威胁着陇西地区的社会安定。朝廷决心遣军剿灭他们。皇甫规上疏皇帝，自告奋勇，请求给他两个营的兵力，并允许他踏入安定、陇西两郡之地，率领五千名士兵，出羌戎之意外，与护羌校尉赵冲首尾相应，去袭击羌军。他还根据敌军软肋，提出了战术方案。由于朝廷不知道皇甫规的底细，没敢用他。洛阳和太原、雁门等地发生了地震后，梁太后要求举荐"贤良方正"，策问应对之策。皇甫规作为被推举上来的"贤良方正"，有幸参加了朝廷策问应询。

皇甫规虽然懂得兵法，但他不懂天文地理和风角星算，不像郎𫖮等那些"说天政论家"那样，能把天灾与弊政巧妙地糅合在一起，且以阐述上天为什么发生如此灾异为突破口，进而揭露和针砭时弊，有针对性地提出对策建议，从而达到劝谏的目的。他要表达的意思，与地震灾害联系不紧密、不贴切，显得很生硬，使人感到牵强附会，因此，皇甫规的奏言不仅无济于事，而且还伤害了自身。皇甫规在奏言中说，顺帝即位初期，善理政事，治理四方，工作卓有成效。可是，后来却被奸佞包围，朝廷的大权旁落到左右亲信之手。而他的亲信收受贿赂，出卖官爵，随便任用宾客，在用人上搞小圈子，搞政治攀附和人身依附，扰乱了朝政，扰乱了民心，使天下大乱，民不聊生，人们投奔乱匪的心情犹如回归故乡一样迫切。而今太后陛下一开始摄政，就选拔重用品行高尚的贤者担任要职，对不合理的法律政令还进行了修改，远近之人都听从号令，全国吏民都殷切盼望太平盛世的到来。可是，像地震这样的大灾大难并没有止息，盗贼依然为非作歹，活动猖獗，老百姓不得安宁。为什么会出现这种情况呢？其根本原因就在于奸佞的权力太重。因此，应该立即罢黜和辞退宦官中的恶人，没收他们收受的贿赂，堵塞怨愤之源，以回应上天的警戒。接着，他又指名道姓地对外戚梁氏兄弟提出建议：大将军梁冀、河南尹梁不疑，也应该努力加强道德品行修养，多读点儒家经典，省去娱乐等方面的开支，削减家宅房舍无益的装饰……因外戚大将军梁冀在场，皇甫规批评梁氏兄弟时，运用了正面劝导和提醒的语气。尽管这样，梁冀听了仍然如芒刺在背。皇甫规接着建议说：陛下如船，百姓是水，群臣是船上的乘客，大将军兄弟是划船的水手。如果大家齐心协力，就会国泰民安，这就是福；如果懈怠松弛，大船势必被惊涛骇浪所掀翻，甚至被吞没。因此，必须小心谨慎，稳步行驶。皇甫规还说，大凡老奸巨猾的政客、酒囊饭袋的庸官，都热衷于吃吃喝喝、拉拉扯扯，对这种人都应该贬黜斥退；对违犯国家法律和扰乱朝纲的人，必须予以严厉惩罚。梁太后也应该命令大将军梁冀，认真思考得到贤才的福气和结交坏人的严重后果。尽管皇甫规没有揭发检举梁冀的具体违法事实，只是有针对性地提出了一些建议，但梁冀对皇甫规的奏言非常厌恶。在这次策问会议结束后，大臣们对各位"贤良方正"的奏言进行评议。梁冀将皇甫规的奏言列为下等，并任命他为郎中。随后，又借口说皇甫规有病，将他免职并遣送回乡。梁冀授意皇甫规家乡的官吏，一定要好好收拾收拾皇甫规，于是，地方官吏顺从梁冀的旨意，千方百计地陷害皇甫规，差一点儿将他整死。大难不死的皇甫规，躲避在家里，困顿潦倒，颓丧失意。后来形势有所缓和，皇甫规以讲学为业，教授学生《诗经》和《易经》，常年有学生三百多人，就这样，皇甫规靠边站、受冷落长达十四年之久。（据《后汉书·皇甫张段列传》，《资治通鉴》第五二卷）

（二）李固、种暠、杜乔等不迎合梁冀遭忌恨

本初元年（公元 146 年），质帝被葬于静陵之后，临朝听政的梁太后颁发诏令说：此前诏书连下，要求各级官吏务必忠心为国，廉洁奉公，守土尽责，禁奸邪，举真善，兴教化，正风俗，可是并没有得到贯彻落实，以至于出现政治混乱，推举和选拔官吏不慎重、不严肃，官吏上台以后危害百姓的现象。近来虽然略有改正，但还没有吸取教训，痛改前非。现命令官秩满百石，干了十年以上，有特殊才能和突出贡献的人，才有资格参与选拔。凡是有贪污贿赂行为官员的子孙，一律不得举荐。坚决杜绝拉关系、走门子，不按条件举荐和任用官吏的现象，为那些清正廉洁、坚守道义的人提供施展才能的平台。大家都应尽自己的职责，我将考察今后的表现。由此来看，梁太后也发现了朝廷在用人上存在的严重问题，她想解决这一问题，革除这一弊政，所以她要整顿吏治。应该说，梁太后的动机和出发点是好的，工作思路也是正确的。可是，在现有的朝臣中，真正愿意把梁太后吏治整顿措施落实下去的人却寥寥无

几，包括她的娘家哥哥大将军梁冀在内的官员，口口声声称赞"太后圣明"，谁也不愿意整顿吏治。

然而，愿意推进吏治整顿的大有人在，以太尉李固为代表的一批爱国忠臣，非常愿意借贯彻梁太后意图之机，大力开展吏治整顿工作，把官吏队伍中的"害群之马"和素质低劣的人清理出去，优化政治生态。于是，太尉李固充分利用主管尚书机要的便利条件，将顺帝统治时期未按正常程序提拔的官吏，进行深入调查摸底，并将他们任职后的负面表现逐一拉出单子，以奏疏的形式向梁太后做了报告，一次性"奏免百余人"；同时还"将宦官为恶者一皆斥遣"。此举立马在朝廷内外引起了强烈反响，广大吏民对太尉李固亲自操刀整顿吏治给予了高度评价。可是，那些被斥退或被免职的官吏，绝大多数都是外戚大将军梁冀直接任命或举荐提拔的。"此等既怨，又希望冀旨"，这些人既对太尉李固非常怨恨，又主动迎合大将军梁冀的旨意，寄希望于他阻止李固推行吏治整顿。于是，他们纷纷写匿名信诬告李固，说太尉李固假公济私，表面上依规办事，而实际上怀揣邪恶目的，挑拨离间皇室与近亲的关系，培植和发展个人政治势力。就在冲帝停灵期间，李固用胡粉修面，搔首弄姿，迈着四方步从容而走，根本没有悲伤之心。冲帝的陵园还没有建成，他就改变原来的政策，将功劳归于自己，将过错推给君王。他排斥驱逐先帝身边的近臣，使他们不能侍奉送葬。像李固这样作威作福、横行霸道的权臣实在太少见了！李固犯下这样的罪恶，理应诛杀。奏章呈上去以后，梁冀面见梁太后，请求将奏章转交有关官吏查办。梁太后没有听从梁冀的意见，李固也没有受到伤害。

　　还有两位像李固那样为维护政治清明，敢于向腐败分子发起攻击，敢于向外戚大佬梁冀发起挑战的忠臣，他们分别是新任荆州刺史种暠和新任大司农杜乔。

　　种暠作为侍御史，他处理完"八使"上奏弹劾和"四府"自查发现的那批腐败分子的案子之后，就被顺帝提拔到承光宫去监护太子刘炳。同时，"八使"之一的侍中杜乔，也被提拔为太子太傅。他们二位到任太子宫不久，宦官、中常侍高梵赶着单车去迎接娃娃太子刘炳出承光宫。到底让不让高梵把太子接走，太子太傅杜乔犹豫不决。此时，负责监护太子的种暠手持利剑将车拦下，他对高梵说：太子是国家的储君，与天下百姓息息相关。现在您来请太子出去，却没有诏命信物，怎么判断其中是否有诈？您如果不调转车头，我今天只能以死相拦！高梵无话可说，只好急忙上奏顺帝。顺帝诏命下发，高梵才得以将太子接走。杜乔退下后感叹不已，他赞叹种暠当机立断的气魄，同时也为自己的犹豫不决感到惭愧。顺帝嘉奖种暠处事慎重，并多次进行口头表扬。不久，太子太傅杜乔被任命为大司农，监护太子的种暠被任命为益州刺史。

　　种刺史通过巡视巡察发现，治所在不韦县（今云南保山市东北十一公里的金鸡村）的永昌郡太守刘君世，用黄金铸造了一条工艺品大蛇，欲行贿大将军梁冀。种刺史认为这一线索符合朝廷规定的"六条问事"，于是就将刘君世逮捕审查，并派人乘用驿站快马将此情况上奏朝廷。

　　梁冀得知情况后对种暠恨得牙根疼。此时，有个名叫服直的巴郡地痞，聚集同伙数百人，自称天王，在当地发动了武装叛乱。巴郡归益州管辖。益州刺史种暠和巴郡太守应承得到消息后，迅速组织力量讨伐抓捕，事发地所在县的县官害怕上级官府追查责问，便在郡兵赶到之前组织本县武装和部分吏民突袭服直及其团伙，结果未能取胜，一些吏民被服直杀死砍伤。大将军梁冀以应对不力为由，下令逮捕了益州刺史种暠和巴郡太守应承，并将二人押解到京都洛阳。

太尉李固获知消息后，认为这是梁冀公报私仇，自己必须出面营救种暠和应承，于是他上疏梁太后说：据我所知，这次讨伐抓捕服直及其叛乱团伙，本不是益州刺史种暠和巴郡太守应承下达的命令，实际情况是，事发地县官害怕追责问责，极力强迫吏民作战，以致造成一些伤亡。现在，全国各地到处有农民造反和叛乱事件发生，种暠、应承作为事发地的高级官员，从大局出发，率先向朝廷举发，却受到严厉惩处，这样的导向一旦树立，恐怕就会伤害地方官吏举发造反的积极性和主动性，以后他们就改为一同遮掩隐瞒，没有人再敢向朝廷进献忠心了！梁太后看完奏章，认为李固的意见颇有道理，所以就下令赦免了种暠和应承的罪过，仅将他们免官而已。

此前，益州刺史种暠将查获的永昌郡太守刘君世准备行贿于梁冀的那条大金蛇上缴给了掌管国库的大司农杜乔。梁冀听说后，贪欲心切，便向大司农杜乔提出，想"借看"一下大金蛇是什么样子，而讲原则、不讲情面的杜乔担心他有借无还，于是，坚决拒绝，不肯"出借"。对此，梁冀大为不满。不久，梁冀的小女儿病死了，大将军府通知三公、九卿都去吊丧上礼，唯独杜乔不肯前往，对此，梁冀对杜乔更是恨上加恨。（《资治通鉴》第五二卷）

（三）梁冀毒杀质帝，与宦官联手同忠臣搏斗

本初元年（公元 146 年），质帝被梁冀毒死之后，在继承帝位的人选问题上，以李固为代表的正义阵营同以梁冀为代表的外戚势力和以曹腾为代表的宦官势力展开了斗争。鉴于最高决策者梁太后与大将军梁冀的兄妹关系，李固等人在与梁冀、曹腾等人的斗争中是比较讲究斗争策略和斗争艺术的。开始，太尉李固、司徒胡广、司空赵戒团结一致，联名给梁冀写信说：天下不幸，频年之间帝王之位三次断绝，当前天下最重要的大事就是选立新帝。我们深知皇太后的关切和大将军的苦虑，我们也是忧国忧民，愚昧地关切着这件政治大事，也将仔细认真地选择合适人选，使国家能够得到一位圣明的君主。但无论是远求先代选立皇帝的旧制，还是近观皇帝即位的前例，没有一次不询问三公、九卿，广泛征求大家意见的，为使继承帝位的人选上应天意，下得众望。三公给梁冀写这封信的目的，就是要告诫梁冀：在决定帝位继承人这件国家政治大事上，不能只由你们梁家兄妹两个人说了算，应该扩大民主，让三公、九卿参与决策，集体讨论商定。这样就可以从制度机制上防止梁家兄妹为长期把持朝政大权，在选立皇帝人选时"选弱不选强""选幼不选长"。三公将这封信送给梁冀之后，梁冀就按照三公的思路和意见，进行了安排部署。他召集三公、九卿、中二千石以上高官和列侯，共同参与讨论帝位继承人人选问题。看来，三公头一步谋划的政治斗争策略是成功的。会议讨论时分成两派，大家提出了两种意见。以太尉李固、司徒胡广、司空赵戒、大鸿胪杜乔为代表的绝大

多数朝臣认为，清河王刘蒜以完美的德行而著称，与皇家血统最为亲近，应该立刘蒜为帝。以宦官中常侍曹腾为代表的宦官和外戚势力反对拥立刘蒜，主张拥立刘志。

　　休会后，中常侍曹腾等几名宦官利用晚上的时间跑到梁冀家里，他们对梁冀说：大将军几代都是皇亲国戚，而今又掌握着朝政大权，亲友宾客布满天下，难免在什么地方、什么时候，这些人中有人犯过什么过失或差错。而清河王刘蒜政治意识很强，一身正气，善于明察，如果真的立他为帝，那么，大将军不久就要大祸临头了！不如拥立少年蠡吾侯刘志为帝，这样您家的富贵便可以长久保全。曹腾等几个宦官的话说到梁冀心里去了，梁冀非常赞成他们的意见。于是，第二天，梁冀重新召集三公、九卿等高级官员再开朝会。在会上，梁冀阴沉着脸，气势汹汹，说话咄咄逼人。司徒胡广、司空赵戒及其以下的大臣"莫不慑惮之"，都说："惟大将军令！"于是，梁冀宣布拥立刘志为帝。"独李固、杜乔坚守本议"，他们还想说点什么，而大将军梁冀厉声宣布："罢会！"

　　会后，李固仍坚持认为，刘蒜"犹望众心可立"，所以，他再次写信劝说梁冀。"冀愈激怒"。梁冀劝说梁太后颁发策书将太尉李固免职。李固被免官之后，梁太后将司徒胡广任命为太尉，司空赵戒任命为司徒，与大将军梁冀共同主管尚书事务，梁冀的权力进一步扩大。梁太后还提拔太仆袁汤为司空。她派梁冀持符节，迎接蠡吾侯刘志进入南宫。当天，刘志即位皇帝，是为汉桓帝，梁太后临朝听政。桓帝刘志是东汉王朝的第十任皇帝，即位当年十五岁。

（《资治通鉴》第五三卷）

6

桓帝的拙政

　　桓帝即位以后，沿袭旧例，在光宗耀祖和犒赏拥其为帝的所谓"功臣"等方面，先后做了三件事。一是对已过世的长辈追尊谥号。他追尊自己的祖父原河间王刘开为孝穆皇，祖母赵氏为孝穆后，将祭庙命名为清庙，陵园命名为乐成陵；追尊其父蠡吾侯刘翼为孝崇皇，将其祭庙命名为烈庙，陵园命名为博陵；并为祖父、父亲的祭庙和陵园设置了专门管理机构，由令、丞具体负责看管修缮；还派遣三公之一的司徒持符节，捧着皇帝颁发的策书和玺印绶带先后前往清庙和烈庙，用牛、羊、猪各一头进行祭祀。二是对活着的长辈尊封名号。桓帝尊母亲匽氏为博园贵人。待桓帝举行成年加冠礼之后，梁太后下诏，封桓帝的弟弟刘顾为平原王，侍奉孝崇皇的祭祀；尊孝崇皇夫人为孝崇园贵人。桓帝亲政以后，又尊其母博园匽贵人为孝崇后，所住宫室命名为永乐宫，设置太仆、少府，并配备属官，一切遵照西汉时期长乐宫的旧例。又从巨鹿郡分出九个县，作为桓帝母亲孝崇后的汤沐邑，即收取赋税的私邑。三是对拥立自己为帝的所谓"有功之臣"进行封赏。建和元年（公元147年），桓帝下诏增封梁冀食邑一万三千户，封梁冀的弟弟梁不疑为颍阳侯，梁不疑的弟弟梁蒙为西平侯，梁冀的儿子梁胤为襄邑侯。封太尉胡广为安乐侯，司徒赵戒为厨亭侯，司空袁汤为安国侯。还将中常侍刘广等人都封为列侯。此外，还册封梁太后和梁冀的妹妹梁女莹为皇后，使梁家政治地位更加显赫。（据《资治通鉴》第五三卷，《后汉书·本纪·皇后纪下》）

一、外戚大将军梁冀整死爱国忠臣李固和杜乔

由于在拥立新帝问题上，梁氏兄妹主张拥立刘志，李固、杜乔等人坚持拥立刘蒜，双方产生了严重的政治分歧，梁太后将太尉李固免职。"自李固之废，内外丧气，群臣侧足而立"，朝廷和民间都萎靡不振，死气沉沉。"唯乔正色无所回桡，由是朝野皆倚望焉"。只有杜乔保持一身正气，不屈不挠，朝廷和民间都依赖并寄希望于他。这种"万马齐喑究可哀"的政治空气和杜乔"正色无所回桡"的一贯表现，也被细心的梁太后发觉了，她想缓和一下政治气氛，顺应一下民意。于是，建和元年（公元 147 年）六月，梁太后将担任太尉仅一年的胡广免职，提拔光禄勋杜乔为太尉。对此，朝廷内外都又感到有了新的希望。杜乔上任后没有辜负广大吏民对他的信任，他依然发扬爱憎分明、不畏权势和敢于斗争的精神，为朝廷的政治清明继续奉献着自己的智慧和力量。

当桓帝封赏拥其为帝的所谓"功臣"梁氏兄弟及其子弟和胡广、赵戒、袁汤、刘广等人时，杜乔就像当年的李固那样，毅然决然地上疏劝谏，从理论上对用人问题和赏罚问题进行了深刻阐述，以期促使桓帝提高政治站位和思想认识。杜乔说，圣明之君都把任用贤能和赏功罚罪作为头等大事。陛下是从诸侯王登上皇帝宝

座的，天人归心重新被理顺，在这样的关键时刻，从上到下都在观望朝廷的用人导向问题，如果不先去礼敬忠贞贤能，而是先封赏自己的身边之人，那么，广大吏民就会大失所望。接着，杜乔针对桓帝上台伊始就毫无顾忌地封赏和重用外戚、宦官的行为进行了严厉批评，并对这种行为所造成的危害进行了深刻揭示。他直言不讳地说：外戚梁家和宦官作为卑微之辈，大都佩带上了无功而获得的官印、绶带，得到了只有功臣才应得到的封土，荒谬而无节制，不能用语言来形容！对有功之人不加以赏赐，就会使为善之人感到失望；对邪恶之人不加以惩罚，就会使作恶之人更加肆无忌惮地逞凶。如果奖惩不当，即使将砍头的利斧放在面前，人们也无所畏惧，将爵位、官位悬在面前，人们也不为之动心。这样岂止是会伤害政事使朝廷混乱，甚至还要亡国丧身。杜乔的奏章呈上去以后，如同石沉海底、无声无息了。但大将军梁冀对杜乔奏疏的用意是心知肚明的，杜乔愈来愈为梁冀所忌恨。这年九月，洛阳地区再次发生地震。梁冀以此为由，建议梁太后将刚刚担任太尉三个月的杜乔免职。由司徒赵戒接任了太尉，司空袁汤改任为司徒，前任太尉胡广又被任命为司空。

杜乔没了职务，成了一介平民，那些习惯于见风使舵的太监便开始出手了。颍川郾县（今河南漯河市郾城区）人唐衡和河南平阴（今河南洛阳市孟津区）人左悺，都是官秩为六百石的小黄门，他们位次中常侍，高于中黄门，侍从皇帝左右，收受尚书奏事，传宣帝命，掌宫廷内外和皇帝与后宫联络之事，他们共同在桓帝面前陷害杜乔，唆使桓帝对杜乔产生怨恨，他们一起拱火说：陛下即位之前，杜乔和李固坚决反对，认为陛下您不能胜任侍奉汉朝宗庙之祭祀。

这年冬天，清河甘陵（今河北邢台市清河县）人刘文与南郡（今湖北荆州市）人刘鲔勾结在一起，随便喊出"清河王刘蒜应当统御天下"的口号，打算拥立刘蒜为帝。可是，他们既没有兵马，又没有韬略，发起的所谓造反行动几乎无人响应。于是，"二刘"等劫持了清河国相谢暠，威胁和引诱他说：你应当拥立清河王刘蒜为帝，由你来当三公。谢暠骂他们瞎折腾，胡作非为，于是，二刘就把谢暠杀了。朝廷下令逮捕二刘，并将他们处斩。朝廷有关官吏上奏弹劾刘蒜，可是刘蒜对二刘拥立自己为帝的事并不知情，就稀里糊涂地被贬为尉氏侯，驱逐到桂阳。刘蒜想，我从来没有当皇帝的想法，却几次被别人玩弄，不仅鼓捣不成事，反而成为朝廷的眼中钉、肉中刺，被动挨整，有口难辩，他越想越气，于是自杀身亡。大将军梁冀敏感地意识到这是收拾李固、杜乔的绝佳机会。于是，他便在梁太后面前诬陷李固、杜乔与二刘相勾结，企图把刘蒜扶上帝位，梁冀还请求梁太后批准将李固、杜乔逮捕入狱。梁太后只同意逮捕李固，而不肯批准逮捕杜乔，于是李固被关进监狱。

李固作为当时的名儒，有很多门生和弟子。他被捕后，其门生王调（渤海人，即今河北沧州市南皮县一带人）自戴刑具，向朝廷上疏谏诤，为李固鸣冤叫屈；李固的弟子赵承（河内人，即今河南焦作市武陟县一带人）等数十人，也自戴执行腰斩的刑具，到宫门上访。当时，很多老百姓围观，都为李固鸣不平。梁太后获知消息后，担心把事情闹大，就下诏将李固释放。李固出狱那天，京都洛阳的大街小巷都挤满了人，大家齐呼万岁。梁冀获悉后，大为惊恐。不久，梁冀旧案重提，再次向朝廷弹劾李固与二刘相勾结企图政变一案。莫说社会上对梁冀陷害李固有多少批评的声音，就连梁冀控制的大将军府，也有人替李固抱不平。大将军长史吴祐就逮捕关押李固一事找梁冀理论，梁冀愤怒，不肯听从。

吴祐，字季英，陈留郡长垣人，即今河南新乡长垣县人。他是南海太守吴恢的儿子。吴祐十二岁时，便跟随父亲吴恢到了治所在番禺县（今广东广州市）的南海郡生活。吴祐二十岁时父亲病逝，由于父亲在世时经常将自己的俸禄分给当地的穷人，所以家里没有一石粮食。而吴祐受父亲的影响，又不肯接受别人馈赠，为生活所迫便回到老家。他每天起早贪黑在长垣泽中放猪，他一边放猪，一边嘴里哼着经书。一次，他正在放猪时遇见了父亲的朋友，朋友对他说：大侄子啊，你爹是二千石高官，你却干这么低贱的活儿，即使你不以为耻，但怎么能对得起你死去的父亲呢？吴祐笑着说：谢谢叔叔的关心！说完仍然坚持放猪。后来，陈留郡太守冷宏将吴祐聘为该郡文学官，经过一段时间的工作，冷太守发现吴祐能力素质非同一般，便举荐他为"孝廉"。不久吴祐被朝廷提拔到治所在今河南驻马店市新蔡县的汝南郡新蔡县做县令，人们都称赞他是具有清廉气节的好官。后来吴祐又被推举为敦厚、质朴、逊让、节俭"光禄四行"，据此，朝廷任命吴祐为治所在今山东青岛平度市东南的胶东侯国的国相。吴祐上任后推行仁政，从不烦劳百姓，判案公平公正，主动化解百姓之间的矛盾与纠纷，用仁义道德来教化他们，力劝和解。吴祐在胶东任职九年，有口皆碑，颂声载道。朝廷原计划将其调任齐相，大将军梁冀得知后，便上表推荐吴祐担任了大将军府的长史。后来，梁冀诬奏陷害李固，吴祐愤然不平，便与梁冀理论，梁冀不听他的意见。当时马融也在座，马融曾经帮助梁冀起草整理过李固的黑材料。于是，吴祐又责骂马融，说他是梁冀的打手、爪牙。

吴祐劈头盖脸地怒骂马融说，李固的罪状是你一手罗织出来的，李固在人民群众中有极高的威望，如果李固被诛杀，你还有什么脸面去见父老乡亲！梁冀一怒而起，进入内室，吴祐也不辞而别。后来，梁冀将吴祐调到治所在乐城县（今河北沧州市献县东南）的河间封国为相，吴祐便辞职回到农村老家，不再为官。吴祐亲自种菜，浇水灌园，还广收弟子，教授经书，晚年生活很充实，以九十八岁高龄在家乡谢世。

李固终于因被强加的叛逆之罪死在狱中。他在临死之时给太尉赵戒、司空胡广写信说：我李固深受国家之厚恩，所以竭尽忠心予以报答，从来没有顾及过自己的生死，主要目的就是想辅佐皇室，使本朝在功业上赶上汉文帝、宣帝统治时期。但没有料到梁氏专权如此荒谬，而你们丧失立场，曲意顺从，以至于将吉祥化为凶恶，成功化为失败！汉王朝衰落由此而始。你们拿着国家丰厚的俸禄，眼看着东汉王朝就要倾覆，却麻木不仁，袖手旁观。朝廷倾覆、国家灭亡的大事，后世的公正史官岂会有所偏袒！我的生命即将结束，但我已经尽到了大义，没有什么可说的了！赵戒、胡广看到同朝为官的老同事李固所写的遗书，感到悲伤惭愧，长叹流泪。梁冀将李固整死以后，又下令有关州郡将李固的两个儿子李基、李兹逮捕入狱，并将他们处死在狱中。李固的小儿子李燮逃跑，侥幸保住了性命。梁冀又派人威胁杜乔，强逼杜乔自杀，杜乔不予理睬。第二天，梁冀又派人来到杜乔家门口打探，但没有听到里面有哭丧的声音，他们判断杜乔没有自杀，于是将情况报告了梁冀。梁冀在梁太后那里继续诬告杜乔，太后终于同意将杜乔逮捕入狱。杜乔入狱后，梁冀便命人把杜乔折腾死了。

梁冀将李固、杜乔这两位朝廷和民间都公认的大忠臣整死以后，还将两人的遗体放在洛阳城北十字路口示众，并下令说：有敢来哭丧者，必须予以严惩！

李固的一个学生——二十岁的小青年郭亮，不怕梁冀的恐吓，他一手拿着奏章和斧子，一手抱着铁砧，去宫门前上访。他公开祈求为恩师李固收尸，没有得到答复。后来郭亮又和南阳人董班一同去洛阳城北吊丧哭泣，守着尸体不走。负责盯梢的夏门亭长呵斥他说：李固、杜乔二公，作为大臣却不知道安上纳忠，反而意图谋逆，你们两个小伙子是多么迂腐的书生，竟敢公然冒犯皇帝的圣旨，你们是不是想试试官府的厉害呀？郭亮回答说：我们为李固、杜乔二公的大义所感动，哪还会顾及自己的生命？为什么要用死来恐吓我们呢？夏门亭长欲治他们的罪，并向朝廷有关部门做了汇报，梁太后听说后，将他们二人予以赦免。杜乔以前的属吏杨匡听说杜乔暴尸荒野之后，怀着极其悲痛的心情，连夜赶到京都洛阳，他穿上旧官服，假称是夏门亭吏，在杜乔的尸体旁哭泣护尸长达十二天。有关部门将杨匡逮捕，并奏报朝廷，梁太后依然将杨匡赦免。杨匡又到宫门上访上疏，请求朝廷批准将李固和杜乔的尸体运回他们的故乡安葬，梁太后同意了。杨匡花钱雇人将杜乔的灵柩送回他的老家予以安葬，之后又为他服丧。郭亮、董班也将李固的灵柩运回其家乡安葬。

外戚大将军梁冀整死名臣李固和杜乔，标志着朝廷中仅存的正义火光已被扑灭，东汉王朝已全面陷入政治黑暗。《后汉书》作者范晔在为李固作传时曾动情地评论说：顺帝、桓帝之间，国家法统曾经三次中断，太后掌权，乱臣贼子虎视眈眈。李固在朝持重，力争大义，其坚毅的正直气节不可动摇。难道他不知道守节惹祸吗？然而，他以在其位而不能做其事而感到可耻。"至矣哉，社稷之心乎。"（据《后汉书·吴延史赵列传》,《资治通鉴》第五三卷,《后汉书·李杜列传》）

二、梁太后结束摄政生涯

梁太后汲取以前邓太后摄政多年，到死也没把皇权归还于安帝，造成安帝心怀忌恨，从而导致他亲政后将邓氏家族斩尽杀绝的血的教训，在桓帝十八岁时，即和平元年（公元 150 年）正月初二，梁太后下诏将朝政大权归还于桓帝，至此，梁太后结束了她的摄政生涯。

和平元年（公元 150 年），十八岁的桓帝开始亲政，他亲政后办的第一件事就是为梁氏家族成员增爵加邑。桓帝增封大将军梁冀食邑一万户，连同以前所封食邑，共三万户；封梁冀的老婆孙寿为襄成君，同时兼食阳翟（古县名，今河南许昌禹州市）租税，每年收入五千万钱，加赐红色绶带。桓帝还想再次褒奖和尊崇梁冀，命令朝廷中二千石以上高级官员开会讨论有关礼仪。特进胡广、太常羊浦、司隶校尉祝恬、太中大夫边韶等人，都巴结梁冀，称赞他的功德，并说应该比照周公旧例，赏赐梁冀山川、土地以及其中的小封国。唯独司空黄琼提出了不同意见，他说：梁冀迎立桓帝的功劳，已经增封食邑一万三千民户对其进行封赏，而且他的儿子梁胤也得到了封赏。现在诸侯的封国是以食邑的户数、县数为标准，而不是以土地面积大小为限，所以，梁冀可以比拟邓禹，赏赐他共合四个县的食邑。对黄琼这个建议，桓帝批准。为了讨好梁冀，当时有些大臣上奏说，梁冀入朝时，不必小步疾行，可允许其带剑穿鞋上殿，拜见皇帝时，礼宾官可以只称他官衔，不必通报姓名，礼仪比照萧何；加封治所在今山东菏泽市定陶区的定陶县、治所在今河南郑州市代管的登封市告成镇的阳城县余下的全部户数，连同以前所封的两县，使食邑增加为四县，比照邓禹；赏赐金钱、奴婢、彩色丝织品、车马、衣服、住宅等，比照霍光；每次朝见皇帝时，梁冀可另设一个专席而坐；每隔十天入朝一次，处理尚书台事务；并把这项殊荣布告天下作为万世的表率。对此，贪得无厌的梁冀并不认为对他的封赏已经到位，他嫌有关官吏太小气，所上奏的礼仪太轻，心里极不高兴。（据《后汉书·孝桓帝纪》《后汉书·梁统列传·梁冀传》，《资治通鉴》第五三卷》）

三、梁冀把"跋扈政治"与"腐败政治"玩在一起

梁太后去世以后，大将军梁冀依然不把桓帝放在眼里，他把朝政把持得更死，凶暴放肆更狠，贪赃枉法更甚，为所欲为更狂，他

把独断专行的"跋扈政治"与疯狂敛财的"腐败政治"玩在一起，几乎把天下恶事做尽，把国民财富挖空，用数不胜数的钱财修建了雕栏玉砌、金碧辉煌的豪宅。

（一）专权擅势把持朝政

梁冀多年把持朝政，积累了丰富的专权经验，他已容不得包括皇帝在内的任何人来分享他手中任何一点儿权力。桓帝已经长大成人，并且梁太后已经把权力移交给了桓帝，而桓帝眼巴巴地看着梁冀独揽大权，自己却"靠边站"成了摆设。对此，"帝既不平之"。延熹元年（公元 158 年）夏出现日食。掌天时星历的太史令陈授通过小黄门徐璜向桓帝转呈奏疏说：发生日食这种变异天象，罪过在于大将军梁冀。奏疏的意思明显是说，梁冀这个恶魔把太阳给遮住了，天下人见不到太阳的光辉。桓帝一琢磨，觉得颇有道理，这对他触动很大，但他尚不具备扳倒梁冀的实力。梁冀听到太史令陈授向桓帝上奏的消息之后，立即授意洛阳县令将陈授逮捕入狱，并将陈授活活打死。桓帝对梁冀杀害太史令的恶行非常不满，虽然他尚不敢治梁冀的罪，但内心深处对梁冀已极端愤恨。

（二）凶暴放肆惨无人道

梁冀为维护其"跋扈政治"，他在宫廷禁军和皇帝身边的侍卫、随从当中，全都安插了耳目亲信，有什么情况和信息，亲信们会第一时间向他报告。皇宫内部的情况，包括皇上起居、饮食，他都了如指掌。全国各地征调的物资，以及每年各地按要求贡献给皇帝的贡品，都是先将最好的呈送梁冀，梁冀挑选剩下的才轮到皇帝。全国各地的官吏、富豪和百姓一天到晚带着钱财，到梁家请求做官或免罪、免刑者，"道路相望"。文武百官升迁或征召调动等，都要先到梁家呈递谢恩书，然后才敢到尚书台接受谈话。有一个名叫吴树的人，被朝廷任命为治所在今河南南阳市宛城区的宛县县令。宛县是历史上著名的铁产地，人们比较富裕，京城洛阳很多人都在该县经商办店或开矿冶铁。梁冀有很多狐朋狗友都在那里干一些捞钱的营生。吴树上任之前向梁冀辞行，梁冀嘱托吴树一定要关照他在宛县的门客。吴县令回答说：作奸犯科的小人是残害百姓的蛀虫，即便是近邻也应当诛杀。大将军您身居高位，应该崇敬贤能，以弥补朝廷的缺失。可是，自从我见到您，没有听到您说一句称赞任何一位长者的话，反而嘱托我关照很多不该关照的人，我实在不敢听从。梁冀沉默不语，心里很生气。吴树到宛县上任以后，便将梁冀的狐朋狗友中严重违法犯罪和老百姓所痛恨的几十人依法处死。后来，吴树因治绩突出被提拔为荆州刺史，在上任之前他又来向梁冀辞行，结果梁冀请他喝下了毒酒。吴树从梁家出来便死在了车上。东郡太守侯猛，刚刚接受任命时没有去谒见梁冀，梁冀就另外找了一个罪名，将侯猛腰斩。太原人郝絜、胡武曾联名上疏太尉、司徒、司空"三府"推举人才，却没有向大将军梁冀报告，梁冀认为他们看不起自己，于是命令京师有关官署下发文书将胡武、郝絜逮捕。胡武的家族成员六十余人全部被杀；郝絜起初逃亡，后来知道无法逃出梁冀的魔掌，就带着棺材，到梁冀家门口上疏，将奏疏递进去以后便服毒自杀，他的家人才得以保全。安帝的嫡母耿贵人去世，梁冀向耿贵人的侄子、林虑侯耿承索取耿贵人的珍宝古玩，没有得到。梁冀恼羞成怒，诛杀耿承及其家属十余人。涿郡人崔琦擅长写文章，曾得到梁冀的认可。崔琦写了一篇《外戚箴》对梁冀进行讽劝，梁冀大怒，将崔琦遣送回乡。崔琦害怕梁冀派人在路上杀他，就赶紧逃亡躲藏起来。梁冀派人四处搜捕，终于将崔琦抓住诛杀。（据《资治通鉴》第五四卷）

（三）贪赃枉法肆无忌惮

梁冀和他的老婆孙寿分别在街道两侧建设了两大片豪宅，夫妻二人在工程豪华程度上展开竞赛，互相夸耀。新宅里面存放的金银财宝、珍贵饰品、藏品、古玩、工艺品等等，数不胜数，摆满房间。梁冀还大举开拓园林，从远近多地运来奇石，堆砌成假山，十里大道，有九里紧傍池塘，林木葱郁，山涧流水，宛如天然生成。奇异的珍禽和驯养的野兽在园林中飞翔奔跑，鸟语花香，犹如仙境。梁冀和孙寿共同乘坐人力辇车，在家宅和园林里观赏游玩，后面跟随着许多歌舞艺人，一路欢歌，一路舞蹈。有时他们会在豪宅里举行宴会，夜以继日地纵情欢娱。客人登门拜访求见，也不准通报。求见的人便向看门人行贿，以至于看门人的家财已"累千金"。梁冀在京都洛阳周边各县都建有园林，在洛阳城西建有一处兔苑，面积纵横数十里。他发布文告，命令当地官府向百姓无偿征调活兔，每只兔子都剃下一撮毛，作为属于梁家兔苑的标志。如果有人胆敢猎获苑中的兔子，严重的要判处死刑。有一位西域胡商，因不知道这个兔苑的禁令，擒获了一只兔子，梁冀派人追查，当地百姓之间因日常有一些矛盾纠纷的就互相控告，结果判罪处死的就达十余人。梁冀还在洛阳城西部建设了一座豪华别墅，他这座别墅专门用来收纳"奸民"和藏匿逃亡罪犯，梁冀派人抢劫来充当奴婢的良家女子多达数千人，梁冀将她们起名为"自卖人"。

梁冀老婆孙寿"善为妖态以蛊惑冀，冀甚宠惮之"，梁冀天不怕地不怕，就怕他老婆孙寿。孙寿所宠信的管家奴名叫秦宫，可以随时自由出入梁冀老婆孙寿的住所。但梁冀多次提拔秦宫，秦宫"官至太仓令"，太仓令就是管理国家总粮仓的官。秦宫既掌管国家总粮仓，又管理着梁家的家财，背公向私是板上钉钉的事。说是国家的粮仓，实际上就是"梁家仓"。因此，秦宫"威权大震"。"孙氏族亲为侍中、卿、校，郡守、长吏者十余人"，他们全都贪得无厌、穷凶极恶。孙氏家族成员派遣私人侦探，分别到所管辖的各县，暗地里了解登记当地富豪大户的户主姓名、家庭成员、财产等基本情况，然后诬其有罪，将富豪逮捕入狱，酷刑拷打，让他们的家人拿钱赎罪。家庭不太富裕、拿不出那么多钱的，往往就被活活打死。扶风郡有一富豪名叫士孙奋，他很有钱，但也很吝啬。梁冀送给他四匹马，要求"借款"五千万，而士孙奋只给了梁冀三千万。梁冀非常气愤，派人到士孙奋所在的郡县，诬告士孙奋的母亲是梁冀家看守库房的婢女，曾经偷窃梁家白珍珠十斛、紫金一千斤后逃亡。梁冀将士孙奋兄弟逮捕入狱，严刑拷打致死，并将士孙奋一亿七千余万钱的家产全部没收，充入私囊。梁冀还派遣门客爪牙跑遍全国各地，甚至远到塞外，征收各地的特产奇物，而这些爪牙又都依仗着梁冀的权势横征暴敛，抢掠妇女，殴打地方官吏

和士卒，他们所到之处都会激起强烈的民愤。（据《资治通鉴》第五三卷）

（四）针对梁冀的罪恶行径，一些官吏进行抵制和斗争

梁冀经常派遣门客到下面去办私事，或以种种理由谋取私利。一些富有经验的地方官吏不敢明面上得罪他们，便与他们斗智斗勇，遇到这样高智慧的官吏，梁冀有时也不得不吃"哑巴亏"。一次，桓帝的儿子患病，朝廷下令各郡县购买珍贵药材。梁冀也借机派遣门客带着自己的亲笔信去京兆（西安的古称），要求同时"购买"牛黄。辖地为长安及附近地区的京兆尹延笃（南阳犨人，即今河南鲁山县人）打开梁冀的亲笔信一看，立即将梁冀派来的门客抓起来，他说：大将军是皇亲国戚，而皇子有病，将军肯定会进献药方，怎么会从京师洛阳派遣门客跑到数百里之外的长安谋取私利呢？于是，延笃命人将梁冀的门客斩杀。梁冀虽然心里很不是滋味，但也不能反驳。于是梁冀就责令有关官吏追查这起杀人案，但后来梁冀又怕闹出乱子，便以延笃有病为由，将他免官。和平元年（公元150年），梁冀派遣使者带着他的亲笔信到治所在高菀县（今山东滨州市邹平县一带）的乐安郡办私事，但乐安郡太守陈蕃拒绝会见梁冀的使者。于是，使者便冒充其他客人，请求谒见陈蕃。陈蕃非常生气，命人将使者鞭打而死。后来陈蕃因罪被贬为脩武县（今河南新乡市获嘉县）县令。

对梁冀的种种恶行，朝廷和民间人言啧啧。现任侍御史的朱穆是过去梁冀的属吏，同梁冀私人关系一直不错，他从试图改变梁冀

在老百姓心目中酷吏形象的善意出发，给梁冀写了一封长信，以老下属的名义好言相劝。

朱穆，字公叔，南阳郡宛人，即今河南南阳市宛城区人。他是原丞相朱晖的孙子。朱穆五岁时就以孝著称，父母生病，他不肯吃饭，直到父母稍愈他才恢复饮食。朱穆两耳不闻窗外事，一心只读圣贤书。青年时期，他被推举为孝廉。顺帝末年，江淮一带农民起义蜂起，州郡官府不能制止。有人对大将军梁冀说：朱穆兼资文武，是海内奇士，如用他做谋主，贼人就不难平定了。梁冀也听说过朱穆的大名，于是提拔他管军事，朱穆颇受亲近和重用。桓帝即位后，梁太后临朝听政，朱穆认为梁冀掌握着朝政大权，希望他发挥正能量，辅佐王室朝着政治清明的方向运行，于是他写了一篇奏记劝谏梁冀说：应该采纳诸儒的意见，亲近忠正之士，断绝与小人交往，专心于朝政，割除个人私心，广求贤能之士。朱穆还提出：今年夏天，月晕（月亮周围的光圈。月光经云层中冰晶的折射而产生的光现象。常被认为是天气变化起风的征兆，俗称风圈）房星（星宿名。即房宿），明年将有灾异发生。应该杀掉一些被天下人所怨恨的奸臣，来堵塞灾变。最后朱穆还推荐种诩、栾巴两位优秀人才，说二人品行高尚，才能突出。第二年发生了严鲔谋立清河王刘蒜为帝的政治事件，又有黄龙两次在沛国出现。梁冀胸无点墨，便以朱穆"龙战（指群雄争夺天下）"之言被应验为由，提拔朱穆为侍御史，种诩为从事中郎，栾巴为议郎。

由于梁冀跋扈暴虐，朝野上下对其十分怨恨，侍御史朱穆作为梁冀的故吏，害怕他积恶招祸，于是再次写信劝谏。

朱穆说：近年来，各级官府和老百姓都已十分贫困，再加上连年水灾、蝗灾和地震，朝廷和地方官府费用开支增大，仅朝廷征调的钱粮，与以往平时相比就高出十倍，公赋本来很重，而地方官员的私人剥削也夹杂其中，于是又层层加码，从上到下都向百姓征税要粮，人民群众负担沉重，一时缴不上就被鞭抽棒打。州、郡、县官吏多数都是品行不端的人，他们贪得无厌，横征暴敛，对待老百姓就像对待仇敌一样，有的百姓在官吏的鞭抽棒打之下惨死，有的不堪忍受追逼而自杀。上述这些掠夺老百姓的暴行，都是打着大将军府的名号，致使大将军受到全国人民的怨恨。朱穆建议梁冀，今后要践行仁爱之心，强化国与家一体的理念，及时裁撤那些贪赃枉法的州牧和郡太守，省俭兴建宅第、园林、池塘等工程的费用，谢绝各郡和封国奉献的礼物。同时，对内要表明自己高尚的政德，对外解除老百姓的疑虑，不要充当贪官污吏的保护伞，让那些仗势作恶的官吏无所依靠，负责监察的官吏依法检举，使法律更加公平公正，国家一片清平。朱穆的话平和、深刻、实在、正确，但梁冀一点儿也没有采纳。

元嘉元年（公元151年）大年初一，群臣朝见，并向桓帝拜年，大将军梁冀佩带宝剑晃晃悠悠进入宫中。尚书张陵（会稽太守，蜀郡人，即今四川成都市人。张霸之孙，学者张楷之子）厉声呵斥梁冀退出，并命令虎贲和羽林卫士夺下他佩带的宝剑。此时，梁冀赶紧下跪向张陵认错，张陵没有退步，他立即向桓帝上疏弹劾梁冀，请求将梁冀交给廷尉治罪。桓帝下诏，罚梁冀一年的俸禄赎罪。这是多年来朝廷对梁冀唯一的一次惩罚。因此，文武百官对张陵肃然起敬。

张陵原为梁冀的弟弟、原河南尹梁不疑举荐上来的孝廉，而后张陵被朝廷提拔为尚书。梁不疑对张陵说：过去我举荐你，今天却你却来惩罚我们梁家！张陵回答说：您不认为我没有才能，错误地将我提拔任用，我今天伸张国家的法度，以报答您的私恩！梁不疑听罢面有愧色。

还有一位勇敢者站出来同梁冀进行斗争，他就是掌持戟值班，宿卫殿门的郎中袁著。袁著十九岁，初生牛犊不怕虎，他以英勇无畏的精神跑到宫门上疏说：春夏秋冬每个季节到达极盛时便消退。太高的官位和爵位，过分的宠爱和信任，很少有不招来灾祸的。如今大将军已在人臣之上，功成名遂，应该特别自警。最好是效法汉元帝时期的御史大夫薛广德，把皇帝赏赐的安车悬挂起来，高卧家中，颐养精神，不再过问政事。经传上说："木实繁者，披枝害心。"意思是果树结果太多，会折断树枝、伤害树根。如果不抑制和削减梁冀手中过盛的权力，恐怕不能保全他的性命。梁冀听到这个消息后，秘密派人搜捕袁著。袁著开始改名换姓躲藏起来，后来又假装暴病死亡，家人用蒲草扎成草人充当尸体，买来棺材予以下葬。梁冀的耳目告诉梁冀说这是一个骗局，袁著根本没死。于是，梁冀下令四处搜捕，终将袁著抓获，鞭打致死。

袁著生前说，春夏秋冬每个季节到达极盛时便消退，而梁冀的"跋扈政治"和"腐败政治"已经到达了"极盛时"，他会不会"消退"呢？会不会像袁著引用经传上所说的那样"木实繁者，披枝害心"呢？（据《后汉书·朱乐何列传》《后汉书·郑范陈贾张列传》，

《资治通鉴》第五四卷）

四、桓帝依靠宦官力量铲除外戚梁氏集团

在东汉王朝近两百年的历史中，外戚专权时间最长、家族势力最大，独断专行、敛财聚财最多的人，当数外戚大将军梁冀了。他"秉政几二十年，威行内外，天子拱手，不得有所亲与"，对此，业已长大成人并开始亲政的桓帝深感"不平之"。尤其是梁冀事前不请示、事后不报告，擅自逮捕并在狱中活活打死太史令陈授，使桓帝对梁冀产生不满。不久，又发生了一件事，这件事促使桓帝的愤懑情绪迅速升级。

梁太后在世时，桓帝不敢明目张胆地让嫔妃侍寝，只是隔三岔五地"偷腥"而已。梁太后去世后，桓帝没了敬畏之人，因此他对皇后梁女莹的宠幸日渐衰退，而对其他嫔妃更加着迷。对此，梁皇后非常苦恼，经常暗自伤心落泪。梁皇后整天瞪着那双嫉火燃烧的大眼睛，在后宫里扫来扫去，发现哪个宫女有恶心、呕吐之类的孕期反应，她就立马下令毒杀之，甚至个别没有受到过宠幸，只是犯了胃病而出现呕吐的宫女，也被梁皇后送上了西天。以前，桓帝畏惧梁氏家族，不敢谴责兴怒，只是在心里面暗骂而已。而今当桓帝又见到梁皇后的如此恶行时，他不再是单纯在心里面暗骂了，而是果断采取措施——不再召幸。越是这样，梁皇后妒火烧得越旺，极端措施用得更绝。

桓帝刚一疏远梁皇后，梁冀安插在皇帝身边的耳目就向梁冀做了汇报。为此，梁冀与孙寿两口子商量来商量去，认为不如从梁家

再选一个漂亮女孩送给桓帝。他们选来选去，选上了孙寿的舅舅梁纪后娶老婆的女儿，即梁纪的继女——梁猛女。

梁猛女原名为邓猛女，是开国功臣邓禹的玄孙女，郎中邓香的女儿，汉和帝的第二任皇后邓绥的侄孙女。邓猛女的父亲邓香早年由于仕途不顺，一气之下入宫当起了宦官。但邓香并不是光棍，他老婆名叫宣，邓香与宣生了两个女儿，且大女儿已经出嫁，女婿在朝廷当议郎，名叫邴尊。邓香进宫后不久就病死了。宣带着名叫邓猛女的小女儿改嫁给了梁纪，邓猛女随了继父的姓，于是邓猛女就成为梁猛女。经梁冀与桓帝沟通，孙寿与舅妈宣沟通，双方都很乐意。于是，孙寿就把梁猛女送进掖庭做采女。桓帝见梁猛女婀娜多姿、楚楚动人，非常满意，对其极度宠爱，不久便封她为贵人。梁猛女被封为贵人之后，桓帝还封梁猛女的兄长邓演为南顿侯，提拔为特进；邓演死后，其子邓康嗣爵。延熹二年（公元 159 年），汉桓帝的皇后梁女莹在忧郁和苦闷中去世。梁猛女被封为皇后，其母宣被封为长安君；梁猛女已故父亲邓香被追封赐车骑将军安阳侯、赐印绶，再改封宣为昆阳君；梁皇后侄子邓康被封为泌阳侯，邓康的弟弟邓统被封为昆阳侯，并被任命为侍中；邓统堂兄邓会被封为安阳侯，并被任命为虎贲中郎将；邓统的弟弟邓秉被封为淯阳侯。邓氏宗族的男子都被任命为列校或郎官，所获赏赐过亿。邓氏家族成员及其亲属都得到了高官厚爵。

梁冀原本打算将梁猛女收养为自己的女儿，这样自己也能上一个台阶，升格为国丈了。正当梁冀做着国丈梦的时候，忽然邴尊上疏要求其妻妹改"梁"为"邓"。邴尊横插了这么一杠子，极有可能将梁冀的"国丈梦"搅黄。于是，梁冀派出刺客把邴尊给杀了。
接着，刺客又去刺杀梁猛女的母亲宣。宣的家宅与宦官、中常侍袁
赦的家宅相邻，刺客爬上袁赦家的房顶，准备进入宣的家时，刺客
在房顶上走动的声音惊动了袁赦。袁赦一边击鼓，一边呐喊，聚集
起很多人，并将盗贼入户的情况告诉了宣。宣急忙奔入皇宫，向桓
帝哭诉了梁冀已将大女婿邴尊暗杀，现在又朝自己下手的情况，桓
帝对梁冀的恶行气愤不已。他单独招呼自己非常信任的宦官、小黄
门史唐衡过来，桓帝问唐衡：我左右侍卫里面，有谁跟皇后梁女莹
娘家不和？唐衡回答说：中常侍单超、小黄门史左悺同梁不疑有
仇；中常侍徐璜、黄门令具瑗经常私下里对皇后娘家人放纵骄横表
示愤恨，只是不敢开口罢了。桓帝得知这一情况后，就将单超、左
悺叫进内室，对他俩说：大将军梁冀兄弟二人在朝廷专权，太霸道
了，胁迫三公九卿及其以下的大臣都必须按他的意旨行事，现在我
想诛杀他们。单超等宦官回答说：梁冀兄弟确实是国家的奸贼，早
就应该诛杀，只是我们力量弱小，不知道圣意如何罢了。桓帝又
说：正如你们所说的那样。现在就请你们帮我秘密谋划一下，拿出
一个万无一失的行动方案。单超等人最担心的是桓帝意志不坚定、
中途变卦，如果出现了那样的情况，不仅是他们几个人的小命没
了，而且他们的三族甚至五族都要被灭绝。单超等回答说：谋划并
不是什么难事，我们最担心的是陛下会瞻前顾后、犹豫不决。桓帝
说：奸臣威胁国家，应该定罪伏法，朕怎能会犹豫不决呢？于是，
桓帝又把徐璜、具瑗叫过来，桓帝与五名宦官共同定计，一定要把
梁冀及其家族势力干掉。为表明他的决心和意志，桓帝将单超的手

臂咬破出血，作为盟誓。单超等人对桓帝说：陛下如今既然已下定决心，千万不要再提这件事情了，恐怕会引起梁家的猜疑。

梁冀得知自己派出的刺客杀死了邴尊，却没有把宣杀掉，宣还趁机跑到桓帝那里告状去了。于是，梁冀最为关注的是，桓帝那里有什么动静和反应，同时还对单超等宦官产生了猜忌。延熹二年（公元159年）八月初十，梁冀突然派遣原来没有在桓帝身边工作的中黄门张恽留宿宫中，黄门令具瑗命令属吏将张恽逮捕，罪名是"擅自从外入宫，图谋不轨"。桓帝前往前殿，马上召开由各位尚书参加的紧急会议，通报了这件事情，并派遣尚书令尹勋持节，统帅丞、郎及以下官吏，要求他们全都拿起武器，守卫中枢机构，将所有代表皇帝和朝廷的符节一个不落地全都收集起来，锁入内宫。桓帝又派遣具瑗率领左右御厩的骑兵、虎贲、羽林卫士、都侯所属的剑戟士共一千余人，与司隶校尉张彪一起将梁冀的府邸团团围住。之后，桓帝让光禄勋袁盱持符节到梁冀家里收缴了他的大将军印信，并宣布将他改封为万里之遥的比景的都乡侯（在列侯之下，关内侯之上）。

在强大的压力下，梁冀和他老婆孙寿于当天双双自杀。梁冀的两个弟弟梁不疑和梁蒙在此之前已经病逝。桓帝下令将梁氏和孙氏家族，包括他们在朝廷和地方为官的亲戚全部抓进诏狱，无论男女全部押往闹市区斩首，尸体暴露在街头。卫尉梁淑、河南尹梁胤、屯骑校尉梁让、越骑校尉梁忠、长水校尉梁戟等及公卿、列校、州刺史等二千石高官被诛杀者有数十人。太尉胡广、司徒韩缜、司空孙郎，都因依附于梁冀，没有去保卫宫廷，皆被指控有罪，免去官职，贬为庶民。另外，梁冀的旧时属吏和宾客，被免官的有三百多人，过去耀武扬威、权倾天下的梁氏家族势力终于覆灭。

桓帝下令没收梁冀家产，由官府变卖，共计收入三十多亿。这是继西汉政府没收贪官董贤四十三亿家产之后，又一笔没收贪官的巨额家产。梁冀的贪腐数额在整个汉朝排名第二，在东汉排名第一。就是因为没收了梁冀的家产，国库收入一下子增加了三十多亿，朝廷减收了当年全国赋税的一半，大大缓解了广大农民上缴赋税的压力。同时，桓帝还将梁冀家的多处园林分配给贫民耕种，京师周边各县的贫困群众都非常高兴。（据《后汉书·皇后纪下》《后汉书·梁统列传》，《资治通鉴》第五四卷）

五、对宦官和新外戚等封官赐爵，打击迫害劝谏大臣

政局稳定之后，桓帝于延熹二年（公元159年）下诏，赐封诛杀梁冀的功臣。诏令说：梁冀奸诈残暴，把朝廷搞得污浊混乱。汉质帝虽然年幼，但聪明灵敏，才华出众，梁冀心存忌恨畏惧，私行鸩杀，祸害深广，罪孽深重。幸赖祖宗的威灵，及中常侍单超、尚书令尹勋等人激于义愤，积极建言献策，宫廷内外协同动作，顷刻之间就将桀逆枭首除灭。此乃国之福泽，臣之奋力，应当表彰、庆贺和赏赐，以酬答忠贞报国之功勋。今封单超、徐璜、具瑗、左悺、唐衡五人为县侯（史称"五侯"），单超食邑两万户，其他四人均为一万户。尹勋等七人为亭侯。其他故旧私恩等多受封爵。任命大司农黄琼为太尉，光禄大夫祝恬为司徒，大鸿胪盛允为司空。

不久，桓帝又对宠信的宦官再次进行提拔和封赏：将中常侍

单超提拔为车骑将军。中常侍侯览，因进献缣帛五千匹，获封关内侯，又因曾经参与诛杀梁冀的密谋，被晋封为高乡侯。桓帝年少，思想单纯，他根本不问这么多贵重丝织品究竟是怎么来的，见侯览捐献就立即赐封侯爵。一名宦官一次就献出了五千匹缣帛，由此可见，当时朝廷有权有势的宦官的贪腐程度有多么厉害。桓帝还将小黄门刘普、赵忠等八人封为乡侯。这么多宦官被封侯，助长了宦官势力，于是，"宦官政治"再次走上东汉王朝的政治舞台。

桓帝对封官拜爵讲感情不讲规矩。河南尹邓万世是他儿时的伙伴，就凭这层关系，桓帝竟然赐封邓万世为列侯，而且对他的物质赏赐和恩惠重于三公九卿，厚于皇族。桓帝还经常召见邓万世，推开所有的政务工作，同他一起玩一种叫作"博塞"的棋类游戏，玩时兴致勃勃，废寝忘食。桓帝对他亲近的人，不按传统制度授予食邑，而是随心所欲，倾斜超度。对左右随从的赏赐无所禁忌，甚至一家之中，被赐封侯爵的竟达数人，直接干扰和影响了吏治队伍建设，出现了"官位错乱，小人谄进，财货（指贿赂）公行，政化日损"的严重政治腐败现象。最为突出的是对五侯的授权无边无度，赏赐一掷千金，造成他们"尤贪纵，倾动内外"的局面。朝政大权由过去外戚梁氏家族一手统揽，变为宦官独断专行。

针对当时严重的政治腐败和频繁出现的灾异现象，白马县（治所在今河南安阳市滑县）县令李云，用不缄口的文书上奏桓帝，并将副本呈送太尉、司徒、司空三府，其奏疏直言不讳地批评说：滥封参与密谋的臣子，赏赐万户以上的食邑，如果高祖地下有知的话，岂不怪罪？西北边疆保卫国土的那些将领听说此事后，岂不叛离? 桓帝看到奏疏后大发雷霆，命令有关官吏逮捕李云，并将他押送到黄门北寺监狱，对其进行严刑拷问。对此，五官掾（弘农郡郡太守自置的属官之一，掌春秋祭祀，地位与功曹史相当）杜众对李云忠心耿耿为国上疏直谏竟然遭受如此重惩而表示非常愤慨，他上疏桓帝说：我甘愿与李云同日受死。桓帝越发生气，于是将杜众交由廷尉处理。朝中一些大臣对桓帝打压直谏之臣、堵塞谏疏之路深感不平，他们纷纷上疏劝谏，积极进言营救。大鸿胪陈蕃上疏说：李云所说的话虽然冒犯圣上，但他的本意是效忠国家。从前高帝容忍周昌、成帝赦免朱云，如果陛下诛杀李云，恐怕会受到世人谴责。太常杨秉、洛阳城地方官沐茂、郎中上官资等也都上疏桓帝，请求赦免李云。这么多大臣都站出来为李云说话，不仅未能使桓帝气消怒散，反而犹如火上浇油，桓帝的火气更大了。朝廷中那些善于察言观色，看主子脸色行事的有关官吏，便借机弹劾陈蕃、杨秉、沐茂、上官资等人，并指控他们犯下了大不敬之罪。据此，桓帝下诏，将陈蕃、杨秉免职，逐回故乡，将沐茂、上官资降官两级。李云和杜众都死在狱中。从此，桓帝左右的宦官和亲信，更加肆无忌惮，为所欲为。

对桓帝包庇和纵容宦官扰乱朝政，压制和打击爱国忠臣之事，病中的老臣黄琼深感忧虑：一个没有大局意识而又非常任性的青年皇帝，依靠着一群贪赃枉法的宦官，任由他们把持朝政，这国家的日子今后怎么过啊？他忍着病痛的折磨，思来想去，还是认为应该继续上疏劝谏！

黄琼，字世英，江夏郡安陆县人，即今湖北孝感安陆市人。其父黄香先后担任过郎中、尚书郎、尚书左丞、尚书令等职。受父亲黄香的教育影响，黄琼从小就养成了一种"清俭不挠，数有忠謇""不阿权贵，疾风知劲草"（汉桓帝对黄琼的评价）的性格。永建二年（公元127年），三公九卿都举荐黄琼，并以朝廷名义下发诏书征召，公车接黄琼前去京城洛阳报到，当车辆到达位于今河南登封市西南的纶氏县时，黄琼又称病拒绝前行。朝廷有关部门检举他对皇帝不敬，顺帝给纶氏县下令，以礼安慰，派人送达京师。黄琼不得已只好起身上路。李固平常就对黄琼非常仰慕，他写信鼓励黄琼说：如果想从政为老百姓做番事业，现在正是时候。自从有生民以来，太平盛世少，纷乱时期多。如果一定要等到有尧舜之君才出来做事，做一个有志之士，那就始终没有机会。期望先生弘扬远大志向，做一个名副其实的使人敬佩的人。黄琼进入朝廷后被任命为议郎，不久升任尚书仆射。他上任后处理政务干净利索，非常能干，很快就显示出他的才能。黄琼先后几次针对天象异变和发生旱灾等现象，建议朝廷将那些无功无德者该罢免的罢免，该降级的降级；当官从政务必勤政为民，厉行节俭，尚方御府要除去不必要的开支，以改变老百姓对各级官府的看法；明令近臣，遵礼守法，如果不听，就要严肃处理；要多接见公卿大员，引用优秀儒士和治国理政的人才，探讨政治教化的道理，要求他们陈述朝政的得失；应该恢复籍田仪式，天子要亲自耕种，为百姓作出示范，奖励农耕，等等。这些好的意见建议多被朝廷采纳。不久，黄琼被提拔为尚书令。黄琼又对改进和完善官吏选拔任用制度，提出许多建设性意见，也全部被采纳。后来，朝廷任命他为魏郡太守，时间不长又调他回来担任九卿之一的太常，掌宗庙礼仪兼管文化教育，统辖博士和太学。和平元年（公元150年），黄琼专为桓帝讲学，成为桓帝的老师。元嘉元年（公元151年），黄琼升任司空，成为三公之一。桓帝要进一步尊崇大将军梁冀的政治地位和提高他的经济待遇，便召集朝中二千石以上高官进行讨论，多数大臣都溜须拍马，主张比照历史上的周公，颂扬梁冀的所谓功勋，赐给他山川、土地、附庸等。只有黄琼建议说：以前梁冀因亲迎皇上的功劳，已增邑三千户，皇上对他儿子梁胤也进行了封赏。对梁冀的进一步封赏，可以比照邓禹，宜食四县，赏赐可同霍光，使天下晓得赏赐一定要与其功劳相当，爵位不要越超他的德行。朝廷采纳了黄琼的意见，于是梁冀怀恨在心。后来发生了地震灾害，梁冀以此为由，建议朝廷将黄琼免职。朝廷将黄琼降职为太仆，掌皇帝的舆马和马政，仍属于九卿之列。永兴元年（公元153年），黄琼升任司徒，重返三公；后又调任太尉，成为三公之首。大将军梁冀多次向黄琼推举多名亲信，黄琼一个也没有任用，就算有点儿素质的人，只要是梁冀所推举的，黄琼都不用。

　　梁氏集团被粉碎后，黄琼在朝廷大臣中位居第一。全国广大吏民迫切希望黄琼能够推进朝纲整顿工作。然而，不久后，五侯擅权，朝廷内外乌烟瘴气，黄琼知道自己没有力量予以匡正，于是托病不去上班。延熹四年（公元161年），因发生了农民起义事件，黄琼被免职。当年黄琼又被任命为司空，上任不久，却赶上地震，黄琼再次被免职。延熹七年（公元164年），黄琼病倒了，但他仍然关心国家的安危。

黄琼对桓帝亲政以来拙劣的施政行为非常气愤，于是忍着病痛上疏劝谏。黄琼在奏疏中回顾了历史上国家兴亡，特别是汉兴以来的经验教训，指出："君者务在强其政。""所以王者处高要自持，不可不安；履危要任力，不可不据。自持不安，就会跌倒，任力不据就危险。"接着，黄琼分析并指出了当下朝政存在的突出问题，他说：陛下最初是从诸侯升至帝位的，天下人都殷切盼望太平盛世的到来。然而，自从陛下登基以来，从来没有实施过什么善政。梁氏家族把持着朝政大权，卿、校、牧、守皆出此门，他们把天下最好的东西如明珠、南金等，都弄到自己家里去了，富比王府；宦官奸佞充斥朝廷，陛下对他们重封厚赏，连续提职，宦官权力倾动整个朝廷。对此议论者被严惩，而依附者却能升官发财，富贵显荣。这导致忠臣不敢进言，吏民不敢讲话，皇上得不到真实情况，成为又聋又瞎的君主。李固、杜乔口吐忠言，以德辅政，忧念国家，公而忘私，只因陈述国事，就被杀害。前白马令李云挺身而出，义无反顾地反映广大吏民的共同心愿，指责宦官罪大当杀，其根本目的就是挽救岌岌可危的朝政。弘农郡人杜众，知道李云之言有利于国家，朝廷理当采纳实行，但他非常担心李云因忠获罪，于是上疏申诉，请求与李云同归于尽，希望以此举来感动皇上，赦免李云不死。结果李云却无辜被害，杜众也因上疏而死。对此，天下吏民恐惧悲伤，无论是朝中的官吏，还是民间的百姓，都把为国尽忠视为禁忌。谁都知道，尚书周永一向是梁冀的"跟屁虫"，其假借梁冀的威风和权势，为非作歹，横行霸道。当他发现梁冀行将败亡之时，又反过来抨击梁冀，并以此向陛下表达忠诚。他采取了"两面人"的奸计,竟然也被封侯。还有,宫廷中的黄门太监,攀附邪恶势力,结党营私,当梁冀权势兴盛时,他们就与梁冀互相勾结,狼狈为奸,共同图谋不轨;当梁冀将要被诛杀时,他们就扭过脸去,成为反对梁冀的勇士,揭发和攻击梁冀,并以此来邀获封爵和赏赐。对他们的真实表现,陛下既不加以澄清,也不辨别真假,使他们与那些真正的爱国忠臣同时受到显赫的封赏,使红的紫的混为一色,白的黑的搅在一起,真可谓是糊涂到家了。已经七十九岁的老臣黄琼不再顾及自己的性命安危,他最担心的是国家的命运,所以就把窝在肚子里的话全都讲了出来,不管桓帝爱听不爱听,期望"庶有万分,无恨三泉"。

黄琼以"三不怕"精神,"陈不讳之言",其结果仍然是"书奏","帝不纳"。呜呼!(据《后汉书·本纪·孝桓帝纪》,《资治通鉴》第五四卷,《后汉书·左周黄列传》)

六、征聘隐士工作不成功,整顿吏治小有成效

把征召和起用隐士视为重视人才,这是两汉一些糊涂皇帝的拙劣套路。桓帝也沿袭了这一套路。铲除梁氏集团以后,面对空空如也的朝廷,桓帝重用了一大批新外戚和旧宦官,但仍然有不少空缺职位。桓帝想起用隐士来补充缺位。当时负责官吏任免工作的尚书令陈蕃、尚书仆射胡广,千方百计地给桓帝打听那些隐不出仕的儒者。

陈蕃,表字仲举,汝南平舆人,即今河南驻马店市平舆县人。他与窦武、刘淑一道被合称为"三君"。早年,陈蕃被举荐为孝廉,

历任郎中、豫州别驾从事、议郎、乐安太守。因不肯为梁冀办私事，被降为脩武县令，后来又被提拔为尚书。当时零陵、桂阳两郡的山民聚集闹事，公卿大臣商议要派遣军队讨伐，汉桓帝又诏令各州郡，权宜推选孝廉、茂才。陈蕃上疏辩驳，因此得罪了桓帝的近臣，被外放到豫章郡（治所在南昌县，即今江西南昌市之东）做太守。陈蕃性情严肃方正，不接待宾客，士民也敬畏他的清高。朝廷征召他任尚书令时，送行的人都不敢走出外城门。陈蕃担任尚书令后，大将军窦武曾评价说，今台阁近臣，尚书令陈蕃、仆射胡广等，皆国之贞士，朝之良佐。

胡广，字伯始，南郡华容县人，即今湖北荆州市监利县人。其父胡贡曾做过交趾都尉。胡广儿时命苦，两岁时就失去了母亲，所以他很小就学会了做家务，幼年就经受了艰难困苦的磨炼。长大后经人推荐，胡广在郡府做跑腿打杂的散吏。当时，南郡太守法雄的儿子法真，从老家来看望父亲，法真颇有知人之明。因当时正值岁终应举，法雄召集府中官吏说事，他的儿子法真悄悄在窗外观察，他发现散吏胡广气质不凡，相貌举止有异于常人之处，于是就把他的看法告诉了父亲。法雄便举荐胡广为孝廉，到京师洛阳参加殿试。此次殿试由汉安帝亲自主持，考试内容为章奏，结果胡广考了个第一名。一个月后，胡广就被拜为尚书郎，经五次升迁担任了尚书仆射。胡广博学多闻，"学究五经，古今术艺，皆毕览之"，再加上他自幼经受磨炼，既有很高的理论水平，又有丰富的实践经验，他在继承前人学术成果的基础上，编著了《百官箴》四十八篇，为后人研究汉朝官吏制度留下了宝贵的史料。胡广以奉行中庸之道而著称，为人练达，处事老到，性格圆滑，上下关系处理得很好，"多方善柔"，"保位持禄"，基本上没有遭受过政治冲击，历事六朝，为官三十余载，成为那个朝代有名的节节高升的"不倒翁"。

这次陈蕃、胡广根据桓帝的旨意，联名上疏为桓帝推荐了五位隐士，奏疏说：豫章郡的徐稚、彭城郡的姜肱、汝南郡的袁闳、京兆的韦著、颍川郡的李昙，道德品行纯正完美，世人皆知。如果让他们登上三公之位辅佐陛下的话，定会发扬光大圣美的国政，为日月增光。桓帝听了非常高兴，派人为这些隐士送去安车和黑色的币帛，礼数周全地征聘他们。

徐稚，字孺子，豫章郡南昌县人，即今江西南昌市人。因家境贫寒，徐稚经常下地干活，不吃不是自己劳动得来的食物。他谦恭节俭，修仁行义，当地人都很佩服他的品德。上级官府多次来人征聘，他都予以谢绝。尚书令陈蕃以前担任豫章郡太守时，曾派人带着礼物聘请他做代理功曹，起初徐稚并没有推辞，可是，当他拜见完陈蕃之后却不干了，即行告退不肯就职。后来，徐稚又被推举为"有道之士"，在家中接到了朝廷任命他担任太原郡太守的诏令，他仍然不肯就职。太尉黄琼也曾经征召徐稚为官，他照样没有应从。徐稚虽然拒绝诸公的征聘，但他听说诸公中哪位去世了时，一定会背着箱子前去祭悼。他往往先在家里烤熟一只鸡，然后将一两棉絮泡在白酒里，再晒干或晾干，最后用棉絮包裹烤鸡。做完这些，他就拿着一只烤鸡、一斗白米饭和一壶白酒，直接去死者的坟地祭拜。在坟前，他把烤鸡打开，用水把棉絮泡湿，使酒香味溢出；再捡拾一些白茅草作垫，将烤鸡放在草垫上；把酒洒在地上，进行祭悼，他不去见逝者家属，而是哭完之后就离去了。

姜肱，字伯淮，彭城广戚人，即今江苏徐州市沛县人，他出身于名门之家。姜肱与二弟姜仲海、三弟姜季江以孝行和友爱闻名乡里。姜肱精通五经和星纬之学，门下有求学弟子三千多人。官府多次请他出仕，他都不肯应从。姜仲海的名声比大哥姜肱稍次一点，也不应召。乡亲们都很羡慕姜家和睦。一次，姜肱和三弟姜季江一起去谒见郡吏，路上遇到了土匪抢劫，土匪要杀死他俩。姜肱对土匪说：我弟弟年龄尚小，受到父母的疼爱，而且尚未定亲娶妻，我希望你们把我杀了，以保全我弟弟的性命。但姜季江却对土匪说：我哥哥年龄比我大，品行比我高，是国家的英才、我家的宝贝，请杀了我，我愿代替哥哥一死。哥俩的话把土匪都感动了，土匪把他哥俩都释放了，只将他们的衣物和盘缠抢光而已。兄弟俩到了郡府，郡吏见哥俩几乎没穿衣服，就问他们是怎么回事。姜肱用其他原因进行推托，终究不肯指控土匪。后来，土匪听说这个消息后，就到姜肱读书的学舍去拜见他，并叩头请罪，奉还所抢走的衣物等。姜肱不肯接受，用酒饭招待土匪，待土匪酒足饭饱之后催促他们快走。后来，朝廷征召姜肱、徐稚赴京为官，但两人都不应从。皇帝便下诏给彭城县令，让他安排画工画出姜肱的相貌。而姜肱却躺在幽暗之处，用被子盖住脸，说是患了头眩病，不能着风。画工不能看见他的脸，当然也画不出他的相貌。

袁阆，字夏甫，汝南郡汝阳人，即今河南洛阳市汝阳县人。其曾祖父袁安是汉明帝时期的重臣，曾经担任楚郡太守、河南尹，后来又调到朝廷，先后担任太仆、司空、司徒等职，以政号严明、断狱公平而著称。其祖父袁彭历任广汉、南阳太守，顺帝时曾任光禄勋。他为官清正，粗袍粝饭，后仕至议郎。父亲袁贺官至彭城国相。受家庭环境的教育影响，袁闳少励操行，苦身修节。他曾改名换姓，徒步去彭城国看望父亲。到了相府大门，门吏不给他通报，一连几天他就在门外等候，后来他婴儿时期的奶妈、袁家的保姆正好从里面出来，看见了袁闳非常吃惊，回去立即告诉了袁闳的母亲，袁闳这才得以入内与父母相见。袁闳住了几天便告辞回家，父亲要派车送他，袁闳不愿占公家便宜，给父亲添麻烦，于是借口晕车，步行着回去了。后来，父亲病逝在任上，袁闳和两个弟弟袁忠、袁弘三人赶到彭城迎丧，他们拒绝接受任何礼金和馈赠，兄弟三人穿着孝衣，扶着灵车，顶着寒风，容貌枯损，手脚开裂流血，一路艰辛，将父亲的遗体接回老家安葬。看见他们兄弟三人这样受罪，没有人不心痛落泪的。袁闳守丧期满，朝廷征召他为官，他没有答应。袁闳以耕读为业，居住的房屋非常简陋。他的叔父袁逢、袁隗都富贵显荣，屡次拿出钱财馈赠，袁闳从不接受。袁闳看到朝政混乱，社会动荡，就故意把自己头发打乱，弄成蓬头垢面的样子，打算与世隔绝，隐藏在深山老林之中。可是，母亲上了年纪不宜远走，于是，他就把自己居住的庭院加高围墙，筑起土屋，不留门口，只留窗口，并从窗口放进饭菜。他每天早晨就在土屋内，面向东方拜谒老母，老母也惦念他，并经常过来见他。母亲走后，他就关上窗户，兄弟姐妹和老婆孩子他一律不见。老母去世后，袁闳不穿孝衣，不设灵位，乡亲们都不认识他了，有人甚至把他当成疯子。袁闳把自己隐藏了十八年，五十七岁时死在了土屋里。

韦著，字休明，京兆平陵人，即今陕西咸阳市兴平市人。韦著出身于世代为官的家庭。五世祖韦贤，西汉宣帝时官至丞相；四世从祖韦玄成，西汉元帝时官至丞相；高祖韦宽，扶阳顷侯；族高祖韦赏，哀帝时期的大司马；从祖韦彪，官至大鸿胪；伯父韦顺，曾任平舆县令；父亲韦豹，担任议郎期间病故。韦著少修节操，经常手持《京氏易传》《韩诗外传》等阅读，以明经书、重操行而知名。他不从州郡官府征召之命，不就大将军梁冀欲将其安排到大将军府为掾之辟，隐居在家，讲授经书，不修世务。延熹二年（公元159年），桓帝派公车备礼去征召他，走到半路，韦著便跳车逃跑，逃到云阳山采药而不回家。朝廷有关部门上奏，请求加罪于韦著，桓帝特旨原谅他。后来，桓帝又下诏给京兆尹，要求以礼敦劝，韦著仍不就征。汉灵帝即位后，宠信和重用宦官。中常侍曹节因诛杀名臣陈蕃等，引起了士人的怨恨，曹节为了掩盖骂名，经灵帝批准，在韦著家中任命他为东海国相。因诏书逼切，韦著只好接诏上任。韦著担任国相后，为政威严，重视刑罚，而那些受到惩罚的外戚和豪族子弟便向朝廷控告韦著滥施刑罚，于是，朝廷给予韦著一定的处罚。后来又曝出韦著的老婆骄恣乱政，因此韦著名誉折损，他只好返回家乡，不久便被奸人所杀，隐士们都以他为耻。

李昙，字子云，颍川人，即今河南许昌禹州市人。李昙少年丧父，躬事继母。而继母脾气酷烈，为人苛刻，对继子更是凶暴残忍，但李昙对继母却非常孝顺，与妻子轮班倒替服侍于她，寒来暑往，辛苦劳顿，从无怨言。"得四时珍玩，未尝不先拜而后进"。李昙的孝行名扬遐迩。

尽管桓帝派人向上述五位隐士赠送了安车和黑色币帛，并且不断派出官员一次次"备礼征之"，但这五位隐士"皆不至"。于是，桓帝询问陈蕃说：徐稚、袁闳、韦著这三位隐士，谁最优秀？陈蕃回答说：袁闳出身于公卿大族，受家庭环境的影响，日常就能吸取一些理论知识；韦著成长在三辅礼仪之地，正像人们所说的，不扶自直，不镂自雕；至于徐稚，他出生在江南卑薄之地，而他却是鹤立鸡群，因此，我认为徐稚应当是最优秀的。桓帝听了陈蕃的话，再次派人去请徐稚，但徐依然"不至"。

在隐士中还有另外一种人，那就是自身素质很高，有雄才大略，但对朝政和官场黑暗看不惯，自己又无能为力，所以就去做隐士的那些人。安阳人魏衡就属于这类。桓帝听说魏衡是一位有真才实学的隐士后，就派人征召他出来做官。魏衡的街坊邻居也都劝他应召。魏衡便问乡亲们：如今后宫美女数以千计，这个数目能缩小吗？乡亲们说：不能。魏衡又问：御厩骏马数以万匹，能减少吗？乡亲们回答：不能。魏衡再问：皇帝左右的皇亲贵戚，能排除吗？乡亲们依然回答：不能。于是，魏衡长叹了一口气，说：既然都不能，那我就不去做官。

管理者有无从政经验、有无政治头脑和政治眼光，在选人用人上大相径庭。经过多个领导岗位历练，具有丰富从政经验的时任太尉黄琼，所征聘的人才就非常优秀。比如，黄琼所征聘的汝南人范滂，就是一位思想政治素质很高，原则性很强，道德品行很好的人才，是东汉时期著名的不畏奸佞、反贪治腐的勇士。

范滂，字孟博，汝南征羌人，即今河南漯河市召陵区青年镇砖桥村人。他少年时期就有正直高尚的节操，为州府所推崇，先后被举荐为"孝廉"及"敦厚、质朴、逊让、节俭"的"光禄四行"。当时冀州正闹饥荒，农民起义蜂起，朝廷任用范滂为清诏使（古代官名，掌奉命出使某地察举诏书指定的事），查处该州在大灾之年大搞贪污腐败的官吏。一路上，范滂登车站立，情绪激昂，充满正气，大有肃清天下贪官污吏的英雄气概和豪情壮志。冀州那些贪赃枉法、横征暴敛的郡太守和县令，一听说范滂要来巡察，都自动解下印信辞职走人。范滂工作深入细致，凡是被他举发和弹劾的官员，全都符合人民群众的愿望。后来，范滂被提拔为光禄勋主事，即光禄勋属下主管某方面工作的官吏。当时，颇有个性的陈蕃担任光禄勋，范滂按照官场的礼仪去面见陈蕃，而陈蕃对他态度冷淡，范滂生气，投笏（表示弃官）而去。这样，范滂就成了"待业青年"。

当时桓帝高度重视并亲自上手抓征召隐士的工作，太尉黄琼认为，范滂具有忠诚正直的政治气节，于是就把他征召到太尉府工作。不久，皇上下诏命令太尉、司徒、司空三府，选派掾属共同评议地方官员为政善恶、得失情况，发现和反映民间疾苦，而后条奏朝廷。于是，黄琼就安排范滂主持这项工作。经过一段时间三府掾属的共同努力，他们发现并上疏弹劾不法州刺史、郡太守和朝廷权贵、党羽等二十余人。当时，负责接收弹劾奏书的尚书感到范滂弹劾的人太多，怀疑他有个人恩怨，挟私报复。范滂对他说，我所举发和弹劾的人，假如不是奸佞暴戾、为害百姓的贪官，岂不是玷污了"简札（用以书写的竹简木札）"吗？只是迫于朝会的日期太紧，暂时先举发首批亟待惩处的，还有一些没有查清的，下一步调查核实后再举发弹劾。范滂接着说：我听说，农民锄草，庄稼才能长得茂盛；忠臣除奸，政治才能得以清明。如果我的弹劾有差错的话，我甘愿被公开惩罚！那位尚书为范滂的政治气节所感动，不再说什么。范滂看到朝廷政治昏庸，世道艰险，觉得自己的理想不能实现，于是又弃职走人，再次下岗失业。后来，汝南太守宗资听说范滂的名声，向朝廷请求让范滂到汝南担任代理功曹，获得批准。宗太守让范滂负责奖励善良、惩治邪恶、整顿郡府的吏治。范滂公正无私，果断刚毅，疾恶如仇，敢于和善于同歪风邪气作斗争，对那些违法乱纪、胡作非为和违背孝悌原则的人，全部予以开除。同时，又从社会底层选拔了一批德才兼备的人充实到郡府为吏，这些官吏改变了郡府在人民群众心目中的形象，受到老百姓的欢迎。范滂眼里容不得沙子，即使宗太守为范滂的外甥谋取私利，范滂照样予以抵制。

范滂的外甥李颂素无德行，被乡里遗弃，但他通过关系巴结上了宦官、中常侍唐衡，并成为他家的门客。唐衡托汝南郡太守宗资为李颂安排工作。当时，大宦官唐衡在皇上那里正红得发紫，唐衡交办的事情，宗资高度重视，不敢懈怠，于是，宗太守就把李颂任命为郡府的吏员。而范滂作为宗太守手下的代理功曹，却把任命自己外甥李颂为吏的文书压在案头，不肯通知他报到。宗太守一连几天不见李颂前来，就怒气冲冲地质问书佐朱零，为什么不召见李颂。朱零说：这是范功曹刚正的决定，我今天宁可被打死，也不能违背范功曹的决定。在用人上，范滂坚持以德为先，铁面无私，即使自己的外甥，品行不好也不录用。范滂是一位对国忠诚、自身干净、敢于担当的官员，他一身正气、两袖清风、坚持原则、不徇私情，认为"农夫去草，嘉谷必茂；忠臣除奸，王道以清"，以零容忍的态度同腐败分子作斗争。

此前，作为三公之首的时任太尉黄琼，负责尚书台工作，包括官吏选拔任用和管理工作。他深知整顿吏治的重要性、必要性和紧迫性，于是便展开了一场规模不大的吏治整顿。因没有皇帝的授命，黄琼不敢从上游整起，他只能先整顿中游。黄琼根据自己掌握和有关部门反映的情况，举发弹劾各州、郡一贯贪婪残暴的官吏。可是，在当时，这样的人实在是太多了，他首次就弹劾了十余人，这些人都被处死或流放。黄琼这一行动受到全国广大吏民的一致称赞。然而，由于五侯擅权越来越严重，朝廷内外乱成一锅粥，黄琼感到自己无力匡正，于是托病回家。太尉黄琼在整顿吏治上开了一个头，后任太尉杨秉等在黄琼整顿的基础上，又往前推进了一步。

延熹六年（公元163年），宦官势力处于昌盛时期，大量宦官的近亲属、亲属，其中包括一些"年少庸人"，都被安排在朝廷和地方担任要职，吏治异常混乱。太尉杨秉和司空周景发扬黄琼的斗争精神，联名上疏，建议桓帝继续整顿吏治，斥退贪婪和凶暴之官。

杨秉，字叔节，"关西孔子"、原太尉杨震的儿子。杨秉年轻时继承父业，研修儒学，兼修京房易经，以传道授业为业。四十多岁时才肯接受司空征辟，被任命为侍御史，受命于御史中丞，接受公卿奏事，举劾非法，有时受命执行办案、镇压农民起义等任务，号为"绣衣直指"。不久，杨秉又先后担任了豫、荆、徐、兖四个州的刺史和任城（国都在任城县，即今山东济宁市微山县鲁桥镇仲浅村）国相，积累了丰富的治政经验。受父亲廉洁从政的教育和影响，杨秉走上仕途之后，只接受俸禄，其他任何钱财不入私门。一次，有一位故吏携带百万钱赠送给他，他闭门不受。杨秉因坚持原则、廉洁勤政而受到世人的称赞。桓帝即位后，杨秉因精通《尚书》被征召入朝，为桓帝讲学。后来又先后被任命为掌论议的太中大夫；值宿宫禁，安保警卫，并协助光禄勋考核管理郎官、谒者、从官等事的左中郎将；侍从皇帝左右，出入宫廷，与闻朝政的皇帝近臣侍中；掌文书及群臣奏章的尚书等职。元嘉元年（公元151年），桓帝微服出行，私自住在梁冀的儿子、河南尹梁胤的府中。那天大风忽起，将大树都连根拔起，天昏地暗，飞沙走石，尚书杨秉借此上疏劝谏说，我听说祥瑞因德而现，灾祸因事而起。上天不语，便以灾异来谴告，所以孔子认为迅雷大风必有变乱。如果发生谋反事件，后悔就来不及了。桓帝没有采纳他的意见。于是杨秉以病为由乞求退职，朝廷将他任命为郡太守，治所在长安右扶风，辖境相当于今陕西秦岭以北，西安市鄠邑区、咸阳市及旬邑县以西之地。太尉黄琼对杨秉离开朝廷感到惋惜，便上疏劝谏桓帝说，杨秉劝讲宫中，不宜迁外，可以考虑其留任光禄大夫。当时外戚大将军梁冀专权，杨秉不愿与他为伍，声称有病，承担不了繁重工作，于是坚持离开朝廷到地方工作。延熹五年（公元162年）冬，杨秉接替刘矩担任了太尉，与司空周景一同继续整顿吏治。

周景，字仲飨，庐江舒县人，即今安徽合肥市庐江县人。其祖父周荣先后担任过尚书令、颍川太守、山阳太守等职,"所历郡县,皆见称纪(指治理得好)"。父亲周兴少有名誉,善历法,尚书陈忠上疏推荐他为尚书郎。早卒。周景最初被大将军梁冀征辟为掾属。后来先后被任命为豫州刺史、河内太守和职掌宫室、宗庙、陵寝等土木营建工作的将作大匠。延熹二年(公元159年),梁冀被诛杀,周景因曾是梁冀的故吏而遭到免官禁锢的惩罚。后来朝廷认为周景素来以忠正闻名,于是又任命他为尚书令,成为为君主负责执行一切政令的首脑,职权重而官秩不算太高。后来晋升为九卿之列,先后任掌皇帝舆马和马政的太仆、统率卫士守卫宫禁的卫尉。延熹六年(公元163年),周景升任为掌水土事的司空,成为三公之一。

杨秉担任太尉、周景刚被提拔为司空时,五侯等宠臣将他们的父兄子侄、三亲六故以及收受了钱财的人都安排为官,可以说是污吏成群,腐败遍地,朝野一片抱怨和责骂之声。在这种形势下,杨秉和周景联名上疏说:朝廷内外官职,大都所任非人,他们上任后残酷地剥削和压榨百姓,致使农民起义蜂起,怨言和诉讼接连不断。按照旧典,朝廷内部大臣子弟和宦官养子不得居位掌权,而今他们的子弟、亲友、门客布满职署,有的年少庸人竟然担任了守宰之职,上下愤恨,四方怨怒。应该遵循旧章,除去贪婪残暴,堵塞灾祸之源。请通告司隶校尉、中二千石高官、城门五营校尉、北军中候等,自查所统属之部,发现存在严重问题的官员,都应当予以斥退罢免。桓帝阅后,非常罕见地采纳了杨秉、周景的建议。于是太尉杨秉抓住这一难得的机遇,拉出名单,列出问题,逐人写出弹劾奏章,指控青州刺史羊亮、辽东太守孙谊等五十多名州牧和郡太守有贪赃枉法等问题。这些人有的被诛杀，有的被免官。此事起到了强大的震慑作用，"天下莫不肃然"。

在爱国忠臣的坚持和推动下，桓帝上台之后搞了一两次短暂的小规模的吏治整顿，对于建设清明政治、整顿官吏队伍起到了一定作用，但由于不是"为人君者，正心以正朝廷，正朝廷以正百官"，再加上问题成堆，情况复杂，以及有宦官势力的干扰等，小整顿犹如杯水车薪，根本解决不了病入骨髓的吏治腐败问题。（据《后汉书·邓张徐张胡列传》《后汉书·周黄徐姜申屠列传》《后汉书·袁张韩周列传·袁阆传》《后汉书·宋蔡冯赵牟韦列传》《八家后汉书辑注·徐稚传李昙》《后汉书·党锢列传·范滂传》，《资治通鉴》第五四、五五卷，《后汉书·杨震列传·杨秉传》《后汉书·袁张韩周列传》）

七、大批忠臣向宦官势力发起猛攻

按照西汉开国皇帝刘邦、东汉开国皇帝刘秀所立的政治规矩和政治制度，宦官"不得居位秉势"，但后来的一些皇帝早就把古训抛到九霄云外了。尤其是桓帝，他依靠五侯等宦官势力诛杀了梁氏外戚集团，所以，他始终把五侯等宦官当作功臣，宠信至极，把朝政大权几乎全都给了他们，而宦官就抓住这一机会，千方百计地去实现其家族富贵。

面对以五侯为代表的宦官势力的专权跋扈、贪赃枉法和祸国殃民的局面，朝廷和地方有不少官吏勇敢地站出来同宦官势力进行坚决斗争。他们不怕贬官、不怕坐牢、不怕杀头，其斗争意志和斗争精神非常坚定。

（一）兖州刺史第五种与五侯之首单超及其侄单匡进行斗争

第五种，字兴先，京兆长陵人，即今陕西咸阳市泾阳县龙泉乡埝口五村人。东汉之初司空第五伦的玄孙。受家庭文化的影响和熏陶，第五种少年时就立下大志，决心为家族的清廉名声增光添彩，绝不能给祖宗丢脸。于是他自觉磨炼自己，坚持以博学、正义、诚信立身。初以地方吏员而闻名州郡。后来，以司徒府掾属的身份担任了"清诏使"，奉命出使冀州廉察灾害。第五种经过一段时间的深入检查，发现了一些二千石及以下的官员在大灾之年侵吞国家和人民财富的严重腐败案件，他上疏举奏之后，有些人被处死，有些人被下狱，有些人被免职，另有弃官奔走者数十人。第五种廉察结束后，因坚持原则，"奉使称职"，工作认真，成效显著，被提拔为相当于郡太守的高密侯相。延熹二年（公元159年），第五种又被提拔为兖州刺史。他到任后，不少人向他反映说，桓帝身边的大红人、五侯之首、中常侍、车骑将军、新丰侯单超的侄子单匡在治所位于今山东菏泽市定陶区的济阴郡做太守，他素质低劣，依仗其叔父单超的权势，贪污放纵，横征暴敛。济阴郡受兖州刺史部的节度，作为兖州刺史的第五种，面对反映强烈的腐败问题，决心摸一摸"老虎的屁股"，查处这条残害百姓的蛀虫。第五种"欲收举"，但不知道派谁下去调查合适。经过打听，得知从事卫羽"素抗厉"，不畏权势，敢于担当，坚持原则，办事利索。于是"乃召卫羽具告之"。第五种对卫羽说：我打算收拾贪官单匡，你知道单匡后台很硬，收拾他肯定会冒很大风险，但放任他有辱我兖州刺史的职责使命，我想派你去核查单匡贪腐诸事，你愿意承当吗？卫羽斩钉截铁地回答说：愿操刀一割！于是卫羽驰入济阴郡治所定陶，经过六七天的调查审查，查出单匡贪污赃金五六千万，并全部起获了赃金和铁证，卫羽遂将涉案的单匡属吏、宾客和狐朋狗友等四十多人全部逮捕关押。第五种立即上奏告发济阴太守单匡，并弹劾纵容侄子犯罪的中常侍、车骑将军、新丰侯单超。

单超，河南洛阳人。桓帝初，单超为中常侍，延熹二年（公元159年），他奉命与宦官徐璜、具瑗、左悺、唐衡合谋诛除外戚梁氏集团，因首功先后两次封官加爵。作为五侯之首，单超仗着跟桓帝的咬臂之盟，不仅为其家族撑起了巨大的保护伞，而且还把他的三亲六故都弄成了高官。他将弟弟单安鼓捣成河东太守，另一位弟弟单迁整成山阳太守，侄子单匡弄成济阴太守，外孙董援办成朔方太守……他们除了贪污和弄权外，什么都不会，比外戚当权时的表现更为恶劣。单匡当上济阴郡太守之后，就知道捞钱和放纵。时间不长就贪污了好多钱。兖州刺史部从事卫羽三下五除二就把单匡的贪污问题查清了，并起获单匡的赃款和贪污证据。这下可把单匡吓了个半死，因逮捕法办郡太守需要朝廷批准，单匡利用这一空隙，花高价收买了刺客任方等，去暗杀查案官员卫羽。卫羽早有防范，反将刺客任方等逮捕之后送进洛阳监狱。当时，著名清官杨震的儿子杨秉，正在担任京都洛阳所在河南郡的一把手河南尹，单匡害怕杨秉追查这件事的来龙去脉，于是就买通监狱内部管理人员，秘密帮助罪犯任方等越狱逃跑。这一消息被朝廷有关部门获知，尚书召见河南尹杨秉，对他进行质问并严厉批评了他，杨秉说：任方等人违法犯罪，实际上都是由单匡指使，请用囚车把单匡押解到京都洛阳监狱，当面拷问这件事，其作奸犯科的事情立马就会弄清楚。单超获知这一情况后，反诬杨秉擅自放跑了囚犯任方等，企图嫁祸于单匡，桓帝竟然听信单超的一面之词，将河南尹杨秉判罪，罚他到左校营做苦役，后来因发生旱灾和日食，杨秉才被赦免，并逐渐被提拔重用。

当时，兖州泰山郡农民起义军首领叔孙无忌率领三千多人，攻打抢劫部分城邑，而州郡官府都未能平定，叔孙无忌的势力越来越大。从事卫羽向兖州刺史第五种主动请缨说，自己愿意游说叔孙无忌率众投降，第五种批准。经卫羽苦口婆心地做工作，叔孙无忌出于对第五种清廉名声的信任，同意投降。可是，单超欲将第五种置于死地，便颠倒黑白，诬陷第五种平定叛匪不力，建议将第五种流放到朔方郡，桓帝同意。第五种被押解上路之后，叔孙无忌和他的起义军再度造反，卫羽好不容易得来的劝降成果被单超破坏了。

当时朔方郡治所已迁至五原县，即今内蒙古巴彦淖尔市乌拉特前旗东南。该郡太守是单超的外孙董援。董援接到单超的密旨，早就做好了整死第五种的准备，就等着他到来。第五种做卫相时的属吏孙斌，知道第五种到达朔方后必死无疑，就集结宾客骑马奔驰追赶押解第五种的囚车，一直追到太原，将第五种劫走，一日一夜奔行四百余里，第五种遂得脱归，之后由孙斌的铁哥们间子直、甄子然将第五种藏于家中数年，第五种遇到大赦才得以免罪。

昏庸的汉桓帝将兖州刺史第五种判罪之后，为平息朝廷和民间的舆论炒作，下令逮捕了济阴太守单匡，并将他下狱治罪，同时对单超进行了"批评教育"，单超主动前往廷尉谢罪，桓帝从宽处理，没有对他问责。延熹三年（公元160年），新丰侯单超病死了，当时的官吏和百姓都说，幸亏单超死得早，否则他会害死很多好人。（据《后汉书·第五钟离宋寒列传》，《资治通鉴》第五四卷，《后汉书·宦者列传》）

（二）朱穆两次劝谏失败，滕延依法办案却被免官

单超死后，剩下的四侯飞扬跋扈，暴戾恣睢，成为闻名遐迩的"四大害"。当时，民间曾流传着一首刻画他们形象的歌谣，歌谣说：左悺有回天之力，具瑗唯我独尊，徐璜威风如虎，唐衡势如暴雨。四侯利用皇帝赏赐、贪污受贿和疯狂搜刮得来的钱财，竞相兴建宅第，追求豪华奢侈。就连他们的仆人都乘坐着牛车，且有骑马卫士跟随。他们的兄弟和亲戚中，凡担任州刺史和郡太守的，全都搜刮和掠夺百姓的财富，"与盗无异，虐遍天下"。对此，掌文书及群臣章奏的尚书朱穆对桓帝进行了力谏。

顺帝统治末年，朱穆跟从外戚大将军梁冀，使典兵事。桓帝即位后，提拔朱穆担任御史中丞，接受公卿奏事，举劾非法，有时受命执行办案等任务。不久他又被任命为职掌顾问应对的议郎，与边韶、崔寔、曹寿等共入东观撰修《汉纪》。永兴元年（公元153年），黄河涨水，数十万户遭受水患，百姓饥馑，背井离乡，流离转徙。冀州农民起义蜂起，社会秩序异常混乱，朝廷任命朱穆为冀州刺史。他上任后，不畏权势，坚持原则，严肃查处贪官污吏，威

震四方。他在任期间，宦官赵忠的父亲死了，在老家冀州安平（今河北衡水市安平县）安葬。赵忠少年时在宫廷中做事，桓帝时任小黄门，因参加诛杀梁氏集团有功，被封为都乡侯。赵忠为其父使用了帝王才可以使用的丧葬用品，这件事传到了冀州刺史朱穆的耳朵里。于是朱穆命令当地官员到赵忠的老家进行调查，郡守及其属吏知道朱刺史办事较真，担心查不出结果交不了差，于是就把赵忠老爹的坟墓掘开，开棺查验，并收捕了其家属。此事惹怒了小黄门赵忠，赵忠向桓帝哭诉告状，桓帝处罚朱穆去左校做苦役。此事引起了正在太学读书的太学生们的极大愤慨，太学生领袖刘陶组织几千名同学到宫门请愿，迫使桓帝将朱穆释放。朱穆回到家乡住了几年，在朝廷多名大臣的强烈呼吁下，朱穆被征召回京，任命为尚书。

重新走上工作岗位后的朱穆依然生姜不脱辣气，他对桓帝无原则地重用和依靠宦官，宦官疯狂扰乱朝政，大肆蠹国害民非常痛恨，可是他在尚书台办公，又不得不与那些令人厌恶的宦官打交道，所以他立志要扫除宦官，为国家和人民除害。于是朱穆上疏说：按照西汉的传统制度，中常侍并不是全部由宦官充任，也有部分非宦官人士。从光武帝以后，才全部改用宦官的。特别是殇帝刘隆时期，宦官的地位日渐尊贵，权势越来越大。他们凭借着特殊身份，占据着作为皇帝近臣的要职，凡是军国大事必须经过他们的手，"权倾海内，宠贵无极"，他们的近亲属、亲属全都被他们安插在朝廷和地方，担任着荣耀的职务，横行霸道，穷凶极恶，谁都无法控制和驾驭他们，致使天下穷困，民不聊生。朱穆建议说：我认为，应该将他们全部罢黜，恢复从前的制度，重新选择天下品行高尚且具有政务工作能力的人来补充空缺出来的职位，这样，就能够使黎民百姓受到教化，农业生产得以恢复和发展。朱穆是一位有学问、有威信的老臣，桓帝虽然没有采纳朱穆的建议，但也没有治他的罪。后来，朱穆有事进见桓帝，他又以口头形式对桓帝进行了劝谏，朱穆说：我听说，汉朝的传统制度，设置侍中、中常侍各一人，负责省览呈报皇帝的奏章；设置黄门侍郎一人，传达皇帝的命令，收受臣下的奏章。这几个职位全部选用家庭出身好、在民间有声望和办事公道正派的人来担任。自从和帝驾崩，邓太后主持朝政以后，因她作为年轻寡妇不愿与三公九卿接触，于是由宦官担任常侍，由小黄门奔走于皇宫与后宫之间。从此以后，宦官的权力压倒人主，乌云遮住了太阳，使天下黑暗，人民困苦。应该将掌权的宦官全部罢黜遣退，广选年老博学而又有德望的儒者参与政事。可以说，朱穆的两次建议对建设清明政治大有裨益，然而，昏庸而固执的桓帝却勃然大怒，认为朱穆是胡说八道。从此以后，宦官不断找碴整朱穆，朱穆一向性格刚直，因此而心里郁闷，不久身上长了个大毒疮，于延熹六年（公元163年）病死，享年六十四岁。

　　桓帝力挺宦官，打压忠臣，使宦官更加肆意妄为。中常侍侯览（山阳郡防东县人，即今山东菏泽市单县人）及小黄门段珪（济阴人，即今山东菏泽市人），二人都是桓帝所宠信的宦官，他们利用贪污贿赂得来的钱财在临近济北国边界一带，购置了大量田产，并立田业。济北国是永元二年（公元90年）和帝封皇弟刘寿为济北惠王，分泰山郡而置，都城在卢县，即今山东济南市长清区东南，辖境相当于今济南市长清区、平阴县，聊城市茌平区，泰安市代管的肥城市，以及泰安东部等地。侯览、段珪购地后，分别派出一些奴仆和宾客住在那里看管和经营。但这些人大都狗仗人势，公开打劫来往的行人，严重影响了当地的社会治安。济北国相滕延（北海郡人，即今山东潍坊市昌乐县一带人）被世人称之为"长者"，他从不巴高望上、趋炎附势，他坚守公平正义，惩恶扬善，爱护和体恤百姓。当他获知朝廷两名宦官的家奴、门客在当地违法犯罪的恶行之后，立即将他们绳之以法，将其中罪大恶极的数十人全部诛杀，并把他们的尸体放在路口示众。侯览、段珪就向桓帝告状说，滕延滥杀无辜。于是，桓帝将滕延征召回京，送到廷尉治罪，免去了他的国相职务。(《资治通鉴》第 54 卷，《后汉书·宦官列传》)

（三）杨秉、韩缜运用弹劾武器重创宦官势力

益州刺史侯参的角色同兖州刺史第五种的角色是一样的，都是朝廷特派到州部监督、举发和弹劾本州范围内郡守、封国相等违法乱纪行为的检察官员。而侯参却知法犯法，利用监察权谋取私利、攫取好处，其贪污受贿的赃款累计多达一亿钱。

侯参之所以如此疯狂地敛财聚财，就是仗着他哥哥的权势，他的哥哥是在桓帝面前说话算话的大宦官、长乐太仆侯览。侯览虽然不属于五侯，但其受宠的程度一点儿也不亚于五侯。在桓帝延熹年间，侯览一次性捐献出缣帛五千匹，桓帝大加赞赏，并谎说侯览曾经参与了诛杀外戚梁氏集团最初密谋，先后赐爵关内侯、晋封高乡侯，又提拔其担任了太后三卿之一的长乐太仆。侯览以奸诈的手段

获得高官厚爵，同时，也用卑鄙无耻的手段大量攫取利益。侯览同宦官赵忠为其死去的父亲使用金缕玉衣的情况差不多，他为去世的母亲超规格堆筑高大坟墓，还与小黄门段珪一起用超低价格在靠近济北国地界购置大量田产。此外，侯览先后夺得他人耕地一百一十八顷，宅第三百八十一所，仿照宫苑兴建府邸十六处，且都有楼阁、池塘和园林等。他还破坏他人住宅，发掘别人坟墓，掳夺良人，抢掠妇女，等等。

因被单超诬陷而被桓帝罚做苦役，又因发生干旱和日蚀被赦免后，由太常升任为太尉的杨秉，上疏弹劾指控益州刺史侯参的贪污受贿问题。侯参听说杨秉弹劾自己的事后，紧急征调了三百多辆马车，将所收受的金银、钱币、贵重物品等全部装上车，打算赶紧运回老家藏匿。此时，杨秉的奏疏已被桓帝批准，于是，朝廷派出囚车将侯参押解回京。侯参已失去指挥和藏匿巨额赃金、赃物的自由，他那些已经装好金银财宝的运输车队只好随着囚车而行。在行进途中，侯参畏罪自杀，他携带的三百多车金银财宝也全部被查获。据此，杨秉再次上疏说：现在宦官受宠过分，他们掌握着朝廷大权，对于巴结依附他们的人，他们就趁着国家征召人才的机会，推荐其做官；对于违背和冒犯他们的人，他们随便找一个借口对其进行打击伤害。目前，宦官所拥有的财富可与帝王相比，饮食尽是佳肴珍膳，奴仆侍妾都穿着精致洁白的细绢。中常侍侯览的弟弟侯参就是残暴贪赃的首恶，这次朝廷严厉查处侯参，他的哥哥侯览一定会感到恐惧不安。为防止狗急跳墙，确保陛下安全，千万不能再把侯览放在陛下左右了，建议免除他的官职，将他送回本郡。桓帝迫不得已，终于免去侯览的官职。

在宦官势力遭受打击的情况下，司隶校尉韩缤也趁热打铁，上疏弹劾五侯之一、中常侍、上蔡侯左悺和他的胞兄弟。

韩缤，字伯南，颍川舞阳人，即今河南漯河市舞阳县人。其祖父韩寻在光武帝刘秀时期担任陇西太守，父亲韩棱是东汉名臣。韩缤虽然工作能力与父亲韩棱不相上下，他曾先后担任丹阳太守、司空和司徒等重要职务，且也有工作成绩，但在政治立场和政治气节上与父亲相反。梁氏兄妹把持朝政期间，韩缤攀附权势，党附于梁家。因此梁氏集团败亡后，韩缤被朝廷免职，遣回本郡。后来，他又被朝廷征召为司隶校尉。韩缤重新为官，并走上监督监察领导岗位之后，认真学习父亲韩棱的政治立场和斗争精神，反思和汲取了以前的错误教训，主动向祸国殃民的宦官势力左悺、具瑗等发起了攻击。

五侯之一的左悺系河南平阴人，即今河南洛阳市孟津县人。他原为小黄门，因与单超、具瑗、徐璜、唐衡合谋诛杀外戚梁氏集团有功，左悺被桓帝提拔为中常侍，赐封上蔡侯。左悺人称"左回天"，他得势后，将自己的三亲六故全都鼓捣成了州刺史、郡太守。左悺的哥哥左胜本来是个种地的农民，大字不识，但经左悺运作，左胜被安排为河东郡太守。左胜对政务工作一窍不通，但他不懂装懂，洋相百出。河东郡所辖的皮氏县的县长赵岐对在左胜手下工作感到耻辱，便自动离职，西归故乡。五侯之一、唐衡的哥哥唐玹担任京兆尹，他与赵岐素有旧怨，于是，唐玹借机下令逮捕了赵岐的家属、宗族和亲戚，给赵岐扣上重大罪名的帽子，将其家族全部予以诛杀。赵岐只身外逃，跑遍了全国多个地方，后来隐姓埋名，在位于今山东中部地区的北海国的街市上以卖大饼为生。治所在今山东潍坊安丘市西南的安丘县，有个名叫孙嵩的人，买饼时发现赵岐不同寻常，就带他一同乘车回家，把他藏在夹墙之中。等到唐衡兄弟都死了以后，赵岐遇到大赦才敢出来。左悺的另一个哥哥名叫左称，在朝廷担任太仆，被封为南乡侯。这次司隶校尉韩缤弹劾指控左称请托州郡，大肆搜刮百姓财物，作奸犯科，放纵宾客，侵犯官吏和百姓利益等罪行。左悺、左称兄弟自知罪恶深重，难以逃脱法律的严惩，都自杀了。

韩缤一鼓作气，又弹劾中常侍、东武侯具瑗的哥哥、沛国相具恭，指控他们贪赃枉法。具瑗，魏郡元城人，即今河北邯郸市大名县人，五侯之一，人称"具独坐"，原为中常侍，因参与诛灭外戚梁冀等人，被赐封为武阳侯。与其他四侯一样，他的兄弟、姻亲、党羽"并列州郡"为官，大肆以权谋私，疯狂敛财；请托公行，肆无忌惮；竞相兴建宅第，穷尽奢华；多娶良家美女以为姬妾，穿着华丽，似比宫女；收纳养子，以传爵袭封。桓帝接到韩缤的弹劾奏疏，下令将具恭召回京都洛阳，送入廷尉治罪。这下可把具恭的弟弟、大宦官具瑗吓坏了，他主动到廷尉投案自首，并上缴武阳侯印信。昏庸的桓帝因具瑗"主动投案自首"，便予以宽大处理，下诏将具瑗贬降为都乡侯。与此同时，桓帝还贬降了其他已经去世的三侯继承人的爵位。五侯中，新封侯、车骑将军单超死得最早，他于延熹三年（公元160年）病逝；中常侍、汝阳侯，人称"唐两堕"的唐衡于延熹七年（公元164年）病逝；同年，武原侯、人称"徐卧虎"的徐璜病逝。桓帝下诏将单超、徐璜和唐衡的爵位继承人都贬降为乡侯，取消其养子所继承和享受的食邑。这样，宦官势力受到了沉重打击和削弱。坚守正义的大臣反对宦官势力的斗争取得了阶段性胜利，广大吏民无不拍手称快。（据《后汉书·宦者列传》,《资治通鉴》第五五卷）

（四）李膺处斩张让的弟弟，宦官势力开始"反坐"

在第五种、杨秉、韩缜等一批忠臣与宦官势力进行斗争，并取得一连串胜利成果的大好形势下，又有一位名叫李膺的忠臣，向宦官、小黄门张让及其在野王县（今河南焦市代管的沁阳市）做县令的弟弟张朔发起攻击。

李膺，字元礼，颍川郡襄城人，即今河南许昌市襄城县人。他出身于官僚家庭，祖父李修官至太尉，父亲李益官至赵国相。李膺性格孤傲清高，不善交际，除了把同郡老乡荀淑、陈实当成良师益友以外，几乎不与他人来往。其刚出道时就被推举为孝廉，后被司徒胡广征辟，因举高第，破格升任青州刺史。青州一些手脚不干净的郡守、县令等听说李膺来青州当刺史，害怕他明察且执法严厉，于是纷纷弃官而逃。后来，李膺先后被任命为渔阳太守、蜀郡太守，因其母亲年事已高，而蜀郡路途遥远，且路不好走，李膺便以照顾母亲为由请求辞官。此时鲜卑经常越境抢掠，造成边疆地区不稳定。朝廷选拔优秀将领做护乌桓校尉，选来选去选上了李膺。在国家出现危难的关头，李膺二话没说便走马上任。鲜卑屡次侵犯边塞，李膺经常冒着枪林箭雨，多次带领军队将来犯之敌打败，使得鲜卑不敢轻举妄动。后来，李膺因公事被免官，他便去了纶氏县（今河南郑州登封市），在那里，他以教书为业，常常有数千人在他门下求学。永寿二年（公元156年），鲜卑人犯境，一直进入治所在今内蒙古呼和浩特市托克托县的云中郡，朝廷对此深感忧虑，桓帝听说李膺在做护乌桓校尉时能够降住鲜卑人，于是又征召任命他为度辽将军，率军驻扎边境，以抵御鲜卑人的不断侵扰。此前，鲜卑人曾经进犯并掳掠疏勒、龟兹两国，并多次越境到云中、张掖、酒泉等地抢劫，当地老百姓整天胆战心惊，生产生活受到严重影响。自从李膺驻军边境之后，鲜卑人不仅不敢越境侵扰，而且还将以前抢掠的百姓统统送到边境。从此，李膺的声威震动远方。延熹二年（公元159年），李膺被调任为河南尹。当时，原在北海郡做官，后因经济问题被罢免后回归故乡宛城的羊元群重犯贪财的老毛病，四处偷窃，甚至把郡府公厕中的精致大尿罐用车子拉回他家。李膺向朝廷上奏要求审查羊元群，因羊元群给宦官行贿送礼，宦官反而诬告李膺。桓帝只信宦官一面之词，将李膺送进左校罚做苦役。

李膺做苦役的日子并不孤单，因为还有两位忠臣给他做伴儿。一位是廷尉冯绲，另一位是大司农刘祐。李膺、冯绲和刘祐三位大臣先后被罚做苦役，说明宦官势力已经开始对爱国忠臣进行疯狂反扑，并取得了阶段性小胜。

一段时间以来，宦官势力被动挨打，遭受了重创，他们不甘心被人收拾而逐步衰弱下去。于是宦官们联合起来，千方百计组织反攻倒算，欲变被动为主动，重新找回过去骑在官吏和百姓头上作威作福的那种感觉。为此，宦官势力开始吹毛求疵、寻弊索瑕，拿着放大镜去寻找忠臣的毛病。终于，他们发现有两件事可以分别扳倒廷尉冯绲和大司农刘祐，所以就在桓帝那里对冯绲和刘祐进行诬告和陷害。

冯绲，字鸿卿，巴郡宕渠人，即今四川达州市渠县人。其父冯焕先后做过豫州和幽州刺史，是一名眼里容不得沙子的监察官员，非常痛恨奸恶和腐败分子，亲自上手查处了很多不法之徒，是当时有名的反腐败勇士，因受诬陷被捕入狱，死在狱中。后来查明了真相，皇上获知冯焕蒙受了不白之冤，于是补偿他家丰厚钱财，并将冯焕之子冯绲任命为郎中，名义上备宿卫，实为后备官吏人才。受父亲的教育和影响，冯绲少年时就刻苦学习《春秋》和《司马兵法》等，奠定了扎实的理论功底。他家庭比较富裕，经常救助生活困难的穷人，受到当地官府和百姓的赞誉。冯绲因此被推举为孝廉，经过七次升迁，官至广汉国都尉，辅助国相管理军事。后来，朝廷征召他为御史中丞，职掌监察、执法等事。顺帝末年，冯绲受朝廷委派持符节统领扬州各郡郡兵，与中郎将滕抚一道镇压扬州一带的农民起义，终将起义军击破，冯绲因功被任命为陇西太守。后来，鲜卑人侵犯边境，朝廷将他调到治所在襄平，即今辽宁辽阳市老城，辖境相当于今辽宁大凌河以东、开原市以南，朝鲜清川江下游以北地区的辽东郡做太守。冯绲上任后实行招降和安抚政策，使羌人归附，停止了对边境地区的侵扰。辽东局势稳定之后，朝廷将冯绲调任为京兆尹，后又转任为司隶校尉。不久，冯绲又先后被任命为廷尉、太常。后来，朝廷任命冯绲为廷尉（复职），位列九卿，成为中央最高司法审判机构的长官，主管诏狱和修订律令等事。冯绲充分利用这一职位优势，对在地方为官的宦官势力的贪赃枉法行为实施了严厉打击，因此受到宦官的怨恨。宦官指控廷尉冯绲的所谓罪行是：已故新丰侯、车骑将军单超的弟弟单迁，在治所位于昌邑县，即今山东巨野县之南三十公里的山阳郡做太守期间，因违法犯罪被囚禁在监狱，廷尉冯绲下面的审案官员将单迁判了死罪，并在审讯时将他拷打致死。宦官们认为，冯绲应负领导责任。

刘祐，字伯祖，中山安国人，即今河北保定安国市人。他起初被推举为孝廉，后来补录为尚书侍郎。刘祐熟悉古代典章制度，擅长文书。当时，朝廷每有奏疏，往往通知他参与讨论，刘祐才思敏捷，每次发言都头头是道，因此得到了同僚们的普遍认可。后来，刘祐到位于今山东济宁市任城区的任城县做县令，因被兖州推举为优秀人才，朝廷提拔他到扬州担任刺史。扬州辖境相当于今安徽淮水和江苏长江以南及江西、浙江、福建三省，湖北黄冈市英山县、黄梅县、武穴市，河南信阳市固始县、商城县等县市的广大地域。当时，在扬州会稽郡担任太守的是外戚大将军梁冀的从弟梁旻。刘祐作为朝廷下派到部州的检察官员，发现了会稽太守梁旻的有关罪行，于是他上疏弹劾梁旻，由于梁冀的袒护，朝廷没有治梁旻的罪，只将他调离了要职岗位。后来刘祐转任司隶校尉，负责监察监督京师朝官及其周边地区的朝廷命官。刘祐敢于严厉惩处贪官污吏，并形成强大的震慑，他的威望也空前高涨。当时朝廷中一些权贵子弟卸任州、郡官职回京城时，在进入刘祐管辖的地界之前就更换车马，改换服装，故意把自己打扮得艰苦朴素一些，并藏匿其贪污受贿的金银财宝。由于宦官的诬陷和排挤，刘祐的司隶校尉职务被罢免，然后被改任为掌管皇族事务的宗正，之后又经过三次调动，担任了大司农，掌管国家财政和钱谷金帛货币收支及边郡诸官的钱粮供给等事。这期间，中常侍苏康、管霸在朝廷拥有权势，他们将一些地方的良田、山林、湖泽等占为己有，有关地方官府不敢制止，老百姓也因此陷入贫困。大司农刘祐以敢于碰硬、勇于担当的大无畏精神写信给有关州、郡官府，要求他们将宦官霸占的自然资源全部没收充公。因此，刘祐得罪了宦官。宦官诬告大司农刘祐"干涉公平交易"。

昏庸糊涂的桓帝，根据宦官联名"反坐"指控的廷尉冯绲、大司农刘祐所谓的"罪行"，不经调查审讯，就判决两位大臣去左校做苦役。

新任太尉陈蕃见李膺、刘祐、冯绲三位具有忠贞正直政治气节的重臣被宦官整"进去"之后，他心急如焚，于是奋笔疾书，多次上疏进行营救，请求桓帝从宽处理，将几位忠臣恢复原职，奏疏言辞恳切，但桓帝不肯接受。曾经跟随冯绲平定荆州蛮人叛乱的原从事中郎、返回后被冯绲推荐为司隶校尉的应奉更是焦急万分，他绞尽脑汁思考营救策略。

应奉，字世叔，汝南南顿人，即今河南周口项城市南顿镇人。应奉少时非常聪明，记忆力超强，读书能五行并下，记人记事，过目不忘。从小到大，凡是他经历过的事情，他都能记忆如新。应奉年轻时担任郡府决曹史，该职务为郡府佐吏，为掾属之副，多由通晓法律的人担任。应奉巡视几十个县，录入囚徒罪犯达几百人。回到郡府之后，郡太守问他罪犯情况，应奉竟然能将所录囚犯的姓名、所犯罪名、罪行轻重等，准确无误地说下来，没有丝毫错漏，太守和身边的人都惊叹不已。延熹年间，武陵蛮夷死灰复燃、重新集结，并扰乱荆州，朝廷派遣车骑将军冯绲率军讨伐，冯绲认为应奉在武陵颇有威信，为蛮夷人所信服，于是上疏请求与他一道出征，朝廷批准，并任命应奉为从事中郎。在平叛行动中，应奉主动为车骑将军冯绲献计献策，勤设方略，大破贼军，取得了平定叛乱的重大胜利。冯绲将功劳推给应奉，并力荐他担任了司隶校尉。应奉上任后认真履行职责，坚持原则，爱憎分明，检举坏人，不避豪戚，以执法公正而著称。

应奉看到对自己恩重如山的老领导冯绲和正义之臣李膺、刘祐被罚之后，就立即上疏桓帝进行劝谏，他说：忠臣良将是国家的脊梁。我认为，目前在左校营服刑的李膺、冯绲、刘祐诛杀和弹劾奸臣，完全符合国家的法律法令。陛下既不听从他们的申诉，又不调查了解案情真相，却轻信小人的诬告，造成忠臣良将与大奸大恶同罪，远近之人无不为之叹息。当今三面的边陲都有战事，国家的军队都正在前方打仗，请求陛下赦免李膺等三位大臣，以防备意料之外的变化。桓帝看了应奉的奏疏，琢磨来琢磨去，终于下令赦免了李膺、冯绲和刘祐，对此，朝廷内外的广大吏民非常高兴，而宦官势力虽然心怀不满，但又无可奈何。

李膺等三位大臣被解除刑罚后，司隶校尉应奉心里的一块石头总算落了地。当时发生党锢事件，内外矛盾异常尖锐复杂，应奉以病为由，急流勇退，回归故乡著书立说，不久病逝于家。司隶校尉出缺后，桓帝任命刚刚解除刑罚的李膺担任了这一职务。李膺上任后，利用其监督监察百官的有利地位，向以权谋私、胡作非为的宦官势力发起了新一轮攻击。他攻击的首个目标是小黄门张让的弟弟——野王县（治所在今河南焦作市代管的沁阳市）县令张朔。李膺上任后的第十天就把张朔处斩了。

张朔担任野王县县令是他的哥哥小黄门张让一手运作的。他上任后，依仗哥哥张让的权势，杵倔横丧，鱼肉乡里，在横征暴敛时杀死了一名怀孕的妇女。因害怕司隶校尉李膺的严厉查处，他逃回了京都洛阳，藏在哥哥张让家里居室的合柱里面。李膺获知这一消息后，率领吏卒冲进小黄门张让的私宅，破开合柱将张朔逮捕，交给洛阳监狱进行审讯。李膺亲自到监狱督办此案，他看过张朔的供词之后，立即下令将他处斩。张让得知弟弟张朔被处死后，便向桓帝哭诉李膺冤杀好人，他一把鼻涕一把泪，哭得悲悲切切，使桓帝心生怜悯。桓帝召见李膺，责备他为什么不上奏批准就下手处死张朔。李膺说：从前孔子担任鲁国的大司寇，他上任七天就把恶贯满盈的少正卯处死了，而我到职已经十天了，我害怕因拖延时间而获罪，没想到因行动太快而问罪。我深知自己罪责严重，死在眼前，伏祈陛下让我在司隶校尉岗位上再干五天，我肯定会拿获张朔背后的黑手和元凶，然后再接受烹刑，这就是我的愿望！桓帝不再说什么，回过头来对张让说：司隶校尉有什么过失？这都是你弟弟的罪责！于是命令李膺退出。从此以后，所有的中常侍、小黄门等宦官都谨慎恭敬，不敢大口喘气，甚至连休假日也不敢出宫。

李膺当机立断，果断处斩小黄门张让的弟弟张朔，短期内给宦官势力造成了强大震慑。桓帝看到宦官们都像秋霜打过的茄子，一个个都蔫巴巴的，感觉奇怪，就问宦官究竟是怎么回事，宦官们一齐叩头哭泣说：我们害怕司隶校尉李膺。从此，李膺的威名震动宫廷内外，李膺也广受广大官吏、士人和老百姓的拥戴，当时凡是能够被李膺容纳或接见的，都被称为"登龙门"。（据《资治通鉴》第五五卷，《后汉书·党锢列传·李膺传》《后汉书·张法滕冯度杨列传》《后汉书·党锢列传·刘祐传》《后汉书·杨李翟应霍爰徐列传》）

（五）地方官员同宦官做斗争，桓帝充当宦官的保护伞

《后汉书》作者范晔在作《宦者列传》时曾经说，自古以来，凡是丧国灭宗的，都不是一朝一夕的工夫，而是渐渐造成的。夏、商、周三个朝代因好色取祸，秦始皇因奢侈暴虐招害，西汉是由于外戚而亡，东汉以宦官失国。关于国家的兴衰成败，以前史籍已经议论得很多了。至于祸起宦官，大略还是可以讨论的。为什么呢？因为宦官这种人，与普通人不同，他们名声不佳，不是出身于贵族大家，肌肤血气不能传于后代，表面上看不出他们有什么坏处，做事容易取得信任，再加上他们长期在皇宫里面做事，见多识广，阅历丰富，熟悉典章旧制，通晓世故人情，所以年幼的君主，依靠他们弥补资历阅历的不足，以熟练通达政事；而临朝摄政的女主人利用他们出入听命方便，派他们察访不会受到猜疑和忌惮的特点，再加上他们那副笑嘻嘻的面容，殷勤服务的态度，所以就与他们亲近。当然宦官里面既有好人，也有坏人，不全都会放肆为凶，一味横暴。他们中既有忠厚正直、通达事理、有道有才、扶正祛邪的

人；也有敏于应对、玩弄技巧、混淆事实的人；还有借助于忠良或其他事物以博取声誉的人。宦官群体里面也是愚贤混杂，特别是那些貌似忠诚，实则奸恶的人，更能迷惑昏庸幼弱之主，以扰乱视听。他们在朝廷里混事儿久了，诈利既多，党羽日广，忠直的臣子直言抗议，因忧愁哀伤，发泄愤怒，想有所制裁。然而，忠臣们的行为表现，经常会先期泄漏出来，这样正好给了专权乱政的宦官狡辩、掩盖和提前做工作的机会。于是忠臣良吏也就失去了打倒宦官的办法，这正是国家灭亡的原因。

宦官专权乱政，都是由皇帝或其他主政、摄政者宠出来、惯出来的。皇上放纵宦官，而坚守正义的大臣却不放纵宦官，他们勇敢地站出来与祸国殃民的宦官进行不屈不挠的斗争。在朝廷一大批忠臣的影响和带动下，一些郡国的太守、国相等也都挺身而出，同宦官延伸到地方的邪恶势力斗智斗勇，一时间形成了上下呼应、共同抵制和反对宦官势力的强大合力，使得那些蠹政害民、不得人心的宦官成为人人喊打的"过街老鼠"。

1. 南阳太守成瑨干掉依附宦官的黑恶势力

南阳郡宛县，即今河南南阳市宛城区，这里有一个靠敲诈勒索、挣黑心钱起家的所谓"富商"，名叫张泛。他和皇宫中一名妃子沾点亲戚关系，于是，他就利用这一关系与宦官挂上了钩。张泛擅长雕刻，他会经常雕刻一些供人玩赏的精巧艺术品，作为礼物送给宦官。由此，宦官对张泛产生好感，并与张泛成为相互勾结、相互利用的"铁哥们"。这样，张泛依仗着自己"朝中有人"和门下宾客、爪牙众多的所谓优势，便横行乡里、鱼肉百姓，成为当地官民人人畏惧的"黑社会"。南阳郡太守的佐吏功曹岑晊和他的副手功曹史张牧，一起说服郡太守成瑨将黑社会头目张泛及其同伙逮捕下狱。后来，朝廷发布大赦令，成瑨不仅没有释放张泛及其同伙，而且将犯有严重罪行的二百余人全部诛杀，事后才向朝廷打了报告。对此，张泛在朝廷的宦官"铁哥们"非常气愤，图谋收拾成瑨。

2. 太原郡太守刘瓆将为害本地的小黄门赵津诛杀

赵津出生于太原郡晋阳，即今太原市晋源区古城营村，他少年时期就进入皇宫当太监，经过多年苦熬升任小黄门。自从赵津当官之后，他便经常跑回老家晋阳县逞凶作恶，"贪暴放恣，为一县巨患"。太原郡太守刘瓆气愤不已，下令将小黄门赵津逮捕并予以诛杀。刘瓆因此招致宦官的怨恨。

3. 山阳郡太守翟超摧毁中常侍侯览母亲的超大坟墓并没收其家产

前面已经提到，中常侍侯览的老家在山阳郡防东县，其母亲去世时，侯览回老家办理丧事，他倚仗权势，为母亲兴建了超规格的高大坟墓。治所在昌邑县，即今山东巨野县之南的山阳郡时任太守翟超，让东部督邮张俭向朝廷上疏，举报侯览超规格建坟及其残暴欺压百姓等罪行。由于侯览在朝廷势力强大，张俭的举报信落入了侯览手中。山阳太守翟超不畏权势，下令摧毁了侯家的巨大坟墓，并没收了侯览在老家的财产，而后详细向朝廷奏报侯览的罪状，可是举报信仍不能上达。

4. 东海国相黄浮将中常侍徐璜侄子徐宣斩首

中常侍徐璜（下邳良城人，即今江苏徐州市邳州市人）的侄子徐宣过去就是一个远近闻名的坏小子，经常干一些鸡鸣狗盗、爬墙撬锁之类的坏事，为当地百姓所憎恨。后来，经在朝廷做宦官的叔叔徐璜的运作，徐宣小小年纪就被安排到治所在今江苏徐州市睢宁县古邳镇的东海国下沛县做县令。徐宣上任之后恶习不改，依仗其叔叔徐璜的权势，暴虐放肆，狗走狐淫。他看上了汝南郡前太守李暠的女儿，要求娶其为妻，但未能如愿。于是，徐宣便率领吏卒冲进李暠家里，将其女儿抢到自己的住处施暴。李暠的女儿不从，徐宣就把她绑在树上用箭射死。东海国相黄浮听说此事后，气愤不已，下令逮捕徐宣及其近亲属，不分男女，一律严刑拷问。黄浮的属官提醒他，当心宦官徐璜的打击报复，黄浮却说：徐宣是国家的蟊贼，今天杀掉他，明天我坐罪抵命，死也瞑目！说完就立即把徐宣押往街市斩首，尸体示众。

连续发生的郡太守和国相反击并惩处宦官势力侵害百姓的案件，在朝廷和民间引起了强烈反响，广大吏民赞扬这些郡太守、国相刚正不阿、惩恶扬善的斗争精神和斗争意志。张泛、赵津被囚禁和诛杀后，民间就有诗云：张泛夜牢笼，赵津不归路；成瑨违圣旨，刘瓆诛狂徒。遭受到打击的宦官势力产生了严重的危机感，他们再次组织反攻。已恢复中常侍职务的宦官侯览，指使已被诛杀的宛县黑恶势力头目张泛的老婆，向朝廷上疏为老公张泛鸣冤叫屈；侯览等宦官也趁此机会，诬陷南阳郡太守成瑨和太原郡太守刘瓆滥杀无辜。

桓帝接到张泛老婆和宦官的投诉之后大怒，将南阳郡太守成瑨、太原郡太守刘瓆召回京都洛阳，囚禁在监狱，同时还下令将山阳郡太守翟超、东海国相黄浮判处"髡刑"，剃去须发，戴上脚镣和颈锁，送进右校营罚做苦役。

成瑨、刘瓆、翟超、黄浮"三守一相"被判罪之后，先后有多名大臣进行营救，他们纷纷上疏桓帝，要求将"三守一相"赦免。太尉陈蕃和司空刘茂联名上疏劝谏桓帝说，"三守一相"依照国家法律处死挑战国法的恶人，是为民除害，决不能听信宦官的一面之词，加罪于他们。桓帝看到奏疏很不高兴。个别善于见风使舵的官吏趁机弹劾陈蕃和刘茂。刘茂吓得不敢再说话了，而陈蕃仍然单独上疏说：现在，陛下左右的亲信，越发受到宠信，而国家内患一天比一天严重，外忧一天比一天加深。大奸商、黑社会头目张泛敲诈勒索，横行暴虐，献媚陛下左右的宦官；小黄门赵津窜回老家作威作福，欺凌乡亲，祸害百姓。他们分别被南阳郡太守成瑨、太原郡太守刘瓆检举诛杀，两位太守的本意在于除恶扬善、弘扬正气，陛下岂能对此产生愤怒呢？山阳郡太守翟超、东海国相黄浮秉公执法，不屈服于权贵，痛恨邪恶犹如仇敌。翟超没收侯览的财产，黄浮依法处决徐宣，他们都遭到坐罪惩处，却不能蒙受赦免的宽恕。侯览恣意妄行，没有收他的财产已是幸事；徐宣所犯的罪行，死有余辜。太尉陈蕃苦口婆心地劝谏桓帝，希望他不要一味地采信宦官单方面的诬告，从国家大局考虑，对这"三守一相"作出从宽处理的决定。然而桓帝一点儿也没有采纳陈蕃的建议。宦官们见太尉陈蕃在桓帝面前说话不好使，便对陈蕃更加痛恨。他们利用工作之便，处处给陈蕃使绊子，他所上奏的正常工作事项，都被宦官拦下，不予上达，特别是陈蕃上报的关于举荐贤能的奏章，宦官宣称桓帝有旨，便加以谴责并退回。

延熹九年（公元 166 年），通晓天文、阴阳之术的著名方士襄楷（平原郡隰阴县人，即今山东德州市齐河县人）前往宫门，上疏阴阳灾异之事，并请求解除对刘瓆、成瑨的惩罚，他说：我观察太微星，见天庭五方星座上有金、火这样的罚星闪烁。根据占卜，这是天子的凶相。而且金星、火星又都窜入房星、心星之中，这说明天子不会有继承人。襄楷先从天象发生变异说起，而后又说这种变异的天象是上天对天子的谴告。为什么要谴告呢？就是因为"太原郡太守刘瓆、南阳郡太守成瑨，诛杀和剪除奸人符合人民群众的愿望。可陛下听信宦官的谗言，竟将他们逮捕关押"。殊不知，错误的关押和诛杀不仅仅祸及自身，而且还殃及后代。他说：臣闻，杀死无罪之人，杀死贤良之士，灾祸将延及三代……汉兴以来，没有拒谏诛贤、用刑太甚而超过今天的。过去，周文王只有一个妻子，却生了十个儿子。而今陛下宫女数千，却没有听说有谁怀孕、谁生育的。陛下应该增修恩德，减省刑罚，使后嗣兴旺，广为繁衍。襄楷明确地劝告桓帝，您现在还没有儿子，行行好吧，别滥捕滥杀无辜了，如果广施仁政，您就能生下一堆儿子。襄楷还向桓帝提出了当面详陈的要求，他说：臣闻布谷鸟在孟夏叫，蟋蟀在初秋鸣，东西虽小而不失信，人虽卑贱却敢吐忠言。本人虽然身份微贱，诚心愿陛下赐清闲时间极尽所言。尽管襄楷下了很大功夫撰写了这篇奏疏，但并未引起桓帝的高度重视，桓帝对此未予理睬。襄楷等了十来天，见奏疏递上去以后悄无声息，便再次上疏，措辞更为严厉，他说：本人望见太白金星北入数日，又出于东方，按占卜说法，当有大兵出现，中原弱，四夷强。臣又推步，荧惑星现在应该出现而潜伏不出，必有阴谋。究其原因，就是因为狱中多有冤案，忠臣被杀。因此，陛下应该顺承天意，理察冤狱，为刘瓆、成瑨解除罪辟。襄楷还说：黄门、常侍，都是被上天责罚而受过阉割的人，陛下宠爱他们超过常人数倍，陛下之所以无子，难道不是由于这个原因吗？桓帝看完襄楷的奏章之后，立即召襄楷进宫，安排尚书代表桓帝出面接见并询问襄楷。襄楷从上天星宿变化、古代制度规矩、佛教理念等多个方面来论证自己的观点和建议的正确性。尚书秉承宦官的意旨，向桓帝奏报并建议说：襄楷是假借上天星象，牵强附会个人的私意，歪曲事实，污蔑皇帝，请交付廷尉确定他的应得之罪。桓帝认为，襄楷的言辞虽然激烈，但大都是说天文星象的变化，所以不同意将其诛杀，仅判处两年徒刑。另外，掌管玺、虎符、竹符及授节等事宜的符节令蔡衍，掌顾问应对、可参与朝政的议郎刘瑜上疏营救成瑨、刘瓆，都因言辞激烈而被判罪免官。成瑨、刘瓆后死在狱中。因二人都通晓儒家经典，刚强正直，是当时的知名人士，消息传出，"天下惜之"。翟超、黄浮住在右校继续做苦役，后因发生洪灾被"淹滞狱中"。（据《资治通鉴》第五五卷）

八、太学生"清议"和首次"党锢之祸"

东汉后期，宦官专权把持朝政，垄断了官场。宦官将有限的官位资源大都安排给了政治文化素质低劣的亲属和门客，有些年纪轻轻什么也不懂的人，都担任了郡太守或县令等地方要职。同时，宦官还将一部分官位出售或与其他官僚搞权权交易。这就必然堵塞了太学生和儒生的仕途之路。而这一时期全国的太学生已发展到三万多人，各郡和封国还有不少儒生。他们上进无门，就与朝廷中同样受到宦官排挤和打压的大臣联起手来，在朝野形成了一支庞大的反对宦官专权的政治力量。他们"激扬名声，互相题拂，品核公卿，裁量执政"，对内互相标榜，对外批评宦官专权乱政，出现了一种歌颂自己、批评朝政、评价有关政治人物的风气，这就是当时所谓的"清议"。

"清议"是以太学为依托的，因此，简要介绍一下古代太学的发展情况。

早在西周时期便产生了太学的初步形式，而以传授知识、研究学术为主要内容的太学，是从汉武帝刘彻开始创建的。太学创建于元朔五年（公元前124年）。东汉立朝定都洛阳后，作为开国皇帝的刘秀，因他本人就是太学毕业生，所以他对振兴儒学和兴建太学高度重视。据《汉书·翟酺传》记载："光武初兴，愍其荒废，起太学博士舍，内外讲堂，诸生横卷，为海内所集。"建武五年（公元29年），光武帝刘秀在京都洛阳建成了太学。之后又在全国各地遍访雅儒，采求经典古籍文献，将四方学士汇聚到京师洛阳入太学学习。刘秀亲自到太学视察，指导太学"稽式古典，修明礼乐"。建武十九年（公元43年），刘秀再次去太学考察，会议结束时，刘秀与太学生一起高唱儒家雅歌。刘秀还选拔太学优秀教员桓荣作为太子刘庄的老师。太学的老师均由博士担任，太学的学生被称为"博士弟子"，以后也有"太学生""诸生"之称谓。汉明帝、章帝时期都比较重视从优秀太学毕业生和儒生中提拔使用官吏。和帝时期还曾经对考察太学博士弟子的方式方法进行改革，引导博士和太学生在学习和钻研儒家经典时，把功夫下在读原著、悟原理上。后来，由于安帝时期对太学教育不重视，洛阳太学房舍严重损毁，房倒屋塌，学府大院长满野草。永建六年（公元131年），顺帝对太学房舍进行了维修和重建，共建设房屋二百四十室、一千八百五十间，重新恢复太学招生。到本初元年（公元146年），太学生人数已达三万多人。这种盛况为世界古代大学所罕见。《汉书·儒林传》序言记载说："太常择民年十八以上，仪状端正者，补博士弟子。""郡国县官有好文学，敬长上，肃政教，顺乡里，出入不悖……得受业如弟子。"

桓帝即位后，前期是外戚梁氏集团掌握大权，后期是宦官势力把持朝政，政治生态日益恶化，吏治混乱，任人唯亲，使太学毕业生的仕途几乎被堵死，他们对国家前途和个人命运感到迷茫。于是，他们就与朝廷中一些坚守正道、清正廉洁，既有思想又有才能，却受到宦官势力排挤和打压的大臣联合起来，以匡扶王道、维护正义为己任，通过上疏劝谏、撰写论文、舆论宣传等手段，发表政治见解和政治主张，抨击宦官专权和政治腐败，成为一股激浊扬清的新生政治力量。

太学生中挑头的是郭泰、贾彪、刘涛、陈寔、张凤等；大臣当中深受太学生敬仰的是朱穆、李膺、陈蕃、王畅等。还有不少大臣在思想上和立场上倾向于"清议"，但出面参与"清议"活动比较少，因为他们位高权重，不愿暴露自己，可是一旦"清议"人士因在上疏劝谏或组织、参与的有关政治活动中被逮捕关押，他们则千方百计进行营救，从这一点上讲，他们发挥的作用也不容小视。

参加"清议"的大臣和太学生、儒生都在思考。有一位名叫崔寔的志节高尚、具有独到见解的读书人，撰写了一篇题目为《政论》的文章，在朝廷和太学生中广为流传，影响很大。

崔寔，字子真，小字元始，冀州安平人，即今河北衡水市安平县人。他是东汉著名的文学家崔骃之孙，大书法家、天文学家、历史学家和数学家崔瑗之子。受家庭文化的教育和影响，崔寔少时沉稳，爱好典籍。父亲崔瑗病逝后，崔寔卖掉田产，修建坟墓，竖立墓颂，并在墓地旁边搭建小屋，隐居在那里。资产用尽之后，崔寔则以卖粥和贩酒为生。当时，人们都嘲笑他，但他置若罔闻，依然贩酒、卖粥、读书、思考、写作。他做生意只求够本就行，不为多赚钱。服丧期满后，朝廷三公各府先后征召他为官，崔寔均未应召。元嘉元年（公元 151 年），京都洛阳发生了地震，桓帝诏命三公、九卿和州牧、郡守、封国相，举荐"志节高尚"、具有独到见解的"独行"人才。崔寔受涿郡太守的举荐，被公车征召。由于当时崔寔生病，未能参加应询答辩。但他非常关心国家政治，善于研究政治问题，他将自己长期观察与思考的数十条政治问题整理成篇，形成题为《政论》的文章呈报朝廷，引起强烈反响。虽然崔寔未参加现场策问，但朝廷依然任命他为郎官。

崔寔在《政论》中说：大凡天下之所以不能治理，大多是因为人主继承太平盛世的时间太久了。朝风政风已被严重污染而不知改变，社会风气已经败坏却不能觉悟。以乱为治，以危为安，熟视无睹；或沉湎于酒色，荒淫纵欲，不问国事；或听不进任何劝谏，爱听假话，而听不进真言；或不能分辨人的忠奸和事的是非，在歧路上犹豫不决，不知所从。于是，近处的辅佐大臣，害怕得罪奸佞，闭口不言，只求保全自己的高官厚禄；而远处的臣下，虽然敢讲话，但因地位卑微，意见建议得不到重视和采纳。因此王道在上面遭到破坏，贤能之士在下面感到困惑。自从汉王朝建立至今已有三百五十多年，政令已严重荒废，上下松懈怠惰，百姓怨声载道，都盼望重新得到中兴，挽救目前的危局，把政治上的裂缝修补好，把倾斜的王朝大厦支住。那么，如何弥补政治裂缝和顶住摇摇欲坠的王朝大厦呢？崔寔在《政论》中提出了三点主张。首先要"严治"。他认为"凡为天下者，自非上德，严之则治，宽之则乱"。只有"严治"，才能"破奸轨之胆，海内清肃"。其次要"遭时定制"。就是要针对当时混乱不堪的形势，制定和推行新的制度及措施，目的就是要使天下达到"安宁之域而已"。最后要重用贤才。崔寔认为，为政之要重在用贤，不能让"贤智之论""常愤郁而不伸"，"智士郁伊于下，悲夫！"。可以说，崔寔所揭示的问题和提出的建议颇有针对性和建设性。真正研读《政论》并为其叫好的大都是那些参加"清议"的大臣、儒生和太学生。他们深感《政论》的思想观点代表了广大吏民的共同心声，吏民们都迫切希望桓帝能够幡然醒悟，认真检视问题，整改弊政，罢免和斥退那些专权跋扈、以权谋私、祸国殃民的宦官，以及宦官们弄上去的那些品行低劣的官吏，选拔和重用一批爱国奉公、忠诚正直、有真才实学的优秀人才，将他们充实到朝廷和州、郡、县各级主官岗位，积极推行清明政治，使国家转危为安，努力实现太平盛世。崔寔的《政论》对不掌权的知识分子影响广泛而深刻，但对桓帝和把持朝政的宦官来说，犹如隔靴搔痒，起不到任何作用。（据《后汉书·崔骃列传》，《资治通鉴》第五三卷）

（一）桓帝时期的两次太学生请愿活动都取得了胜利

桓帝统治时期发生过两次太学生运动，这两次太学生运动从某种程度上说都取得了胜利。

第一次太学生运动发生在永兴元年（公元153年）。当时，全国有多个郡和封国发生了水灾，"永兴元年，河溢，漂害人庶数十万户，百姓荒馑，流移道路。冀州盗贼尤多"。在这种情况下，桓帝想起了能平事的爱国忠臣——时任侍御史朱穆，于是就任命他为冀州刺史。朱穆到任后，一方面核查腐败问题，根据调查了解和掌握的犯罪线索，"举劾权贵"，一些贪官惶惶不可终日，"至有自杀者"，"或乃死狱中"；另一方面，开展严打，"以威略权宜，尽诛贼渠帅"，在较短的时间内平定了团伙起事，恢复了社会稳定。冀州刺史朱穆的施政行为受到了州内外的广泛好评。当时，大宦官赵忠丧父，归葬老家安平。赵忠倚仗权势，"僭为玙璠、玉匣、偶人"，竟然使用了只有皇帝驾崩后才可以使用的葬具——形如铠甲，连以金缕的玉匣和陶俑等。朱穆听说后，下令郡府"案验"，可是郡吏畏朱穆严明，"遂发墓剖棺，陈尸出之"，并将其家属抓起来，摸了"老虎的屁股"。"帝闻大怒，征穆诣廷尉，输作左校。"

太学生们得到消息后，不再关起门来搞"清议"，在学生领袖刘涛的组织和带领下，数千名太学生团结起来，前往皇宫大门上疏请愿，积极营救精忠报国、无私无畏、敢于和善于同宦官邪恶势力作斗争的冀州刺史朱穆。太学生在呈递桓帝的请愿奏疏中说：朱穆忠于国家，热爱人民，秉公处事。自从他担任冀州刺史的那天起，他就立志铲除奸佞和邪恶。大宦官赵忠深受皇帝宠信，居位尊贵。赵忠的父亲、养子、兄弟等散布在多个州郡担任要职，像虎狼一样竞相侵吞老百姓财富，所以朱穆才修补和连缀破漏的法网，执法如山，伸张正义，严厉惩处残暴和作恶之人。这就必然会遭到宦官的忌恨，非议和谗言接踵而来，使忠臣朱穆受到处罚，被送到左校营罚做苦役。当今，宦官把持着国家权力，手中掌握着生杀大权，他们说的话，就等于皇帝旨意，他们狐假虎威，愚弄百姓。朱穆为重振朝廷纲纪和国家法律的威严，竭尽忠诚来报效国家，为皇上深谋远虑，因此，我们这些太学生甘愿接受黥刑，在脸上刺字，脚戴铁镣，代替朱穆去做苦役。桓帝看到请愿奏疏，迫于太学生聚集不散的压力，下令赦免了朱穆。太学生们的请愿活动取得胜利后，刘涛继续发表评论，并将他撰写的评论呈给桓帝，刘涛在评论中分析了上天与皇帝的关系、皇帝与人民的关系、秦王朝颠覆之因以及汉高祖刘邦创业的艰辛之后说，我个人认为，前冀州刺史朱穆、前乌桓校尉李膺都遵行正道、廉洁公正、忠贞高尚、与众不同，他们是国家的栋梁之臣、社稷中兴的优良辅佐，因此，应该把他们召回朝廷，共同辅佐陛下。桓帝对刘涛的评论置之不理。

太学生们的斗争精神是可嘉的，但由于他们普遍缺乏政治斗争经验，过早地把支持他们政治活动的大臣"端出来"，使这些大臣成为宦官势力的主要进攻目标，并在宦官的不断打击和陷害之下受到伤害。

第二次太学生运动发生在延熹六年（公元163年）。这次太学生运动主要是为了营救大功臣皇甫规。建康元年（公元144年），皇甫规作为"贤良方士"参加大将军梁冀主持的面试策问，因他发表的奏言刺激了梁冀，被梁冀报复，皇甫规穷困潦倒地在老家待了十四年。梁氏集团被诛杀后，朝廷先后五次以礼征召皇甫规，他都未应从。后来，治所在今山东泰安市境内的泰山郡，及治所在今山东临沂市境内的琅琊郡发生了叔孙无忌领导的农民起义运动，一些郡县官府受到冲击，朝廷派遣中郎将率军讨伐未能平定。于是，朝廷便再次以公车征召皇甫规为泰山郡太守，皇甫规喜欢军事，所以这次他应诏到任。皇甫规上任后，广施方略，坚持打击和安抚两手抓，很快就平定了叛乱，恢复了社会秩序。

几年来，皇甫规勇于担当，多次承担并顺利完成国家的急难险重任务，特别是在平息叛羌中做出了卓越贡献，使国家节省军费达一亿钱以上，减少了流血和灾难。桓帝将皇甫规召回京师洛阳，任命他为掌顾问应对的议郎。按照皇甫规的功勋，本来应给他加封侯爵。但"五侯"中的"两侯"即中常侍徐璜、左悺打算利用朝廷给皇甫规封爵的机会，敲诈他财物，趁机再捞一把。所以，他们就派遣门客以向皇甫规询问立功情况为由，多次去找皇甫规明敲暗打，提醒他"出点血"，但皇甫规始终不肯拿出财物予以"酬谢"。徐璜、左悺索贿不成，便恼羞成怒，他们以"没有彻底肃清叛羌余众"为由，对皇甫规进行诬告，经糊涂桓帝点头同意，皇甫规被交给有关官吏审问治罪。皇甫规被送进廷尉监狱，并被罚去左校做苦役。本来应该享受封爵赏赐的皇甫规，却被宦官硬是诬陷成罪犯，使三公们如骨鲠在喉，寝食难安，于是，他们私下里主动与太学生联系，让他们组织起来对桓帝施加压力。

太学生中有一位名叫张凤的学生领袖，他带领三百多名太学生，前往皇宫大门为皇甫规诉冤。此时，正遇上朝廷颁布大赦令，皇甫规被释放回家。这次太学生运动也算是取得了胜利。

太学生对朝廷中敢于反对宦官势力的大臣非常崇拜，在他们中间流传着赞美正义大臣的话："天下楷模李元礼（李膺的表字），不怕强御陈仲举（陈蕃的表字），天下俊秀王叔茂（王畅的表字）。"由于太学生来自全国各地，他们对朝政得失和对政治人物褒贬之舆论，既能影响到皇宫大院，也能传播到全国各地。朝廷中三公以下的大臣，无不害怕受到这种舆论的谴责和非议，因此，大家私下里都争前恐后地与太学生结交。（据《后汉书·朱乐何列传》《汉书·王贡两龚鲍传》，《资治通鉴》第五三、五四、五五卷，《后汉书·儒林列传》《后汉书·皇甫张段列传》）

（二）首次党锢之祸，大批忧国忧民的仁人志士被禁锢

首次党锢事件的直接起因，是职掌纠察京都百官及京师附近的"三辅（京兆、左冯翊、右扶风）"、"三河（河东、河内、河南）"、弘农七郡违法乱纪者的司隶校尉李膺，下令抓捕并处斩张成。张成系河南郡一名专门从事卜、星、相之类的方士，也是宦官的党

羽之一。延熹九年（公元 166 年），张成根据朝廷颁布大赦令的规律，推算出朝廷不久将要再次发布大赦。于是，张成唆使他的儿子将自己的仇人杀死。事情发生后，司隶校尉李膺派遣属吏将张成父子抓捕入狱。可是，时间不长，朝廷果然颁布了大赦令。按照赦令规定，张成父子属于赦免范围。李膺对张成父子故意杀人、有意钻法律空子的行为非常愤怒，下令将张成父子处斩。张成以前曾为部分宦官占卜而与其结交，桓帝有时也向张成询问吉凶之事。于是，宦官就唆使张成的徒弟牢修上疏控告说：李膺等人专门蓄养太学游士，结交各郡、封国来京都洛阳求学的太学生，他们相互吹捧、结成朋党、诽谤朝廷、扰乱社会。桓帝看到奏疏之后大发雷霆，不问青红皂白就给各郡、各封国下发诏书，要求抓捕结成朋党的所谓"党人"，并且"布告天下，使同忿疾"。公文经过太尉、司徒、司空"三府"时，太尉陈蕃将诏书退回，他说：名单上所列将要抓捕的人，都是海内享有盛名、忧国忧民、忠于国家的大臣和名儒，即使他们有什么过失，也应该宽恕几代，岂能以含混模糊的罪名胡乱抓人，使那些名臣、大儒遭到逮捕拷打呢？所以，他坚决拒绝在联合签署的抓捕"党人"的诏书上签字。桓帝听说后火气更大，他直接下令逮捕李膺等人，并将他们囚禁在黄门北寺监狱。这个监狱设在宫禁之内，狱内监管和审讯工作都由宦官负责，羁押的囚犯多为宦官矫诏或宦官忽悠皇帝直接下诏拘捕的人，其目的就是绕开外朝大臣的复审。该监狱经常非刑屠杀囚犯。李膺等人被抓进北寺监狱后，经过严刑拷打，在供词中"咬出"了九卿之一、掌皇帝的舆马和马政的太仆杜密，御史台首长御史中丞陈翔，以及太学生积极分子陈寔、范滂等二百余人。此消息很快在全国各地沸沸扬扬地传开了。被"咬"出来的那批人有些逃跑了，朝廷则悬赏捉拿，派遣搜捕"党人"的使者随处可见。一心为团队着想的陈寔（颍川许县人，即今河南许昌长葛市古桥镇陈故村人，被后世称为"陈太丘"，与儿子陈纪、陈谌并称之"三君"，与钟皓、荀淑、韩韶合称为"颍川四长"）大义凛然，视死如归，他说：我不进监狱，那些被囚禁的人就无所依靠了。于是，他主动前往黄门北寺监狱请求被囚禁。"八顾"之一的范滂（汝南郡征羌县人，即今河南漯河市召陵区青年镇砖桥村人）被抓捕后也被关进这个监狱。当时，因"党人"一案而被牵连遭到逮捕下狱的有数百人，"皆天下名贤"。陈蕃再次上疏桓帝，极力进行劝谏，桓帝厌恶陈蕃言辞激烈，以陈蕃推荐和征召的官员不称职为由将其免官。

陈蕃被免官之后，朝中文武百官非常惊恐，谁也不敢再向桓帝上疏替"党人"求情说话了。太学生领袖之一的贾彪（颍川定陵人，即今河南漯河市舞阳县人）非常着急，他认为迫在眉睫的是救人。贾彪想来想去，想到了城门校尉窦武（桓帝的第三任皇后窦妙的老爸，也即桓帝的老丈人）和尚书霍谞。

不同于以前的外戚权贵，窦武是一位颇有正义感的儒者。

窦武，字游平，扶风平陵人，即今陕西省咸阳市人。他是原大司空、安丰侯窦融的玄孙。父亲窦丰曾经在治所在成乐县，即今内蒙古呼和浩特市和林格尔县境内的定襄郡担任太守。窦武年轻时，就以儒学和美德而著名，曾经在关西做过传道授业的老师，颇受人们尊敬。延熹八年（公元165年），窦武的长女窦妙被选入宫中，不久被桓帝封为贵人，窦武也被任命为从事护卫、陪从，备顾问及差遣的郎中。当年冬天，窦贵人被立为皇后，窦武升任为五校尉之一，隶属北军中候、掌宿卫兵、地位亲要、官显职闲的越骑校尉，封槐里侯，食邑五千户。第二年冬天，窦武升任为职掌京师城门保卫的城门校尉。窦武为官清正、生活简朴、轻财重士，对贪污贿赂深恶痛绝，在他那里，"礼贿不通"，他的生活费用仅够家人吃穿而已。当时羌人作乱，粮食歉收，百姓饥饿，窦武"得两宫赏赐，悉散与太学诸生，及载肴粮于路，丐施贫民"。窦武哥哥的儿子窦绍担任虎贲中郎将，奢侈懒散，窦武经常训斥他，但收效甚微。于是，窦武上疏请求将侄子窦绍撤职，又责备自己不能教育好侄子，应当首先受到惩罚。从此，窦绍有了很大改变，凡是违法乱纪的事他不敢再犯。窦武在太学生中也有很好的口碑。

永康元年（公元 167 年），李膺、杜密等一批所谓"党人"被逮捕关押之后，太学生领袖贾彪等找到城门校尉窦武和尚书霍谞，请求他们出面营救"党人"，二人都答应帮忙。贾彪离开后，窦武上疏说：自从陛下即位以来，没有听说过推行什么善政，而常侍、黄门等屡屡欺侮陛下，奸诈百出，他们擅自设立制度，随便给小人官爵，朝政一天天坏乱下去，而奸臣却一天天强盛起来。他们竞相谋官弄爵，祸乱政治。最近，因奸臣牢修捏造出朋党之案，逮捕了前司隶校尉李膺、太仆杜密、御史中丞陈翔、太尉掾范滂等人，经严刑拷打和审讯，牵连出数百人，但此案并没有真凭实据。我认为，李膺等人秉持忠心，坚守节操，志在筹划朝廷大事，他们都是忠君报国的辅佐大臣，并无恶意。现在他们受到奸臣贼子的冤枉陷害，被加上虚构的罪名，长期被囚禁，以至于天下寒心，百姓失望。请陛下留心考察澄清，尽快将他们释放，以满足天地鬼神翘首盼望之心愿。窦武还趁机向桓帝反映说：我听说古之明君，必有贤佐，以成政道。今台阁近臣，尚书令陈蕃、仆射胡广、尚书刘祐、刘矩、朱寓、荀绲、尹勋、魏朗等，都是国之贞士，朝之良佐。尚书郎妢皓、张陵、杨乔、苑康、戴恢、边韶等，文质彬彬，才华横溢，熟悉国家典章制度，都是陛下最得力的左膀右臂。朝廷军务政务之事，国家和地方治理，需要一大批各种各样的优秀人才。可是陛下提拔重用了一帮小人，专树饕餮，让他们在外担任州郡主官，在内充当自己的心腹，治国理政靠这帮人能行吗！我觉得应当将他们统统贬黜，并按罪行轻重做出处罚。要下决心剥夺宦官欺君所获之封爵，惩治他们祸国之罪行。大力任用并宠信忠良，明辨是非，分清好坏，使邪正毁誉各得其所。要珍惜官位，唯善是授，努力推进政治清明。这样，就可以灾除福至，转危为安，实现太平盛世。奏章呈上以后，窦武立即称病辞职，并缴还城门校尉、槐里侯的印信。

经老丈人窦武的诚心劝谏，桓帝的怒气有所消退，他派宦官、中常侍王甫前往黄门北寺监狱查看情况。当时范滂等人颈戴木枷，脚戴铁索，黑色布袋蒙着脑袋，暴露在台阶下面。王甫逐一审问说：你们互相推荐保举，如唇齿一样结为一党，究竟图什么？范滂回答说：孔子说过："见善如不及，见恶如探汤。"我范滂欲使以善传善，憎恨以恶导恶。本以为朝廷会鼓励我们这样做，没想到这就是所谓的结党。古人修德积善，自求多福；而今修德积善，身陷死罪。我死后，但愿将我的尸体埋在首阳山（在今河南洛阳偃师市西北）之侧，上不负皇天，下不愧当地的古贤。范滂这番话打动了王甫，王甫同情范滂等人的不幸遭遇，于是命令有关官吏解除了他们身上的刑具。后来从李膺等人的口供中，又牵连出许多宦官的养子，宦官们也担心事态扩大后会引火烧身，于是便以发生日食为借口，请求桓帝将扣押的党人全部赦免。永康元年（公元167年）六月，桓帝下诏大赦天下，其中"党人"二百余人全都遣送回各自的故乡。同时，这些人的姓名被编写成册，分送太尉、司徒、司空"三府"，明确规定禁锢终身，不得为官。这就是发生在桓帝统治期间的第一次"党锢"事件。（据《后汉书·窦何列传》，《资治通鉴》第五六卷）

九、桓帝沉湎于酒色，荡然肆志

桓帝在位二十一年，"采女数千"，要说他后宫里有多少美女，那还真是擢发难数。这些美女"食肉衣绮，脂油粉黛，不可赀计"。另有供宫女使唤的仆役，乃这个数的两倍。桓帝在皇后废立问题上随心所欲，极不严肃，先后立过三位皇后。最初他立梁太后的妹妹梁女莹为皇后，过了几年就把梁女莹给废了；又立梁冀老婆孙寿的舅舅的继女邓猛女为皇后，再后来则又喜欢上了名叫田圣的妃子，打算立她为皇后。时任太尉陈蕃和司隶校尉应奉都认为田圣出身卑微，不宜立为皇后。而郎中窦武的女儿窦妙早已封为贵人，且出身于名门望族，大臣们认为应立她为皇后。桓帝不得已，立窦妙为皇后。

桓帝从来没有危机意识，始终没有意识到东汉王朝这艘腐朽没落的大船已经发生严重倾斜，翻船的危险日益临近。在危机四伏、摇摇欲坠的情况下，他还悠闲自得地外出打猎。延熹六年（公元 163 年），桓帝出行打猎，前往函谷关上林苑。当时，全国各地水、旱、虫、地震等自然灾害频繁发生；羌人多年叛乱没有平定；因诛杀梁氏集团，朝廷和地方出现的大量空缺职位还没有补充；宦官势力和贪官污吏因贪赃枉法、鱼肉百姓而引起的上访上疏事件大量涌现；农民起义风起云涌。可以说，各种亟待解决的问题堆积如山。桓帝对这些问题视而不见，专程从京都洛阳跑到函谷关一带去打猎。对此，时任光禄勋的陈蕃上疏劝谏说：天下太平的时候，游猎还应当有所节制，何况当今出现了"三空"，即农田空、朝廷空、国库空的严重问题！再加上战事没有停止，全国各地有不少老百姓流离失所、无家可归。当前应是陛下忧心如焚的关键时刻，您怎么能够驾着车马去打猎呢？况且今年秋季多雨，种麦时节往后推迟，农民刚刚开始播种小麦，在这个时候命令他们去驱赶禽兽，修筑道路，这不是圣君体恤百姓的本意。奏章呈上，桓帝不予理睬。

桓帝爱好出巡。他每次出巡不是为了了解民情民意，而是为了游山玩水。他的随行车队庞大，浩浩荡荡，沿途征发费用和差役不可胜数。延熹七年（公元 164 年），桓帝去南方巡视，他先后到达位于今湖北襄阳枣阳市的章陵，位于湖北中部偏东、江汉平原东北部的云梦以及汉水、新野等地。桓帝身边的亲信和宦官利用随驾出行的机会，与地方势力勾结，卖官收钱，大发其财。在出巡途中，桓帝应亲信和宦官的请求，任命了许多素质低劣的人为郎官。后来经时任太尉杨秉的上疏劝谏，桓帝才不再签发任命诏书。桓帝不仅喜好外出巡游，而且还说不定什么时间私自跑到宦官家里"留饮"，使他们的家人、宾客到处炫耀和兜售"皇上曾经驾临我寒舍"的信息，以抬高自己，吓唬别人。

在桓帝的影响下，宦官和外戚竞相贪腐，纵情声色，朝廷和官场充满腐败末日的景象。他们挥金如土，尽显奢华；贪官污吏横征暴敛，中饱私囊，造成国库空虚，入不敷出。从延熹四年（公元161年）开始，朝廷下令削减三公、九卿以下官吏的俸禄，并向各封国王侯借贷，要求他们将赋税收入的百分之五十借贷给国家。与此同时，朝廷还公开卖官以增加收入：将只封其号、但无封国、有食邑数户、按规定户数征收租税的关内侯、爵位等级为第九级的五大夫、守卫皇宫的警卫武士虎贲、担任护卫都城警备任务的禁军羽林、执金吾手下穿红色军服的骑士缇骑、执行体面任务的兵卒营士等，明码标价、各有等差，公开向社会出售，受到广大吏民的嘲讽。当时，曾流传着一首乐府民谣，说："举秀才，不知书。察孝廉，父别居。寒素清白浊如泥，高第良将怯如黾。"

《后汉书》作者范晔在为桓帝作纪时曾感叹说：除掉外戚梁氏集团之后，天下吏民特别企盼休养生息。可是桓帝却宠爱并厚封单超等五名宦官，以致五邪肆虐，流毒蔓延四方。如果不是李膺等一大批忠贞贤德之士直言极谏，屡屡折杀群奸的锋锐，恐怕桓帝所统治的汉朝早就倾覆了。（《资治通鉴》第五四、五五卷，《后汉书·孝桓帝纪》）

7

灵帝时期的宦官政治和没落政治

永康元年（公元 167 年）腊月，东汉王朝的第十任皇帝汉桓帝在德阳前殿驾崩，享年三十六岁。桓帝虽然妻妾成群，后宫佳丽五六千之多，但没有子嗣。根据惯例，朝廷尊皇后窦妙为皇太后，由她临时主持朝政。窦太后主持朝政后，干的第一件事就是下令将桓帝宠爱的采女田圣处死。因为自从窦妙被立为皇后不久，桓帝便不仅不再宠幸她，而且连见她都很少，只有采女田圣等贵人才是桓帝的心肝宝贝。杀了田贵人之后，窦太后还想杀死所有的贵人。中常侍管霸、苏康等苦苦相劝，窦太后才没有下手。窦太后消气之后便与他的父亲城门校尉窦武商议确定皇帝继承人问题。窦武召见御史台属官侍御史刘儵，向他打听刘姓皇族中的贤才，刘儵向窦武推荐了解渎亭侯刘宏。

刘宏是汉章帝的玄孙，河间王刘开的曾孙，其祖父解渎亭侯刘淑死后，其父亲刘苌继承了解渎亭侯爵位，刘苌死后，刘宏成了解渎亭侯。刘宏的生母是董夫人。窦武入宫将解渎亭侯刘宏的情况向女儿窦太后做了汇报，窦太后拍板决定刘宏为皇帝继承人，并提拔任命刘儵为掌顾问应对、唯诏令所使的光禄大夫，与掌顾问应对、给事左右的宦官中常侍曹节共同持节，率领中黄门、虎贲武士、御林军等一千余人，去往都城在乐成县的河间封国（今河北沧州市献县东南），迎接解渎亭侯刘宏来京师。当时，刘宏年仅十二岁。

刘宏到京后，窦太后提拔其父亲、城门校尉窦武为大将军；任命前太尉陈蕃为太傅，与大将军窦武、司徒胡广统领尚书台事宜。这三位大臣都是窦太后高度信任的人。

第二年正月，窦太后命令大将军窦武持符节，用皇子封王时专用的青盖车，将十二岁的解渎亭侯刘宏从洛阳夏门亭接入宫中。当天，刘宏即位皇帝，是为汉灵帝。他是东汉历史上的第十一任皇帝。汉灵帝在位二十二年，他极力推行宦官政治和没落政治，终将东汉王朝带入分崩离析、土崩瓦解的边缘。（据《后汉书·孝灵帝纪》）

一、辅佐大臣窦武、陈蕃被宦官诛杀

灵帝登基后，依据惯例对拥立皇帝的所谓"有功之臣"进行封赏。窦太后封拥立灵帝的"大功臣"、自己的老爹、大将军窦武为闻喜侯；封窦武的儿子窦机为渭阳侯；封窦武的两个侄子窦绍为鄠侯、窦靖为西乡侯；封中常侍曹节为长安乡侯等。共封侯爵十一人。

窦太后为了感激陈蕃过去在册立她为皇后时的大力支持，特封他为高阳乡侯。陈蕃上疏辞让，窦太后不准。陈蕃坚决辞让，先后上疏达十次之多，最终没有接受封爵。

陈蕃与窦武同心合力，辅佐朝政，征召全国有名的贤才李膺、杜密、尹勋、刘瑜等人进入朝廷工作，共同参与朝廷的政事。对这样的人事布局，宫廷内外都给予积极评价，人们殷切盼望东汉王朝在这些德才兼备的优秀大臣的辅佐下能够枯木逢春。

自从年轻的窦妙由皇后升格为太后，主持朝政以来，灵帝的奶妈赵娆，女尚书们和宦官中常侍曹节、王甫等人，整天守在窦太后身边，哄她开心。窦太后一高兴就下发诏书，给这些人的亲戚以及他们的狐朋狗友封官拜爵。

有一次，在朝廷开会时，陈蕃和窦武比邻而坐，陈蕃私下对窦武说：曹节、王甫等人，从先帝时起就操弄国家大权，扰乱天下，如今如果不杀掉他们，将来更难以下手。窦武点头称是，非常赞成陈蕃的意见。陈蕃大为高兴，推席而起，离开朝堂。接下来，窦武就与其志同道合的尚书令尹勋等人一起，着手研究制定铲除宦官的计谋。当时，正好发生了日食，陈蕃就对窦武说：过去萧望之困在一个石显手里就栽了，何况今天有十个石显！现在机会来了，完全可以抓住日食的机会，斥退和废黜宦官。于是，窦武劝谏作为皇太后的女儿窦妙说：按照过去的典章制度，黄门、常侍只是在宫中供职，负责管理门户，保管宫廷的财物。而今却让他们参与朝廷政事，掌握重要权力。他们的养子、家人、亲友、门客等布满天下，大肆贪赃暴虐，欺压百姓，对此，天下舆论沸腾。应该将他们全部诛杀或废黜，以肃清他们在朝廷和地方的流毒和影响。窦太后从来没有这个意识，她听到父亲讲这样的话感到吃惊，她说：自从汉王朝建立以来，世世代代都有宦官，应当只诛杀那些违法犯罪的，怎么能够将他们全部消灭？根据窦太后的意见，窦武只好对自己原来的想法作了调整，由打击"一大片"，改为干掉"一小撮"。当时，中常侍管霸鬼点子最多，他在禁宫中独断专行，心狠手辣，贪赃枉法，口碑很差。窦武奏准窦太后，先将管霸和他的同伙中常侍苏康等逮捕下狱，并予以处死。窦武又多次向窦太后请求诛杀曹节等人，窦太后犹豫不决，不肯批准，致使事情拖延下来。于是，陈蕃又上疏说：目前，京都洛阳人心不稳，侯览、曹节、公乘昕、王甫、郑飒等和灵帝的奶妈赵娆、女尚书们共同扰乱国家政治，凡是巴结和依附他们的就升官拜爵，凡是违背和反抗他们的就受到中伤陷害。朝廷里的大臣，如同河里面漂流的木头，一会儿漂向东，一会儿漂向西，只知道贪图俸禄，畏惧权势。陛下如果现在不迅速诛杀为非作歹的宦官，将来一定会发生叛乱，危害国家。请求把我这份奏章宣示左右，并让天下的奸佞们都知道我对他们深恶痛绝。窦太后固执己见，不予采纳。此时，善于观察和研究星相的侍中刘瑜分别上疏窦太后及窦武、陈蕃说，从目前星相变化的情况看，可能要发生对将相不利的情况，建议防备近在咫尺的小人。据此，窦武、陈蕃商量，把太后身边的重要官吏以及京都洛阳的地方主官，都换上自己信任的人。于是，他们劝说窦太后下诏任命：庐江太守朱寓（豫州沛国人，即今江苏徐州市沛县人，"八俊"之一）为司隶校尉；历任河东太守、尚书令、河南尹、司隶校尉、大宗正、大司农、中散大夫的刘祐（中山郡安国人，即今河北保定安国市人）为河南尹；虞祁为洛阳县令。窦武上疏，窦太后奏准，将黄门令魏彪免官，任命其所亲信的小黄门山冰担任黄门令。然后，由山冰出面，弹劾和逮捕宦官郑飒，并将郑飒送往北寺监狱囚禁。经审讯，郑飒在供词中"咬"出了一同图谋不轨的曹节、王甫等人。于是，窦武写了奏章，立即奏请窦太后批准逮捕郑飒所供述的宦官。

按说这么重要的事情，窦武应该亲自奏明太后，经太后批准，立即实施抓捕行动，但大将军窦武却把奏章交由侍中刘瑜呈递，自己却出宫回家去了。

当时，灵帝尚未亲政，窦太后是最高决策者。侍中刘瑜将窦武交给他的密奏送达窦太后所居住的长乐宫。长乐宫负责公文传递的典中书者发现，窦武等人请求诛杀郑飒等宦官的奏章，里面牵扯到一些包括长乐宫宦官在内的人，于是他就立即将这件事报告给了掌长乐宫门户的长乐五官史朱瑀。朱瑀立即拆阅了窦武的秘密奏章，他一边阅，一边骂：中宫宦官放纵，自然可以诛杀，关我们长乐宫什么事，凭什么连累我们，还要灭我们的族？骂着骂着，就偷换了概念，他大声呼喊道：窦武、陈蕃奏请皇太后，要废黜皇帝，大逆不道！于是朱瑀连夜召集与自己关系比较铁、身体强壮的宦官开会，合谋诛杀窦武、陈蕃等人。参加会议的有长乐从官史共普、张亮等十七名宦官，商议完之后，这十七个人还歃血盟誓。为壮大力量、确保成功，朱瑀还串通了曹节、王甫等，与他们实施联合，共同劫持了少年汉灵帝。中常侍曹节吓唬灵帝说：外面有紧急情况，请陛下赶快登上德阳前殿。而且曹节还手把手地教灵帝拔出佩剑，做出奋起杀敌的模样。曹节还叮嘱奶妈赵娆等，一定要做好灵帝的护卫工作！宦官们还收取符节印信，关闭宫门，召唤尚书台官员过来，将刀架在尚书脖子上威胁他撰写诏书，任命王甫为管理宫中诸宦者，官秩为六百石的黄门令，持节到黄门北寺监狱，逮捕尹勋、山冰。王甫到达北寺监狱宣读"诏书"，山冰怀疑诏书是假的，拒不受诏，王甫将山冰、尹勋全都杀死，并将郑飒释放。随后，王甫又率领卫士回宫，将窦太后劫持，并夺取了皇帝的玺印。王甫命令专掌皇帝传达的中谒者守卫南宫，关闭宫门，切断通往北宫的复道；还派邓飒等持符节，率领侍御史、谒者逮捕窦武等人。窦武拒不受诏，跑到步兵校尉军营，与他的侄子、步兵校尉窦绍共同以箭射击宦官及他们带领的使者。窦武、窦绍召集北军五校尉兵营数千人进屯都亭，并动员他们说：黄门、中常侍谋反，大家要奋勇杀敌，凡是作战勇猛的，封侯、重赏。年已八旬的老臣陈蕃听到事变的消息，立即率领他的属官和学生、门徒八十多人，手持刀剑，闯入承明门，一直走到尚书台门前，振臂大喊：大将军忠心报国，黄门反叛，为什么反说窦武大逆不道？老臣陈蕃这么大声一喊，受中常侍曹节等矫诏而被任命为黄门令的王甫，听到喊声急忙带人跑了过来。王甫命令武士逮捕陈蕃，陈蕃拔剑斥责王甫，但毕竟陈蕃已是八十岁的老人，武士们很快就把他拘捕，送到北寺监狱囚禁。在监狱里，宦官们对陈蕃拳打脚踢，当天就把陈蕃活活打死在狱中。此时，负责监督幽、并、凉三州及度辽、乌桓二营的护匈奴中郎将张奂（凉州敦煌郡渊泉县人，即今甘肃酒泉市瓜州县人）正好被召回京都洛阳，他根本不知道朝廷里发生了事变。于是，曹节等宦官假传圣旨，命令张奂率领的北军屯骑、步兵、越骑、长水、射声五校尉营留下的将士去讨伐窦武。宦官王甫率领虎贲勇士、御林军等一千多人与张奂等会合，然后他们都去皇宫正门，与窦武、窦绍所率领的军队对峙。这个时候，宦官们歪曲事实真相的宣传发挥了重要的作用。窦氏叔侄手下的士兵听到对方的宣传喊话摇了，纷纷向宦官所统领的军队投降，不到两个时辰，士兵们都跑过去归附了宦官王甫。窦武、窦绍都自杀了。王甫命士卒将二人的头砍下，悬挂在洛阳都亭示众。紧接着，又大肆搜捕窦武的亲族、宾客、姻亲，将他们全部诛杀；把按窦武命令向窦太后转呈奏章的侍中刘瑜，以及窦武所信赖的屯骑校尉冯述也都屠灭了全族；他们还逼迫窦武所信任的虎贲中郎将刘淑、前尚书魏明自杀；将窦太后移居南宫；把窦武的家属流放到日南郡，即今越南中部地区的广治省东河市一带。在三公、九卿以下，凡是窦武、陈蕃所推荐的官员，以及他们的学生、门徒和过去的老下属等全部免官，从此决不允许再出来做官。

这次事变以宦官的全胜和窦武、陈蕃令人不可思议的失败而告终，宦官完全把持了朝政。曹节升任长乐卫尉，掌长乐宫警卫，官秩为二千石，被封为育阳侯；王甫升任中常侍，仍兼黄门令；朱瑀、共普、张亮等六人，以"保驾有功"皆被封为列侯。这里需要说明的是，东汉的列侯，在县侯之外，还有都乡侯、乡侯、都亭侯、亭侯等。主要是县侯、亭侯、乡侯三个等级。其中县侯以县立国；乡侯、亭侯不立国，只设置家臣。列侯的食邑也有高有低。另有十一人封为关内侯。关内侯只有其号而无封土，封有一定数量的食邑民户。从此，张让、赵忠、段珪、夏恽、宋典、郭胜、毕岚、孙璋、高望、张恭、栗嵩、韩悝十二名中常侍，史家称之为"十常侍"的宦官集团迅猛崛起。前期较为出名的是曹节、王甫、朱瑀、程璜等，后期较为活跃的是张让、赵忠等。"于是群小得志，士大夫皆丧气。"（据《资治通鉴》第五六卷，《后汉书·窦何列传》）

二、党锢之祸又起，大量士人被杀害

在第一次党锢之祸时，李膺等一批名臣贤士虽然被朝廷废黜和禁锢，但是全国各地的文化人对他们都非常认可，认为朝廷对这些优秀人才弃之不用，是朝廷政治污浊的表现。许多人愿意同这些所谓的"党人"结交，还唯恐他们不肯接纳。而那些一度被打压下去的有文化、有抱负的"党人"，也相互欣赏，相互赞美，几乎每一位有点名气的人都有美号。

他们称窦武、陈蕃、刘淑为"三君"，所谓"君"，乃一代宗师也。称李膺、刘祐、荀翌、王畅、朱寓、杜密、赵典、魏朗为"八俊"，所谓"俊"，乃一代俊杰也。称郭泰、范滂、巴肃、蔡衍、尹勋、夏馥、宗慈、羊陟为"八顾"，所谓"顾"，乃一代德行之范也。称张俭、翟超、陈翔、岑晊、刘表、苑康、檀敷、孔昱为"八及"，所谓"及"，乃一代导师也。称度尚、张邈、刘儒、王考、秦周、胡母班、王章、蕃向为"八厨"，所谓"厨"，乃一代舍财助人侠士也。

宦官们对李膺等党人的恨意刻心镂骨。所以，当灵帝每次颁发诏书时，宦官们都要写上"党人"不准做官的禁令。这便引发了第二次党锢之祸。这件事的头绪与"八及"之首、治所在今山东菏泽市巨野县东南的山阳郡的东部督邮张俭有关。

张俭，字元节，山阳高平人，即今山东济宁邹城市人。他是赵王张耳的后人。其父张成曾在治所位于今湖北武汉市新洲区的江夏郡做太守。由于父亲的关系，张俭最初被举荐为茂才，他因对州刺史不满，便以病为由不去报到。延熹八年（公元165年），在治所位于今山东菏泽市巨野县之南三十公里的山阳郡做太守的翟超将张俭征召为东部督邮。督邮为汉代各郡的重要属吏，代表太守督察县乡，宣达政令，兼掌司法。宦官、中常侍侯览的老家在山阳郡防东县，即今山东菏泽市单县。他母亲仗着儿子在朝廷做大宦官，横行霸道，欺压乡亲。张俭在该县督察时发现了这个问题，于是便向朝廷上疏举报张俭母亲的罪行，请求朝廷依法处死侯览及其母亲。侯览因工作之便，将张俭的举报信扣压。于是，侯览便与张俭结下仇怨。张俭的同乡人朱并是个阿谀献媚、卑鄙龌龊之徒，张俭瞧不上他，对他常行奸佞之事进行过严厉抨击和挖苦，于是朱并对张俭心生怨恨。后来，朱并跑到中常侍侯览那里，将自己受到张俭尖刻抨击的事儿告诉了侯览。侯览正好也对张俭心怀仇恨，于是便给朱并出主意说，可利用张俭参与"党人"的政治活动这件事，在里面添点油、加点醋，上疏举报他，并手把手地教朱并如何上疏灵帝举报张俭。于是朱并就按侯览的指点做了，他举报张俭与同郡二十四人，互起称号，共同结成"朋党"，企图危害国家，而张俭就是他们的首领。少年灵帝接到朱并的举报信之后不知道如何处理，在宦官参谋下，灵帝命人将朱并的姓名划掉，把举报信公布出去，并下令逮捕张俭等人。从此，张俭走上了逃亡之路。

建宁二年（公元169年），职掌宣达皇后旨意，管理皇后所居的长秋宫各事，官秩为二千石的高级宦官大长秋曹节，想借朝廷抓捕张俭等所谓"党人"的机会，进一步扩大打击范围，加大打击力度，把那些反对宦官专权的爱国忠臣和知识分子一网打尽。

曹节，字汉丰，南阳育阳人，即今河南南阳市宛城区瓦店镇人。汉顺帝初年，曹节从西园骑之职升任为小黄门。汉桓帝时期，曹节升任中常侍、奉车都尉。永康元年（公元167年），汉桓帝去世，第二年，曹节率领中黄门、虎贲、羽林军一千人，迎接汉灵帝刘宏继位。曹节因迎立有功，被封为长安乡侯，食邑六百户。汉灵帝继位时，外戚大将军窦武与太傅陈蕃商议诛杀宦官，宦官先下手进行反击，曹节在长乐五官史朱瑀等人组织下，与其他十五名宦官共十七人发动事变，带兵诛杀陈蕃、窦武等人，曹节因功升任为长乐卫尉，改封育阳侯，增加食邑三千户。建宁二年（公元169年），曹节患病，灵帝下诏任命他为车骑将军，过了三个多月，曹节病愈，他上交车骑将军印绶，被免去车骑将军职务，仍担任中常侍，官位为特进，官秩为中二千石。不久，曹节又调任大长秋。曹节是宦官中的"老油条"，他对"党人"反对宦官专权极为仇恨，总想找机会收拾"党人"。现在朝廷开始抓捕"党人"张俭等，曹节认为大规模整人的机会总算来了。

曹节通过多年近距离观察宫廷内斗，甚至不时参与其中，练就了一套整人害人的"功夫"。这其中有两个"功夫"是很厉害的。第一个"功夫"就是把皇帝玩成可供自己使唤的鹰犬。当他们需要打压政治对手时，只要用手一指，鹰犬皇帝就会迅猛扑杀过去，凭借尖牙利爪撕咬和捕食宦官所指的"猎物"，没有哪一次不成功的。第二个"功夫"就是善于借机借势整人。像曹节那样老成世故的宦官是很善于捕捉机会的。机会不到，他就会耐心等待；机会来了，他就会果断出手，迅速出击，一举把对手打翻在地。那么，什么才是整人害人的机会呢？以宦官的眼光看，一是对手在皇帝那里不吃香了，甚至皇帝也开始对此人心生厌恶的时候；二是发生天象异变或自然灾害的时候，趁此机会让作为政治对手的有关大臣来买单；三是对手仕途不顺，运气不好，甚至开始倒霉走下坡路的时候；四是对手犯了什么事，小辫子被宦官抓在手里的时候。一旦出现上述几种情况，对宦官而言，那就意味着机会来了。此时宦官出手整人，一整一个准。可是，宦官在整人害人实践中，逐渐感到一个一个地收拾对手不过瘾，所以他们不再满足于零打碎敲式的整人，他们要实现整人"规模化"，那才能显示出宦官的威权。宦官们懂得，要提高规模化整人害人的命中率和成功率，就必须顺势而为，借势而进，造势而起，乘势而上。现在，对曹节来讲，就是要充分利用朝廷政治混乱和抓捕张俭等所谓"党人"的机会，趁势造势，借势而进，把事闹大，以此来扩大整人害人的规模和范围。于是，曹节暗示有关官员赶紧将前司空虞放和李膺、范滂、杜密、翟超、荀翌、朱寓、刘儒等都列入"党人"名单上奏，建议灵帝将他们交付州郡官府拷问审讯。

当时，少年汉灵帝连有关名词概念都不懂。他问曹节：什么叫作互相牵连结党？曹节告诉他说：互相牵连结党就是党人。灵帝又问：党人有什么罪恶一定要诛杀？曹节回答：他们互相推举，结成朋党，准备有不轨行动。灵帝再问：不轨行动，要干什么？曹节说：推翻朝廷。这样，少年灵帝才批准了奏疏。于是，由侯览最初挑起，朱并出头，曹节一手策划扩大范围的、针对反对宦官专权的忠臣及知识分子的大规模抓捕和屠杀行动迅速在全国展开。

宦官抓捕行动开始后，有人劝说李膺：你应该逃跑。李膺却回答说：侍奉君王不辞艰难，犯罪不逃避刑罚，这是臣属的节操。我年已六十，生死有命，逃向何方！李膺不仅不跑不藏，而且主动前往诏狱报到，结果被活活拷打致死。他的学生和过去的老下属都被禁锢，终生不许做官。李膺有一位名叫景顾的学生，可能由于宦官疏忽或其他什么原因，朝廷所拟定的抓捕名单里没有列景顾的名字，所以景顾逃过一劫。可是，他的父亲、负责朝官弹劾工作的侍御史景毅却不干了，他说：我本来认为李膺是一代贤才，所以才让儿子拜他为师，我儿子怎么能因为名单上没有他的名字而苟且偷生呢？于是，景毅自己上疏检举自己，被朝廷免职回归家乡，他的儿子景顾也被老爸送进监狱。

在宦官把持朝政大权的情况下，那些反对宦官专权的官吏和士人，都被扣上一顶"党人"的帽子，短期之内竟然被杀死了一百余人，死者的家属也都被驱逐到遥远的边疆。在腥风血雨之下，全国各地的英雄豪杰，以及那些具有良好品行和道义的儒家学者，都一律因被宦官指控为"党人"而受到严惩。和宦官有私人仇怨的人，也被宦官趁机诬告中伤，甚至连瞪了一眼的小积怨，也被滥控为"党人"。州郡官府名曰秉承朝廷旨意，实则执行宦官意志，有的人同"党人"没有任何瓜葛，也遭到惩处。因"党人"一案被处死、放逐、废黜、禁锢的又有六七百人之多。第二次党锢之祸，涉及的层面、范围以及诛杀、处罚的人数等，都比第一次党锢更大更多，对文化和文化人的摧残非常严重。正如司马光在记述这段历史时所评述的那样：读书人被大量杀害，王朝也跟着覆灭，不亦悲乎！

熹平六年（公元 177 年），在治所在不韦县（今云南保山市东北）的益州永昌郡做太守的曹鸾，对宦官势力打压"党人"看不惯，他上疏已经二十岁的汉灵帝说，所谓"党人"，有的是年老德厚之人，有的是士大夫中的俊杰贤才，照理说都应该辅佐皇室，在陛下左右参与朝廷的重大决策。可是，这些优秀人才竟然被长期禁锢，不许做官，甚至被驱逐到无路可走的边疆地带，备受羞辱。曾经犯过谋反大逆之罪的人，尚且能够蒙受陛下的赦免，"党人"又有什么罪过，唯独不能受到宽恕呢？陛下应该赐下恩典，对他们实施宽恕。汉灵帝看完曹鸾的奏章却勃然大怒，立即下令司隶校尉和益州官府逮捕曹鸾，用囚车将其押解到洛阳监狱，经过一番严刑拷打，把曹鸾给活活打死了。随后，灵帝又按照宦官的意见，向各州、郡官府下发诏书，重新调查"党人"的父亲、儿子、兄弟和学生、门徒、旧部属等，凡是当官的全都一律免职，严加禁锢，不准再出来做官。这种禁令，扩大到包括"党人"同一家族五服之内的亲属。这是成年之后的汉灵帝所做的昏庸决策。（据《后汉书·党锢列传》《后汉书·宦者列传》，《资治通鉴》第五六、五七卷）

三、宦官当权滥捕滥杀，灵帝亲政滥擢滥罚

建宁四年（公元 171 年），朝廷为汉灵帝举行成年加冠礼，大赦天下，但"党人"不在赦免之列。成年加冠礼的举行，标志着灵帝已长大成人，应开始亲政。但实际情况是，朝政大权仍然被宦官所控制，他们挟持着灵帝，让灵帝干啥，灵帝就乖乖地干啥，灵帝不过是宦官手中的玩偶罢了。灵帝为了保住他的帝位，极力巴结和

讨好宦官，他竟然说出这样的话：张（让）常侍是我父，赵（忠）常侍是我母。

（一）为搜捕政治犯，逮捕关押众多吏民

面对灵帝的昏庸无能和荒淫无度，面对宦官势力的黑暗统治和贪官污吏的疯狂捞钱，面对人民群众的饥寒交迫和穷困潦倒，朝中大臣们大都垂头丧气，混天度日。朝政越来越腐，社会越来越乱，人民越来越苦。一些有识之士非常忧虑和愤慨，但又不敢单枪匹马地站出来同黑暗势力做斗争。熹平元年（公元172年），窦太后去世后，有人偷偷在朱雀门上写标语说："天下大乱，曹节、王甫幽杀太后，公卿皆尸禄，无忠言者。"在宦官唆使下，汉灵帝下诏命令司隶校尉刘猛负责追查搜捕那个"写反动标语"的人，每十天汇报一次结果。而刘猛认为，朱雀门上所书写的话与当前的实际情况相符，因此对灵帝交办的搜捕工作消极应付。过了一个多月，仍然没有搜捕到书写"反动标语"的人。刘猛因此坐罪，被贬为掌谏诤、官秩为比八百石的谏议大夫。随后任命负责御史台工作，外督部刺史，内领侍御史，接受公卿章奏，纠察百僚的御史中丞段颎接替刘猛的职务，继续搜捕。

段颎是一位猛将，但缺乏政治头脑，其政治立场不够坚定，在后期特别是被任命为司隶校尉之后，为宦官干事不遗余力。他认真执行宦官的指示，抓捕政治犯的热情高涨。段颎以太学府为搜查重点，同时还派出多路人马四处追查，逮捕和关押了一些平时对朝政、对宦官表达过不满的人，共计一千多人，但真正书写"反动标

语"的人并未抓到。曹节等人对段颎敢于抓捕给予充分肯定，同时仍对刘猛不主动抓捕政治犯、消极应付颇有意见，所以他们又鼓动段颎寻找别的借口弹劾刘猛，并将刘猛遭送到左校营服苦役。刘猛被处罚后，朝中有不少大臣都为刘猛说话，灵帝这才免除了对他的刑罚。段颎本来为国家立下了大功，但因为后期投靠和依附宦官，转变了政治立场，充当起了宦官势力的爪牙和打手，枉杀大臣，受到了广大吏民的批评。最后朝廷也将他撤职查办，段颖在狱中饮鸩自杀。（据《后汉书·皇甫张段列传》，《资治通鉴》第五七卷）

（二）宦官王甫将渤海王刘悝满门抄斩

王甫是桓帝和灵帝年间的一名宦官，"十常侍"之一。早年在长乐宫混事，只是一名负责伙食的"食监"，中常侍曹节等假托皇帝诏书将其任命为黄门令，官秩为六百石。第一次党锢之祸时，王甫曾审讯过范滂，他被范滂的大义所感动，下令为关押在监狱的所谓"党人"解开桎梏。窦武、陈蕃密谋诛杀宦官的事情泄漏后，王甫与曹节等十几名宦官劫持灵帝，将窦武、陈蕃等人诛杀，事后，王甫被提拔为中常侍。王甫极度贪婪，是个雁过拔毛、象过留牙的家伙，他不仅对普通官民敲诈勒索，而且竟然把贪婪的黑手伸向了汉桓帝的胞弟渤海王刘悝。

刘悝是河间孝王刘开之孙，蠡吾侯刘翼之子，汉桓帝刘志之弟。建和元年（公元 147 年），渤海王刘鸿去世。刘鸿唯一的儿子刘缵在汉冲帝死后继位为汉质帝，但不久被梁冀毒杀，因刘鸿年幼，他死后，他的爵位和封地没有子嗣继承，于是汉桓帝刘志封自己的亲弟弟蠡吾侯刘悝为渤海王，以延续刘鸿香火。延熹八年（公元165年），史弼以密封奏疏的形式向汉桓帝刘志举报了渤海王刘悝胡作非为的问题。

史弼，字公谦，陈留郡考城人，即今河南省商丘市民权县人。其父史敞在汉顺帝时以佞辩（谄媚善辩）官至尚书、京兆尹。"化有能名，尤善条教（即法规，教令），见称于三辅。"史弼少时好学，经常"聚徒数百"。他初为郡功曹，后被公府征辟，升迁为北军中候，掌监屯骑校尉、越骑校尉、步兵校尉、长水校尉、射声校尉所领的北军五营，官秩虽轻但职责重要，实为京师常备禁卫军的长官，且能够自辟僚属。当时，桓帝的弟弟渤海王刘悝阴险邪僻，行为怪异，傲慢僭上，多有不法，尤其是他竟然聚集朝廷斥罢的官吏及剽悍不法之徒，图谋造反。史弼认为，自己的职责是掌领兵，保卫京师，以防发生非常事变，现在已获悉渤海国出现了"骄悖为乱"的大事，必须报告皇上。因此他秘密上疏桓帝说：我听说渤海王刘悝凭借自己是皇上的至亲，依靠皇上的偏爱，失去了侍奉皇上的大节，增长了不遵守法制的傲慢之心，在外聚集一些剽悍不法之徒，在内饮酒作乐，没有节制，出入无常，与一些品行不端的人吃吃喝喝，拉拉扯扯，这些人中有的是家庭里不要的败家子，有的是朝廷放逐的臣子，看情况恐怕要发生谋反的变乱。可是，有关部门和州府不敢对他纠察弹劾，渤海国太傅、国相也不敢尽到匡辅的责任。如果皇上念手足之情，不忍心制止他，任其发展下去，恐怕会出大事的。因此，建议把我的奏章晓示百官，使我能够在朝堂上公开揭发他的过失，然后皇上下诏公卿依法平等查处。法决罪定之后，皇上可以下达不忍加刑之诏命，我还固执己见，再对我稍加处罚。这样，圣朝没有损骨肉之亲，渤海仍享封国之幸。否则，恐怕大狱一兴，使者相望于路，就不可挽救了。桓帝接到史弼的奏书后，因念手足之情，没有对刘悝过重治罪，只将他贬降为瘿陶王，其食邑由原来渤海一郡，降为治所在河北邢台市宁晋县西南的瘿陶一县。

由于刘悝妻妾成群，子女成行，勤杂服侍人员众多，人吃马喂，消费开支庞大，再加上刘悝挥霍奢侈，仅一县之地的赋税收入让刘悝感到日子过得紧紧巴巴。因此，他一天到晚总想恢复其原来的封地。为了把恢复原封地这件事办成，刘悝找到王甫说，拜托王大人在桓帝面前多加美言，帮我恢复原来的封地，事成之后我会送给王大人酬金五千万钱。王甫心想，你什么时候钱到位，我什么时候给你帮忙。事后酬谢，这事不保险。因此，王甫在桓帝面前半句好话也没有替刘悝讲过，更不用说提及恢复刘悝渤海封地之事了。时间不长，桓帝得了大病，他在病床上想起弟弟刘悝，觉得以前给他的处分有点儿重了。于是，桓帝留下遗诏，恢复刘悝渤海王爵位。桓帝死后，其遗诏很快得到了落实，刘悝的渤海王爵位被恢复，其食邑土地面积由一县之域恢复到原先的一郡之土。此时，王甫在刘悝面前充好人，跟刘悝说自己如何在桓帝面前一次次为他争取，费了九牛二虎之力才使桓帝转变了想法，云云。意思是说，刘悝爵位和封地的恢复完全是他王甫争取来的，王甫还向刘悝索要其曾经许诺的五千万钱的"跑腿费"。刘悝清楚地知道，自己爵位和封地的恢复与王甫没有半毛钱的关系，完全是家兄桓帝开恩，因此，刘悝一个钱也不给王甫。为此，两人彻底闹掰，并结下仇怨。

起初，因桓帝去世时没有子嗣，窦太后与其老爸闻喜侯窦武决定拥立河间王刘开的后代解都亭侯刘宏为帝。当时，有一种传言说，刘悝也有即位皇帝的冲动，曾一度打算赴京即位。王甫也曾听说过这样的传言，他想以此为题做一篇大文章。于是，王甫派遣其心腹秘密监视和侦察刘悝，打算抓住其把柄之后再出手一击。王甫的心腹暗中盯梢一段时间后向中常侍王甫报告说，中常侍郑飒、中黄门董腾这两名宦官与刘悝来往频繁。王甫将这一情况告诉了由自己推荐而担任司隶校尉职务的段颎。段颎将郑飒、董腾逮捕，羁押到北寺监狱。王甫又安排尚书令廉忠诬告说：郑飒等人阴谋迎立渤海王刘悝当皇帝，大逆不道。于是，十七岁的汉灵帝偏听偏信，他于熹平元年（公元 172 年）下诏，命令冀州刺史逮捕刘悝，就地审问其罪。又令掌管诸侯及藩属国事务的大鸿胪持节，与最高司法审判机构长官廷尉、掌管王室亲族事务的宗正等，一起到渤海国督办此案，逼迫刘悝自杀。刘悝的妻妾十一人、子女七十人，歌舞女、侍女等二十四人，全都死在狱中。渤海封国太傅、国相以下官吏，以不能辅佐渤海王的罪名被全部诛杀。王甫因敲诈刘悝不成，一手制造了这起千古奇冤大案。

王甫对皇族至亲竟敢如此胆大包天地敲竹杠，受到抵制之后便罗织罪名，唆使已经沦为宦官"鹰犬"的灵帝将刘悝全家满门抄斩，更何况对普通官吏和老百姓了。刘悝家族被灭之后，灵帝对王甫感恩戴德，又加封他为冠军侯，其他十一名宦官也都被封为列侯。从此，宦官们更加嚣张跋扈，肆意对官吏和百姓敲骨吸髓，作

威作福。（据《后汉书·章帝八王列传》《后汉书·吴延史卢赵列传》，《资治通鉴》第五七卷）

（三）灵帝提拔了一批"文学之士"和"宣陵孝子"

汉灵帝刘宏好文学、书法，光和元年（公元 178 年），灵帝花了很长的时间终于创作完成《皇羲篇》五十章之后，就从太学府里遴选了一些爱好文学的人，待诏于鸿都门下，不定期参加他组织的文学活动。一些擅长尺牍、辞赋、书写鸟篆和画画的人，也都参加进来，总共有数十人。这些人大都出身贫贱，为官僚士族所不齿。灵帝经常召见他们，并跟他们一起座谈。在座谈时，谁若是讲一些街头巷尾的趣闻琐事，灵帝就非常高兴，他一高兴就封官。宦官"权豪"，为投灵帝之所好，同时也为拉拢和扩充自己的政治势力，根本不看道德品行和政务工作能力，对鸿都门的"文学之士"全都破格提拔重用。有一个名叫乐松的人，本为"出于微蔑，斗筲小人，依凭世戚，附托权豪"，因会画工笔画和能说会道而受到汉灵帝的宠信。灵帝先后提拔他担任鸿都文学、侍中、奉车都尉等职。乐松后因忽悠汉灵帝大肆修建西园，劳民伤财，而备受世人的痛恨。灵帝先后提拔了三十二名"文学之士"，并下发诏书，命令皇宫中负责御用器物制造的中尚方为这三十二名文学之士每人画一张肖像，并分别配上赞美之辞，作为对后生晚辈的劝勉。在此基础上，灵帝创办了"鸿都门学"。鸿都门就是皇宫大门，这所学校因校址在京都洛阳的鸿都门而得名。

汉灵帝对"文学之士"又是破格提拔，又是大加宣传褒扬，使三公和宦官等权臣们感到，把自己的子弟或养子送到鸿都门学校，似乎比送到太学更有前途。所以他们不管自己的孩子有没有艺术细胞，纷纷要求把自己的子弟送到该校。在这种情况下，灵帝决定"其诸生皆敕州郡、三公举用辟召"，也就是说鸿都门学校所招收的学生，都是由三公和地方各州、郡主官推荐，这里面有少量的王侯、大臣子弟、宦官养子或他们的三亲六故，但大部分是士族阶层看不起且没有名望的豪强子弟。鸿都门学校一时非常兴盛，学生多达千人。学校开设了辞赋、尺牍、字画、小说等课程。鸿都门学校的设立，扶植了文学艺术的发展，也培养出了几位书画家，对当时和后世的文学艺术发展产生了积极影响。但是那些官宦子弟不是冲着学习艺术而来的，而是冲着将来好当官才进入这所学校的。鸿都门学校从最初的招生入学，到最后的毕业安排工作，全都靠关系，真正有节操和有学问的人，都以与这些人为伍而感到羞耻。

此前，京都洛阳有几十个好逸恶劳的市民聚集到汉桓帝陵园宣陵，自称"宣陵孝子"，身穿孝服，"哭悼"桓帝。二十一岁的汉灵帝获得这些"孝子"名单后，不问青红皂白，就下发诏书，将他们都提拔为太子舍人。太子舍人是太子身边的官员，主要负责太子宫宿卫，兼掌侍从、秘书等工作。自从西汉开始，太子舍人之职一般都是选择家风家教好、品行高尚的良家子弟担任，使其陪伴在太子左右，以高尚的道德修养来影响太子。灵帝把一批"文学之士"和一帮"宣陵孝子"全都提拔为太子舍人，立即招来非议和讥讽，也引起朝中一些大臣的强烈不满。最先向灵帝呈上密封奏章的是议郎蔡邕。

　　蔡邕是东汉后期的名臣，著名儒学家、文学家和书法家，是我国古代四大才女之一的蔡文姬的父亲。蔡邕，字伯喈，陈留郡圉县人，即今河南开封市杞县人。他的六世祖蔡勋爱好黄老学说，平帝时期为县令，曾被王莽任命为连率（郡太守），他拒不受任，带上家属逃入深山之中。父亲蔡棱也有清白操行，死后被人们称为"贞定公"。受家风家教的影响，蔡邕从小就孝敬长辈、遵守礼制，母亲曾因病卧床三年，蔡邕精心伺候，无论盛夏还是严冬，他从来没有解过衣带，母亲病重时，他曾七十天没睡过一个囫囵觉。母亲去世后，他在墓旁盖了一间房子住下来守孝多日。他与叔父、叔伯兄弟等居住在一个院子里，三代没有分家，一大家子人长幼有序、敬老爱亲、相互谦让、家庭和睦、幸福美满，父老乡亲都称赞蔡家治家有方。蔡邕年轻时师从太傅胡广。胡广博学多闻，素有"学究五经，古今术艺，毕览之"之誉。他撰写的《百官箴》四十八篇，为后人研究汉朝官吏制度留下了宝贵的史料。受老师胡广的教育影响，蔡邕博学多闻，喜欢文学、数术、天文，还擅长音乐。桓帝时期，中常侍徐璜、左悺等宦官听说蔡邕擅长琴鼓，于是他们为巴结皇上，诏令陈留太守督促蔡邕启程来朝，为桓帝演奏。蔡邕不得已启程，走到偃师，即今河南洛阳偃师市，他假称生病而返回家中。建宁三年（公元170年），蔡邕被司徒桥玄征召为吏，桥玄很器重他，不久便向朝廷力荐了他，朝廷任命他为郎中，让他在东观校书。后蔡邕又升任议郎，与光禄大夫杨赐、谏议大夫马日磾等，一起续写《东观汉记》，校正六经文字，并经灵帝批准，刻印《熹平石经》，该石经刻成后成为后世儒家学者公认的标准经文。

当时，全国多地发生了严重旱灾，其中有七个州蝗虫为害颇为严重，同时频频发生电击雷劈、烈风折断树干、拔起树根等异常天象，又连连暴发地震、冰雹等自然灾害；且鲜卑出兵侵犯东、西、北三边，先后发起了三十多次进攻；老百姓为劳役赋税所苦，敝衣枵腹。在如此严峻的形势下，汉灵帝恐惧了。熹平六年（公元177年）七月，灵帝下诏进行自我批评，并下令群臣各自提出施政要领，披露得失，指陈政要。蔡邕借机上密奏说，我听说天降大害，是冲着某种弊政而来的。《鸿范传》说："政悖德隐，厥风发屋折木。"而今权柄不操于上，冰雹就会伤物；政治苛刻暴虐，则虎狼食人；贪利伤害百姓，蝗虫就会祸害庄稼。去年六月二十八日，太白星与月亮相迫，对兵事不利。鲜卑侵犯边境，从远地而来，我们出师征讨，没有取得什么战果。究其原因，就是朝政上违天意，下逆人事。因此，应当好好地听取一下大家的意见建议，采纳合适的，纠正失误的。蔡邕还说，我听说国家将兴，君主经常听取大家的意见建议。这样既可以了解施政情况，又可以了解百姓情绪。先帝虽然聪明圣哲，但仍然注重广泛征求意见，询问朝政得失，发生灾异之后，遍寻隐不出仕的高人，重视贤良、方正、敦朴、有道之士的选拔任用。那个时候，"危言极谏，不绝于朝"。可是陛下主政以来，连年发生灾异，没有听说您下诏征召贤能，也没有听说您征求意见建议，过去一些好的制度措施没有遵循，未能使那些忠心耿耿的大臣发挥敢想敢说的精神，使《易传》所说的"政悖德隐"的话得以验证。蔡邕共提出了当时应该抓紧施行的七件事。在谈到第五件事时，蔡邕对灵帝不加选择地滥提"文学之士"为官进行了批评，他说：擅长书画辞赋，只算得上小才，"匡国理政，未有其能"。皇上刚刚即位时，注重经术，在处理政事之余，看看文学作品，用以休息，未尝不可。而今却把文艺创作和下棋的游戏当成了正业。参加鸿都门聚会的那些所谓"文学之士"，竞相贪图名利，写作情绪高昂，这里面不乏高雅的，尚能够引用一些经训劝喻的言论。而庸俗的通篇都是俚语俗言，与戏文调笑取乐差不多。有些人甚至抄袭别人的文章，或冒充他人姓名。我每次接受诏书，看到已经对他们分出等级并逐一录用，我心里总是惴惴不安，这其中确实有一些素质非常低劣、不够格的人，但他们都得到了提拔重用。既然任命文书已经下发，难以收回或更改，可准许他们领取俸禄，这已经够便宜他们了，千万不能再任命他们做官，更不能派遣他们到州郡官府任职。在谈到第七件事时，蔡邕又对灵帝提拔的那批太子舍人进行了抨击，他说：一群投机钻营的虚伪小民，跟先帝并非骨肉至亲，既没有受过先帝的厚恩，又没有享受过官位和俸禄，他们却表现得如此哀痛思念，其孝子之心从何而来？肯定有一些存心不良、为非作歹的人也趁机混在里面。皇太子的属官，应该挑选德高才厚的人来担任，岂能一次性录用一群在坟墓旁边冒充"孝子"的丑陋之徒？没有比这件事更不吉祥的了，应该把他们都送归田里，揭发他们的虚伪面目。灵帝看了蔡邕的奏章之后，只将那批太子舍人全部改任为县丞或县尉。时任尚书令阳球也上疏朝廷，对灵帝为乐松、江览等三十二名"文学之士"画像并写赞语提出了批评。

阳球，字方正，渔阳泉州人，即今天津市武清区人，出身于世代为官的大姓家族。阳球年少时爱好击剑和骑马射箭。他生性严厉，喜欢申不害、韩非子的学说。郡府有个官吏侮辱了阳球的母亲，于是他集合了几十个年轻人，杀了那个官吏，并灭了他全家，因此而出名。后来阳球被举荐为孝廉，朝廷破格补任他做尚书侍郎。由于尚书侍郎阳球熟悉历史，起草奏章和处理政务的表现经常得到尚书们的表扬和推崇。因此，阳球又被朝廷重用到治所在今山东德州禹城市境内的高唐县担任县令。阳球脾气暴躁，为政严酷苛刻，被郡太守抓起来治罪。正好遇到大赦，阳球得以免罪，被征辟到司徒刘宠府中任职，年度考核被列为优等。当时九江郡山民起义造反，地方官府几个月都未能平息。太尉、司徒、司空"三府"以阳球具有平叛才能为由，建议皇上任命他为九江太守。阳球到任后，铺谋设计，把山民起义镇压了下去，并将郡府中那些吃里爬外的"保护伞"官吏逮捕处死。阳球因平叛有功，被重用为平原相。他上任后依然采用高压手段，平原国吏民因害怕他严酷而顺服。当时天下大旱，司空张颢上疏列举长官属吏当中为政苛刻残暴和贪污受贿的人，阳球因为政严酷，也被列入这个名单当中，于是被征召到廷尉受审，依照法律应当免职。灵帝因阳球在担任九江太守期间镇压农民起义有功，不仅没有将他免官，而且还任命他为掌顾问应对的议郎。不久，阳球升任将作大匠，职掌宫室、宗庙、陵寝等土木营建之事，在任内因事被弹劾，改任尚书令，明降暗升，成为实权派。

尚书令阳球对灵帝提拔任用和宣传表彰所谓"文学之士"非常不满，于是他上奏说：据我对这三十二名"文学之士"所作的调查，他们中有的只是写了一篇辞赋，有的甚至连一个字都没写，一句辞也没作，完全请别人代替出手，怪诞诈伪，花样百出。他们依靠与皇室的姻亲关系，依附和请托有权有势的宦官，帮着他们说好话、进美言，使他们蒙受特殊的恩典，如同蝉虫脱壳一样，从微贱的地位中解脱出来，得以上进。如果说为他们设立画像，是为了对后人进行劝勉告诫的话，倒不如君主的政务活动能够借鉴前人的得失成败更有意义。我从来没有听说过小人们弄虚作假就可以窃取高官厚禄，并且在素帛上留下画像的。希望陛下废止鸿都门文学之士的推荐和任命，消除天下的讥讽和谴责。灵帝根本不理阳球的劝谏，对乐松、江览等三十二人的肖像照画不误，所配的赞美之词照写不停，宣传赞美照旧进行。

光和元年（公元178年）多次出现反常怪异现象，尤其是在嘉德殿上空白天出现一明一暗两道彩虹，灵帝厌恶这种天象，于是引见议郎蔡邕和光禄大夫杨赐、谏议大夫马日磾、议郎张华、太史令单飏等人在崇德殿商议此事，并安排中常侍曹节、王甫主持询问。凡是问及蔡邕的有关问题，蔡邕都尽心尽力地做了回答。皇帝又专门给蔡邕下发诏令进行询问，诏令说：近来灾难不断发生，不知究竟犯有什么过失，对此，朝廷非常焦虑，人们也都恐惧不安。朕希望听到忠正的言论，可是每次询问公卿大臣，他们都闭口不言。蔡邕你对经学造诣很深，因此单独秘密卜问，你应该实事求是地陈述为政之得失，指明主要纠正措施，不要含含糊糊，模棱两可，自造疑虑忌讳。蔡邕接旨后，作了长篇回奏，其主要意思是，上天对于大汉王朝仍然是一往情深，所以才屡屡降下反常征象，以此来谴告君主引起警觉，以改变危险局势而使国家安定下来。霓虹下落、雌鸡化雄这两种怪异现象，皆为女人干政所带来的征象。此前，皇帝的乳母赵娆骄纵奢华，受到至尊的恩宠，她生前储藏的财富可和国家的府库相比，她死后所葬的坟墓比皇家的陵墓还要气派，她的两个儿子受封，兄弟们也都担任州郡主官。现在路人纷纷传言说，程璜又将成为国家的祸害。应该筑高防范的堤坝，严设禁令，并深思赵娆等人的祸害，以此作为最恳切的告诫。蔡邕还在奏疏中一方面指责太尉张颢、光禄勋伟璋、长水校尉赵玹、屯骑校尉盖升等人贪赃枉法，并指出这些小人在位招致灾害，应该让其退归思过，引退让贤也是他们的福分；另一方面，蔡邕又举荐廷尉郭禧、光禄大夫桥玄、前任太尉刘宠等，认为他们智慧通达、正派耿直、忠诚可靠、坚守正道，都应成为皇帝的智囊高参，陛下应经常召见他们，向他们咨议政事。蔡邕在奏疏最后说：为臣因为愚蠢而刚直，感激而忘身，敢触忌讳，手书具对。如果君臣之间不能保密，那么上有漏言之戒，下有失身之祸。愿陛下将为臣的表奏压下，保守好机密，勿使尽忠之臣受怨。灵帝接到蔡邕的奏章后，一边阅读，一边叹息。这一幕正好被灵帝身边的大宦官曹节看见了，曹节纳闷：这是谁写的奏疏，所奏何事，竟然让灵帝叹息不断？曹节在灵帝起身更衣之际，偷偷将其正在阅览的蔡邕的奏本看了一遍，而后便将所奏内容悉数传给他身边的亲信，于是机密之事便泄露了出来。那些蔡邕在奏疏中建议灵帝裁革黜退之人，包括中常侍程璜等，都对蔡邕恨之入骨，图谋报复。

　　蔡邕的叔父、卫尉蔡质以前与将作大匠阳球有矛盾。阳球的小妾是中常侍程璜的养女。蔡邕在奏疏中还指控阳球的老丈人程璜是

"国家的祸害"。这就等于蔡质、蔡邕叔侄把程大人和他的女婿们都给得罪了。作为宦官，程大人虽然不能生儿育女，但他依靠其贪污受贿得来的巨额财富娶妻纳妾，并收养了众多养子和养女，他们长大后，程璜就将养子安排到州、郡为官，将养女嫁给位高权重的大臣为妾，以此来培植和扩展其政治势力。从史料记载的情况看，程璜至少收养了三个女儿，而且都嫁给了三公九卿级别的高官。除了将作大匠阳球娶了他的养女作小妾外，原太尉陈球和现任司徒刘郃也都娶了程璜的养女为妾。说白了，将作大匠阳球、原太尉陈球、现任司徒刘郃互为连襟，他们共同的老丈人就是大宦官程璜。程璜有了一定的政治势力之后，便倚老卖老，更加肆无忌惮地收受贿赂，排挤忠良，作威作福。

陈球，字伯真，下邳郡淮浦县人，即今江苏淮安市涟水县人。其父陈宜曾在治所位于雒县（即今四川广汉市北五里巷）的广汉郡做太守。陈球年轻时刻苦学习儒学，并熟悉法律。阳嘉年间（公元132—135年），陈球被举荐为孝廉，朝廷任命他为尚书台三十六郎之一、官秩为四百石、协助诸曹尚书处理政务的郎中，不久他又先后担任了与侍御史共掌平廷尉奏事、评判定罪轻重的尚书符节郎，和帝刘肇慎陵园的令，掌开闭城门的中东城门候。而后陈球又被调到治所在今河南安阳市内黄县西北的繁阳县做县长，不久升迁为县令。当时魏郡太守暗示繁阳县府送交货贿，陈球不给，太守发怒，鞭打了督邮，想让他驱逐陈球。督邮不愿意那样做，他说：魏郡十五个县，唯独繁阳的政绩好，现在要我驱逐陈球，肯定会引起人们的议论。后来朝廷征辟陈球，他因考试成绩优秀，被任命为受命于御史中丞的侍御史。熹平元年（公元172年），窦太后去世，宦官怨恨她，用专门拉衣服的破车载其尸，放置城南市窖好几天。中常侍曹节、王甫想让窦太后以贵人之礼出殡，皇帝不同意，按礼发丧。等到下葬时，曹节等人又想让窦太后另葬别地。陈球站出来发话说：陈蕃、窦武属于冤案，窦太后无缘无故遭到深闭，天下人为此愤慨、叹息。今天我说了这些，如果加罪于我，这也是我很久以来的愿望。公卿以下，都赞同陈球的意见。太尉李咸又向灵帝上疏，请求将窦太后与桓帝合葬，灵帝看了李咸的奏章后，同意他的意见，最终结束了这场争论，曹节、王甫等宦官的图谋未能得逞。熹平六年（公元177年），朝廷提拔陈球为掌水土之事的司空，他成为三公之一，后来陈球因发生地震而被免官。不久，陈球又先后被授职隶属于光禄勋的光禄大夫，最高司法审判机构长官廷尉，掌宗庙礼仪、兼管文化教育、统辖博士和太学的太常。光和元年（公元178年），陈球升任为管军事的太尉，成为三公之首。数月后，陈球因天上出现日食被免官，后再授光禄大夫。光和二年（公元179年），陈球改任官秩为中二千石的永乐少府，为太后属官，掌太后衣服、宝货、珍膳等事。

刘郃，字季承，河间人，即今河北沧州市献县一带人，河间王宗室成员，原光禄大夫刘倏之弟。永康元年（公元167年）冬，汉桓帝病逝，由于他没有子嗣，需要在宗室中寻找继承人。当时窦太后安排其父、大将军窦武主持朝政，窦武便向宗室成员、侍御史刘倏了解，诸王后嗣中谁家的孩子更适合继位大统。刘倏考虑后，提议可立解渎亭侯刘苌之子刘宏。窦武和窦太后一致同意，便任命刘儵为光禄大夫，让他与窦武等一起前往河间迎接刘宏继位。后来，在大宦官王甫的主谋下，刘儵被杀害。朝廷追悯刘儵的功劳，就提拔重用他的弟弟刘郃。刘郃自身也具备一定素质，又是大宦官程璜的女婿，到光和元年（公元178年），刘郃已成为位列三公、掌人民教化等事的司徒。

曹节偷窥并泄露蔡邕奏章内容之后，程璜与他的三个女婿便向蔡质、蔡邕叔侄发起了攻击。程璜唆使他人以匿名信上疏诬告蔡氏叔侄说：蔡质、蔡邕叔侄多次因私事请托刘郃，都被刘郃拒绝，蔡邕怀恨在心，蓄意中伤刘郃。灵帝接到这封诬告信后，便命令尚书召唤蔡邕问明情况。蔡邕感到委屈，心想很可能是自己写的奏章被泄露，才招致打击报复的。于是，他上疏灵帝说：我这个人实在愚昧而又憨直，当初给陛下上疏反映情况，完全没有顾及日后的祸害。而陛下理应垂怜忠臣直言的苦心，保护敢于向陛下反映真实情况的忠臣。可陛下不仅没有这样做，反而一接到反映我有关问题的诬告信，便对我产生怀疑和责怪。我今年四十六岁，孑然一身，因被誉为忠臣而显姓扬名，即使身死而留有余荣，而陛下却再也听不到真话了。昏庸糊涂的汉灵帝根本不往深处和细处去想，也不派人了解核实情况，就凭诬告信中的几句空话，在没有任何证据支撑的情况下，就将蔡质、蔡邕叔侄逮捕入狱。有关官吏上奏弹劾指控蔡氏叔侄公报私仇，企图伤害大臣，犯下了"大不敬"之罪，应该绑赴街市斩首示众。宦官、中常侍吕强怜悯蔡邕无辜被冤枉，竭力为他求情，灵帝下发诏书说，减死罪一等，同家属一道全部剃去头发，用铁圈束颈，贬逐到治所在五原县，即今内蒙古自治区巴彦淖尔市乌拉特前旗东南的朔方郡，并下令说即使遇到大赦令也不得赦免。

汉灵帝再次充当了宦官整人害人的"鹰犬"，又一位爱国忠臣遭受了宦官的迫害。将作大匠阳球接连派出刺客，一路上追赶和刺杀蔡氏叔侄，而所有的刺客都为蔡邕的大义所感动，不肯从命。阳球又贿赂蔡氏叔侄被押送时将要经过的并州和目的地朔方郡的主官，但州刺史和朔方郡太守坚守正道，不仅不予从命，反而将实情告诉了蔡邕，让他小心戒备，防范他们下黑手，蔡邕这才死里逃生。（据《后汉书·酷吏列传·阳球传》《后汉书·蔡邕列传》，《资治通鉴》第五七、五八卷，《后汉书·宦者列传》《后汉书·张王种陈列传》）

四、大臣与宦官尖锐复杂的政治斗争

随着桓帝、灵帝两任皇帝对宦官的宠信和纵容，宦官的政治地位越来越高，权势越来越大，朝廷内外，他们处处插手。

曹节的父亲、兄弟、子侄以及跟他具有姻亲关系的人都当上了公卿、校尉、州牧、郡守、县令、县长等，曹氏家族为官的人遍布天下。曹节的弟弟曹破石担任越骑校尉。在东汉时，越骑校尉官秩为比二千石，下有司马一人，吏员一百二十七人，领士七百人。其属下越骑营侍从小吏，负责导引和问事的名为五百的人，其老婆长得非常漂亮；曹破石向五百求妻，五百不敢违令，打算献出妻子，但妻子不肯，因此自杀。曹氏家族荒淫暴虐，大多如此。

王甫陷害整死渤海王刘悝之后，被封为冠军侯，由此操纵朝政，浊乱海内，其父兄子弟皆为公卿列校，担任州牧、郡太守、县令、县长的，布满天下，他指使门客王翱，"于郡界辜榷（意思是垄断，侵占，搜刮，聚敛。也指商业交易中的一种包揽政府买卖场的独占行为，这种行为在东汉时期大为流行）官财物七千余万"。王甫的养子王吉在沛国（治所在相县，即今安徽淮北市相山区）做国相，他为政苛刻残暴，每次杀人后总是把尸体分割成几块放在囚车上，张贴布告列举罪状，并将碎尸拉到所属各县陈尸示众。遇到夏季，尸体腐烂，他就用绳索把死者的骨骼串联起来，看到这种惨状的人，无不惊惧。王吉在任五年，共诛杀一万余人。

段颎自从取代原司隶校尉刘猛担任司隶校尉以来，就依附于宦官。段颎因有功于宦官，所以能够保住富贵，又因与中常侍王甫等结为党羽，冤杀了中常侍郑飒、董腾等人，因而他的食邑增加了四千民户，加上从前的共一万四千民户。在宦官的运作下，熹平二年（公元 173 年），段颎代替李咸升任太尉，成为三公之首。同年冬，段颎因病被罢免，再次担任司隶校尉。数年后，段颎被调到治所在阳翟县，即今河南许昌禹州市的颍川郡做太守，又被征授为掌顾问应对、参谋议政、官秩为千石的太中大夫。光和二年（公元 179 年），段颎接替桥玄再次担任太尉。段颎两次担任太尉，都是宦官鼓捣成的，因此他对宦官们的无理要求百依百顺，纵容庇护，成为宦官的"保护伞"。

在朝廷重臣中，段颎已经被宦官俘虏，和宦官站到了一队。尚书令阳球，虽然大多数人都认为他是酷吏，并且他还娶了大宦官程璜的养女为妾，可是阳球除了在私人感情上与老丈人程璜近一些之外，他是坚决反对宦官势力专权乱政，反对灵帝在用人上不讲规矩的。在担任尚书令期间，他曾上奏灵帝，建议罢去鸿都学士的选拔，消除天下的讥讽谤讪。奏章呈上之后，灵帝没有理会。当时，中常侍曹节、王甫等人奸邪暴虐，玩弄权柄，宫廷内外为之摇动，阳球曾经拍着大腿气愤地说：如果有朝一日我阳球做了司隶校尉，岂能容得这帮家伙胡作非为！光和二年（公元 179 年），阳球果然被任命为司隶校尉，掌纠察京都及附近地区违法犯罪的高官，兼领兵，有检敕、捕杀罪犯之权，凡宫廷内外，皇亲贵戚，京都百官，无所不纠。阳球上任后接到的第一个案子，就是京兆尹杨彪检举揭发中常侍王甫派遣其门客王翘，在京兆侵占公家财物七千万钱。当时，王甫正在休假，宦官的保护伞、太尉段颎也因发生日食而自己弹劾自己回到家中。这是阳球向灵帝反映宦官问题和保护伞问题的绝佳机会。于是，阳球以自己被任命为司隶校尉，入宫向皇上谢恩的名义进见灵帝，行过谢恩礼之后，他向灵帝当面反映了王甫、段颎，以及中常侍淳于登、袁赦、封涃等人触目惊心的犯罪事实。灵帝听了之后，下令将王甫、段颎以及王甫的两个养子永乐少府王萌、沛国国相王吉全部逮捕，关押在洛阳监狱。司隶校尉阳球亲自审讯王甫等人，五种酷刑全都用上了。永乐少府王萌以前曾经担任过司隶校尉，于是他对阳球说：我们父子当然应该诛杀，但求求你念及我们前后同官，宽恕我的老父亲，让他少受点儿苦。阳球说：你们父子的罪恶举不胜举，即便是碎尸万段，也抵不了你们的罪过，还给我说什么前后同官，请求宽恕之类的话！王萌不再求情，改为破口大骂，他说：你从前侍奉我们父子，就像一个奴才一样，而今奴才竟然反叛主子，乘人之危，落井下石！阳球命人用泥土堵住王萌的嘴巴，鞭子棍子一通伺候，王甫父子全都被活活打死在狱中。太尉段颎也在狱中自杀。阳球仿照王吉杀人之后再分解尸体的做法，将王甫的尸体大卸八块，堆放在洛阳夏城门示众，并张贴布告说："这就是贼臣王甫！"阳球将王甫的家产没收充公，并将他的家属全部流放到遥远的比景。

　　司隶校尉阳球与宦官势力第一回合的较量，取得了重大战果。接着，阳球打算乘势而为，弹劾大宦官曹节等人。此时的阳球踌躇满志，他对其手下负责察举百官的中都官从事说：第一步先把权贵大奸除掉，再商议除掉其他同伙；至于那些豪强，你这位从事惩处就行了，用不着我司隶校尉出面动手了！阳球这句话传出去之后，那些豪门权贵都不敢吭声了。大宦官曹节甚至连休假日都不敢出宫回家。这期间，先帝顺帝的妃子虞贵人去世，文武百官参加完她的葬礼回城，经过夏城门，曹节扭头看见了道旁王甫被车裂的尸体，禁不住流着眼泪说：我们可以自相残杀，怎么能让狗去舔我们的血？于是，曹节对其他中常侍说：现在我们都一起回宫，谁也不要回家。曹节回到皇宫之后，径直来找到灵帝跟他报告说：阳球过去本是一个暴虐的酷吏，太尉、司空、司徒三府曾经对他进行过弹劾，理应将他免官，只因为他在担任九江郡太守期间有微不足道的小功劳，才再次任命他做官。大凡犯过罪的人都喜欢胡作非为，不应该再让他担任司隶校尉，任凭他狂妄暴虐、残杀无辜了。灵帝听信了曹节的谗言，将阳球改任为九卿之一、统率卫士守卫宫禁的卫尉。当时阳球正在司隶校尉府，曹节通知尚书令立即召见阳球，并向他宣布这一任命，不得拖延诏令。阳球心想：朝廷这么急迫召见，肯定有什么大事，因此请求面见灵帝。阳球见到灵帝后说：我虽然没有高尚的德行，却承蒙陛下让我担任犹如鹰犬一样的重任，日前虽然诛杀了段颎、王甫等人，但他们只不过是狐狸小丑，不足以布告天下。我请求陛下允许我再在司隶校尉岗位上干一个月，我一定会让豺狼和恶鸟一样的恶人低头认罪。说罢，阳球又叩头不止，额头上竟然流出了鲜血。灵帝对阳球的请求无动于衷，默然不语。旁边的宦官在殿堂上大声呵斥说：卫尉阳球，你敢抗旨不遵吗？一连呵斥了三次，阳球只好接受任命。

阳球被贬降后，灵帝任命曹节兼任了尚书台的长官——尚书令，掌决策出令、综理政务，包括官吏任免等事，实际上总领朝政，无所不统。于是曹节、朱瑀等人的权势又重新兴盛起来。

朱瑀就是建宁元年（公元168年）宫廷政变的点火人，最早发起者和组织者。当年窦武将建议诛杀宦官的奏章送至长乐宫后，典中书者发现请求批准诛杀的坏人里面涉及长乐宫的一些宦官，于是告诉了时任长乐五官史朱瑀。朱瑀大怒说：中官放纵者，自可诛耳。我曹何罪，而当尽见族灭！因此大呼说：陈蕃、窦武奏白太后废帝，为大逆！于是当夜召集十七名宦官，歃血为盟，诛杀窦武、陈蕃，并将参与密谋诛杀宦官的人全部处死。朱瑀以保驾有功被封为都乡侯，赐钱五千万，后更封为华容侯。朱瑀诡计多端，老奸巨猾，他与曹节狼狈为奸，为非作歹。

对宦官势力的再度崛起，宫廷内外正义之臣深感忧虑。当时，地位亲近尊显，位次中郎、侍郎，秩比三百石的郎中审忠上疏灵帝说：陛下即位的最初几年，由于年龄原因，不能亲自处理军国大事，皇太后以抚养和培育的恩情，暂时代理主持朝政，及时将祸国殃民的宦官管霸、苏康等人除掉，消除了政治隐患。太傅陈蕃、大将军窦武审讯他们的同党，目的在于正风肃纪，建设清明朝政。宦官朱瑀知道下一步祸害将要降临在自己头上，却无端制造了所谓"逆谋"一案，将陈蕃、窦武和尹勋等人诛杀。之后，宦官们趁机割裂国土，受到封爵和赏赐，他们的父子兄弟都分布在朝廷和各个州、郡，甚至有的爬上了三公、九卿的高位，他们丝毫不考虑丰厚俸禄和尊贵官位背后的责任，而是钻营私人请托的门路，千方百计地积蓄钱财，大肆扩建豪宅，连街接巷，甚至盗取流往皇宫的御水用来垂钓。他们的车马衣物和玩赏物品可上比君王。朝中文武百官谁也不敢说话；州牧、郡守顺从迎合他们的旨意，国家征召人才时摈弃贤能不用，却推举和任用他们推荐的愚蠢无能之辈。……最近依法惩处了王甫父子，广大吏民无不拍手称快，好像报了杀父之仇一样。只是抱怨陛下为什么继续容忍残余的丑类，不赶快将他们一网打尽呢？……我担任郎官已达十五年之久，所有这些情况都是我亲眼所见，亲耳所闻。朱瑀的所作所为，连皇天都不会原谅。请求陛下抽出片刻时间，垂听我的陈述，查看和裁决我的奏章，扫清和诛杀奸佞。我愿与朱瑀当面对质，如果我说的有一句假话，本人甘愿接受身被烹杀、妻子和儿子都被放逐的惩罚。奏章呈上去后，灵帝对审忠的举报置之不理。

宦官、中常侍程璜的三个女婿即司徒刘郃、卫尉阳球、永乐少府陈球等，都曾在不同时间遭到宦官势力的排挤和伤害。光和二年（公元179年）冬，三个人一起商议逮捕拷问宦官张让、曹节等，而他们中官职最高的司徒刘郃却存在思想顾虑。为了坚定刘郃诛杀宦官的决心和信心，陈球又写信劝说刘郃，他说：您是宗室的后代，位列三公，为天下的人所敬仰，难道可以随声附和，容忍宦官横行霸道，而不加反对吗？现在曹节等人放肆为害，一直在您的左右，况且您的哥哥刘儵为曹节等人所害。应该将曹节等人抓起来杀掉。这样，排除宦官干政，皇帝亲自掌权，天下太平很快就会到来。当时，尚书刘纳也因坚守公平正义而得罪了宦官，宦官进言把他调离要害岗位，刘纳也力劝刘郃下决心收拾宦官。刘郃说：凶恶的宦官，耳目众多，只怕我们还没有准备好，就会受到他们的伤害。刘纳说：您是国家的栋梁，国家大厦已发生严重倾斜，眼看就要倒塌了，如果您不力挺，用您为相有什么用呢？在陈球、刘纳的力劝之下，刘郃答应了，于是就与阳球等人紧锣密鼓地谋划这件事。曹节获知刘郃、阳球、陈球三人的计划后，一方面用重金收买程璜，另一方面威胁恐吓他。程璜就把三个女婿密谋的情况一五一十地告诉了曹节，而后曹节添油加醋地向皇帝打小报告说：刘郃等人与藩国往来不断，他们一肚子坏主意，图谋不轨。刘郃还多次接受贿赂，为政不廉。步兵校尉刘纳及永乐少府陈球、卫尉阳球，几个人书信往来不断，正在策划造反。灵帝听后大怒，下令免去司徒刘郃的职务，并将刘郃、阳球、陈球及刘纳四人逮捕审讯，后来他们都死在洛阳监狱，其老婆孩子被流放到边疆。（据《后汉书·宦者列传》《后汉书·酷吏列传》《后汉书·皇甫张段列传》，《资治通鉴》第五七卷，《后汉书·张王种陈列传》）

五、灵帝公开卖官，"聚钱以为私藏"

灵帝刘宏做解渎亭侯时"常苦贫"，总嫌自己家里钱少，等他当了皇帝以后，常常埋怨先帝不懂经营家产，"曾无私钱"。所以，他亲政以后一直想解决"钱少"的问题。那么，他是怎样解决这一问题的呢？简单地说，汉灵帝聚财有两条渠道：一条是加税和强迫赞助；另一条是卖官。

由于灵帝的挥霍和私藏，再加上中平二年（公元185年）京师洛阳发生火灾，南宫被毁，以及朝廷派出军队镇压黄巾起义，消耗了大量财富，国家财政出现了严重危机。大宦官张让、赵忠劝说灵帝下令在正常税赋之外，加征田地税，每亩地十钱，用来修建宫室、铸造铜人。

乐安郡（治所在高菀县，即今山东滨州市邹平县东北苑城）太守陆康听说朝廷加税的消息后，立即上疏进行劝阻。张让和赵忠等宦官以大不敬之罪，将陆康逮捕，押送到廷尉监狱。后经侍御史刘岱上疏营救，陆康才未被处死，而是被免职遣回家乡。随即，加征田税在全国推行，老百姓的经济负担进一步加重，他们的生活陷入极端贫困的境地。接着，灵帝又下发诏书，征调太原郡（治所在晋阳县，即今山西太原市西南）、河东郡（治所在安邑县，即今山西运城市夏县禹王城），以及治所在今甘肃定西市临洮县境内的狄道县等郡县的木材和有花纹的石头，作为修建宫室的建筑材料。在征调中，宦官千方百计谋取奸利，地方官员复增私调，想方设法中饱私囊，老百姓呼号叹息，苦不堪言。

由于灵帝和宦官们"欲盛则费广",所以他们不仅大肆搜刮百姓,而且还想办法从各级官员那儿获利。朝廷规定,年俸二千石官员以及茂才、孝廉等在升迁和赴任时,都要缴纳一笔费用,美其名曰"修宫"和"助军"。大郡的太守通常要缴二三千万钱,其余的依据辖区大小、贫富程度和官职等级不同而有所差别。新官在上任之前,必须先去西园定好钱数,届时交清。有的官员为官清正、财力不支而被迫自杀。当时治所已迁至廮陶县(今河北邢台市宁晋县)的巨鹿郡新任命的郡太守是河内郡人(今河南焦作市武陟县一带人)司马直,他以廉洁爱民而闻名,因此朝廷特意为他打折,责令他交钱三百万。司马直接到诏令,非常发愁,他说:作为百姓的父母官,反而搜刮百姓,我实在是于心不忍!于是他托病辞官,结果朝廷不准。司马直只好硬着头皮上路,走到孟津,他留下一封抨击卖官鬻爵的奏疏后服毒自杀。朝廷逼死清正廉洁的司马直之后,灵帝暂时停征了"修宫钱",但又在西园建造了"万金堂",并将国家库府中的金钱、缯帛等,转运到"万金堂",这些财物成了灵帝的私财。灵帝还命人到老家河间购买田地,建造宅第楼观。

光和元年(公元178年),灵帝设立以宫舍"西邸"为名的官署,专门负责出卖官爵,并按照官位的高低不等来收钱。年俸等级为二千石的官,卖两千万钱;六百石的官,卖六百万钱。其中,按照正常程序提拔任用的官吏,需要缴纳一半的钱,最低也要出三分之一的钱。根据每个县的大小、远近、贫富等不同情况,县令或县长的价格多少不等。有钱的富人先交现钱买官;没钱的穷人可以先打欠条,到任以后按照原定价格的两倍偿还拖欠。灵帝在西园设立了一个钱库，将卖官所得到的钱，大都储存在钱库里，剩下一部分却分散储藏。

汉灵帝在其统治后期，为了"丰其私财"，对包括三公在内的朝廷重要官员的提拔任用也要收钱。买官者往往通过走宦官或者灵帝奶妈的路子，先向他们行贿，再向"西邸"献钱之后，才能得到任命。凡是新任命的官员，都要先去西园议定应缴纳的钱数，必须把钱交上才能赴任。被阳球处死的太尉段颎和司空张温等人虽然前期立有军功并有一定的声望，但也都是事先进献了钱财，才登上三公之位的。

灵帝在位二十二年间，在他统治的中后期，即从光和元年（公元 178 年）"初次开放西邸卖官，从关内侯、虎贲、羽林出卖分别入钱各不等。私下命左右出卖公卿，公爵千万，卿爵五百万"开始，到中平四年（公元 187 年）"出卖关内侯，给予金印紫绶，可以传之世代子孙"，再到中平六年（公元 189 年）"帝逝世于南宫嘉德殿"结束，卖官鬻爵长达十二年，其历时之长，规模之大，聚钱之狂，极为罕见。（据《资治通鉴》第一九、五七、五八、一九二卷，《后汉书·孝灵帝记》）

六、张角发动黄巾起义，被朝廷军队镇压下去

张角，巨鹿人，即今河北邢台市平乡县和巨鹿县一带人，他素来崇尚黄老学说，认为黄帝时期天下太平，既无剥削压迫，又无饥寒病苦，更无欺诈偷盗，人人过着幸福美好的生活。在东汉中期，有个名叫于吉的道士在青州、徐州一带广泛传播他的思想（即《太

平经》），主张反对剥削和敛财，倡导人人平等互爱。后来，张角将自己的主张与《太平经》的有关思想糅合在一起，创立了"太平道"，提出了"致太平"的理想。他以黄天为"至上神"，认为黄天神开天辟地，创造出人类，宣称在天上有鬼神监视人们的行为，并根据人的善恶来增加或减少其寿命，要求人们多行善事，不做坏事。由于当时政治黑暗，经济凋敝，社会动荡，宦官与外戚尔虞我诈，轮番乱政，各级官吏贪赃枉法，横征暴敛，割据军阀抢掠百姓，豪强地主兼并土地，再加上连年灾荒，人民群众痛苦万状。因此，越来越多的老百姓开始信仰太平道。

（一）张角发动黄巾起义，灵帝丧失遏制良机

太平道的纲领、目标、教义等，都来自《太平经》，只是在传教方式上有其独特之处，太平道主要是以给人治病来扩大影响的。张角自称"大贤良师"，为太平道的总首领；他的两个弟弟——张梁、张宝，则自称"大医"，也是"太平道"的首领。张氏兄弟用念过咒语的"符水"亦即"神水"给人治病，他们先让病人跪在地上，说出自己以前所犯过的错误，而后再喝下神水，祈求得到神的原谅和宽恕。一些病人通过忏悔自己所犯的错误，并喝下大贤良师的神水，减轻了心理负担，自我感觉病好了，于是将张角奉为神明。他们一传十、十传百，找张角看病和拜师学艺的人越来越多，时间不长，张角就招收了大量弟子和信众。张角把这些弟子派往全国各地，采取诓骗引诱的方式发展教徒。当时，由于汉灵帝的黑暗统治，人民群众饥寒交迫，不少人都把信仰太平道作为精神寄托。

这样，在十余年里，太平道的教徒就发展到几十万人。特别是在青、徐、幽、冀、荆、扬、兖、豫八州"莫不毕应"，信奉太平道的人比比皆是。有些虔诚的信徒卖掉自己的家产去投奔张角。信徒们从四面八方去投奔张角，尚未到达就病死的人"亦以万数"。

当时，面对太平道蓬勃发展的形势，州郡县各级官府并不了解张角的真正意图，他们都为张角说好话，说他是"以善道教化，为民所归"。此时，有一个人认为，张角不仅仅是为了传教，而是另有图谋，如果任其发展坐大，后果不堪设想。为此，他向汉灵帝献上了阻滞太平道发展壮大的高招妙计。这个人叫杨赐。

杨赐，出身于"弘农杨氏"名门之家，其祖父杨震、父亲杨秉都通晓经典，博览群书，以忠正刚毅而闻名于当时，均担任过太尉。杨赐少年时便传承家学，研习儒术，隐居在家乡一带教授子弟，州郡官府屡次征召，杨赐均未应从。后来，杨赐接受大将军梁冀的征辟，被任命为治所在今陕西宝鸡市之东渭水北岸的陈仓县的县令，因疾疫，他没有上任。而后，他又屡次谢绝三公的礼命。再后来被司空所举，经过考试应询，他以优异的成绩升任为侍中、越骑校尉。此时，张角以太平道欺骗和蛊惑信众，越来越多的老百姓归附于他。司徒杨赐预测到张角下一步的发展方向，并研究思考了应对之策。于是，他对掾属刘陶说：张角的图谋不可轻视，这次遇到大赦，朝廷没有治他的罪，可是，他不仅不思悔悟，反而更加肆无忌惮。如果现在下令各州郡讨伐镇压，恐怕会引发更大的骚乱，那就等于逼着他们造反。稳妥有效的办法是，诏令各州刺史和郡太守、封国相、都尉等，把本地流亡到外地的人区分出来，派人将他们领回原籍，通过这样的方式给张角的部众"减肥瘦身"，而后回过头来再收拾张角，这样做不用费多大的劲，就可以平定张角之乱，你琢磨一下，看我说的这个办法行不行？

刘陶，又名刘伟，字子奇，颍川颍阴人，即今河南许昌市人，他是刘邦之孙济北贞王刘勃之后。刘陶素来平易近人，不拘小节，所交朋友都是志同道合者。当时外戚大将军梁冀专权，连年饥荒，灾异数见。刘陶正在太学游学，他作为太学生运动的领袖之一，表现积极活跃，在太学生中间有很高的威信和很强的号召力。刘陶太学毕业之后被推举为孝廉，不久被安排到治所在今河南南阳市淅川县之南的南阳郡顺阳县做县长。他到任后发现，该县奸猾的坏人不少，其中一部分隐藏起来，躲在背后为盗贼出谋献策，于是刘陶大张旗鼓地在百姓中招募勇猛有力气而又不怕死的人，不管是亡命之徒，还是隐藏的坏人，他都召集起来。刘陶免除他们以前的罪过，声称要看今后的表现。于是他们各自拉上同伙前来报到，刘陶又得数百人，皆全副武装，等待命令。接着，刘陶查办那些奸猾不法分子，将他们一一捉拿归案，很快实现了社会安定。老百姓对他非常认可。后来刘陶因病被免官，吏民思念他，创作了一首歌："郁郁不乐，思我陶君；何时再来，安此下民。"刘陶熟悉《尚书》《春秋》等，在养病期间，他为这两本书作了注解，改正文字七百多处，名曰《中文尚书》，受到当时文化人的好评。

后来刘陶在杨赐手下做司徒掾，杨赐对刘陶非常器重，有什么事情总爱征求刘陶的意见。这时，杨赐又询问刘陶，对自己提出的应对张角及其太平道的对策有什么看法时，刘陶沉思了片刻，惊喜地回答说：这是《孙子兵法》所说的，不战而屈人之兵啊！于是，司徒杨赐就向灵帝上疏，陈述了此计。杨赐的奏疏呈上后，汉灵帝将杨赐免官。

杨赐免官回家后，灵帝久闻刘陶颇有才华，任命刘陶为侍御史，并先后几次召见他。由于灵帝没有采纳杨赐应对太平道的对策，对张角妖惑百姓放任不管，致使张角的势力迅速发展壮大。对此，刘陶心急如焚，他立即联系职掌皇帝车舆、入侍左右、秩比二千石的奉车都尉乐松，及掌顾问应对的议郎袁贡，一起联名上疏，重申了原司徒杨赐的对策建议，他们在奏疏中说：先圣先王用天下人的耳目去听、去看，所以没有听不到、看不见的事情。目前张角的党羽已不可胜数。以前司徒杨赐曾经上疏，建议责成有关州郡，保护和遣送流民回家种地，而后再抓捕张角。现在杨赐不在位了，朝廷没有采纳他的建议，对张角及其党羽没有采取任何限制措施。虽然发布了大赦令，但他们仍然没有解散。最近听说，张角等人潜入京师，打听朝廷政事，不轨之心昭然若揭。然而，地方州郡胆小怕事，不敢向朝廷报告。应该迅速下发诏书，明确宣布，有捉拿到张角的，可以赐爵封邑；如有看到张角不捉拿的，与张角同罪。然而，灵帝这次又没拿刘陶等人的建议当回事，他下诏让刘陶去整理《春秋条例》。

后来，灵帝在移居南宫时，无意中又看到了杨赐和刘陶等人的奏疏，觉得当时他们所献的计策很好，可惜没有引起自己的重视。如果当时采纳了他们的建议，张角的势力早就被粉碎了。灵帝在感悟之下，分别对杨赐、刘陶进行了封赏，以弥补自己的过失。他下诏封杨赐为临晋侯，食邑一千户；封刘陶为中陵乡侯。灵帝初即位时，杨赐曾经与刘宽、张济一道为他讲学，杨赐认为不应自己一人受封，于是上疏请求分出食邑给刘宽、张济二人。灵帝没有动用对杨赐的封赏，另赐封二人及其儿子爵位。不久，杨赐被任命为尚书令，后又改任廷尉，杨赐以自己并非法家出身，没有从事过法律工作为由，坚决推辞。灵帝又将他改任为"特进"。杨赐离开朝廷回到府第。中平二年（公元185年），灵帝再次起用杨赐，任命他为司空，但第二个月杨赐就病逝了。

杨赐死后，灵帝怀念杨赐的忠诚，于是亲自穿上丧服，三天不去上朝办公，并赠送棺椁、衣物，赐钱三百万、布五百匹，还追赠杨赐司空和骠骑将军的印绶。待安葬时，灵帝命令侍御史持节送葬，并遣羽林骑士和轻车武士，前后都奏响鼓吹，送至墓地。公卿以下官员都参加了葬礼。

灵帝又先后三次提拔刘陶，使他官至尚书令。因刘陶所举荐的人将担任尚书，为自觉执行朝廷的任职回避政策，刘陶主动向朝廷请求辞去尚书令一职。朝廷任命他为侍中。因侍中常侍皇帝左右，有话语权，刘陶多次痛切劝谏灵帝，宦官权臣都害怕他。后刘陶被任命为京兆尹，可是，刘陶担任京兆尹需要拿出一千万"修宫钱"，刘陶为官清廉，又以花钱买官而感到可耻，于是托病不就。灵帝素来知道刘陶的才华，原谅了他不缴钱和不报到的所谓"罪过"，任命他为谏议大夫。

当时，国家的局势一天比一天危险，外寇内贼，极为嚣张，刘陶忧虑国家崩溃坏乱，又上疏劝谏说：当前，国家前有张角造乱，后遭边章寇掠，西羌进攻河东，他们下一步极有可能突击都城。我一听到告急的鼓声，心急如焚。现在西边的敌人渐渐向前，离我军的阵地近在咫尺，胡人的骑兵已开到了皇家各个陵园。张温将军英勇顽强，不屈不挠，但孤军奋战没有后援，假如失败，是不可挽救的。为此，我特别陈述当今紧急要事八条，建议陛下采纳。刘陶敷陈"要事八条"，重点是说天下危乱，都是宦官专擅朝政，贪残酷烈惹的祸。刘陶的奏言把宦官得罪了，所以宦官共同上告诬陷刘陶，他们说：张角事件发生之后，陛下高度重视，诏令和威恩并施，成效显著。现在四方安定，刘陶却痛侮朝廷的政治清明，大说特说张角之妖孽，州郡没有上报，刘陶是根据什么知道的呢？一定是刘陶通贼，与其来往。汉灵帝下令逮捕刘陶，将其关进由宦官控制的黄门北寺监狱。刘陶天天被过堂拷问，受尽皮肉之苦。刘陶知道自己必死无疑，便对使者说：朝廷以前封我为中陵乡侯时怎么说的？现在反而受此诬陷。可恨的是不能诛灭奸臣，只好自己上路了。后刘陶闭气而死。刘陶的死讯传出之后，四海之内，莫不悲痛。

光和六年（公元 183 年），张角根据太平道信徒的分布情况，将全国信教区划分为三十六个方，"方，犹将军也。大方万余人，小方六七千，各立渠帅"，渠帅即首领。他们公开宣布："苍天已死，黄天当立；岁在甲子，天下大吉。"以此来鼓动广大信众参加起义。张角还派人前往京城洛阳和各州、郡，在官府大门上用稀释的白土写上"甲子"二字，意为警告统治者，你们的末日即将来临，并鼓动人民群众起来参加起义。张角等人计划由大方首领马元义先集结荆州、扬州的信众数万人，按约定的时间在位于今河北邯郸市临漳县境内的邺城会合后起事。南阳、汝南、东郡和长社县等地的太平道信众也都奉命集结起来，等待统一行动。京城洛阳也有不少信众因担心走漏风声，尚未集结。张角还命令马元义前往洛阳，并向中常侍、永乐宫太仆封谞，中常侍徐奉大量行贿，让他们做内应，相约于中平元年（公元184年）三月初五，在京城内外同时发动起义。在举事之前，张角又派其弟子——青州济南人唐周前往洛阳联系内应封谞、徐奉，不料唐周叛变，向朝廷告发了张角造反之事，起义计划被泄露。灵帝这时才对太平道问题高度重视，于是，他下令处死了宦官封谞、徐奉，逮捕了马元义等人，并在洛阳城用车裂的酷刑将马元义处死。灵帝还下发诏书，命令三公和司隶校尉调查皇宫及朝廷官员、禁军将士以及普通吏民中信奉张角太平道的人，先后处死了一千多人。同时还下令冀州官府捉拿张角等人。

张角得知唐周叛变和起义计划泄露的消息后，立即派人昼夜兼程前往全国各地，通知各方首领立即发动起义，并要求每一位将士都要头戴黄巾作为标志，因此人们将他们称为"黄巾军"，朝廷和各级官府将他们称为"黄巾贼"。当年二月，张角自称"天公将军"，张角的弟弟张宝自称"地公将军"，一同拉起信众队伍起义造反，全国各地纷纷响应。他们依仗人多势众，攻打城邑，烧毁官府，杀死官吏，扫荡豪强地主坞堡。巨鹿郡的黄巾军俘虏了治所在信都，即今河北衡水市冀州区旧城的安平王刘续，及治所在今山东聊城临清市东北的甘陵王刘忠，并将刘忠和甘陵国相冯巡的子嗣杀死，之后将刘续、刘忠押解到黄巾军起义大本营附近的广宗县（今河北邢台市广宗县）关押起来；南阳郡的黄巾军攻克郡城，杀死该郡太守褚贡；汝南郡的黄巾军打败该郡太守赵谦所率领的郡兵；广阳郡的黄巾军杀死幽州刺史郭勋和广阳太守刘卫。黄巾军发展势头强劲，一些农民纷纷加入黄巾军，起义队伍不断壮大，他们攻势迅猛，不到一个月，全国共有七州二十八郡发生了战事，一些州郡官员无力抵抗，大多弃职逃跑。（据《后汉书·杨震列传》，《资治通鉴》第五八卷）

（二）军队将领在前方作战，宦官在后方陷害忠臣良将

面对黄巾军的迅猛崛起，灵帝感到异常惊恐。尤其是黄巾军在冀州、豫州、兖州一带闹得轰轰烈烈，这些地方都离京城洛阳不远，如果防控不力，黄巾军就会攻入都城，威胁东汉政权。于是灵帝破格提拔他的大舅哥——河南尹何进为大将军，要求他统领朝廷军队，全力做好京都洛阳的安全保卫工作。

何进，字遂高，南阳郡宛县人，即今河南南阳市宛城区人。他出身于屠户之家，生母去世后，父亲何真再娶，何进的后母又生了一子二女。后来，父亲去世，何进养育着一家五口人。何进同父异母的妹妹被选入宫中并深受灵帝宠幸，很快就被封为贵人。于是，何进被任命为护卫、陪从、备顾问和差遣的郎中。从此，何进放下杀猪宰羊的刀具，进入仕途，很快升任为隶属光禄勋的虎贲中郎将，统领虎贲禁兵，主宿卫，官秩为比二千石。不久，何进又被提拔到治所在阳翟县，即今河南许昌禹州市的颍川郡做太守。光和三

年（公元 180 年），何贵人被立为皇后，何进被调入京城，先后被任命为职掌殿内门下众事，皇帝出行则参乘骑从的侍中；掌领修建宫室、宗庙、陵寝及其他土木工程的将作大匠；主掌京都地方事务的河南尹。

黄巾起义爆发后，灵帝任命何进为"内秉国政，外则仗钺专征"的大将军，统帅左右羽林军以及屯骑、步兵、越骑、长水、射声五营将士，驻扎在都亭（古代都邑中供人住宿休息的传舍），整修军械，加筑工事，做好战备，全力守卫都城洛阳。马元义跑到洛阳准备起事时，何进下属便及时侦破，所以何进上任伊始就立下功劳，因此被灵帝封为慎侯。灵帝在洛阳周边设置了函谷关、太谷关、广成关、伊阙关、轘辕关、旋门关、孟津关、小平津关，每关都派一都尉把守，命令他们各自领兵把守好关口，不准黄巾军入关。在此基础上，灵帝又召开由群臣参加的研究如何应对黄巾军的军事会议。

参加这次会议的北地郡太守皇甫嵩和中常侍吕强先后发表了既十分敏感又非常切合实际的建议。

皇甫嵩，字义真，安定郡朝那县人，即今甘肃平凉市泾川县人。他是雁门太守皇甫节之子、度辽将军皇甫规之侄。皇甫嵩少年时便有文功武略之志，爱读《诗经》和《尚书》，熟习弓马等武事，文武双全。最初被察举为孝廉、茂才，被朝廷任命为郎中，不久先后被派到治所在今陕西西安市东新市村附近的霸陵县、治所在今山西临汾市襄汾县西南二十五公里的晋城村的临汾县担任县令，因父亲去世而离职守孝。期满后，太尉陈蕃、大将军窦武相继征召皇甫嵩为官，他都没有应召。之后，汉灵帝以公车征辟他为侍郎，皇甫嵩应从。时间不长，灵帝就提拔他到治所在富平县的北地郡做太守。

在这次灵帝主持召开的军事会议上，应邀到会的皇甫嵩率先发表意见说：我认为要想消灭黄巾军，应该迅速实施两项重大决策：一是要解除禁止"党人"做官的禁令，团结一切可以团结的力量；二是建议灵帝拿出平时积藏的私房钱以及西苑的良马，赏赐给出征的将士。皇甫嵩提出的这两条建议十分敏感，如果不是大敌当前，他说这样的话，说不定会因此丢小命。现在灵帝既没有说行，也没有说不行，而是接着询问中常侍吕强有什么高见。

吕强，字汉盛，河南成皋人，即今河南郑州荥阳市人。吕强年少时以太监身份进入皇宫，被任命为隶属于少府、官秩为六百石的小黄门，侍从在皇帝身边，负责收受尚书奏事，传宣帝命，掌宫廷内外、皇帝与后宫之间的联络。后来晋升为中常侍。他"为人清忠奉公"，是宦官中的一股清流。

吕强也曾多次上疏灵帝，对其弊政进行批评，并建议灵帝斥奸佞、任忠良、薄赋敛、厚农桑，但灵帝不予重视，多不采纳。而今，面对日益严峻的形势，灵帝反过来主动征求吕强的意见。吕强大胆地说出了自己的想法，他说：我赞同皇甫太守的意见。对"党人"的禁令已经很久了，人心怨恨愤怒，如果不赦免他们，他们很可能与张角联合起来，到那时，叛乱之势将更加复杂、更趋扩大、更难应对，到那个时候后悔就来不及了。除此之外，吕强又提出了一个更为敏感的建议，吕强说：当务之急，是将陛下左右贪赃枉法的官吏处死，大赦天下"党人"，并考察各州刺史、郡太守的能力，不合格的官吏该降的降，该撤的撤，该罚的罚。如果这样做了，叛乱就会平息。

灵帝采纳了皇甫嵩、吕强的部分建议。于是，朝廷大赦天下"党人"，已被流放在边疆地区多年的所谓的"党人"及他们的家属都可以重返故乡。尽管如此，灵帝对宦官的宠信依旧，宦官在灵帝面前诬陷忠臣的话依然好使、管用。

黄巾起义的爆发犹如来势汹汹的洪水猛兽，对朝廷构成了前所未有的威胁。为镇压黄巾军，灵帝决定集结国家全部军事力量，兵分两路去讨伐黄巾军。一路由左中郎将皇甫嵩、右中郎将朱儁率领，征讨在颍川等地的黄巾军。另一路由北中郎将卢植率领从全国各地新征调的精兵征讨张角的大本营。

朱儁，字公伟，会稽郡上虞县人，即今浙江绍兴上虞区人。他少时丧父，寡母以贩卖丝织品补贴家用。朱儁从小就非常懂事，他勤勤恳恳，任劳任怨，努力为母亲分担操持家务的压力，以孝养母亲而闻名乡里。朱儁长大后，被人推荐到县府做位在掾、史之下，主办文书工作的书佐。他好义轻财，家乡父老乡亲对他都很敬慕。当时同郡人周规被官府征召，因家里太穷，在启程之前，借了郡府公钱百万，后来郡里催讨债务，周规家里实在无力偿还，朱儁便偷了母亲的缯帛，为周规还了账。母亲因此失去产业，她非常愤怒，一边哭，一边责备朱儁。朱儁给母亲讲乐善好施、先贫后富的道理，使母亲逐渐消气。治所在今浙江绍兴上虞市百官镇的上虞县的县长认为，朱儁不同于常人，颇有发展前途，于是推荐他到郡府担任了主簿，成为郡太守手下掌管文书等事的重要佐吏。光和元年

（公元 178 年），朱儁因功被封为都亭侯，食邑一千五百户，赏赐黄金五十斤。后来，朱儁被调回朝廷担任谏议大夫，负责侍从规谏、参谋议政，名义上隶属光禄勋，官秩为六百石。黄巾起义爆发后，公卿大臣赞赏朱儁的才略，于是灵帝任命他为右中郎将，持天子符节，与左中郎将皇甫嵩率军开赴京师之外人口最多、最为繁华的大郡，治所在今河南许昌禹州市的颍川郡、治所在今河南驻马店市平舆县北的汝南郡和都城在今河南周口市淮阳区的陈国，以讨伐这些地方的黄巾军。

皇甫嵩、朱儁讨伐黄巾军的部队刚刚上路，朝廷内部由宦官发起的"窝里斗"就拉开了序幕。此前，皇甫嵩、吕强提出的大赦天下"党人"的意见已被灵帝采纳，并付诸实施，而"诛杀陛下左右贪赃枉法的官吏"的建议尚未落实。于是，大宦官赵忠等人一同向灵帝诬告吕强说：吕强与"党人"一起议论朝廷，他还经常偷偷阅读《霍光传》（意为欲谋废立），吕强的近亲属、亲属全都在官位上贪赃枉法。汉灵帝轻信赵忠等人所言，立即下令中黄门带着兵器去召吕强入宫。吕强得知灵帝召他的意图之后，气愤地说：我死之后，必有大乱。大丈夫报国尽忠，岂能让狱吏折腾本官！说完，便自杀了。在宦官的唆使下，灵帝下令逮捕吕强的亲属，将其家产全部没收。

另一个大宦官张让见赵忠整死了吕强，不甘心落在赵忠的后面，于是，他也在琢磨整人的事，就在此时，有一个"怪人"撞到了张让的刀尖上。这个怪人就是侍中向栩。

向栩，字甫兴，河内朝歌人，即今河南鹤壁市淇县人。他少为书生，性格孤僻怪异。他经常读《老子》，并摆出一副学道的样子；

461

他又像个疯子，嗜好披头散发，有时用红色头巾包裹乱发；他常常坐在锅灶北面的床上，天长日久，床板上留下了他瘦踝骨和脚趾头的印迹；他不爱说话，但喜欢长声怪叫。如有宾客进入，他总是脸朝下，体前弯，装作没看见的样子。他把自己的门下弟子分别以孔子的弟子"子贡""颜回""子路""冉有"等名之。他有时骑着毛驴跑到街市上向人讨吃的，有时还把街市上行乞的孩子们带回家来吃住，买酒炖肉，大吃大喝，款待一番。当时的人们都认为向栩高深莫测，不可捉摸。郡府先后推举他为孝廉、方正、有道之士，并多次征召，但他都不去。他越是这样，上面的人越认为他有特殊才能，于是朝廷还曾把他与著名隐士彭城人姜肱、京兆人韦著等作为优秀人才一并征召为官，但向栩拒绝。后来，朝廷任命他为都城在今河北邯郸市的赵国的国相，向栩赴任。黄巾军起义爆发后，时任侍中的向栩上疏言事，讽刺灵帝左右当权的宦官说，不用国家命将出师，发兵平叛，只是派遣将领面向北方诵读《孝经》，黄巾贼自然就会消灭。

中常侍张让向灵帝诬告说：向栩"与张角同心，欲作黄巾内应"，于是，灵帝同意把向栩送进黄门北寺监狱"杀之"。

张让和赵忠在整人害人上既搞竞赛，也搞合作。两人一唱一和，共同发力，又向正在前方与黄巾军作战，并立下大功的名将皇甫嵩等发起了攻击。

光和七年（公元 184 年），左中郎将皇甫嵩与右中郎将朱儁各统一军，首先合力讨伐颍川等郡的黄巾军。开始，朱儁率领数千名官军与黄巾军高级将领波才统领的十多万黄巾军交战，结果朱儁被波才打败。皇甫嵩见波才的部众人数众多，士气旺盛，于是调转军队进军并固守位于今河南许昌长葛市东北的颍川郡长社县的县城。波才见皇甫嵩兵少，且不敢与黄巾军交锋，于是率领大军将长社城团团围住。官军看到黄巾军围城，出现恐慌情绪。富有作战经验和指挥才能的皇甫嵩爬上城墙观看黄巾军阵势，他发现黄巾军所驻扎的地方是一片荒地，其营寨周边长满了枯草，此时又刮起了大风。于是，他立即召集军吏进行动员部署说：兵有奇变，不在兵多兵少。黄巾贼没有作战经验，他们依草扎营，易于因风起火，这是兵家之大忌。如果我们乘黑夜放火烧营，敌军定会惊恐散乱，我军乘势出兵攻击，四面合围，定能获胜。于是，当天晚上，皇甫嵩命令一批勇士趁着夜色系绳下城，偷偷越过黄巾军的包围圈，绕到上风口，放火烧草并齐声呐喊。同时，皇甫嵩还命令留在城里的士兵每人扎一束苇草，而后手持苇草爬上城墙。当皇甫嵩看到出城士兵放火烧草之后，便命令城墙上的士兵将手中的苇草点燃，城上城下一片火海，士兵们擂鼓助威，疯狂呐喊。皇甫嵩带领军士出城冲向黄巾军阵地，黄巾军惊慌失措，大溃而逃。此时，灵帝派来的骑都尉曹操带兵赶到。

曹操，字孟德，小字阿瞒，沛国谯县人，即今安徽亳州市人。曹操的祖父曹腾是东汉赫赫有名的大宦官，历侍四代皇帝。父亲曹嵩是曹腾的养子，曹嵩继承了曹腾的费亭侯爵位，在灵帝时期官至太尉，成为三公之首。曹操自幼机智勇敢，颇有随机应变的能力。曹操长大后，酷爱读书，经史典籍广泛涉猎，尤其爱读军事书籍。曹操二十岁时被推举为"孝廉"，不久被任命为郎官，经过几个月的见习，又被正式任命为洛阳北都尉，主要负责洛阳北部地区的社会治安工作。这是一个很不好干的差事，洛阳作为大国都城，皇亲贵戚云集，各种关系错综复杂。曹操一到职就申明禁令，严肃法纪，建立制度，制作五色大棒十余根，悬于衙门左右两侧，告示人们："有犯禁者，不避豪强，皆棒杀之。"当时受灵帝宠信的大宦官蹇硕的叔叔蹇图因违禁夜行，被夜巡的小吏抓住，曹操毫不留情地命人用五色棒将蹇图打死。从此，"京师敛迹，莫敢犯者"。曹操也因此得罪了蹇硕，但碍于其父曹嵩的情面，灵帝将曹操明升暗降，调他到远离洛阳的顿丘县（今河南濮阳市清丰县）担任县令。光和元年（公元178年），曹操因其堂妹夫滠强侯宋奇被宦官诛杀而受到牵连，被免去官职，回到老家谯县。两年之后，曹操又被朝廷征召为职掌顾问应对的议郎。因曹操对此前宦官诛杀外戚大将军窦武和太傅陈蕃深感不平，便上疏灵帝予以查究，但灵帝未予采纳。曹操又多次上疏对朝政建设提出意见建议，灵帝偶有采纳。黄巾起义爆发后，曹操被任命为骑都尉，掌领骑兵，位在中郎将之下。

灵帝派遣曹操率军增援皇甫嵩、朱儁，共同剿灭汝南等地的黄巾军。正当皇甫嵩等追杀黄巾军之时，骑都尉曹操也率兵赶到了，于是皇甫嵩、朱儁的军队士气大振，他们与曹操所部联合起来共同追杀波才的黄巾军，终将他们打败，斩首数万人。汉灵帝闻讯后非常高兴，立即赐封皇甫嵩为都乡侯。皇甫嵩、朱儁又率军乘胜攻伐汝南、陈国黄巾军，追逐波才于颍川郡阳翟县（今河南许昌禹州市）；攻击彭脱于汝南郡西华县（治所位于今河南周口市西华县南），都将他们击败。至此，颍川、汝南、陈国全部平定。皇甫嵩、朱儁又乘胜进击治所在今河南濮阳市西南八公里的故县村的东郡，在仓亭（今河南濮阳市南乐县西十七公里处）与东郡一带的黄巾军渠帅卜己交战，将卜己活捉，斩杀其部众七千多人，进一步扩大了战果。

另一路征讨张角大本营的部队由北中郎将卢植率领。

卢植，字子干，涿郡涿县人，即今河北保定涿州市人。他文武双全，是东汉末年的著名经学家和将领，卢植少年时就博览群书，博通古今，喜欢钻研经典要义。卢植身高八尺二寸，声如洪钟，酒量很大，品行高尚，性格刚毅而有大节，不畏权势，有匡扶正义、济世救民、建功立业之志。少时曾师从于著名经学家马融。卢植学完归家，闭门教学，心无旁骛。这期间，他曾教授过刘备和公孙瓒。州郡官府多次征召他为吏，卢植都不肯应从。后来朝廷征召他为博士，卢植才出来做官。光和七年（公元184年），黄巾起义爆发，朝廷太尉、司徒、司空、大将军（或太傅）"四府"共同推举卢植任北中郎将，持朝廷符节，并作为主将，护乌桓中郎将宗员为副将，在率领北军五校士兵的基础上，再征调诸郡精兵，征讨冀州巨鹿郡总部的黄巾军。东汉时，巨鹿郡治所由巨鹿县移至廮陶县，即今河北邢台市宁晋县西南。辖境缩小至今滹沱河以南，邢台市平乡县以北，柏乡县以东，石家庄辛集市、邢台市新河以西。当时张角手下的黄巾军多达十五万人，仍驻扎在巨鹿县。其县城故址在今河北邢台市平乡县平乡镇。

前期，卢植在巨鹿打了几仗，把总帅张角率领的黄巾军打败，斩俘万余人。张角等东逃到数十里之外的广宗县城（今河北邢台市广宗县城东侧）。卢植率军追过去，将该县城包围，并挖掘壕沟，制造攻城云梯，准备向城里发起攻击。就在此时，灵帝派遣宦官、小黄门左丰到卢植军营督察。左丰虽然不属于"十常侍"，但在灵帝面前也是红人。灵帝时期有一个惯例，就是宦官每次出使地方或军队，地方官员和军队将领都要向他们送钱送礼，以示对他们的尊敬。卢植手下将领劝他给左丰送礼，卢植不听，他说，军队正在打仗，军需这么紧张，哪有闲钱贿赂宦官！左丰这次从京城洛阳来到广宗，个人没有得到任何好处，空手而归，他认为是卢植瞧不起他。于是，返回朝廷后，他就在灵帝面前说卢植的坏话，左丰说：据我观察，驻守在广宗县城的黄巾贼很容易攻破，但卢植只是让军队躲在营垒里休息，等待上天诛灭张角。灵帝闻听此言，怒不可遏，立即派人用囚车将卢植押回洛阳，判处比死罪低一等的刑罚。灵帝对卢植判罪，等于为黄巾军办了一件天大的好事，黄巾军士气大振，战斗力大增。随后灵帝又派遣东中郎将董卓顶替卢植的职务，继续向张角发起进攻，结果被驻守在广宗县城的张梁率领的黄巾军打败。灵帝又将董卓判罪处罚。

光和七年（公元184年）八月，灵帝下发诏书，将镇压颍川、汝南、陈国、东郡黄巾军取得全面胜利的皇甫嵩等调往广宗，命令他率领官军继续攻打张角。当年十月，皇甫嵩率领官军与张角的弟弟"地公将军"张梁交战。此前，昏君灵帝对卢植无罪处罚，后来，董卓进攻失利，均对双方士气产生重要影响，可以说大大助长了黄巾军威风，严重削弱了官军士气，所以，尽管皇甫嵩骁勇善战，攻势很猛，但张梁及其黄巾军的抵抗非常顽强，皇甫嵩几次对广宗县城发起冲锋，却始终未能撕开口子。后来，皇甫嵩关闭营门，让士兵休息，而他却每天深入前沿，观察分析黄巾军变化，研究战略战术。当他看到经过一段时间的对峙，黄巾军情绪逐渐松懈时，便趁夜部署军队，等过了凌晨鸡叫头遍、人们熟睡之时，组织军队快速爬过城墙，冲入敌军营垒，黄巾军将士从睡梦中惊醒，被动应战，死伤惨重。战斗从凌晨一直持续到傍晚，黄巾军大败，"地公将军"张梁被斩首，黄巾军将士三万多人被杀，约五万人被逼迫落入河中淹死，官军焚烧车辆辎重三万多辆，并抓获大量俘虏。在这次战斗之前，"天公将军"张角已经病故，官军士卒挖开他的坟墓，破开棺材，将张角的尸体弄出来，乱刀碎尸，并将头颅割下，送回京都洛阳。后来，皇甫嵩又与巨鹿太守冯翊等一起率军进攻张角另一个弟弟张宝，在位于今河北石家庄晋州市西鼓城的下曲阳县展开大战，斩杀了张宝，消灭和俘获其部众十万余人，黄巾军主力被打垮，皇甫嵩取得了重大胜利。

汉灵帝刘宏获悉皇甫嵩等消灭了黄巾军主力之后，非常高兴，立即任命皇甫嵩为位次于车骑将军，掌率兵征伐的左车骑将军，兼冀州牧，封爵槐里侯，食邑两县，合八千民户。皇甫嵩上奏请求减免冀州一年田租，以救济饥民，灵帝批准。冀州老百姓非常高兴，他们作了一首歌，其歌词是："天下大乱兮市为墟，母不保子兮妻失夫，赖得皇甫兮复安居。"

针对黄巾军的蓬勃兴起，郎中张钧（中山人，也即今河北保定定州市一带人，官秩为四百石，协助诸曹尚书处理政务）给灵帝献策说：我认为，张角之所以兴兵作乱，其根源就在于朝廷中十常侍多放任自己的父兄、子侄、亲友及其投靠者。他们大都充任州郡主官，掠夺百姓，搜刮财富，老百姓有冤无处申，有苦无处诉，所以才聚集起来成为盗贼，与朝廷对抗。因此，要想从根本上解决张角等人的叛乱问题，就应该斩杀十常侍，将他们的头挂在京城南郊，以向天下百姓谢罪，并派遣使者到全国各地宣布此事。这样，可不出动军队镇压，庞大的造反团伙就会自行解散。

十常侍看到张钧的奏疏，都吓得心惊肉跳、浑身发抖，他们纷纷摘下帽子，脱下鞋袜，下跪磕头，主动请求灵帝允许他们到洛阳专门审理皇帝亲自交办案件的诏狱去投案自首，并将家产全部献出来，以补充军费。令人不可思议的是，灵帝给诸常侍下令，让他们全都穿戴好衣帽鞋袜，继续担任原职。反过来，灵帝却对张钧上奏一事大发雷霆。御史顺灵帝的心意，诬奏张钧信奉黄巾道，遂将他逮捕入狱。宦官唆使狱吏将张钧活活打死。

如果说郎中张钧的奏疏曾一度把十常侍吓得出了一身冷汗，那么，豫州刺史王允的举报信便把十常侍挑头人张让吓了个半死。

王允，字子师，太原祁县人，即今山西晋中市祁县人。他出身于太原王氏名门之家，其祖上世代为州郡官员，有清廉之名声，在当地颇有影响。王允少年时聪明好学，饱读诗书，广览经传，闲暇时间还坚持习武强身，是一位能文善武的有志青年。当时的名士、太学生领袖之一、同郡老乡郭泰见到王允，认为他将来可成为“一日千里”的“王佐之才”，于是与他结交。王允十九岁时，被推举到太原郡府为吏，协助郡太守刘瓆做具体工作。出生于该郡晋阳城，在朝廷当太监的赵津升任小黄门之后，经常跑回老家仗势作恶，欺压百姓，“贪暴放肆，为一县之巨患”，刘太守下令将赵津逮捕诛杀，可是一些吏卒慑于赵津是朝廷的宦官而不敢下手，王允对他们说：王子犯法与庶民同罪。对如此贪赃枉法、危害百姓的蟊贼，决不能手软。随即，大家一冲而上，将赵津捆绑起来押解到东市斩首示众，当地百姓无不拍手称快。

黄巾起义爆发后，豫州部分郡县被黄巾军占领，黄巾军人数众多，活动猖獗，对地方官府和社会安定构成极大威胁。为迅速镇压起义军，朝廷任命王允为豫州刺史，并征辟孔融、尚爽等名士担任王允的从事。王允率领地方部队讨伐黄巾军，初次领兵打仗，便充分展示出了他非同一般的文韬武略。王允制定了周密的作战方案，在战斗过程中，他亲自披甲上阵，大显身手，打击了黄巾军的嚣张气势。后来，朝廷派遣皇甫嵩、朱儁率军开赴豫州讨伐，豫州刺史王允积极支持和大力配合官军的军事行动，终于将黄巾军打垮，黄巾军数十万人投降。

在这个过程中，王允等发现了一封十常侍挑头人张让的门客写给黄巾军的书信，信中，张让的门客向黄巾军表达忠心。王允下令追查，把其中的具体细节全都挖了出来。于是，王允将这一情况写成奏章，向朝廷举报张让及其门客与黄巾军勾结的犯罪事实。灵帝阅后大惊，立即召张让进见，并对他进行了严厉指责，责令张让如实交代犯罪问题。张让在朝中一向横行霸道，当他得知豫州刺史王允的弹劾指控之事后，吓得要死，他急忙叩头请罪。灵帝一见张让下跪谢罪，火气立马消了一半。张让趁机反诬王允，一口咬定自己对陛下、对朝廷忠贞不贰，从来没有干过一件对不起陛下、对不起朝廷的事情。灵帝本来就有意偏袒张让，也就没再追究过问。

张让脱罪之后，对王允恨得牙根疼，他一心想对王允实施打击报复。第二年，张让终于找到一个借口，将王允逮捕下狱。不久，正好赶上朝廷大赦，王允被免罪释放，官复原职。可是，张让并没有善罢甘休，不出十天，他又以其他莫须有的罪名将王允治罪，王允再次被捕入狱。时任司徒杨赐向来知道王允的为人和秉性，也清楚张让的禽兽之心，他不愿让王允再次遭受拷打的痛苦和羞辱，于是派人劝告王允说：你因事得罪宦官张让，一月之内两次下狱，张让有意和你过不去。为了成就自己的志向，你何不先退让一下，忍一忍呢？王允的一位下属去狱中探望时，看到王允的脸上和身上血肉模糊，便痛哭流涕，劝王允暂时向张让低头认错，却遭到了王允的怒斥和拒绝。由于王允始终不肯向张让低头认错，张让便下令对王允动用酷刑，将王允折磨得生不如死，但王允始终不肯低头。后来，外戚大将军何进、太尉袁隗、司徒杨赐联名上疏灵帝为王允求情，灵帝便赦免了王允的死罪，但王允仍被关在狱中，等待重新定罪。这年冬天，又逢朝廷大赦。由于张让始终从中作梗，王允仍不在赦免之列。何进、袁隗、杨赐等继续上疏，要求赦免王允。第二年灵帝才下令免罪释放了王允。当时，朝中宦官当权，张让等宦官凭借权势横行霸道，刚刚出狱的王允力量有限，无法同宦官进行较量，只得改名换姓，离开都城洛阳，辗转于河内、陈留之间，过着流浪和逃亡的生活。（据《后汉书·窦何列传》《后汉书·皇甫嵩朱儁列传》《后汉书·独行列传》《三国志·魏书》，《资治通鉴》第五八卷，《后汉书·吴延史卢赵列》《后汉书·虞傅盖臧列传》《后汉书·陈王列传》）